Konrad Löw

Das Rotbuch der kommunistischen Ideologie

Konrad Löw

Das Rotbuch der kommunistischen Ideologie

Marx & Engels –
Die Väter des Terrors

Mit einem Vorwort von
Stéphane Courtois

Langen Müller

1. Auflage 1999
2. Auflage 2000 – Sonderproduktion

© 1999 by Langen Müller in der
F. A. Herbig Verlagsbuchhandlung GmbH, München
Alle Rechte vorbehalten
Schutzumschlag: Wolfgang Heinzel
Herstellung und Satz: VerlagsService Dr. Helmut Neuberger
& Karl Schaumann GmbH, Heimstetten
Gesetzt aus der 10,5/13 Punkt Minion
Druck und Binden: GGP Media, Pößneck
Printed in Germany
ISBN 3-7844-2754-5

*Unseren Enkeln Sabrina, Sebastian, Janina,
Kristina, Nikola, Robin, Leonie, Tim gewidmet.*

*Geht nicht mit dem Zeitgeist,
sondern haltet fest – rational abgefedert –
an den Grundsätzen der christlich-abendländischen Ethik!
Dann werdet Ihr keine Opfer totalitärer Versuchung.*

Herzlich danke ich allen Helfern und Ratgebern.
Besondere Erwähnung verdienen
Uwe Backes, Robert Grünbaum, Horst Haun, Dagmar Lawrence
und – nur dem Alphabet nach zuletzt – Eva Lieber.

Inhalt

»Wie eigentlich war das Wort von Marx?
Hat es Licht auf eine ganze verborgene Ebene
gesellschaftlicher Mechanismen geworfen,
oder war es nur der Urkeim aller späteren,
schrecklichen Gulags?«

Václav Havel in seiner Ansprache
anläßlich der Verleihung des
Friedenspreises des
Deutschen Buchhandels 1989[1]

Vorwort

von Stéphane Courtois

In »Warum?«, dem Schlußkapitel im *Schwarzbuch des Kommunismus*, habe ich einige grundsätzliche Erklärungen für den Ausbruch des Massenterrors in den meisten kommunistischen Regimen des 20. Jahrhunderts zusammengestellt. Nach Nicolas Werth, der in seinem Beitrag anhand historischer Beispiele Lenins antreibende Rolle bei der Entfesselung des Terrors aufzeigte, habe ich die grundlegende Bedeutung der leninistischen Ideologie, die von Stalin als Marxismus-Leninismus kodifiziert worden ist, betont. Ich ließ jedoch die Frage nach dem marxistischen Ursprung dieser leninistischen Ideologie außer Acht. Dafür gab es drei Gründe:

1. Dies war nicht der Ort für lange Ausführungen über die Genealogie der leninistischen Ideologie, die nicht nur im Marxismus wurzelt, sondern auch in jakobinischem, blanquistischem und russisch-populistischem Gedankengut.

2. Als Historiker, der die Falle des Anachronismus scheut, betonte ich die Absurdität, den Marx des Jahres 1848 und des *Kommunistischen Manifests* für die Greueltaten, die ein Jahrhundert später von Stalin oder Mao begangen wurden, verantwortlich zu machen.

3. Ich hatte nicht die Gelegenheit, bestimmte Texte von Marx und Engels nochmals zu lesen, um meine Bewußtseinsbildung hinsichtlich der kommunistischen Tragödie zu erhellen, eine Aufgabe, die auch meine Arbeit als Mitherausgeber des *Schwarzbuches* nahelegte.

Nach den wichtigen Debatten, die das *Schwarzbuch* insbesondere in Deutschland ausgelöst hat, versucht die extreme Linke, die kommunistischen Verbrechen hinter der (angeblichen) Reinheit des marxistischen Ideals zu verstecken. Nachdem sie sich jahrzehntelang rechtfertigte, indem sie dem »schlechten Stalin« den »guten Lenin« gegenüberstellte, verteidigt sie sich heute mit der Gegenüberstellung des »guten Marx« und des »schlechten Lenin«. Gleichzeitig unterstreichen zahlreiche Kommunisten ihren Willen, ohne Rücksicht auf Gewinn und Verlust die kommunistische Tragödie des 20. Jahrhunderts hinter sich zu lassen und für das 21. Jahrhundert einen »mutierten« Kommunismus wiederzubeleben, der erneut auf Marx aufbaut. Die Abstammung des Leninismus vom Marxismus wird also wieder zu einer

wichtigen intellektuellen und politischen Frage, und das Buch von Konrad
Löw gibt darauf eine erste Antwort.

Von den zahlreichen Elementen, die diese Abstammungslehre tragen – die
»radikale Kritik« am Kapitalismus, die »historische Notwendigkeit« des
Sturzes der Bourgeoisie durch das Proletariat, die Revolution als bevorzug-
te Form des geschichtlichen Handelns oder auch die Umwandlung der
Theorie in materielle Gewalt – werde ich nur einen Punkt thematisieren:
Marx' Weigerung, zwei neue und grundlegende Realitäten der letzten beiden
Jahrhunderte, den modernen Staat und die moderne Demokratie, in Be-
tracht zu ziehen.

Von seinen Frühschriften an entwickelte Marx eine seiner Hauptideen: die
Zweitrangigkeit der Politik gegenüber der bürgerlichen Gesellschaft und
ihrer wirtschaftlichen Grundlage, die Bestimmung der Politik durch die
Wirtschaft und die sozialen Gegebenheiten und ihren folglich nicht-auto-
nomen Status. Dies gipfelte in dem Fazit, daß »der Staat die Form ist, in welcher die Individuen einer herrschenden Klasse ihre gemeinsamen Interessen
geltend machen« (*Deutsche Ideologie I*). Die Demokratie ist folglich nur eine
»Illusion« oder eine »Mystifikation«. Diese Analyse überrascht um so mehr,
als Marx sich gleichzeitig als Wissenschaftler und Vordenker betrachtete.
Obwohl er den extremen Vorstoß des Staates und der Demokratie, der das
19. Jahrhundert in allen europäischen Ländern kennzeichnet, vor Augen
hatte, verhielt er sich jedoch wie ein doktrinärer und militanter Denker, der
die Realitäten nur soweit wahrnimmt und interpretiert, als sie den Geboten
der Doktrin und den Notwendigkeiten des revolutionären Handelns entsprechen.

Marx' Abhandlungen über die Französische Revolution sind der Punkt, an
dem man am deutlichsten seine verkürzende Betrachtung der Politik erkennen kann: Marx begeistert sich hierbei für den Extremismus und die Akti-
vitäten, die der Konvent entfaltet hat, aber er mokiert sich heftig über die
Wahlen (zuerst Zensus-, später allgemeine Wahlen), über die Vertretung und
über die Staatsangehörigkeit. Die von der Französischen Revolution bewirkte politische Emanzipation beschränkt sich in seinen Augen auf die
Emanzipation des Bourgeois-Bürgers, wohingegen seine Philosophie die
Emanzipation des Menschen, eine nicht mehr juristische, sondern »tatsäch-
liche« Gleichheit fordert.

François Furet hat in seinem kleinen bemerkenswerten Buch *Marx et la
révolution française* schon 1986 auf diese Sackgasse im Denken des Begründers des modernen Kommunismus hingewiesen:

»Das, was Marx die ›demokratische Abstraktion‹ nennt, bezeichnet in seiner Sprache die Idee, die auch Tocqueville fasziniert hat und nach der die de-

mokratische Gleichheit das ständige Streben der Individuen nach einem un-
erreichbaren Ziel ist. Das demokratische Individuum hält sich jedem anderen Individuum gegenüber für gleichwertig und ähnlich, obwohl die Natur
und die Gesellschaft weiterhin ungleiche Individuen hervorbringen. Marx
prangert diesen Widerspruch zwischen den Tatsachen und ihrer Abbildung
als charakteristisch für eine Illusion an. Besessen von der Suche nach dem
Wirklichen hinter der Idee will er die historischen Bedingungen bestimmen,
unter denen die Gleichheit endlich verwirklicht wird.

Für Tocqueville hat dieser Ehrgeiz keinen Sinn, da gerade der abstrakte
Charakter die Natur der Gleichheit kennzeichnet. Die ›Illusion‹ der Demokratie macht ihre Wirklichkeit und ihre Kraft aus. In der Welt, die er analy-
siert, ist die Ungleichheit vor allem die Art und Weise, in der sich das Individuum sein Verhältnis zu Seinesgleichen vorstellt. Sie impliziert nicht, daß
alle Menschen gleich sind, sondern daß sie es sein könnten oder müßten. Sie
belebt gleichzeitig den Fortschritt der Gleichheit und das Gefühl der Ungleichheit: Die unendliche Dialektik stürzt jede soziale Gesamtheit in eine
alle Elemente erfassende Unruhe, die typisch ist für die moderne Gesellschaft. Im Vergleich zu dieser Analyse sind die Suche nach den Bedingungen
für die ›wirkliche‹ Gleichheit und die Anklage der Ungleichheit bestimmen-
de Teile des demokratischen Universums, die es aber keinesfalls überwinden
kann.«

Marx glaubt, in der Wirtschaft die Wahrheit der politischen Illusion zu
finden und widmet ihr den Kern seines Werks *Das Kapital*. Dieses Monu-
mentalwerk macht jedoch noch stärker seine fehlende systematische Auseinandersetzung mit dem modernen Staat und der repräsentativen und parlamentarischen Demokratie deutlich.

Die Tatsache, daß er diese ganz neuen Wirklichkeiten seiner Zeit als einfache »Illusionen« oder »Mystifikationen« betrachtet, entspricht der erwähnten Weigerung, dieses Problem wirklich anzugehen. Und das aus einem
einfachen Grund: Die Eigengesetzlichkeit der Politik anzuerkennen, zuzu-
gestehen, daß die Französische Revolution den modernen Staat und die moderne Demokratie begründet hat, hätte seiner radikalen Kritik an der bürgerlichen Welt den Boden entzogen. Er hätte somit anerkannt, daß die Revolution durch die Vielfalt der politischen Regime – die konstitutionelle
Monarchie, den Terror der Jakobiner, die parlamentarische Republik und die
Diktatur Bonapartes – die ehemalige Unterwerfung unter den absoluten
König durch ein auf der Bürgerschaft beruhendes politische System ersetzt
hat.

Seine vereinfachte Konzeption des Staates wird besonders deutlich angesichts des Terrors von 1793/94, den Marx nur als eine Art zufällige Beglei-

terscheinung des zugrundeliegenden Ereignisses, des Sieges der Bourgeoisie 1789, betrachtet.

Im Gegensatz dazu erkennt Hegel in einer viel tiefergehenden Analyse im Terror den Irrtum und die Niederlage der Revolution, ihre Unfähigkeit, einen Staat zu gestalten, »da sie eine Vermittlung zwischen der reinen Freiheit der Individuen und ihrem kollektiv-historischen Sein verweigert« (Furet). Dadurch daß Marx die Hegelsche Analyse umstürzen wollte, hat er in seiner eigenen Interpretation einen blinden Punkt geschaffen.

Marx zog »seine« Lehren aus der Französischen Revolution und beschloß schon im Juni 1844, daß die deutsche Revolution die Negation und Überwindung der Französischen Revolution werden würde, im gleichen Maße wie die Wirtschaft und die sozialen Verhältnisse die Wahrheit des Politischen seien: »Man muß darin übereinstimmen, daß Deutschland seit jeher eine klassische Berufung zur sozialen Revolution hat, wie es gleichermaßen zu einer *politischen* Revolution nicht fähig ist.« Das Erstaunlichste ist, daß Marx selbst die Unfähigkeit und politische Ohnmacht Deutschlands, das heißt seine Rückständigkeit, erkannt hat. Aber, an seine Dialektik gebunden, folgert er, daß gerade diese Rückständigkeit die Voraussetzung für eine soziale Revolution schafft, die radikaler ist als die politische Revolution, die vom modernen Staat und der repräsentativen Demokratie symbolisiert wird. Man sieht daran, daß die Vorstellungen Lenins (und später Stalins, Chruschtschows und Maos) über die russische Rückständigkeit und die Möglichkeit einer revolutionären Beschleunigung der Geschichte, einer Zerstörung und Überwindung des Kapitalismus durch den Kommunismus, direkt marxistischen Ursprungs sind – mit all ihren daraus bekanntlich entstandenen Folgen.

Lenin schrieb *Staat und Revolution*, aber nach Marx wäre es exakter gewesen, dieses Buch *Staat oder Revolution* zu nennen, da die beiden Begriffe sich gegenseitig ausschließen. Denn schließlich ist es der Staat, der den bürgerlichen Frieden sichert, während die Partei als systematischer Zerstörer des Staates und Lenker seines Verwaltungsapparats sich nur vom Bürgerkrieg ernährt. Das dramatische und kontinuierliche Fehlen eines Rechtsstaats in der ehemaligen UdSSR ist nur die logische Konsequenz der marxistischen Vorstellung, daß der Staat nicht notwendig aus der menschlichen Natur folgt, und der leninistischen Idee vom Vorrang der Partei.

Paris, im August 1999

—— I ——

Warum? – »Ein pervertiertes Gutes?«

»Nun, ob Marx nicht in der Tat Mörder züchtete,
das weiß ich nicht; denn soviel ich gehört habe,
war der Mann, von dessen Schüssen ich noch die
Narben an mir trage, Blind, doch ein Zögling
von Marx.«

Otto v. Bismarck am 31. März 1886
im Deutschen Reichstag[1]

1. Die Bilanz des Kommunismus

Das Schwarzbuch des Kommunismus endet mit dem von Stéphane Courtois verfaßten Kapitel »Warum?«[3]. »Warum?« folgt auf den Nachweis, daß die kommunistische Weltbewegung annähernd 100 Millionen Menschenleben vernichtet hat.[*]

Zusammenfassend heißt es:»Dennoch können wir eine erste Bilanz ziehen, deren Zahlen zwar nur eine Annäherung und noch zu präzisieren sind, die aber, gestützt auf persönliche Schätzungen, die Größenordnung aufzeigen und klarmachen, wie wichtig dieses Thema ist:

– Sowjetunion: 20 Millionen Tote
– China: 65 Millionen Tote
– Vietnam: 1 Million Tote
– Nordkorea: 2 Millionen Tote
– Kambodscha: 2 Millionen Tote
– Osteuropa: 1 Million Tote
– Lateinamerika: 150 000 Tote
– Afrika: 1,7 Millionen Tote
– Afghanistan: 1,5 Millionen Tote
– Kommunistische Internationale und nicht an der Macht befindliche kommunistische Parteien: 10 000 Tote.

---

[*] Andere Untersuchungen ermitteln höhere Zahlen, so Heinsohns »Lexikon der Völkermorde«. Unter der Überschrift »Marxistisch-Leninistische Regime« heißt es: »Unter keiner Weltanschauung wurden in der Menschheitsgeschichte größere Mega-Tötungen vollzogen als unter Regierungen, die sich dem Marxismus bzw. dem wissenschaftlichen Sozialismus verpflichtet fühlten ... Immer noch ist es unmöglich, für die M.-L. R. einigermaßen genaue Zahlen zu präsentieren. Für die Sowjetunion von 1917–1991 etwa werden ausführlich begründete und deshalb auch gezielt kritisierbare Schätzungen von 60 Millionen Opfern ... vorgelegt. Viel höhere Zahlen vor allem russischer Emigranten ... werden damit reduziert. 35 Millionen Opfer werden von französischen Autoren für realistisch gehalten (Courtois et al. 1997). Einigermaßen sicher nachweisbar seien aber nur 25 Millionen Opfer, hört man aus der kleinen Gruppe der professionellen Stalinismus-Forscher ... Diese Zahl entspricht sehr genau Rummels ...›rock bottom‹ Minimalzahl ›24 063 000‹, für die Begründungen ohne Schwierigkeiten beigebracht werden können. Bei Erwähnung dieser niedrigen Zahl beeilen die Gelehrten sich jedoch mit dem Hinweis darauf, daß die Archive noch immer nicht alle zugänglich seien ...« (Heinsohn a.a.O. S. 243 ff.).
Die genaue Zahl spielt keine entscheidende Rolle. Die kommunistischen Massenmorde als solche sind Gegenstand der Anklage.

Alles in allem kommt die Bilanz der Zahl von hundert Millionen Toten nahe.«[4] Nennenswerter Widerspruch gegen die aufgelisteten Zahlen wurde bisher in Deutschland nicht laut; sie gelten als solide ermittelt.[5] (Von Freiheitsberaubung, Verschleppung, Versklavung waren noch weit mehr betroffen.)

»Die grundlegende Frage nach dem Warum bleibt bestehen. Warum«, fragt Courtois, »etablierte sich der 1917 erstmals auftretende moderne Kommunismus beinahe sofort als blutige Diktatur und dann als verbrecherisches Regime? Konnten seine Ziele nur mittels extremer Gewaltanwendung erreicht werden? Wie ist es zu erklären, daß die kommunistischen Machthaber das Verbrechen jahrzehntelang als eine banale, normale, ordnungsgemäße Maßnahme aufgefaßt und praktiziert haben?«[6]

Courtois befaßt sich anschließend mit dem Terror während der Französischen Revolution und kommt zu dem Ergebnis: Die »Herrschaft der Tugend« tötete Zehntausende. Dann fährt er fort: »Diese Urerfahrung des Terrors scheint die wichtigsten revolutionären Denker des 19. Jahrhunderts kaum inspiriert zu haben. Marx hat ihr wenig Aufmerksamkeit geschenkt.«[7]

2. War Marx der Schreibtischtäter?

Ganz zu Recht wird Marx vor allen anderen erwähnt, denn Marx ist der bekannteste revolutionäre Denker. Unbestritten hat sein *Manifest der Kommunistischen Partei*[8] die mit Abstand weiteste Verbreitung aller politischen Publikationen gefunden.[9] Der gemeinsame Nenner der Täter des *Schwarzbuchs* ist das Bekenntnis zu Marx, gefolgt von Lenin, der sich seinerseits als glühender Marxist gab. Diese Tatsachen drängen doch die Frage auf: War Marx einer der Anstifter, der Schreibtischtäter, der geistigen Urheber der Verbrechen, vielleicht sogar der erstrangige? Thomas Mann wird die Sentenz zugeschrieben: »Die Bücher von heute sind die Taten von morgen.« Hat er dabei an Marx gedacht? Sind dessen Veröffentlichungen ein Beweis für die Richtigkeit? Von Marx selbst stammt die Einsicht: »... die Theorie wird zur materiellen Gewalt, sobald sie die Massen ergreift«.[10] »Materielle Gewalt« füllt die Seiten des *Schwarzbuchs*. Wer hat die Theorie geliefert? War es Marx, zusammen mit seinem Freund Engels?

Karl Heinrich Marx wurde am 5. Mai 1818 als Sohn des Rechtsanwalts Heinrich Marx und seiner Frau Henriette in Trier, Königreich Preußen, geboren. Seine beiden Großväter waren Rabbiner. Er selbst wurde im Alter von sechs Jahren zusammen mit seinen sieben Geschwistern (evangelisch) getauft.

Nach seinem Abitur 1835 begann er in Bonn das Jurastudium, das er ein Jahr später in Berlin fortsetzte. Dort änderte er seine Studienrichtung und schloß 1841 mit dem Dr. phil. ab, den er in Jena erwarb.

1842 wurde er Chefredakteur der *Rheinischen Zeitung*. Nach seiner Heirat mit Jenny von Westphalen nahm er in Paris seinen Wohnsitz. 1845 des Landes verwiesen begab er sich nach Brüssel. In dieser Zeit verzichtete er auf die preußische Staatsangehörigkeit. Am 3. März 1848 wurde ihm die Ausweisungsorder zugestellt. Kurz danach, nach dem Ausbruch der Revolution in Deutschland, zog er nach Köln und gründete die *Neue Rheinische Zeitung*, die 1849, nach der Niederschlagung der Revolution, ihr Erscheinen einstellen mußte. Noch im selben Jahr nahm er auf Dauer seinen Wohnsitz in London, wo er am 14. März 1883 starb. Marx hatte sieben eheliche Kinder, von denen ihn zwei Töchter überlebten. Beide begingen Selbstmord (1898 bzw. 1911).

Die Freundschaft mit Friedrich Engels, am 28. November 1820 in Barmen (heute Wuppertal) geboren, begann 1844. 1850 wurde Engels in Manchester Handlungsgehilfe der Firma Ermen und Engels. Beim Tode des Vaters erbte er den Anteil an der Firma. 1869 beendete er dort seine Tätigkeit und verlegte seinen Wohnsitz nach London, wo er weiter ein gutbürgerliches Leben führte. Dort starb er am 5. August 1895. Engels blieb ehe- und kinderlos.

Die durchaus herrschende Meinung spricht ohne nähere Begründung von einer Perversion des Marxismus durch den Stalinismus. Der Ausgangspunkt des Marxismus sei die Französische Revolution, der Humanismus gewesen, das Streben, die Lage der arbeitenden Klasse zu verbessern, die Klassenkämpfe zu überwinden, die Gewalt, letztlich sogar alle Herrschaft von Menschen über Menschen, also auch die Staatsgewalt, abzuschaffen. Unter Stalin hingegen sei die Macht der Partei und des Staatsapparats ins Gigantische angewachsen.

Hier nur einige Stimmen aus der jüngsten Vergangenheit: In einer Besprechung von Koenens *Utopie der Säuberung. Was war der Kommunismus* heißt es:»Vor allem hat Koenen an anderer Stelle betont, daß die reale Geschichte des Kommunismus eben nicht ›in erster Linie Wirkungsgeschichte einer ›Idee‹, einer ›Ideologie‹ ist‹‹. Koenen:»Dann müßte sie [die Genealogie des Kommunismus] nicht heißen: Marx zeugte Lenin, Lenin zeugte Stalin, Stalin zeugte Mao, sondern – Lenin enteignete Marx, Stalin mumifizierte Lenin, Mao verdrängte Stalin.«[11] Noch entschiedener Helmut Fleischer:»Nichts, absolut nichts von den negativen oder positiven Effekten der Sowjetrevolution leitet sich ursächlich oder motivational von Marx her. Ihn könnte und sollte man gänzlich aus dem Spiel lassen, jedenfalls, soweit es die bekannten Aktionsparolen von Proletariat und Revolution etc. angeht.«[12] Ähnlich sieht

es die »Gauche communiste«. In einem ihrer Flugblätter findet sich die Feststellung: »Marx und Engels konnten die Geschichte der kommunistischen
Bewegung in diesem Jahrhundert, die stalinsche Perversion, die im Namen
des Kommunismus begangenen Verbrechen nicht voraussehen.«[13]
In dem Sammelband *Der Kommunismus in Westeuropa*, »gedruckt mit
freundlicher Unterstützung der Hanns-Seidel-Stiftung«, schreibt Marc
Lazar, Universität Paris: »Der Kommunismus als Botschaft des Humanismus
war bei Marx schon immer vorhanden gewesen, so z.b. in seinen berühmten
Schriften von 1844. Außerdem diente dieser Ansatz des Kommunismus seit
langem der Weiterleitung des inneren Glaubens an seine Gefolgschaft.«[14]
Diese Sicht wird auch von Bürgerlichen geteilt. Als ein Gast des Landes
Mecklenburg-Vorpommern 1998 sich beim Ministerpräsidenten Berndt
Seite (CDU) beklagte, daß er »durch Karl-Marx-, Ernst-Thälmann-, Clara-
Zetkin- und andere nach überzeugten Marxisten benannte Straßen« gefah-
ren sei, belehrte ihn die Staatskanzlei: »Ich darf Ihnen versichern, daß ich
persönlich alles andere als ein Marxist bin. Gleichwohl kann ich Ihre Auf-
fassung nicht unterstützen, nach der Karl Marx der geistige Ahn einer Mas-
senmordideologie gewesen sei.«[15]
Andere sehen es ganz anders, so Heinrich August Winckler, Professor für
Neuere Geschichte an der Humboldt-Universität, Berlin:
»Courtois meint in seinem zusammenfassenden Essay unter dem Titel
›Warum?‹, Marx habe der ›Urerfahrung des Terrors‹ unter Robespierre, also
der jakobinischen Phase der Französischen Revolution, nur wenig Aufmerksamkeit geschenkt. Courtois irrt. Die Grundannahme von Marx und Engels
war, daß die ›bürgerliche‹ Revolution von 1789 sich auf höherer Ebene wiederholen mußte: als proletarische und damit als letzte aller Revolutionen.
Den Terror der Jakobiner hielt Marx geradezu für beispielhaft, und aus den
Erfahrungen von 1848 zog er den Schluß, daß das Proletariat die einmals eroberte Macht nur durch die ›Permanenzerklärung der Revolution, die Klas-
sendiktatur des Proletariats‹, also durch die rücksichtslose Unterdrückung
der Klassengegner, sichern konnte. Lenin wich von Marx sehr viel weniger
ab, als ihm Karl Kautsky, einer der frühesten sozialdemokratischen Kritiker
der Bolschewiken unterstellte.«[16]
Von Winckler heißt es, er sei Mitglied der SPD. Wenn das stimmt, ist dies ein
Beweis dafür, daß die Beurteilung von Marx nicht mit den Grenzen der »politischen Lager« konform geht.
Courtois selbst zeigt sich unsicher, will sich keine Blöße geben, nimmt Marx
vorsichtig aus dem Schußfeld:
»Gewiß betonte und forderte er die ›Rolle der Gewalt in der Geschichte‹.
Aber er sah darin eine sehr allgemeine These, die nicht auf eine systemati-

sche, absichtliche Gewaltanwendung gegen Personen zielte.[17] Schon 1872
hatte Marx die Hoffnung geäußert, die Revolution könne in den Vereinigten
Staaten, in England und Holland friedliche Formen annehmen.[18] Im Namen
der Wahrheit ihrer Botschaft gingen die Bolschewiken von der symbolischen
Gewalt zur tatsächlichen Gewaltanwendung über und errichteten eine absolute, willkürliche Herrschaft. Sie nannten sie ›Diktatur des Proletariats‹ und
nahmen damit einen Ausdruck auf, den Marx zufällig in einem Briefwechsel gebraucht hatte.«[19]
Unsicherheit spricht aus den folgenden, vom Ansatz her sehr bemerkenswerten Sätzen, veröffentlicht in DIE ZEIT:
»Gewiß ist der industrielle Massenmord am jüdischen Volk ... das Exempel
eines radikal, also a priori Bösen – wohingegen der Terrorismus kommunistischer Staaten, Regime oder Parteien ›lediglich‹ ein pervertiertes Gutes sein
mag. Doch auch dieser Unterschied könnte ab einer bestimmten Größenordnung unscharf werden.«[20]
Als Erich Honecker, der Staatsratsvorsitzende der DDR und Generalsekretär
der SED, im September 1987 anläßlich seines Staatsbesuchs in der Hauptstadt der Bundesrepublik Deutschland weilte, verglich er den Wesenskern
der beiden Staaten und kam zu dem Ergebnis, daß »Sozialismus und Kapitalismus sich ebensowenig vereinigen lassen wie Feuer und Wasser.«[21] Wer
wollte ihm widersprechen, wenn wir statt Kapitalismus freiheitliche Ordnung und statt Sozialismus Totalitarismus setzen. Freiheitliche Ordnung
war der Fundamentalkonsens der Bundesrepublik Deutschland über Jahrzehnte hinweg und sollte es auch weiter sein. Ein Jahr zuvor, am 4. April
1986, hat derselbe Erich Honecker auf dem Marx-Engels-Platz im Herzen
Berlins ein ehernes Standbild eingeweiht, das die beiden Freunde zeigt, aus
DDR-Sicht die größten Söhne des deutschen Volkes, die Klassiker des Kommunismus.[22] Inzwischen ist der »antifaschistische Schutzwall« eingestürzt
und der SED-Staat zusammengebrochen, ziemlich zeitgleich mit dem
ganzen kommunistischen Ostblock. Doch das freie, wiedervereinigte Berlin
sieht ebensowenig Veranlassung, die angeblichen oder tatsächlichen ideologischen Säulen der totalitären kommunistischen Welt zu beseitigen, wie der
Staat des Grundgesetzes. Dieses Verhalten ist doch nur dann vertretbar,
wenn wir unterstellen, daß die politisch Verantwortlichen davon überzeugt
sind, die Kommunisten hätten Marx und Engels mißbraucht, ihr humanitä-
res Vermächtnis verraten.
Dafür spricht auch die schier unglaubliche Entstehungsgeschichte der
MEGA, d.h. der Marx-Engels-Gesamtausgabe. Das Vorwort des auf 114
Bände angelegten Werkes klärt uns auf, daß KPdSU und SED Anfang der
60er Jahre die Initiatoren gewesen sind und auf diese Weise einem »drin-

genden Bedürfnis der Wissenschaft und der revolutionären Praxis« entsprochen wurde:

»Die Gesamtausgabe der Werke von Karl Marx und Friedrich Engels (MEGA) wird auf der Grundlage vereinbarter Beschlüsse des Zentralkomitees der Kommunistischen Partei der Sowjetunion und des Zentralkomitees der Sozialistischen Einheitspartei Deutschlands veröffentlicht. Sie ist eine Gemeinschaftsarbeit der Institute für Marxismus-Leninismus beim ZK der KPdSU und beim ZK der SED. Die MEGA enthält das gesamte literarische Erbe von Marx und Engels in den Originalsprachen: Ihre Werke und Artikel, Entwürfe und unvollendeten Manuskripte, die von ihnen verfaßten Dokumente der Arbeiterbewegung, ihre Briefe sowie ihre Exzerpte, Konspekte, Notizbücher und Randbemerkungen in Büchern.

Eine derartige Ausgabe entspricht dringenden Bedürfnissen der Wissenschaft und der revolutionären Praxis in der gegenwärtigen Epoche, da die marxistisch-leninistische Theorie im gesellschaftlichen Leben zunehmende Bedeutung gewinnt und die historische Größe der Leistung von Marx und Engels als Begründer des wissenschaftlichen Kommunismus immer überzeugender sichtbar wird.«[23]

Dank der friedlichen Revolution schrumpften die Initiatoren, KPdSU und SED, zu Schatten ihrer selbst zusammen, unfähig das Millionenprojekt fortzusetzen. In dieser mißlichen Lage wandte sich die MEGA-Stiftung Berlin e.V. am 25. April 1991 an den Bundeskanzler der Bundesrepublik Deutschland um Hilfe. Der Kanzler habe, so heißt es, seine kulturpolitische Kompetenz unter Beweis gestellt: »Natürlich, ließ er verlauten, werde die Edition weitergeführt. Der wichtigere der beiden Autoren sei schließlich Pfälzer gewesen.«[24] (Ein Pfälzer war Marx ebensowenig wie Hitler ein »böhmischer Gefreiter«, von Hindenburg verächtlich so genannt.) Dieses Entgegenkommen ist nur verständlich, wenn wir unterstellen, daß auch nach Ansicht Helmut Kohls die Freunde nicht mit den Verbrechen des *Schwarzbuchs* belastet werden dürfen, weil sie nicht (mit-)verantwortlich sind.

Würde uns erst das Mammutwerk in die Lage versetzen, die aufgeworfene Frage grundsolide zu beantworten, so wäre die Investition durchaus gerechtfertigt. Doch schon heute gibt es »Marx« in allen Variationen, insbesondere ungezählte Einzelveröffentlichungen, ausgewählte Werke und vor allem die Marx-Engels-Werke (MEW) in 42 Bänden und auf CD-ROM. Mit einzelnen Marx-Texten haben sich wohl auch die meisten politisch anspruchsvolleren Zeitgenossen befaßt. Aber allein die Marx-Engels-Werke, weit über 20 000 Seiten, sprengen praktisch die zeitlichen Möglichkeiten aller Studenten und der beruflich Tätigen. Das gilt um so mehr für die 114 Bände der MEGA, die in knapp 20 Jahren veröffentlicht sein sollen.

Um dennoch allen, die selbständig die aufgeworfene Frage nach der geistigen Urheberschaft der kommunistischen Massenmorde und der rechtlich-moralischen Verantwortung prüfen wollen, in die Lage zu versetzen, sich anhand der Originaltexte eine eigene Meinung zu bilden, bietet vorliegende Arbeit die einschlägigen Texte von Karl Marx und Friedrich Engels. Da die modernisierte Schreibweise der MEW die Lesbarkeit erleichtert, werden die Zitate in der Regel der MEW und nicht der MEGA entnommen, zumal weder MEGA[1] noch MEGA[2] so vollständig sind wie die MEW-Ausgabe. Der Einwand willkürlicher Auswahl ist naheliegend. Teil III 2 wird daher jene Texte präsentieren und analysieren, die manch sachkundiger Leser im Zitatenteil vermißt und die anscheinend andere Akzente setzen. Teil III bietet ferner neben einer Zusammenfassung (III 1) die Beurteilung des Studiosus Karl durch seinen Vater (III 3), eine Betrachtung über die Entwicklung Engels nach Marxens Tod (III 4), eine Ursachenforschung für den Welterfolg des Marxismus (III 5) und schließlich Gesichtspunkte für eine eigene Gewissenserforschung (III 6).

Die vorliegende Abhandlung knüpft auch mit dem Titel *Rotbuch* bewußt an das *Schwarzbuch des Kommunismus* an, wobei hier an die Stelle der Fakten Urkunden, das heißt Originalzitate, treten. Sie sind gleichsam die »parteiamtlichen« Verlautbarungen der geistigen Anführer der nie als geschlossene Einheit agierenden kommunistischen Weltbewegung.

Die Suche nach der Antwort auf die eingangs gestellte Frage ist eine Herausforderung für alle. Sie wendet sich insbesondere an jene, die irgendwie von den Totalitarismen des 20. Jahrhunderts betroffen gewesen sind: alle Menschen in Europa und Hunderte von Millionen in Asien, Afrika und Amerika. Nichts hat in der deutschen Geschichte nachhaltigere Spuren hinterlassen als der Nationalsozialismus und der Kommunismus. An den durch sie ausgelösten Verbrechen tragen wir noch lange. Beide Ismen sind unbestreitbar in erschreckendem Maße mit Deutschland und Deutschen verquickt. Selbst Lenin hatte deutsche Vorfahren.[25] Niemand vermag auszuschließen, daß der rote Terror etwaige mentale Barrieren der braunen Terroristen abbauen half. Stalins Brutalität war für Hitler vorbildlich. Wer immer sich in den namhaften Medien zu Worte meldet, legt ein Bekenntnis ab, daß sich derlei Verbrechen nie wiederholen dürfen. Ist dieser breite Konsens auch dann glaubwürdig, wenn die Ursachenforschung nur halbherzig betrieben wird, die möglichen geistigen Wurzeln nicht bloßgelegt werden? Gerade das früher so selbstbewußte »Volk der Dichter und Denker« muß sich Rechenschaft geben und Rechenschaft ablegen über die möglichen Wirkungen »bloßer Worte«. Wie groß ist der Wahrheitsgehalt jener Sentenz des jungen deutschen Philosophen Karx Marx: *Die Theorie ist fähig, die Massen zu ergreifen, sobald sie ad hominem demonstriert, und sie demonstriert ad hominem, sobald sie radikal wird.*[26] Welches war seine Theorie wirklich?

Die Erfahrungen mit dem Aufkommen des Nationalsozialismus haben den Parlamentarischen Rat gelehrt, Vorkehrungen auch gegen den Mißbrauch des Wortes zu treffen. So bestimmt Artikel 18 des Grundgesetzes: »Wer die Freiheit der Meinungsäußerung, insbesondere die Pressefreiheit (Artikel 5 Absatz 1), die Lehrfreiheit (Artikel 5 Absatz 3) … zum Kampfe gegen die freiheitliche demokratische Grundordnung mißbraucht, verwirkt diese Grundrechte.« Demnach können auch Worte eine Gefahr heraufbeschwören, kann die Gefährlichkeit von Worten objektiv festgestellt werden.

3. Zur Gliederung und Aufbereitung des Stoffes

Der Hauptteil II bringt – von Fußnoten abgesehen – nur einschlägige authentische Texte der beiden kommunistischen Klassiker. Die Beschränkung auf den Originalton soll der selbständigen Beurteilung durch den Leser dienen und dem Verdacht einer Verfremdung entgegenwirken.

Hauptteil II ist chronologisch nach einzelnen Jahren gegliedert. Mehrere Jahre sind zu Kapiteln zusammengefaßt, wobei sich die Strukturierung an Lebensabschnitten der Freunde orientiert. Zwei Publikationen bilden insofern eine Ausnahme, nämlich das *Manifest der Kommunistischen Partei* und *Das Kapital*. Da es sich um die wichtigsten Veröffentlichungen handelt, werden die Zitate aus diesen Werken in eigenen Kapiteln erfaßt.

Innerhalb der einzelnen Jahre finden die Briefe vorab Berücksichtigung. Sie bringen in der Regel das eigentliche Wollen der Autoren noch deutlicher zum Ausdruck als die für die Öffentlichkeit bestimmten Texte. Die Korrespondenz der Freunde untereinander wird den Briefen an Dritte vorangestellt, denn auch insofern gibt es ein Glaubwürdigkeitsgefälle. Für die Wertung ist ferner stets darauf zu achten, welchen Einfluß die Freunde auf die Herausgeber hatten, welchen Zwängen sie unterlagen, ob sie sich in einer pekuniären Abhängigkeit befanden. So mußte Marx als Chefredakteur der *Neuen Rheinischen Zeitung* auf die Zensur, auf die Aktionäre und die Leser Rücksicht nehmen; Herausgeber aber war er selbst. Die Artikel für die *New York Daily Tribune* sollten dem Lebensunterhalt der Familie Marx dienen und mußten deshalb alles, was dem Herausgeber mißfallen konnte, vermeiden. Nur untereinander durften sich die Freunde völlig frei von der Leber weg austauschen.

Viele umfangreichere Ausarbeitungen der Freunde lassen sich nicht exakt einem bestimmten Jahr zuordnen. Maßgebend ist dann der Zeitpunkt des Abschlusses der Arbeit oder, falls es zu einer Veröffentlichung gekommen ist, der Zeitpunkt der Erstveröffentlichung.

Die chronologische Aufbereitung wurde gewählt, um dem Leser die eigene Antwort auf die Frage nach Brüchen und Diskontinuitäten im Schaffen von Marx zu erleichtern. Diese Verfahrensweise hat zur Folge, daß der Leser manchen Aussagen gleichsam »über die Jahre hinweg« immer wieder begegnet. Redundanzen zu vermeiden war also kein Anliegen. Nur bei den Gedichten (II 1), die zeitlich eng beisammenliegen und kaum ideologisch geprägt sind, sondern die seelische Befindlichkeit des jungen Karl enthüllen, sollten Kostproben genügen. Sie stehen gleichsam für alle poetischen Versuche. Entsprechendes gilt für endlose Schimpfkanonaden.

Der Anhang (IV) bietet Marx betreffende Charakterstudien aus der Frühzeit (vor 1860) und einen Vergleich des Friedrich Engels mit Joseph Goebbels, der überraschende Parallelen unter Beweis stellt.

Die Marx- und Engels-Zitate sind – die Fußnoten ausgenommen – *kursiv* gesetzt, es sei denn, daß es sich um ganz kurze Texte handelt. Sie stehen zwischen An- und Abführungszeichen. **Halbfett** in den Zitaten bedeutet, daß die Worte im Original hervorgehoben sind, sei es durch Unterstreichen oder fette Buchstaben. Die Unterstreichungen in diesem Buch erfolgten seitens des Autors und dienen dazu, die Augen des eiligen Lesers rasch auf die aussagekräftigsten Stichworte oder Passagen zu lenken.

Die Fußnoten dienen der Erläuterung und der Kommentierung, die Anmerkungen am Ende jedes Hauptteils geben Aufschluß über die Fundstelle (a.a.O. verweist auf das Literaturverzeichnis; sind dort mehrere Titel des Autors aufgeführt, so folgt das Erscheinungsjahr). Das Sachregister erleichtert die Suche gewünschter Stichworte.

Anmerkungen

[1] Václav Havel »Ein Wort über das Wort«, Frankfurter Allgemeine Zeitung 16. 10. 89 S. 13.
[2] Bismarck a.a.O. S. 300.
[3] Die französische Originalausgabe erschien unter dem Titel »Le livre noir du communisme« 1997 in Paris. In der deutschen Ausgabe, München 1998, folgen auf Courtois' Schlußwort zwei Essays, die DDR betreffend.
[4] Courtois a.a.O. S. 16.
[5] Ausnahmen bilden Mecklenburg/Wippermann a.a.O.
[6] Courtois a.a.O. S. 795.
[7] Courtois a.a.O. S. 796.
[8] Zum *Manifest* siehe II 3.
[9] Ausführlich dazu Löw a.a.O. 1998 S. 12 f.

[10] MEW a.a.O. 1, 385.

[11] Hermann Weber »Was war der Kommunismus?«, Frankfurter Allgemeine Zeitung 16. 11. 89.

[12] Helmut Fleischer »Zur Historisierung des Sowjetsozialismus«, Universitas 7/89 S. 619.

[13] Gauche communiste, Flugblatt, »150e anniversaire du Manifeste«

[14] Marc Lazar »Die Neugestaltung der kommunistischen Ideologie in Westeuropa« in: Moreau a.a.O. S. 597.

[15] Der Briefwechsel befindet sich im Archiv des Verfassers.

[16] Heinrich August Winckler »Schlagt nach bei Marx«, Frankfurter Allgemeine Zeitung 19. 6. 98. S. 43.

[17] Courtois a.a.O. S. 796.

[18] Courtois a.a.O. S. 797.

[19] Courtois a.a.O. S. 808.

[20] Otto Kallscheuer »Wahrheit gegen Parteilichkeit«, DIE ZEIT 9. 7. 98.

[21] Presse- und Informationsamt der Bundesregierung »Offizieller Besuch des Generalsekretärs des Zentralkomitees der SED«, Bulletin Nr. 83 Bonn 10. 9. 87 S. 705.

[22] In den »Thesen des Zentralkomitees der Sozialistischen Einheitspartei Deutschlands zum Karl-Marx-Jahr 1983« heißt es auf der ersten Seite (Einheit/83 S. 10.): »Wir ehren in Karl Marx den größten Sohn des deutschen Volkes. Er begründete zusammen mit Friedrich Engels den wissenschaftlichen Sozialismus, die wissenschaftliche Weltanschauung, die Theorie und das Programm der revolutionären Arbeiterbewegung zur Schaffung einer von Ausbeutung freien Gesellschaft.«

[23] MEGA² I 1 a.a.O. S. 19*.

[24] Ulrich Raulff »Unter Klassikern«, Frankfurter Allgemeine Zeitung 7. 10. 98 S. 41.

[25] Siehe Günter Kruse »Hans Holthusen und seine Familie. Ein Revaler Fernhändler – Vorfahr von Lenin …«, Archiv für Sippenforschung 1989/90 S. 241 ff.

[26] MEW a.a.O. 1, 385.

»Die Theorie wird zur materiellen Gewalt« –
Marx und Engels im Original

>»85 Millionen Tote verdunkeln in keiner Weise
>das kommunistische Ideal. Sie stellen nur eine
>beklagenswerte Abweichung dar.«
>
> Ein Herausgeber der kommunistischen
> Zeitung *Humanité* nach: Alain Besançon[1]

>»Rechte Rächer ziehen eine gerade Linie von
>Marx zu Stalin, Gefühlslinke radieren sie zornig
>aus. Statt dessen wäre dem Gedanken nachzuge-
>hen, mit Hilfe welcher Marxschen Thesen Stalin
>sich derart monströs aufblasen konnte.«
>
> Michael Scharang,
> von 1973 bis 1978 Mitglied der
> Kommunistischen Partei Österreichs[2]

1. »Die Welt soll aus mir selbst entsteigen« (1835–1842)

Vorbemerkung: 1835 machte Marx Abitur. Seine Arbeiten – wie die seiner Klassenkameraden – sind erhalten geblieben. Im gleichen Jahr begann er das Studium der Rechtswissenschaften in Bonn. 1836 wechselte er nach Berlin, brach bald darauf das Jurastudium ab und sattelte um auf Philosophie. In dieser Zeit, insbesondere 1837, verfaßte er rund 150 Gedichte, von denen zwei zu seinen Lebzeiten (1841) veröffentlicht wurden.* In den Schulbüchern der DDR fand keines Berücksichtigung. (Im Folgenden werden Auszüge aus fünf Gedichten geboten, die für alle stehen.) Während 18 Briefe des Vaters an den Studiosus überlebt haben (siehe III 3), existiert nur ein Brief von Karl an den Vater. Mit einer Dissertation über »Differenz der demokritischen und epikuräischen Naturphilosophie« beendete Karl 1841 das Studium. 1842 wurde er Chefredakteur der *Rheinischen Zeitung*, die Ende 1841 Kölner Industrielle und Liberale gegründet hatten. Sie ahnten nicht, welche Pläne ihr »erster Mann« verfolgte.

Marx: *Ich halte es für unumgänglich, daß die »Rheinische Zeitung« nicht sowohl von ihren Mitarbeitern geleitet wird, als daß sie vielmehr umgekehrt ihre Mitarbeiter leitet.*[3] Engels 1886: *Der Kampf wurde noch mit philosophischen Waffen geführt, aber nicht mehr um abstrakt-philosophische Ziele; es handelte sich direkt um Vernichtung der überlieferten Religion und des bestehenden Staats. Und wenn in den »Deutschen Jahrbüchern« die praktischen Endzwecke noch vorwiegend in philosophischer Verkleidung auftraten, so enthüllte sich die junghegelsche Schule in der »Rheinischen Zeitung« von 1842 direkt als die Philosophie der aufstrebenden radikalen Bourgeoisie und brauchte das philosophische Deckmäntelchen nur noch zur Täuschung der Zensur.*[4]
Der strengen Zensur wegen verließ Marx das Blatt 1843. Gegen Ende dieses Jahres vollzog sich seine Hinwendung zum Kommunismus.

---

* Dazu Raddatz (a.a.O. S. 28): »Gewiß, aus den Versspielereien eines 18jährigen kann nicht sehr viel herausgelesen werden, aber die vollständige, nahezu rohe Formlosigkeit und gleichzeitige Trivialität der Verse sind dennoch erschreckend. Kaum vorstellbar, daß ein verliebter Jüngling sich so platt ausdrücken kann …«

────── **1835** ──────

Marx: Abiturientenarbeit; deutscher Aufsatz
Betrachtung eines Jünglings bei der Wahl eines Berufes
… Diese Wahl ist ein großes Vorrecht vor den übrigen Wesen der Schöpfung,
aber zugleich eine That, die sein ganzes Leben zu <u>vernichten</u>, alle seine Pläne
zu vereiteln, ihn unglücklich zu machen vermag. Diese Wahl ernst zu erwägen,
ist also gewiß die erste Pflicht des Jünglings, der seine Laufbahn beginnt, der
nicht dem Zufall seine wichtigsten Angelegenheiten überlassen will …
Leicht aber wird diese Stimme übertäubt, und, was wir für Begeisterung gehal-
ten, kann der Augenblick erzeugt haben, wird der Augenblick vielleicht auch
wieder <u>vernichten</u>. Unsere Phantasie ist vielleicht entflammt, unser Gefühl er-
regt, Scheinbilder gaukeln um unser Auge, und begierig stürzen wir zu dem
Ziele, von dem wir wähnen, die Gottheit selbst habe es uns gezeigt; aber, was
wir glühend an unseren Busen gedrückt, stößt uns bald zurück, und unsre ganze
Existenz sehn wir <u>vernichtet</u>.[*][5]
Haben wir dies alles erwägt und gestatten unsere Lebensverhältnisse, einen be-
liebigen Stand zu wählen, so mögen wir den ergreifen, der <u>uns die größte Würde</u>
gewährt, der auf Ideen gegründet ist, von deren Wahrheit wir durchaus über-
zeugt sind, der das größte Feld darbietet, um für die Menschheit zu wirken und
uns selbst dem allgemeinen Ziele zu nähern, für welche[s] jeder Stand nur ein
Mittel ist, der Vollkommenheit.
Die Würde ist dasjenige, was den Mann am meisten erhebt, was sein Handeln,
allen seinen Bestrebungen, einen höheren Adel leiht, was ihn unangetastet, <u>von</u>
<u>der Menge bewundert und über sie erhaben</u> dastehn läßt.[**][6]

---

[*] In keinem Abitur-Deutschaufsatz der Klassenkameraden kommt das Wort »vernichten« vor, in dem von Marx sechsmal! Auch später macht er davon ungewöhnlich häufig Gebrauch, so daß er sich schon als junger Mann den Spitznamen »Vernichter« (siehe Enzensberger a.a.O. S. 50) zuzieht. Hans Peter Schwarz (a.a.O.) weiß zu berichten: »Lenin hat den Terror aber nicht nur durch eine Reihe allgemeiner Erlasse organisiert. Es sind auch viele Einzelfälle bekannt, in denen er zu schärfstem Vorgehen aufgefordert hat. ›Vernichten‹ ist damals eine seiner Lieblingsvokabeln.«
[**] »… von der Menge bewundert und über sie erhaben«, zumindest letzteres verrät einen das ganze Leben hindurch konstanten Charakterzug. Das Vorgefundene vernichten und sich selbst Vergotten, beide Neigungen gehen von Anfang an Hand in Hand. Raddatz (a.a.O. S. 20) teilt diese Sicht: »Wir werden den gesamten Lebensplan des Karl Marx geprägt sehen von dieser Idee des Souveräns, des zeushaften – gar jahweähnlichen – obersten Richters, der seine Gesetze schafft, die für *ihn* gelten und nach denen sich andere zu richten haben; andere, die meist verachtet werden, haben sie sich gefügt oder nicht.«
Die Gedichte liefern eine lange Kette von Belegen. Wie schon in der Kapiteleinführung erwähnt, hat man in der DDR davon abgesehen, auch nur eines den Schulkindern vorzusetzen.

——— **1837** ———

Marx: *Des Verzweifelten Gebet*

Hat ein Gott mir alles hingerissen,
Fortgewälzt in Schicksalsfluch und Joch,
Seine Welten – alles – alles missen!
Eins blieb, die <u>*Rache*</u> *blieb mir doch!*

An mir selber will ich <u>*stolz*</u> *mich* <u>*rächen*</u>*,*
An dem Wesen, das da oben thront,
Meine Kraft sei Flickwerk nur von Schwächen,
Und mein Gutes selbst sei unbelohnt!

<u>*Einen Thron will ich mir auferbauen*</u>*,*
Kalt und riesig soll sein Gipfel sein,
Bollwerk sei ihm übermenschlich Grauen,
Und sein Marschall sei die düst're Pein !

Wer hinaufschaut mit gesundem Auge,
Kehre totenbleich und stumm zurück,
<u>*Angepackt von blindem Todeshauche*</u>*,*
Grabe selbst die Grube sich sein Glück.

Und des Höchsten Blitze sollen prallen
Von dem hohen, eisernen Gebäu,
Bricht er meine Mauern, meine Hallen,
<u>*Trotzend baut die Ewigkeit sie neu.*</u>[7]

Marx: *Schluß-Sonett an Jenny*

Kühn gehüllt in weiten Glutgewanden,
<u>*Lichtverklärt das stolzgehob'ne Herz*</u>*,*
Herrschend losgesagt von Zwang und Banden,
Tret' ich festen Schritt's durch weite Räume,
Schmett're vor Dein Antlitz hin den Schmerz,
Und zum Lebensbaum entsprühn die Träume![8]

Marx: *Lied*

Die Welt soll aus mir selbst entsteigen,
Zu meiner Brust, aus ihr sich neigen,
Ihr Flutensprung mein Lebensstrom,
Mein Seelenhauch ihr Ätherdom.«

Wohl wallt' ich fern, wohl kehr ich wieder,
Wohl trug ich Welten auf und nieder,
Wohl sprangen Stern' und Sonne drein,
Da zuckte Blitz, sie sanken ein.[9]

Marx: *Gefunden*

So rollt denn fort, ihr Lebenswogen,
Stürzt weiter, reißet ein die Bogen,
Von Freiheit golden angehaucht,
Wenn ihr aus Nichts entgeistert taucht.[10]

Marx: *Menschenstolz*

Doch die Seele fasset Alle,
Ist nur eine hohe Riesenglut,
Selber noch in ihrem Falle,
Reißt sie Sonnen in Vernichtungsflut.

Aus sich selber hebt sie siegend,
Auf sich zu des Himmels Sitz,
Götter in der Tiefe wiegend,
Und in ihrem Auge Donnrers Blitz.

Und ihr schwindelt nicht vor Stegen,
Wo der Gottgedanke geht,
Wagt ihn an der Brust zu pflegen,
Eig'ne Größe ist ihr Hochgebet.

Muß sie in sich selbst verzehren,
In der eig'nen Größe untergehn,
Dann tönt's, wo Vulkanen gären,
Und Dämonen weinend um sie stehn.

Trotzend will sie unterliegen,
Einen Thron erbaun für Riesenhohn,
Und ihr Fallen selbst ist Siegen,
Und ihr stolz Verschmähen Heldenlohn.
...
Dann werf' ich den Handschuh höhnend
Einer Welt ins breite Angesicht,
Und die Riesenzwergin stürze stöhnend,
Meine Glut erdrückt ihr Trümmer nicht.

Götterähnlich darf ich wandeln,
Siegreich ziehn durch ihr Ruinenreich,
Jedes Wort ist Glut und Handeln,
Meine Brust dem Schöpferbusen gleich.[11]

Marx: *Szenen aus Oulanem, Trauerspiel*

... Und dann hinab, versinken in dem Nichts,
Ganz untergehn, nicht sein, es wäre Leben,
Doch so gewälzt hoch auf dem Strom der Ewigkeit,
Wehmelodie zu brausen für den Schöpfer,
Hohn auf der Stirn! Brennt ihn die Sonne weg?
Vermess'ner Fluch in zwanggebannter Seele!
Vernichtung jauchzt der Blick in gift'gen Strahlen* ...[12]

——— **1841** ———

Dissertation

Vorrede

Die Form dieser Abhandlung würde einesteils streng wissenschaftlicher, ande-
rerseits in manchen Ausführungen minder pedantisch gehalten sein, wäre nicht
ihre primitive Bestimmung die einer Doktordissertation gewesen ...

---

* Arnold Künzli fällt in seiner Marx-Psychographie über diese Gedichte das vernichtende Urteil
(a.a.O. S. 168): »Dominierend waren in dieser Seele, die sich ihres ›dämonischen Abgrunds‹
dunkel bewußt war, der Trotz und der Hohn, Neid, Rache, Haß, Verachtung, der Trieb zur De-
struktion und Selbstvernichtung, aber auch zur Neuschöpfung der Welt aus sich selbst heraus,
gepaart mit einem unverhüllten Willen zur Macht und zur Selbstvergottung.«

*Sachverständige wissen, daß für den Gegenstand dieser Abhandlung <u>keine ir-
gendwie brauchbaren Vorarbeiten</u> existieren. <u>Was Cicero und Plutarch ge-
schwatzt haben, ist bis auf die heutige Stunde nachgeschwatzt worden.</u>*[13]

Marx: *Differenz der demokritischen und epikuräischen Naturphilosophie**
*Die Philosophie, solange noch ein Blutstropfen in ihrem weltbezwingenden, <u>abso-
lut freien Herzen</u> pulsiert, wird stets den Gegnern mit Epikur zurufen: Gottlos
aber ist nicht der, welcher mit den Göttern <u>des gemeinen Volkes</u> aufräumt, sondern der, welcher den Göttern die Vorstellungen <u>des gemeinen Volkes</u> andichtet.
Die Philosphie verheimlicht es nicht. Das Bekenntnis des Prometheus: Gerad-
heraus: <u>Die Götter haß' ich allesamt</u>*
*ist ihr eigenes Bekenntnis, ihr eigener Spruch gegen alle himmlischen und irdi-
schen Götter, die <u>das menschliche Selbstbewußtsein</u> nicht als <u>die oberste Gott-
heit</u> anerkennen. Es soll Keiner neben ihm sein.*
*Den tristen Märzhasen aber, die über die anscheinend verschlechterte bürger-
liche Stellung der Philosophie frohlocken, entgegnet sie wieder, was Prometheus
dem Götterbedienten Hermes:*
Mit deinem Dieneramte mein unselig Los –
Sollst wohl du wissen! – nicht vertauschen möcht ich's je!
Besser ja dünkt mich's, dienstbar sein dem Felsen hier,
Als »Vater Zeus« in Pflicht als »treuer Bote« stehn.
*Prometheus ist der vornehmste Heilige und Märtyrer im philosophischen Ka-
lender.*** [14]

Engels: *Ernst Moritz Arndt*
*… Allerdings ist es eine fixe Idee bei den Franzosen, daß der Rhein ihr Eigen-
tum sei, aber die einzige des deutschen Volkes würdige Antwort auf diese an-
maßende Forderung ist das Arndtsche: <u>»Heraus mit dem Elsaß und Lothringen!«</u>****
*Denn ich bin – vielleicht im Gegensatz zu vielen, deren Standpunkt ich sonst
teile – allerdings der Ansicht, daß die <u>Wiedereroberung</u> der deutschsprechenden
linken Rheinseite eine nationale Ehrensache, die <u>Germanisierung</u> des abtrünnig
gewordenen Hollands und Belgiens eine politische Notwendigkeit für uns ist.
Sollen wir in jenen Ländern die deutsche Nationalität vollends unterdrücken
lassen, während im Osten sich das Slawentum immer mächtiger erhebt?*[15]

---

* So der Titel der Dissertation.
** Im Original sind die Zitate der Dissertation in griechischer Sprache.
*** Diese Forderung hat er später verworfen (MEW a.a.O. 6, 284), aber nicht aus Friedfertig-
keit, wie andere Gebietsansprüche beweisen.

——— **1842** ———

Engels: *Schelling und die Offenbarung*
... So hat es denn die „hegelingische Rotte« kein Hehl mehr [sic!], daß sie das Christentum nicht mehr als ihre Schranke ansehen kann und will. Alle Grundprinzipien des Christentums, ja sogar dessen, was man bisher überhaupt Religion nannte, sind gefallen vor der unerbittlichen Kritik der Vernunft; die absolute Idee macht Anspruch darauf, die Gründerin einer neuen Ära zu sein. Die große Umwälzung, von der die französischen Philosophen des vorigen Jahrhunderts nur die Vorläufer waren, hat ihre Vollendung im Reiche des Gedankens, ihre Selbstschöpfung vollbracht. Die Philosophie des Protestantismus, von Descartes an, ist geschlossen; eine neue Zeit ist angebrochen, und es ist die heiligste Pflicht aller, die der Selbstentwicklung des Geistes gefolgt sind, das ungeheure Resultat ins Bewußtsein der Nation überzuführen und zum Lebensprinzip Deutschlands zu erheben. * [16]
Und das liebste Kind der Natur, der Mensch, als freier Mann nach den langen Kämpfen des Jünglingsalters, nach der langen Entfremdung zur Mutter zurückkehrend, sie schirmend gegen alle Phantome der im Kampfe erschlagenen Feinde, hat auch die Trennung von sich selber, die Spaltung in der eignen Brust überwunden. Nach undenklich langem Ringen und Streben ist der lichte Tag des Selbstbewußtseins über ihm aufgegangen. Frei und stark, auf sich vertrauend und stolz, steht er da, denn er hat den Kampf der Kämpfe gekämpft, er hat sich selbst überwunden und die Krone der Freiheit sich aufs Haupt gedrückt. Es ist ihm alles offenbar geworden und nichts war stark genug, sich gegen ihn zu verschließen. Jetzt erst geht ihm das wahre Leben auf. Wohin er früher in dunkler Ahnung strebte, das erreicht er jetzt mit vollem, freiem Willen. Was außer ihm, in nebelnder Ferne zu liegen schien, findet er in sich als sein eigen Fleisch und Blut. Er achtet es nicht, daß er es teuer erkauft, mit seinem bestem Herzblut erkauft hat, denn die Krone war des Blutes wert; die lange Zeit des Werbens ist ihm nicht verloren, denn die hohe, herrliche Braut, die er in die Kammer führt, ist ihm dadurch nur desto teurer geworden; das Kleinod, das Heiligtum, das er gefunden hat nach langem Suchen, war manchen Irrweg wert. Und diese Krone, diese Braut, dies Heiligtum ist das Selbstbewußtsein der Menschheit, der neue Gral, um dessen Thron sich die Völker jauchzend versammeln und der alle, die sich ihm hingeben, zu Königen macht, daß alle Herrlichkeit und Macht, alles Reich und Gewalt, alle Schönheit und Fülle dieser Welt zu ihren

---

* »Absolute Idee«, »Selbstschöpfung«, »neue Zeit«, das sind Schlagworte, die Unheil befürchten lassen. Sie entspringen maßlosem Selbstbewußtsein bei gleichzeitiger Verachtung aller anderen.

Füßen liegen und <u>zu ihrer Verherrlichung sich opfern muß.</u> Das ist unser Beruf, daß wir dieses Grals Tempeleisen werden, für ihn das Schwert um die Lenden gürten und unser Leben fröhlich einsetzen in den <u>letzten, heiligen Krieg,</u> dem <u>das tausendjährige Reich der Freiheit</u> folgen wird. Und das ist die Macht der Idee, daß jeder, der sie erkannt hat, nicht aufhören kann, von ihrer Herrlichkeit zu reden und ihre Allgewalt zu verkünden, daß er heiter und guten Muts alles andre wegwirft, wenn sie es heischt, daß er <u>Leib und Leben, Gut und Blut opfert,</u> wenn nur sie, nur sie durchgesetzt wird. Wer sie einmal geschaut hat, wem sie einmal im stillen nächtlichen Kämmerlein in all ihrem Glanze erschienen ist, der kann nicht von ihr lassen, der muß ihr folgen, wohin sie ihn führt und wär' es in den Tod ... Dieses Drängen und Stürmen der Völker und Heroen, über dem die Idee in ewigem Frieden schwebt und endlich herniedersteigt mitten in das Getreibe und seine innerste, lebendigste, selbstbewußte Seele wird, das ist die Quelle alles Heils und aller Erlösung; das ist das Reich, in dem jeder von uns an seinem Ort zu wirken und zu handeln hat. <u>Die Idee, das Selbstbewußtsein der Menschheit</u> ist jener wunderbare Phönix, der aus dem Kostbarsten, was es auf der Welt gibt, sich den <u>Scheiterhaufen</u> baut und verjüngt aus den Flammen, die eine alte Zeit <u>vernichten,</u> emporsteigt.* [17] ...

*Engels**: Der Triumph des Glaubens
...Doch der am weitsten links mit langen Beinen toset,
Ist **Oswald*****, grau berockt und pfefferfarb behoset,
Auch innen pfefferhaft, **Oswald** der Montagnard,
Der wurzelhafteste mit Haut und auch mit Haar.
<u>Er spielt **ein** Instrument: das ist die Guillotine,</u>
Auf ihr begleitet er stets **eine** Kavatine;
Stets tönt das Höllenlied, laut brüllt er den Refrain:
Formez vos bataillons! aux armes, citoyens!*

*Wer jaged hinterdrein mit wildem Ungestüm?
Ein schwarzer Kerl aus **Trier******, ein <u>markhaft Ungetüm.</u>
Er gehet, hüpfet nicht, er springet auf den Hacken
Und <u>raset voller Wut,</u> und gleich, als wollt' er packen
Das weite Himmelszelt und zu der Erde ziehn,*

---

* Der berauschende Tanz eines Berauschten um das eigene Ego. Alle Schranken sind gefallen. »Letzter, heiliger Krieg«! »Tausendjähriges Reich«! Opfer von »Leib und Leben, Gut und Blut« für die eigene Idee. Von nun an geht es darum, die widerspenstige Wirklichkeit der Philosophie anzupassen.
** Zusammen mit Edgar Bauer.
*** Pseudonym für Friedrich Engels.
**** Gemeint ist Karl Marx.

Streckt er die Arme sein weit in die Lüfte hin.
Geballt die böse Faust, so tobt er sonder Rasten,
Als wenn ihn bei dem Schopf zehntausend Teufel faßten.[18]

Engels: *Die innern Krisen*
Der Nutzen, der für die Besitzlosen daraus hervorgegangen ist, bleibt aber be-
stehen; es ist das Bewußtsein, daß eine Revolution auf friedlichem Wege eine
Unmöglichkeit *ist, und daß nur eine* gewaltsame Umwälzung *der bestehenden*
unnatürlichen Verhältnisse, ein radikaler Sturz *der adeligen und industriellen*
Aristokratie die materielle Lage der Proletarier verbessern kann. Von dieser gewaltsamen Revolution *hält sie noch die dem Engländer eigentümliche Achtung*
vor dem Gesetz zurück; bei der oben dargelegten Lage Englands kann es aber
nicht fehlen, daß in kurzer Zeit *eine* allgemeine Brotlosigkeit *der Proletarier*
eintritt, und die Scheu vor dem Hungertode wird dann stärker sein als die Scheu
vor dem Gesetz. Diese Revolution ist eine unausbleibliche für England *...*[*] [19]

2. »Rücksichtslose Kritik alles Bestehenden« (1843–1847)

Vorbemerkung: Der junge Kommunist Karl Marx bringt gleich die Grund-
akkorde seiner Empfindungen zum Klingen. Kritik und Selbstbewußtsein,
Atheismus. 1844 beginnt seine lebenslängliche Freundschaft mit Friedrich
Engels. Gemeinsam verfassen sie in den folgenden Jahren zwei voluminöse
Kampfschriften. 1845 erscheint *Die heilige Familie*, 1846 wird *Die deutsche
Ideologie* abgeschlossen. Daneben gibt es eine Vielzahl kürzerer Texte.

——— **1843** ———

Marx an Arnold Ruge[**]   *25. Januar*
Ich bin, wie ich Ihnen schon einmal geschrieben, mit meiner Familie zerfallen[***]*und habe, solang meine Mutter lebt, kein Recht auf mein Vermögen.*[20]

---

[*] Hier offenbart Engels seine Grundüberzeugung, die ihn jahrzehntelang begleitet: Die Lage
kann nur schlechter werden; gewaltsamer Umsturz muß sein. Auf der Asche des Alten ist der
Start nach Utopia besonders leicht möglich.
[**] Ruge (1802–1880), zunächst wie Marx ein radikaler Publizist, entwickelte sich zum Nationalliberalen.
[***] Offenbar hatte der Vater, der die Maßlosigkeit des Sohnes kannte, eine Art Verschwen-
dungspflegschaft verfügt, die den so Selbstbewußten schwer treffen mußte. Das Zerwürfnis
mit seiner Mutter bleibt bis zu ihrem Tod bestehen.

Marx an Arnold Ruge   13. März
Soeben kömmt der Vorsteher der hiesigen Israeliten zu mir und ersucht mich um eine Petition für die Juden an den Landtag, und ich will's tun. So widerlich mir der israelitische Glaube ist, so scheint mir Bauers Ansicht doch zu abstrakt. Es gilt <u>so viel Löcher in den christlichen Staat zu stoßen als möglich</u> und das Vernünftige, soviel an uns, einzuschmuggeln.*[21]

Marx an Arnold Ruge   Mai
Laßt die Toten ihre Toten begraben und beklagen. Dagegen ist es beneidenswert, <u>die ersten</u> zu sein, <u>die lebendig ins neue Leben eingehen;</u> dies soll unser Los sein. **[22]

Marx an Arnold Ruge   September
Ist die Konstruktion der Zukunft und das Fertigwerden für alle Zeiten nicht unsere Sache, so ist desto gewisser, was wir gegenwärtig zu vollbringen haben, ich meine die <u>rücksichtslose Kritik alles Bestehenden,</u> rücksichtslos sowohl in dem Sinne, daß die Kritik sich nicht vor ihren Resultaten fürchtet und ebenso wenig vor dem Konflikte mit den vorhandenen Mächten. ...
<u>Wir entwickeln der Welt aus den Prinzipien der Welt neue Prinzipien.</u> Wir sagen ihr nicht: Laß ab von deinen Kämpfen, sie sind dummes Zeug; wir wollen dir die wahre Parole des Kampfes zuschrein. Wir zeigen ihr nur, warum sie eigentlich kämpft, und das Bewußtsein ist eine Sache, die sie sich <u>aneignen</u> <u>muß, wenn sie auch nicht will.</u>[23]

Marx: *Zur Judenfrage*
*Dieser Staat sowohl als <u>das **Menschenkehricht**,</u>*** worauf er basiert ...*[24]
*Vor allem konstatieren wir die Tatsache, daß <u>die sogenannten **Menschenrechte**,</u>**** die **droits de l'homme** im Unterschied von dem **droits du citoyen**, nichts anderes sind als die Rechte des **Mitglieds der bürgerlichen Gesellschaft**, d.h. des egoistischen Menschen, des vom Menschen und vom Gemeinwesen getrennten Menschen.*[25]
Keines der <u>sogenannten Menschenrechte</u> geht also über den egoistischen Men-

---

* Das Zitat wird in der Regel hier abgebrochen, um Marx als Judenfreund auszuweisen. Doch erst die folgenden Sätze verraten das Motiv.
** Acht Jahre später urteilt Marx über Ruge (MEW a.a.O. 27, 575): »Wenn Sie mich fragen, wie ein A. Ruge, ein Mensch, der praktisch von jeher ganz unbrauchbar war, der theoretisch längst mit Tode abgegangen ist und sich nur durch klassisch konfusen Stil auszeichnet, wie er noch immer eine Rolle spielen kann, so bemerke ich zunächst, daß seine Rolle eine reine Zeitungslüge ist ...« Ähnlich urteilt er an anderer Stelle (MEW a.a.O. 5, 363).
*** Das eine Wort, von Marx mehrfach gebraucht, spricht Bände.
**** Affirmativ gebraucht Marx »Menschenrechte« nie.

schen hinaus, über den Menschen, wie er Mitglied der bürgerlichen Gesellschaft, nämlich auf sich, auf sein Privatinteresse und seine Privatwillkür zurückgezogenes und vom Gemeinwesen abgesondertes Individuum ist. Weit entfernt, daß der Mensch in ihnen als Gattungswesen aufgefaßt wurde, erscheint vielmehr das Gattungsleben selbst, die Gesellschaft, als ein den Individuen äußerlicher Rahmen, als Beschränkung ihrer ursprünglichen Selbständigkeit.[26]

Die Abstraktion des politischen Menschen schildert Rousseau richtig also: „Wer den Mut hat, einem Volke eine Rechtsordnung zu geben, muß sich fähig fühlen, sozusagen die __menschliche Natur__ zu __ändern, jedes Individuum__, das in sich selbst und für sich allein ein vollkommenes Ganzes ist, in den **Teil** eines größeren Ganzen umzuwandeln, von dem dieses Individuum in gewisser Weise sein Leben und Sein empfängt, an die Stelle einer physischen und unabhängigen eine **moralische Teilexistenz** zu setzen. __Er muß dem Menschen seine eigenen Kräfte__ nehmen, um ihm fremde dafür zu geben, die er nur mit Hilfe anderer gebrauchen kann.__“* [27]

Erst wenn der wirkliche __individuelle Mensch__ den abstrakten Staatsbürger in sich zurücknimmt und als individueller Mensch in seinem empirischen Leben, in seiner individuellen Arbeit, in seinen individuellen Verhältnissen, __Gattungswesen geworden__ ist, erst wenn der Mensch seine „forces propres“ als **gesellschaftliche** Kräfte erkannt und organisiert hat und daher die gesellschaftliche Kraft nicht mehr in der Gestalt der **politischen** Kraft von sich trennt, erst dann ist die __menschliche Emanzipation__ vollbracht.[28]

Betrachten wir den wirklichen weltlichen Juden, nicht den **Sabbatsjuden**, wie Bauer es tut, sondern den **Alltagsjuden**.

Suchen wir das Geheimnis des Juden nicht in seiner Religion, sondern suchen wir das Geheimnis der Religion im wirklichen Juden.

Welches ist __der weltliche Grund des Judentums__? Das **praktische** Bedürfnis, der **Eigennutz**.

Welches ist __der weltliche Kultus__ des Juden? __Der Schacher__. Welches ist sein weltlicher Gott? __Das Geld.__**

Nun wohl! Die Emanzipation vom **Schacher** und vom **Geld**, also vom praktischen, realen Judentum wäre die Selbstemanzipation unsrer Zeit.[29]

Wir erkennen also im __Judentum ein allgemeines gegenwärtiges antisoziales Element,__ welches durch die geschichtliche Entwicklung, an welcher die Juden in

---

* Hier vollzieht sich die Kopfgeburt des entmündigten, kollektivierten Menschen.

** Ulrich Höver in seinem Buch »Joseph Goebbels« (a.a.O. S. 157): »In bewußter oder unbewußter, jedenfalls fast wörtlicher Anlehnung an Karl Marx schrieb Goebbels über Max Grünbaum, den ›Allmächtigen der Tietz-Ramschbetriebe‹, er sei ›ein frommer Jude, das Geld ist sein Gott‹.«

dieser schlechten Beziehung eifrig mitgearbeitet, auf seine jetzige Höhe getrieben wurde, auf eine Höhe, auf welcher es sich notwendig auflösen muß. Die **Judenemanzipation** in ihrer letzten Bedeutung ist die Emanzipation der Menschheit vom **Judentum**.³⁰

Karl Marx: *Zur Kritik der Hegelschen Rechtsphilosophie*

Einleitung

Für Deutschland ist die **Kritik der Religion** *im wesentlichen* <u>beendigt</u>*, und die Kritik der Religion ist die Voraussetzung aller Kritik …*
Das **religiöse** *Elend ist in einem der* **Ausdruck** *des wirklichen Elendes und in einem die* **Protestation** *gegen das wirkliche Elend. Die* <u>Religion</u> *ist der Seufzer der bedrängten Kreatur, das Gemüt einer herzlosen Welt, wie sie der Geist geistloser Zustände ist. Sie ist das* <u>**Opium des Volks**</u>*.*
Die **Aufhebung der Religion als des illusorischen** *Glücks des Volkes ist die Forderung seines* **wirklichen** *Glücks. Die Forderung, die Illusionen über seinen Zustand aufzugeben, ist die* **Forderung,** *einen* **Zustand aufzugeben, der der Illusionen bedarf.** *Die* <u>Kritik der Religion ist also im Keim die</u> **Kritik des** <u>**Jammertales**</u>*, dessen* **Heiligenschein** *die Religion ist …*
Es ist also die **Aufgabe der Geschichte,** *nachdem das* **Jenseits der Wahrheit** *verschwunden ist, die* **Wahrheit des Diesseits** *zu etablieren. Es ist zunächst die* **Aufgabe der Philosophie,** *die im Dienste der Geschichte steht, nachdem die* **Heiligengestalt** *der menschlichen Selbstentfremdung entlarvt ist, die Selbstentfremdung in ihren unheiligen* **Gestalten** *zu entlarven.* <u>Die Kritik des Himmels</u> <u>verwandelt sich</u> *damit* <u>in die Kritik der Erde</u>*, die* **Kritik der Religion** *in die* **Kritik des Rechts,** *die* **Kritik der Theologie** *in die* **Kritik der Politik.**³¹
Krieg *den deutschen Zuständen! Allerdings! Sie stehn* **unter dem Niveau der Geschichte,** *sie sind* <u>**unter aller Kritik,**</u> *aber sie bleiben ein Gegenstand der Kritik, wie der Verbrecher, der unter dem Niveau der Humanität steht, ein Gegenstand des* <u>**Scharfrichters**</u> *bleibt. Mit ihnen im Kampf ist die Kritik keine Leidenschaft des Kopfs, sie ist der Kopf der Leidenschaft. Sie ist kein anatomisches Messer, sie ist eine* <u>**Waffe.**</u> *Ihr Gegenstand ist ihr* <u>**Feind,**</u> *den sie nicht widerlegen, sondern* <u>**vernichten**</u> *will.*³²
Es handelt sich darum, den Deutschen keinen Augenblick der Selbsttäuschung und Resignation zu gönnen. Man muß <u>**den wirklichen Druck noch drückender**</u> <u>**machen,**</u> *indem man ihm das Bewußtsein des Drucks hinzufügt, die Schmach noch schmachvoller, indem man sie publiziert. Man muß jede Sphäre der deutschen Gesellschaft als die* **partie honteuse** *[den Schandfleck] der deutschen Ge-*

sellschaft schildern, man muß diese versteinerten Verhältnisse dadurch zum Tanzen zwingen, daß man ihnen ihre eigne Melodie vorsingt![33]
Die Waffe der Kritik kann allerdings die Kritik der Waffen nicht ersetzen, die materielle Gewalt muß gestürzt werden durch materielle Gewalt, allein auch die Theorie wird zur materiellen Gewalt, sobald sie die Massen ergreift. Die Theorie ist fähig, die Massen zu ergreifen, sobald sie **ad hominem** demonstriert, und sie demonstriert **ad hominem,** sobald sie radikal wird. Radikal sein ist die Sache an der Wurzel fassen. Die Wurzel für den Menschen ist aber der Mensch selbst. Der evidente Beweis für den Radikalismus der deutschen Theorie, also für ihre praktische Energie, ist ihr Ausgang von der entschiedenen **positiven** Aufhebung der Religion.[34]
Nicht die **radikale** Revolution ist utopischer Traum für Deutschland, nicht die **allgemein menschliche** Emanzipation, sondern vielmehr die teilweise, die **nur** politische Revolution, die Revolution, welche die Pfeiler des Hauses stehen-läßt.[35]

Marx: *Kritische Randglossen*

Denn diese Zerrissenheit, diese Niedertracht, dies **Sklaventum der bürgerlichen Gesellschaft** ist das Naturfundament, worauf der **moderne** Staat ruht, wie die **bürgerliche Gesellschaft des Sklaventums** das Naturfundament war, worauf der **antike** Staat ruhte. Die Existenz des Staats und die Existenz der Sklaverei sind unzertrennlich.[36]

Engels: *Fortschritt der Sozialreform auf dem Kontinent*[*]

Seit ich mit englischen Sozialisten zusammenkomme, ist es immer ein wenig verblüffend für mich gewesen, daß die meisten von ihnen nur sehr wenig mit der sozialen Bewegung vertraut sind, die sich in verschiedenen Teilen des Kontinents entwickelt. Dabei gibt es doch in Frankreich über eine halbe Million Kommunisten, die Fourieristen und andere weniger radikale Sozialreformer gar nicht eingerechnet; in allen Teilen der Schweiz gibt es kommunistische Vereine, die Emissäre nach Italien, Deutschland und sogar nach Ungarn aussenden, und auch die deutsche Philosophie ist nach langen und mühseligen Umwegen schließlich und endgültig beim Kommunismus angelangt.
So sind die drei großen zivilisierten Länder Europas, England, Frankreich und Deutschland, alle zu dem Schluß gekommen, daß eine durchgreifende Revolution der sozialen Verhältnisse auf der Grundlage des Gemeineigentums jetzt zu einer dringenden und unvermeidlichen Notwendigkeit geworden ist. Dies Er-

---

[*] Dieser Text aus dem Jahre 1843 zeigt besonders deutlich, daß längst vor Marx und Engels die soziale Frage in Europa gestellt und angegangen wurde.

gebnis ist um so eindrucksvoller, als jede der drei erwähnten Nationen unabhängig von den anderen dazu gelangt ist; es kann keinen stärkeren Beweis als diesen geben, daß der <u>Kommunismus</u> nicht bloß die Konsequenz aus der besonderen Lage der englischen oder einer beliebigen anderen Nation ist, sondern eine <u>notwendige Folgerung</u>, die aus den Voraussetzungen, wie sie in den allgemeinen Bedingungen der modernen Zivilisation gegeben sind, unvermeidlich gezogen werden muß.

Es wäre daher wünschenswert, daß die drei Nationen einander verstünden, daß sie wüßten, inwieweit sie übereinstimmen und inwieweit sie nicht übereinstimmen, denn es muß auch Meinungsverschiedenheiten geben, da die Doktrin des Kommunismus in jedem der drei Länder einen anderen Ursprung hatte. Die Engländer kamen zu dem Ergebnis **praktisch**, durch die rasche Zunahme des Elends, der Demoralisierung und des Pauperismus in ihrem Vaterlande; die Franzosen **politisch**, indem sie zunächst politische Freiheit und Gleichheit forderten und, als sie dies unzureichend fanden, ihren politischen Forderungen auch noch die Forderung nach sozialer Freiheit und sozialer Gleichheit hinzufügten; <u>die Deutschen wurden **philosophisch** zu Kommunisten, durch Schlußfolgerungen aus ersten Prinzipien</u> ...*³⁷

Engels: *Frankreich*
*Die französische Revolution war der Ursprung der Demokratie in Europa. <u>Demokratie ist</u> – und so schätze ich alle Regierungsformen ein – ein <u>Widerspruch in sich</u>, eine <u>Unwahrheit</u>, im Grunde nichts als <u>Heuchelei</u> (Theologie, wie wir Deutschen es nennen). <u>Politische Freiheit ist Scheinfreiheit, die schlimmste Art von Sklaverei</u>, der Schein der Freiheit und deshalb die <u>schlimmste Knechtschaft</u>. Ebenso verhält es sich mit der politischen Gleichheit, deshalb muß die Demokratie so gut wie jede andere Regierungsform schließlich in Scherben gehen: Heuchelei kann keinen Bestand haben, der in ihr verborgene Widerspruch muß zutage treten; entweder richtige Sklaverei, das heißt unverhüllter Despotismus, oder <u>echte Freiheit und echte Gleichheit, das heißt Kommunismus.</u>**³⁸*

---

* Engels denkt natürlich zuerst an Marx. Weder hier noch an anderer Stelle behauptet Engels, Elend und Mitleid hätten Marx zum Kommunisten gemacht.
** Der blinde Fanatismus kennt nur das Entweder-Oder; dabei liegt die humane Lösung in der Mitte.

——— 1844 ———

Engels an Marx   19. November
*Es ist doch etwas ganz anderes, wenn man sich statt all dieser <u>Luftgebilde</u> – denn
selbst <u>der noch nicht realisierte Mensch</u> bleibt bis zu seiner Realisierung ein solches – mit wirklichen, lebendigen Dingen, mit historischen Entwicklungen und
Resultaten beschäftigt. Das ist wenigstens das Beste, solange wir noch allein auf
den Gebrauch der Schreibfeder angewiesen sind und <u>unsre Gedanken</u> nicht unmittelbar mit den Händen oder, wenn es sein muß, <u>mit den Fäusten realisieren</u>
können.*[39]

Engels: *Die Lage Englands*
*... die gebildeten Engländer, nach denen man auf dem Kontinent den Natio-
nalcharakter beurteilt, diese <u>Engländer</u> sind <u>die verächtlichsten Sklaven</u> unter
der Sonne.*[*] *Nur der auf dem Kontinent unbekannte Teil der englischen Nation, nur die Arbeiter, die Parias Englands, die Armen sind wirklich respektabel,
trotz all ihrer Rohheit und all ihrer Demoralisation.*[**] [40]
*Der Kampf ist bereits da. Die Konstitution ist in ihren Grundfesten erschüttert.
... Die neuen, fremdartigen Elemente in der Verfassung sind demokratischer
Natur; auch die öffentliche Meinung, wie sich zeigen wird, entwickelt sich nach
der demokratischen Seite hin; die nächste Zukunft Englands wird die Demokratie sein ...*
*Aber die bloße Demokratie ist nicht fähig, soziale Übel zu heilen. Die demo-
kratische Gleichheit ist eine Chimäre, <u>der Kampf der Armen gegen die Reichen
kann nicht auf dem Boden der Demokratie</u> oder der Politik überhaupt <u>aus-
gekämpft werden</u>. Auch diese Stufe ist also nur ein Übergang, das letzte rein politische Mittel, das noch zu versuchen ist und aus dem sich sogleich ein neues
Element, ein über alles politische Wesen hinausgehendes Prinzip entwickeln
muß.
Dies Prinzip ist das des Sozialismus.*[41]

---

[*] Engels an anderer Stelle (MEW a.a.O. 1, 569): »England ist unleugbar das freieste, d.h. am
wenigsten unfreie Land der Welt, Nordamerika nicht ausgenommen, und infolgedessen hat
der gebildete Engländer einen Grad angeborner Unabhängigkeit an sich, dessen kein Franzose, geschweige denn ein Deutscher, sich rühmen kann.« Dieser Text läßt sich nur schwer mit
dem vorausgegangenen Zitat in Einklang bringen.
[**] Damals wußte er noch nicht, daß sich der englische Arbeiter nicht vom »Marxismus« be-
eindrucken ließ.

Marx: Ökonomisch-philosophische Manuskripte

Arbeitslohn wird bestimmt durch den <u>feindlichen Kampf</u>* zwischen Kapitalist und Arbeiter.[42]

Die Erhöhung des Arbeitslohns führt **Überarbeitung** unter den Arbeitern herbei. Je mehr sie verdienen wollen, je mehr müssen sie ihre Zeit aufopfern und vollständig aller Freiheit sich entäußernd <u>im Dienst der Habsucht Sklavenarbeit</u> vollziehn. Dabei kürzen sie dadurch ihre Lebenszeit ab. Diese Verkürzung ihrer Lebensdauer ist ein günstiger Umstand für die Arbeiterklasse im ganzen, weil dadurch immer neue Zufuhr nötig wird. Diese Klasse muß immer einen Teil ihrer selbst opfern, um nicht ganz zugrunde zu gehn.[43]

Also selbst in dem Zustand der Gesellschaft, welcher dem Arbeiter am günstigsten ist, ist die notwendige Folge für den Arbeiter <u>Überarbeitung und früher Tod</u>, Herabsinken zur Maschine, Knecht des Kapitals, das sich ihm gefährlich gegenüber aufhäuft, neue Konkurrenz, <u>Hungertod</u> oder <u>Bettelei</u> eines Teils der Arbeiter.** [44]

Also im abnehmenden Zustand der Gesellschaft progressives Elend des Arbeiters, im fortschreitenden Zustand kompliziertes Elend, im vollendeten Zustand stationäres Elend.[45]

Aus der nationalen Ökonomie selbst, mit ihren eignen Worten, haben wir gezeigt, daß der <u>Arbeiter</u> zur Ware und <u>zur elendesten Ware</u> herabsinkt, daß das Elend des Arbeiters im umgekehrten Verhältnis zur Macht und zur Größe seiner Produktion steht, daß das notwendige Resultat der Konkurrenz die Akkumulation des Kapitals in wenigen Händen, also die fürchterlichere Wiederherstellung des Monopols ist

…

Die einzigen Räder, die der Nationalökonom in Bewegung setzt, sind die **Habsucht** und der **Krieg unter den Habsüchtigen, die Konkurrenz** …

Der <u>Arbeiter</u> wird <u>um so ärmer, je mehr Reichtum er produziert</u>, je mehr seine Produktion an Macht und Umfang zunimmt. Der Arbeiter wird eine um so wohlfeilere Ware, je mehr Waren er schafft. Mit der **Verwertung** der Sachen Welt nimmt die **Entwertung** der Menschenwelt in direktem Verhältnis zu.[46]

Man darf sagen, daß dieser Gedanke der **Weibergemeinschaft** das **ausgesprochne Geheimnis** dieses noch ganz rohen und gedankenlosen Kommunismus ist. Wie das Weib aus der Ehe in die allgemeine Prostitution, so tritt die ganze Welt des Reichtums, d.h. des gegenständlichen Wesens des Menschen, aus dem Verhältnis der exklusiven Ehe mit dem Privateigentum in das Verhältnis der universellen Prostitution mit der Gemeinschaft. Dieser <u>Kommunismus</u> – indem er

---

* Der Klassenkampf kann demnach nur im Kommunismus enden.
** Marx kennt nur die Alternative: Hungertod oder Kommunismus. Wer ihm vertraut, muß Kommunist werden.

die **Persönlichkeit** des Menschen überall <u>negiert</u> – ist eben nur der konsequente Ausdruck des Privateigentums, welches diese Negation ist. Der allgemeine und als Macht sich konstituierende **Neid** ist die versteckte Form, in welcher die **Habsucht** sich herstellt und nur auf eine **andre** Weise sich befriedigt. Der Gedanke jedes Privateigentums als eines solchen ist **wenigstens** gegen das **reichere** Privateigentum als Neid und Nivellierungssucht gekehrt, so daß dieses sogar das Wesen der Konkurrenz ausmachen. <u>Der rohe Kommunist ist nur die Vollendung dieses Neides</u> und dieser Nivellierung von dem **vorgestellten** Minimum aus.* [47]

Der **Kommunismus** als **positive** Aufhebung des <u>Privateigentums</u> als <u>menschlicher Selbstentfremdung</u> und darum als wirkliche **Aneignung** des **menschlichen** Wesens durch und für den Menschen; darum als vollständige, bewußt und innerhalb des ganzen Reichtums der bisherigen Entwicklung gewordne Rückkehr des Menschen für sich als eines **gesellschaftlichen,** d.h. menschlichen Menschen. Dieser Kommunismus ist als vollendeter Naturalismus = Humanismus, als vollendeter Humanismus = Naturalismus, er ist die **wahrhafte** Auflösung des Widerstreites zwischen dem Menschen mit der Natur und mit dem Menschen, die wahre Auflösung des Streits zwischen Existenz und Wesen, zwischen Vergegenständlichung und Selbstbestätigung, zwischen Freiheit und Notwendigkeit, zwischen Individuum und Gattung. Er ist <u>das aufgelöste Rätsel der Geschichte</u> und weiß sich als diese Lösung.** [48]

Indem aber für den sozialistischen Menschen die **ganze sogenannte Weltgeschichte** nichts anders ist als die Erzeugung des Menschen durch die menschliche Arbeit, als das Werden der Natur für den Menschen, so hat er also den anschaulichen, unwiderstehlichen <u>Beweis von seiner</u> **Geburt** <u>durch sich selbst,</u> von seinem **Entstehungsprozeß.***** Indem die **Wesenhaftigkeit** des Menschen und der Natur, indem der Mensch für den Menschen als Dasein der Natur und die Natur für den Menschen als Dasein des Menschen praktisch, sinnlich anschaubar geworden ist, ist die Frage nach einem **fremden** Wesen, nach einem Wesen über der Natur und dem Menschen – eine Frage, welche das Geständnis von der Unwesentlichkeit der Natur und des Menschen einschließt – praktisch unmöglich geworden. Der **Atheismus,** als Leugnung dieser Unwesentlichkeit, hat kei-

---

* Diese erschütternde Schilderung des »rohen Kommunisten« findet im »Schwarzbuch des Kommunismus« (Courtois a.a.O.) auf jeder Seite ihre historische Bestätigung. Einen anderen Kommunismus als den rohen kann es vor der Verwandlung des alten Menschen in einen neuen nicht geben.
** Der Kommunismus ist demnach das Optimum Maximum, die perfekte Utopie. Damit sie Wirklichkeit werde, ist jedes Opfer gerechtfertigt.
*** Hat der Mensch sich selbst erzeugt, so kann es schwerlich ein Recht geben, »das mit ihm geboren« (Faust in Goethes gleichnamigem Drama) wird, und der Mensch ist dann sein eigener oberster Gesetzgeber.

nen Sinn mehr, denn der Atheismus ist eine **Negation des Gottes** und setzt durch diese Negation das **Dasein des Menschen;** aber der Sozialismus als Sozialismus bedarf einer solchen Vermittlung nicht mehr; er beginnt von dem **theoretisch und praktisch sinnlichen Bewußtsein** des Menschen und der Natur als des **Wesens.** Er ist **positives** nicht mehr durch die Aufhebung der Religion vermitteltes **Selbstbewußtsein** des Menschen, wie das **wirkliche Leben** positive, nicht mehr durch die Aufhebung des Privateigentums, den **Kommunismus,** vermittelte Wirklichkeit des Menschen ist. <u>Der Kommunismus ist die Position als Negation der Negation,</u> darum das **wirkliche,** für die nächste geschichtliche Entwicklung notwendige Moment der menschlichen Emanzipation und Wiedergewinnung. <u>Der **Kommunismus** ist die notwendige Gestalt und das energische Prinzip der nächsten Zukunft,</u> aber der Kommunismus ist nicht als solcher das Ziel der menschlichen Entwicklung ...* [49]

_____ **1845** _____

Marx/Engels: *Die heilige Familie oder Kritik der kritischen Kritik. Gegen Bruno Bauer und Konsorten*
Die krititsche Kritik schafft Nichts. <u>Der Arbeiter schafft Alles,</u> ja so sehr Alles, daß er die ganze Kritik auch in seinen geistigen Schöpfungen beschämt; die englischen und französischen Arbeiter können davon Zeugnis ablegen. <u>Der Arbeiter schafft sogar **den Menschen;**</u> der Kritiker wird stets ein Unmensch bleiben, wofür er freilich die Genugtuung hat, kritischer Kritiker zu sein.** [50]
*Es handelt sich nicht darum, was dieser oder jener Proletarier oder selbst das ganze <u>Proletariat</u> als Ziel sich einstweilen **vorstellt.** Es handelt sich darum, **was es ist** und was es diesem **Sein** gemäß <u>geschichtlich zu tun gezwungen</u> sein wird. Sein Ziel und seine geschichtliche Aktion ist in seiner eignen Lebenssituation wie in der ganzen Organisation der heutigen bürgerlichen Gesellschaft sinnfällig, unwiderruflich vorgezeichnet.*** [51]
In den »Deutsch-Französischen Jahrbüchern« wurde nun dem Herrn Bauer entwickelt, daß diese »freie Menschlichkeit« und ihre »Anerkennung« nichts

---

* Doch was ist dann das Ziel der menschlichen Entwicklung?
** Derlei Sentenzen sind *einer* der Gründe, warum der Marxismus in den sozialistischen Parteien Aufnahme fand.
*** Diese Passage ist besonders aussagekräftig, zeigt sie doch, daß es nach Ansicht der Freunde nicht auf das Denken und Wollen des einzelnen Proletariers oder der Mehrheit der Proletarier ankommt, sondern auf die Einsicht seiner Führer. Diese Einsicht haben – nach ihrer persönlichen Einschätzung – nur Marx und Engels, wie aus allen einschlägigen Aussagen folgt, z.B. (MEW a.a.O. 36, 57): »Wichtig ist nur, daß sie jetzt endlich genötigt sind, unsre Theorie, die ihnen während der Internationale als von außen oktrojiert erschien, offen als die ihrige proklamieren müssen ...«

anders ist als die Anerkennung des **egoistischen, bürgerlichen Individuums**
und **der zügellosen** Bewegung der geistigen und materiellen Elemente, welche
den Inhalt seiner Lebenssituation, den Inhalt des **heutigen** bürgerlichen Lebens
bilden, daß die **Menschenrechte** den **Menschen** daher nicht von der Religion
befreien, sondern ihm die **Religionsfreiheit** geben, die nicht von dem Eigentum
befreien, sondern ihm die **Freiheit des Eigentums** verschaffen, ihn nicht von
dem Schmutz des Erwerbs befreien, sondern ihm vielmehr die **Gewerbefreiheit**
verleihen.*

Man zeigte nach, wie die <u>Anerkennung der Menschenrechte</u> durch den modernen Staat keinen andern Sinn hat als die <u>Anerkennung der Sklaverei</u> durch
den **antiken Staat**. Wie nämlich der antike Staat das Sklaventum, so hat der
moderne Staat die bürgerliche Gesellschaft zur **Naturbasis**, sowie den **Menschen** der bürgerlichen Gesellschaft, d. h. den unabhängigen, nur durch das
Band des Privatinteresses und der **bewußtlosen** Naturnotwendigkeit mit dem
Menschen zusammenhängenden Menschen, den **Sklaven** der Erwerbsarbeit
und seines eignen wie des fremden **eigennützigen** Bedürfnisses.** [52]

Der Gegensatz von **demokratischem** Repräsentativstaat und bürgerlicher Gesellschaft ist die Vollendung des **klassischen** Gegensatzes von öffentlichem Gemeinwesen und **Sklaventum**. In der modernen Welt ist jeder **zugleich** Mitglied
des Sklaventums und des Gemeinwesens. Eben das <u>Sklaventum der bürgerlichen Gesellschaft</u> ist <u>dem Schein nach die größte Freiheit</u>, weil die scheinbar
vollendete **Unabhängigkeit** des Individuums, welches die zügellose, nicht mehr
von allgemeinen Banden und nicht mehr vom Menschen gebundne Bewegung
seiner entfremdeten Lebenselemente, wie z.B. des Eigentums, der Industrie, der
Religion etc., für seine **eigne** Freiheit nimmt, während sie vielmehr seine vollendete Knechtschaft und Unmenschlichkeit ist. An die Stelle des **Privilegiums**
ist hier das **Recht** getreten. [53]

Engels: *Die Lage der arbeitenden Klasse in England*

Die Geschichte dieser Verbindungen ist eine lange Reihe von Niederlagen der
Arbeiter, unterbrochen von wenigen einzelnen Siegen. Es ist natürlich, daß alle
diese Anstrengungen das Gesetz der Ökonomie nicht ändern können, daß sich
der Lohn durch das Verhältnis der Nachfrage zum Angebot im Arbeitsmarkte
richtet. Daher sind diese <u>Verbindungen</u> gegen alle **großen** Ursachen, die auf dies
Verhältnis wirken, <u>ohnmächtig</u>; in einer Handelskrisis muß die Assoziation den
Lohn selbst herabsetzen oder sich gänzlich auflösen, und bei einer bedeutenden

---

* Marx will offenbar das Gegenteil, nämlich »Menschenrechte«, die dem Menschen seinen
Glauben, seine Familie, sein Eigentum rauben.
** Absurde Behauptungen! Wer sie für bare Münze nimmt, wird nicht länger für die Men-
schenrechte eintreten.

Steigerung der Nachfrage nach Arbeit kann sie den Lohn nicht höherstellen, als es ohnehin von selbst durch die Konkurrenz der Kapitalisten geschehen würde. Aber gegen kleinere, einzeln wirkende Ursachen sind sie allerdings mächtig.* [54] Die unglaubliche Häufigkeit dieser Arbeitseinstellungen beweist es am besten, wieweit der <u>soziale Krieg</u> schon <u>über England hereingebrochen</u> ist. Es vergeht keine Woche, ja fast kein Tag, wo nicht hier oder dort ein Strike vorkommt – bald wegen Lohnverkürzung, bald wegen verweigerter Lohnerhöhung, bald wegen Beschäftigung von Knobsticks, bald wegen verweigerter Abstellung von Mißbräuchen oder schlechten Einrichtungen, bald wegen neuer Maschinerie, bald aus hundert andern Ursachen. Diese Strikes sind allerdings erst Vorpostenscharmützel, zuweilen auch bedeutendere Gefechte; sie entscheiden nichts, aber sie sind der sicherste Beweis, daß die <u>entscheidende Schlacht zwischen Proletariat und Bourgeoisie</u> herannaht. Sie sind die <u>Kriegsschule</u> der Arbeiter, in der sie sich auf den <u>großen Kampf</u> vorbereiten, der nicht mehr zu vermeiden ist. …[55]

Wenn eine solche Verrücktheit bei der besitzenden Klasse existiert, wenn sie durch ihren augenblicklichen Vorteil so geblendet wird, daß sie selbst für die deutlichsten Zeichen der Zeit keine Augen mehr hat, so muß man wahrlich alle Hoffnungen auf eine friedliche Lösung der sozialen Frage für England aufgeben. Die einzig mögliche Auskunft bleibt eine <u>gewaltsame Revolution</u>, die ganz gewiß nicht ausbleiben wird.** [56]

Wenn sich bis dahin die englische Bourgeoisie nicht besinnt – und das tut sie allem Anschein nach gewiß nicht –, so wird eine <u>Revolution</u> folgen, <u>mit der sich keine vorhergehende messen kann.</u> Die zur Verzweiflung getriebenen Proletarier werden die Brandfackel ergreifen, von der Stephens ihnen gepredigt hat; die <u>Volksrache</u> wird mit einer Wut geübt werden, von der uns das Jahr 1793 noch keine Vorstellung gibt. Der <u>Krieg</u> der Armen gegen die Reichen wird <u>der blutigste</u> sein, der je geführt worden ist.*** [57]

Das Prophezeien ist nirgends so leicht als gerade in England, weil hier alles so klar und scharf in der Gesellschaft entwickelt ist. Die <u>Revolution **muß kommen,**</u> es ist jetzt schon zu spät, um eine friedliche Lösung der Sache herbeizuführen; aber milder kann sie allerdings werden, als die oben prophezeite. Das wird aber

---

* Immer wieder: Es kann keine Evolution zum Besseren geben. Auch Gewerkschaften können nichts Beachtliches ausrichten. Tatsache ist jedoch, daß es in England starke Kräfte gab, die darauf hinwirkten, die Lage der arbeitenden Klasse zu verbessern. Die vom Unterhaus eingesetzten Kommissare berichteten schonungslos, so daß sie Marx bei Abfassung des *Kapitals* als Gewährsmänner dienten. Doch diese Kräfte waren der ersehnten Revolution abträglich und wurden deshalb tunlichst ausgeblendet.
** In Wirklichkeit geriet England nicht einmal an den Rand einer Revolution.
*** Es kann gar nicht schlimm genug kommen.

weniger von der Entwicklung der Bourgeoisie, als von der des Proletariats abhängen. In demselben Verhältnis nämlich, in welchem das Proletariat sozialistische und kommunistische Elemente in sich aufnimmt, genau in demselben
Verhältnis wird die Revolution an Blutvergießen, Rache und Wut abnehmen.
... Ohnehin fällt es keinem Kommunisten ein, an einzelnen Rache üben zu wollen oder überhaupt zu glauben, daß der einzelne Bourgeois in den bestehenden
Verhältnissen anders handeln könne, als er handelt. Der englische Sozialismus
(d.h. Kommunismus) beruht geradezu auf diesem Prinzip der Unzurechnungs-
fähigkeit des einzelnen. Je mehr also die englischen Arbeiter sozialistische Ideen
in sich aufnehmen, desto mehr wird ihre jetzige Erbitterung, die es doch, wenn
sie so gewaltsam bleibt, wie sie jetzt ist, zu nichts bringen würde, überflüssig,
desto mehr werden ihre Schritte gegen die Bourgeoisie an Wildheit und Roheit
verlieren. Wäre es überhaupt möglich, das ganze Proletariat kommunistisch zu
machen, ehe der Kampf ausbricht, so würde er sehr friedlich ablaufen; das ist
aber nicht mehr möglich, es ist schon zu spät dazu.[58]

Engels: Rascher Fortschritt des Kommunismus in Deutschland
Die zweite Versammlung wurde eine Woche darauf im großen Saal des ersten
Hotels der Stadt abgehalten. Der Raum war mit »Respektspersonen« des Ortes
gefüllt. Herr Koettgen ... machte einige Bemerkungen über den zukünftigen
Stand und die Aussichten der Gesellschaft vom Standpunkt der Kommunisten,
wonach Herr Engels eine Rede hielt, in der er bewies (was man aus der Tatsache entnehmen kann, daß kein Wort dagegen gesagt wurde), daß der gegenwärtige Zustand in Deutschland derartig sei, daß er in sehr kurzer Zeit nichts
anderes als eine soziale Revolution erzeugen könne, daß diese nahe bevorstehende Revolution nicht durch irgendwelche möglichen Maßnahmen zur För-
derung des Handels und der Industrie abgewendet werden könne und daß das
einzige Mittel zur Verhinderung einer solchen Revolution – einer Revolution,
schrecklicher als alle gewöhnlichen Umstürze der Vergangenheit – die Einführung und die Verbreitung des kommunistischen Systems sei.[59]

Engels: Zwei Reden in Elberfeld
Mit derselben Sicherheit, mit der wir aus gegebenen mathematischen
Grundsätzen einen neuen Satz entwickeln können, mit derselben Sicherheit
können wir aus den bestehenden ökonomischen Verhältnissen und den Prinzipien der Nationalökonomie auf eine bevorstehende soziale Revolution
schließen. Sehen wir uns indes diese Umwälzung einmal etwas näher an; in
welcher Gestalt wird sie auftreten, was werden ihre Resultate sein, worin wird
sie sich von den bisherigen gewaltsamen Umwälzungen unterscheiden? Eine soziale Revolution, m[eine] H[erren], ist ganz etwas anderes als die bisherigen

politischen Revolutionen; sie geht nicht, wie diese, gegen das Eigentum des Monopols, sondern gegen das Monopol des Eigentums; eine <u>*soziale Revolution,*</u> <u>*m[eine] H[erren], das ist*</u> *der* <u>*offene Krieg der Armen gegen die Reichen.*</u> *Und solch ein Kampf, in dem alle die Triebfedern und Ursachen unverhohlen und offen zu ihrer Wirkung kommen, die in den bisherigen historischen Konflikten dunkel und versteckt zum Grunde lagen, solch ein Kampf droht allerdings heftiger und blutiger werden zu wollen als alle seine Vorgänger.*[60]

Engels: *Deutsche Zustände*
<u>*Der »glorreiche Befreiungskrieg«*</u> *von 1813/14 und 1815, die »glorreichste Periode der deutschen Geschichte« etc., wie sie genannt worden ist,* <u>*war ein Wahnsinn,*</u> *der jedem ehrlichen und intelligenten Deutschen noch manches künftige Jahr das Blut in die Wangen treiben wird. Gewiß, es gab damals ja viel Enthusiasmus, aber wer waren diese Enthusiasten? Zunächst* <u>*die Bauernschaft, die*</u> <u>*stupideste Menschenklasse auf Erden,*</u>* *eine Klasse, die, feudalen Vorurteilen anhängend, in Massen losbrach, bereit, lieber zu sterben, als jenen den Gehorsam aufzukündigen, diese, wie ehedem ihre Väter und Großväter, ihre Herren genannt hatte ...* [61]
... aber daß er [Napoleon I.] sich mit den alten antirevolutionären Dynastien verband, indem er die Tochter des österreichischen Kaisers heiratete, daß er, anstatt <u>*jede Spur des alten Europas zu zerstören,*</u> *lieber einen Kompromiß mit ihm zu schließen suchte, daß er nach der Ehre strebte, der Erste unter den europäischen Monarchen zu sein, und deshalb seinen Hof den ihrigen so ähnlich wie möglich machte – das war sein großer Fehler.*[62]

Marx: *Thesen über Feuerbach***
... Also nachdem z.B. die <u>*irdische Familie*</u> *als das Geheimnis der Heiligen Familie entdeckt ist,* <u>*muß nun*</u> *erstere selbst* <u>*theoretisch und praktisch vernichtet*</u> <u>*werden.*</u>[63]
Aber das <u>*menschliche Wesen*</u> *ist kein dem einzelnen Individuum inwohnendes Abstraktum. In seiner Wirklichkeit ist es das* <u>*ensemble der gesellschaftlichen*</u> <u>*Verhältnisse.****</u> [64]

---

* Immer wieder die kollektive Verachtung der Menschheit, der einzelnen Völker, Rassen, Stände.
** Dazu Engels 1886 (MEW a.a.O. 21, 264): »Dagegen habe ich in einem alten Heft von Marx die elf im Anhang abgedruckten <u>elf Thesen über Feuerbach</u> gefunden. Es sind Notizen für spätere Ausarbeitung, <u>rasch hingeschrieben</u>, absolut nicht für den Druck bestimmt, aber unschätzbar als das erste Dokument, worin der geniale Keim der neuen Weltanschauung niedergelegt ist.«
*** Damit wird die Individualität des Menschen weitestgehend verneint.

——— 1846 ———

Engels an Marx   18. Oktober

Die hiesigen Straubinger [wandernde Handwerker] bellen fürchterlich gegen mich. Namentlich 3–4 »gebildete« Arbeiter, die E[werbec]k und Grün in die Geheimnisse des wahren Menschentums eingeweiht. Aber ich bin vermöge einiger Geduld und etwas Terrorismus durchgedrungen, die große Menge geht mit mir. Der Grün hat sich vom Kommunismus losgesagt, und diese »Gebildeten« hatten große Lust, mitzugehen. Da hab' ich grade durchgehauen, den alten Eisermann so eingeschüchtert, daß er nicht mehr kommt, und den **Kommunismus** *oder* **Nicht-Kommunismus** *kontradiktorisch diskutieren lassen. Heut abend wird abgestimmt, ob die* <u>Versammlung kommunistisch</u> *ist* <u>oder</u>, *wie die Gebildeten sagen,* »<u>für das Wohl der Menschheit</u>«. *Die Majorität ist mir sicher. Ich hab' erklärt, wenn sie nicht* **Kommunisten** *wären, könnten sie mir gestohlen werden, da käm' ich nicht mehr. Heut abend werden die Schüler Grüns definitiv gestürzt, und dann werd' ich ganz aus dem Rohen anzufangen haben. – Von den Forderungen, die diese jebildeten Straubinger an mich machten, hast Du gar keine Vorstellung.* »<u>Milde</u>«, »<u>Sanftmut</u>«, »<u>warme Brüderlichkeit</u>«. *Ich hab' sie aber gehörig gerüffelt, jeden Abend bracht' ich ihre ganze Opposition von 5, 6, 7 Kerls … zum Schweigen.*[65]

Engels an Marx   Dezember

<u>Verhöhnen</u> *wir die* <u>Straubinger</u> **überhaupt**, *so können wir ihre schönen Dokumente immer mitnehmen; ist die Korrespondenz einmal eingeschlafen, so geht das ganz gut; der Bruch kommt allmählich und macht keinen Eklat …* **Theoretische** *Differenzen sind mit den Kerls kaum möglich, da sie keine Theorie haben und, sauf [ausgenommen] ihre stillen etwaige Bedenken, von uns belehrt sein wollen: formulieren können sie ihre Bedenken auch nicht, daher ist* <u>keine Diskussion mit ihnen möglich</u>, *außer etwa mündlich. Bei einem offnen Bruch würden sie diesen allgemeinen lernbegierigen kommunistischen Dusel gegen uns geltend machen: wir haben von den gelehrten Herren gerne lernen wollen, wenn sie was Ordentliches hatten usw … Es ist immer besser, sie nun ruhig laufen zu lassen, sie nur in Masse, en bloc anzugreifen, als einen Streit hervorzurufen, bei dem wir uns nur schmutzige Stiefel holen können. Uns gegenüber erklären sich diese Jungens für* »*das Volk*«, »*die Proletarier*«, *und* <u>wir können nur an ein kommunistisches Proletariat appellieren, das sich in Deutschland erst bilden soll.</u>*[66]

---

* Trotzdem sollten sie bereits 1848 – dem Kommunistischen Manifest gemäß – die Macht übernehmen.

Engels an das Kommunistische Korrespondenzkomitee   23. Oktober

Ich definierte also die Absichten der Kommunisten dahin: 1. die Interessen der Proletarier im Gegensatz zu denen der Bourgois durchzusetzen; 2. dies durch <u>*Aufhebung des Privateigentums*</u> *und Ersetzung desselben durch die Gütergemeinschaft zu tun; 3.* <u>*kein andres Mittel*</u> *zur Durchführung dieser Absichten anzuerkennen* <u>*als die gewaltsame, demokratische Revolution.*</u>[67]

Marx/Engels: *Die deutsche Ideologie. Kritik der neuesten deutschen Philosophie in ihren Repräsentanten Feuerbach, B. Bauer und Stirner, und des deutschen Sozialismus in seinen verschiedenen Propheten.*[*]

Aber selbst wenn diese Theorie, Theologie, Philosophie, Moral etc. in Widerspruch mit den bestehenden Verhältnissen treten, so kann es nur dadurch geschehen, daß die bestehenden gesellschaftlichen Verhältnisse mit der bestehenden Produktionskraft in Widerspruch getreten sind – was übrigens in einem bestimmten nationalen Kreise von Verhältnissen auch dadurch geschehen kann, daß der Widerspruch nicht in diesem nationalen Umkreis, sondern zwischen diesem nationalen Bewußtsein und der Praxis der anderen Nationen, d.h. zwischen dem nationalen und allgemeinen Bewußtsein einer Nation (wie jetzt in <u>*Deutschland*</u>*) sich einstellt – wo dieser Nation dann, weil dieser Widerspruch scheinbar nur als ein Widerspruch innerhalb des nationalen Bewußtseins erscheint, auch der Kampf sich auf diese nationale Scheiße zu beschränken scheint, eben weil diese* <u>*Nation die Scheiße an und für sich ist.*</u>[**]

Übrigens ist es ganz einerlei, was das Bewußtsein alleene anfängt …[68]

Diese »<u>*Entfremdung«,*</u> *um den Philosophen verständlich zu bleiben, kann natürlich nur unter zwei* **praktischen** *Voraussetzungen aufgehoben werden.* <u>*Damit sie eine »unerträgliche« Macht werde,*</u>[***] *d.h. eine Macht, gegen die man revolutioniert, dazu gehört, daß sie die Masse der Menschheit als durchaus »eigentumslos« erzeugt hat und zugleich im Widerspruch zu einer vorhandnen Welt des Reichtums und der Bildung …*[69]

Diese vorgefundenen Lebensbedingungen der verschiedenen Generationen entscheiden auch, ob die periodisch in der Geschichte wiederkehrende revolu-

---

[*] Dazu Engels in einem Brief an Eduard Bernstein am 12./13. Juni 1883 (MEW a.a.O. 36, 39): »Glauben Sie, daß es an der Zeit, eine *grenzenlos* freche Arbeit von Marx und mir von 1847, worin die jetzt auch im Reichstag sitzenden ›wahren Sozialisten‹ verarbeitet werden, im Feuilleton des ›Sozialdemokrat‹ zu drucken? Das Frechste, was je in deutscher Sprache geschrieben.«

[**] Sowohl in den Marx-Engels-Werken als auch in der MEGA¹ fehlt der zitierte Text beginnend mit: »(wie jetzt in Deutschland)« bis »diese Nation die Scheiße an und für sich ist.« Die Passage wurde offenbar unterschlagen, um dem deutschen Leser nicht allzuviel zuzumuten. In MEGA² wird Marx so zitiert werden, wie dies oben der Fall ist.

[***] Dieser Zustand ist herzustellen, tunlichst in der Wirklichkeit. Wenn das nicht geht, dann auf dem Papier und im Bewußtsein.

*tionäre Erschütterung stark genug sein wird oder nicht, die <u>Basis alles Beste-
henden umzuwerfen</u>, und wenn diese materiellen Elemente einer <u>totalen Um-
wälzung</u>, nämlich einerseits die vorhandnen Produktivkräfte, andererseits die
<u>Bildung einer revolutionären Masse</u>, die nicht nur gegen einzelne Bedingungen
der bisherigen Gesellschaft, sondern gegen die bisherige »Lebensproduktion«
selbst, die »Gesamttätigkeit«, worauf sie basiert, revolutioniert – nicht vorhanden sind, so ist es ganz gleichgültig für die praktische Entwicklung, ob die **Idee**
dieser Umwälzung schon hundertmal ausgesprochen ist – wie die Geschichte
des Kommunismus dies beweist.[70]
Er will das Bewußtsein über diese Tatsache etablieren, er will also, wie die übrigen Theoretiker, nur ein richtiges Bewußtsein über ein **bestehendes** Faktum
hervorbringen, während es dem wirklichen <u>Kommunisten</u> darauf ankommt,
dies Bestehende <u>umzustürzen</u>.[71]
Schließlich erhalten wir noch folgende Resultate aus der entwickelten Geschichtsauffassung: ... 4. daß sowohl zur massenhaften Erzeugung dieses kommunistischen Bewußtseins wie zur Durchsetzung der Sache selbst eine massenhafte <u>Veränderung der Menschen nötig</u> ist, die nur in einer praktischen Bewegung, in einer **Revolution** vor sich gehen kann; daß also die Revolution nicht
nur nötig ist, weil die **herrschende** Klasse auf keine andre Weise gestürzt werden kann, sondern auch, weil die stürzende Klasse nur in einer Revolution
dahin kommen kann, sich den ganzen alten Dreck vom Halse zu schaffen und
zu einer neuen Begründung der Gesellschaft befähigt zu werden.[72]
Der heilige Kirchenvater wird sich doch sehr wundern, wenn der jüngste Tag,
an dem sich dies alles erfüllet, über ihn hereinbricht – ein Tag, dessen Morgen-
rot der Widerschein <u>brennender Städte am Himmel</u> ist, wenn unter diesen
»himmlischen Harmonien« die Melodie der Marseillaise und Carmagnole mit
obligatem <u>Kanonendonner</u> an sein Ohr hallt, und die <u>Guillotine dazu den Takt
schlägt</u>; wenn die verruchte »Masse« ça ira, ça ira brüllt und das »Selbstbewußtsein« vermittelst der Laterne aufhebt.[73]
Der **Kommunismus** ist deswegen un[se]rm Heiligen rein unbegreiflich, weil die
[Ko]mmunisten weder den Egoismus gegen die Aufopferung noch die Aufopferung gegen den Egoismus geltend machen und theoretisch diesen Gegensatz
weder in jener gemütlichen noch in jener überschwenglichen, ideologischen
Form fassen, vielmehr seine materielle Geburtsstätte nachweisen, mit welcher
er von selbst verschwindet. <u>Die Kommunisten predigen überhaupt keine **Moral**</u>,
was Stirner im ausgedehntesten Maße tut. Sie stellen nicht die moralische Forderung an die Menschen: Liebet Euch untereinander, seid keine Egoisten pp.;
sie wissen im Gegenteil sehr gut, daß der Egoismus ebenso wie die Aufopferung
eine unter bestimmten Verhältnissen notwendige Form der Durchsetzung der
Individuen ist.[74]*

Daß die bisherigen Revolutionen innerhalb der Teilung der Arbeit zu neuen politischen Einrichtungen führen mußten, geht aus dem oben gegen Feuerbach Gesagten hervor; daß die kommunistische Revolution, die die Teilung der Arbeit aufhebt, die politischen Einrichtungen schließlich beseitigt, geht ebenfalls daraus hervor; und daß die kommunistische Revolution sich nicht nach den »gesellschaftlichen Einrichtungen erfinderischer sozialer Talente« richten wird, sondern nach den Produktivkräften, geht endlich auch daraus hervor.*⁷⁵
*Wir haben gezeigt, daß die gegenwärtigen Individuen das Privateigentum aufheben müssen, weil die Produktivkräfte und die Verkehrsformen sich soweit entwickelt haben, daß sie unter der Herrschaft des Privateigentums zu Destruktivkräften geworden sind, und weil der Gegensatz der Klassen auf seine höchste Spitze getrieben ist. Schließlich haben wir gezeigt, daß die Aufhebung des Privateigentums und der Teilung der Arbeit selbst die Vereinigung der Individuen auf der durch die jetzigen Produktivkräfte und den Weltverkehr gegebenen Basis ist.*⁷⁶
*Dieser Gegensatz wird täglich schärfer und drängt auf eine Krise hin. Wenn also die theoretischen Vertreter der Proletarier irgend etwas durch ihre literarische Tätigkeit ausrichten wollen, so müssen sie vor allem darauf dringen, daß alle Phrasen entfernt werden, die das Bewußtsein der Schärfe dieses Gegensatzes schwächen, alle Phrasen, die diesen Gegensatz vertuschen und wohl gar den Bourgeois Gelegenheit bieten, sich kraft ihrer philanthropischen Schwärmereien der Sicherheit halber den Kommunisten zu nähern. Alle diese schlechten Eigenschaften finden wir aber in den Stichwörtern der wahren Sozialisten, namentlich in dem »wahren Eigentum«. Wir wissen sehr gut, daß die kommunistische Bewegung nicht durch ein paar deutsche Phrasenmacher verdorben werden kann. Aber es ist dennoch nötig, in einem Lande wie Deutschland, wo die philosophischen Phrasen seit Jahrhunderten eine gewisse Macht hatten und wo die Abwesenheit der scharfen Klassengegensätze andrer Nationen ohnehin dem kommunistischen Bewußtsein weniger Schärfe und Entschiedenheit gibt, allen Phrasen entgegenzutreten, die das Bewußtsein über den totalen Gegensatz des Kommunismus gegen die bestehende Weltordnung noch mehr abschwächen und verwässern könnten.*⁷⁷

Marx/Engels: *Zirkular gegen Kriege***
Dieser Liebessabbelei entspricht es, daß Kriege in der »Antwort an Sollta«***

---

* Aufhebung der Arbeitsteilung ist so absurd und utopisch, daß sie nirgendwo auch nur ansatzweise versucht worden ist.
** Hermann Kriege (1820–1850), ein Journalist, leitete die Gruppe der deutschen »wahren Sozialisten« in New York.
*** Ein in New York lebender Deutschamerikaner.

und anderwärts den Kommunismus als den liebevollen Gegensatz des Egoismus darstellt und eine weltgeschichtliche revolutionäre Bewegung auf die paar Worte: Liebe – Haß, Kommunismus – Egoismus reduziert ... Diese feige, heuchlerische Darstellung des <u>Kommunismus</u> nicht als »<u>Zerstörung</u>«, sondern als »Erfüllung« der bestehenden schlechten Verhältnisse und der Illusionen, die sich die Bourgeois darüber machen, geht durch alle Nummern des »Volks-Tribunen« ... Welche entnervende Wirkung auf beide Geschlechter diese Liebesduselei ausüben und welche massenweise Hysterie und Bleichsucht sie bei den »Jungfrauen« hervorrufen muß, darüber möge Krieg selbst nachdenken.[78]
*Die <u>Kriegesche Religion</u> kehrt ihre schlagende Pointe hervor in folgendem Passus: »Wir haben noch etwas mehr zu tun, als für unser **lumpiges Selbst** zu sorgen, wir gehören der Menschheit.« Mit diesem <u>infamen und ekelhaften Servilismus</u> gegen eine von dem »Selbst« getrennte und unterschiedene »Menschheit«, die also eine metaphysische und bei ihm sogar eine religiöse Fiktion ist, mit dieser allerdings höchst »lumpigen« Sklavendemütigung endigt diese Religion, wie jede andere. Eine solche Lehre, welche die Wollust der Kriecherei und die Selbstverachtung predigt, ist ganz geeignet für tapfere – **Mönche**, aber nimmer für energische Männer, und gar in einer <u>Zeit des Kampfes</u>.[79]*

Marx/Engels: Brief des Brüsseler kommunistischen Korrespondenzkomitees
an G. A. Köttgen 15. Juni
...und wenn die dortigen Bourgeois sich da auch nicht anschließen, eh bien [nun gut], so schließt Euch ihnen einstweilen in öffentlichen Demonstrationen an, verfahrt jesuitisch, <u>hängt die deutschtümliche Ehrlichkeit, Treuherzigkeit und Biederkeit an den Nagel</u>, und unterzeichnet und betreibt die Bourgeoispetitionen für Preßfreiheit, Konstitution usw. Wenn das durchgesetzt ist, bricht eine neue Ära für die k[ommunistische] Propaganda an. Die Mittel für uns werden vermehrt, der <u>Gegensatz zwischen Bourgeoisie und Proletariat</u> wird <u>verschärft</u>. Man muß in einer Partei alles unterstützen, was voranhilft, und sich da keine langweiligen moralischen Skrupel machen.[80]

1847

Engels: *Der Status quo in Deutschland*
*<u>Die deutsche sozialistische Literatur wird von Monat zu Monat schlechter.</u> Sie beschränkt sich immer mehr auf die breiten Expektorationen jener **wahren Sozialisten,** deren ganze Weisheit sich auf ein Amalgam deutscher Philosophie und deutsch-biedermännischer Sentimentalität mit einigen verkümmerten kommunistischen Stichwörtern beläuft. Sie trägt eine <u>Friedlichkeit</u> zur Schau,*

die ihr sogar möglich macht, unter Zensur ihre tiefste Herzensmeinung zu sagen. Selbst die deutsche Polizei findet wenig an ihr auszusetzen – Beweis genug, daß sie nicht zu den progressiven, revolutionären, sondern zu den stabilen, reaktionären Elementen der deutschen Literatur gehört.

Zu diesen **wahren** Sozialisten gehören nicht nur diejenigen, die sich par excellence Sozialisten nennen, sondern auch der größte Teil der Schriftsteller in Deutschland, die den Parteinamen **Kommunisten** akzeptiert haben. Letztere sind sogar womöglich noch schlimmer.⁸¹

Marx: *Das Elend der Philosophie. Antwort auf Proudhons* *»Philosophie des Elends«*
*Inzwischen ist der Gegensatz zwischen Proletariat und Bourgeoisie ein Kampf von Klasse gegen Klasse, ein Kampf, der, auf seinen höchsten Ausdruck gebracht, eine <u>totale</u> Revolution bedeutet. Braucht man sich übrigens zu wundern, daß eine auf den Klassen**gegensatz** begründete Gesellschaft auf den brutalen **Widerspruch** hinausläuft, auf den <u>Zusammenstoß Mann gegen Mann</u> als letzte Lösung?*
Man sage nicht, daß die gesellschaftliche Bewegung die politische ausschließt. Es gibt keine politische Bewegung, die nicht gleichzeitig auch eine gesellschaftliche wäre.
*Nur bei einer Ordnung der Dinge, wo es keine Klassen und keinen Klassengegensatz gibt, werden die **gesellschaftlichen Evolutionen** aufhören, **politische Revolutionen** zu sein. Bis dahin wird am Vorabend jeder allgemeinen Neugestaltung der Gesellschaft das letzte Wort der sozialen Wissenschaft stets lauten: <u>»Kampf oder Tod; blutiger Krieg oder das Nichts.</u> So ist die Frage unerbittlich gestellt.«*** ⁸²

Engels: *Der Freihandelskongreß in Brüssel*
Zeitweise werden sie mehr als das <u>Existenzminimum</u> haben, aber dieses Mehr wird nur der Zusatzbetrag sein, der ihnen zu anderer Zeit – in der Zeit der industriellen Stagnation – wieder am Existenzminimum fehlt. Das heißt, daß während einer bestimmten Zeitspanne, die jeweils periodisch auftritt, in der die Wirtschaft den Kreislauf Prosperität, Überproduktion, Stagnation und Krise durchmacht – wenn wir den Durchschnitt dessen nehmen, was der Arbeiter über oder unter dem Existenzminimum erhält –, es sich herausstellt, daß er <u>im ganzen</u> weder mehr noch weniger als <u>das Minimum</u> erhalten hat; oder mit anderen Worten, daß die Arbeiterklasse sich als Klasse erhalten haben wird nach

---

* Pierre-Joseph Proudhon (1809–1865), namhafter Publizist, Soziologe und Ökonom, Theoretiker des Anarchismus.
** Was sind das für Alternativen! Marx nötigt seine Anhänger zu Kampf und blutigem Krieg.

großem Elend und großen Leiden und nachdem sie <u>viele Tote auf dem Schlacht-</u>
<u>feld der Industrie</u> zurückgelassen hat. Aber was macht das? Die Klasse existiert,
und sie existiert nicht nur, sie wird sich noch vergrößert haben. Dieses Gesetz,
daß <u>der niedrigste Lohnsatz der natürliche Preis der Ware Arbeit</u> ist, wird sich
in demselben Maße durchsetzen wie Ricardos Voraussage, daß der Freihandel
eine Realität werden wird ... So hat man zu wählen: Entweder muß man die
gesamte politische Ökonomie, wie sie gegenwärtig besteht, ablehnen, oder man
muß zulassen, daß unter der Handelsfreiheit die ganze Schärfe der Gesetze der
politischen Ökonomie gegen die arbeitende Klasse angewandt wird. Bedeutet
das, daß wir gegen den Freihandel sind? Nein, wir sind für den Freihandel, weil
durch den Freihandel alle ökonomischen Gesetze mit ihren höchst verblüffen-
den Widersprüchen in einem größeren Maßstabe und auf einem größeren Gebiet, auf der ganzen Erde wirksam werden, und weil aus der Vereinigung aller
dieser Widersprüche zu einer Gruppe sich unmittelbar gegenüberstehender Widersprüche der <u>Kampf</u> hervorgehen wird, der mit der Emanzipation des Proletariats endet.[83]

Engels: *Die Kommunisten und Karl Heinzen*
*Die <u>Kommunisten,</u> weit entfernt, unter den gegenwärtigen Verhältnissen mit
den Demokraten nutzlose Streitigkeiten anzufangen, treten vielmehr <u>für den</u>
<u>Augenblick</u> in allen praktischen Parteifragen selbst als <u>Demokraten</u> auf. Die
Demokratie hat in allen zivilisierten Ländern die <u>politische Herrschaft des Pro-</u>
<u>letariats</u> zur <u>notwendigen Folge</u>, und die politische Herrschaft des Proletariats
ist die erste Voraussetzung aller kommunistischen Maßregeln. <u>Solange die De-</u>
<u>mokratie noch nicht erkämpft ist, solange kämpfen Kommunisten und Demo-</u>
<u>kraten also zusammen,</u>* solange sind die Interessen der Demokraten zugleich
die der Kommunisten. Bis dahin sind die Differenzen zwischen beiden Partei-
en rein theoretischer Natur und können theoretisch ganz gut diskutiert werden,
ohne daß dadurch die gemeinschaftliche Aktion irgendwie gestört wird. Man
wird sich sogar über manche Maßregeln verständigen können, welche sofort
nach Erringung der Demokratie im Interesse der bisher unterdrückten Klassen
vorzunehmen sind, z.B. Betrieb der großen Industrie, der Eisenbahnen durch
den Staat, Erziehung aller Kinder auf Staatskosten etc.[84]*

Marx: *Die moralisierende Kritik und die kritisierende Moral*
*Die Schreckensherrschaft mußte daher in Frankreich nur dazu dienen, durch
ihre gewaltigen Hammerschläge die feudalen Ruinen wie vom französischen*

---

* Eine der zahlreichen Stellen, die alle Behauptungen, die Freunde seien Demokraten gewesen,
Lügen strafen.

Boden wegzuzaubern. Die ängstlich-rücksichtsvolle Bourgeoisie wäre in De
zennien nicht mit dieser Arbeit fertig geworden. Die <u>blutige Aktion des Volkes</u>
<u>bereitete</u> ihr also nur <u>die Wege</u>.[85]

Engels: *Grundsätze des Kommunismus*
<u>Die Arbeit ist eine Ware wie jede andere, und ihr Preis wird daher genau nach</u>
<u>denselben Gesetzen bestimmt</u> werden wie der jeder anderen Ware. <u>Der Preis</u>
einer Ware unter der Herrschaft der großen Industrie oder der freien Konkur
renz, was, wie wir sehen werden, auf eins hinauskommt, ist aber im Durch
schnitt <u>immer gleich den Produktionskosten</u> dieser Ware. Der Preis der Arbeit
ist also ebenfalls gleich den Produktionskosten der Arbeit. Die Produktionsko
sten der Arbeit bestehen aber in gerade so viel Lebensmitteln, als nötig sind, um
den Arbeiter in Stand zu setzen, arbeitsfähig zu bleiben und die Arbeiterklasse
nicht aussterben zu lassen. Der Arbeiter wird also für seine Arbeit nicht mehr
erhalten, als zu diesem Zwecke nötig ist; der Preis der Arbeit oder der Lohn wird
also das Niedrigste, das Minimum sein, was zum Lebensunterhalt nötig ist. Da
die Geschäftszeiten aber bald schlechter, bald besser sind, so wird er bald mehr,
bald weniger bekommen, gerade wie der Fabrikant bald mehr, bald weniger
für seine Ware bekommt. Aber ebenso wie der Fabrikant im Durchschnitt der
guten und schlechten Geschäftszeiten doch nicht mehr und nicht weniger für
seine Ware erhält als seine Produktionskosten, ebenso wird der <u>Arbeiter im</u>
<u>Durchschnitt auch nicht mehr und nicht weniger als eben dies Minimum</u> er
halten. Dies ökonomische Gesetz des Arbeitslohns wird aber um so strenger
durchgeführt werden, je mehr die große Industrie sich aller Arbeitszweige
bemächtigt.[*] [86]
*In **Deutschland** endlich steht der entscheidende Kampf zwischen der Bourgeoi*
sie und der absoluten Monarchie erst bevor. Da aber die Kommunisten nicht
eher auf den entscheidenden Kampf zwischen ihnen selbst und der Bourgeoisie
rechnen können, als bis die Bourgeoisie herrscht, so ist es das Interesse der Kom
munisten, die <u>Bourgeois sobald als möglich an die Herrschaft bringen</u> zu hel
fen, um sie <u>sobald wie möglich wieder zu stürzen.</u> Die Kommunisten müssen
also, gegenüber den Regierungen, stets für die liberalen Bourgeois Partei ergrei
fen und sich nur davor hüten, die Selbsttäuschungen der Bourgeois zu teilen
oder ihren verführerischen Versicherungen von den heilsamen Folgen des Siegs
der Bourgeoisie für das Proletariat Glauben zu schenken.[87]

---

[*] Dieses »eherne Lohngesetz« soll beweisen, daß die Lage der arbeitenden Klassen im Kapitalismus gar nicht verbessert werden kann. Alle Arbeitskampfmaßnahmen sind also letztlich
umsonst.

Engels: *Der Schweizer Bürgerkrieg*
Endlich also wird dem unaufhörlichen Großprahlen von der „Wiege der Frei-
heit«, von den „Enkeln Tells und Winkelrieds«, von den tapferen Siegern von
Sempach und Murten ein Ende gemacht werden! Endlich also hat es sich her-
ausgestellt, daß die Wiege der Freiheit nichts anders ist als das Zentrum der
Barbarei und die Pflanzschule der Jesuiten, daß die Enkel Tells und Winkelrieds
durch keine andern Gründe zur Raison zu bringen sind als durch Kanonenku-
geln, daß die Tapferkeit von Sempach und Murten nichts anders war als die
Verzweiflung brutaler und bigotter Bergstämme, die sich störrisch gegen die Zi-
vilisation und den Fortschritt stemmen!
Es ist ein wahres Glück, daß die europäische Demokratie endlich diesen ur-
schweizerischen, sittenreinen und reaktionären Ballast los wird. Solange die
Demokraten sich noch auf die Tugend, das Glück und die patriarchalische Ein-
falt dieser Alpenhirten beriefen, solange hatten sie selbst noch einen reak-
tionären Schein. Jetzt, wo sie den Kampf der zivilisierten, industriellen, modern
demokratischen Schweiz gegen die rohe, christlich-germanische Demokratie
der viehzuchttreibenden Urkantone unterstützen, jetzt vertreten sie überall den
Fortschritt, jetzt hört auch der letzte reaktionäre Schimmer auf, jetzt zeigen sie,
daß sie die Bedeutung der Demokratie im 19. Jahrhundert verstehen lernen.
Es gibt zwei Gegenden in Europa, in denen sich die alte christlich-germanische
Barbarei in ihrer ursprünglichsten Gestalt, beinahe bis aufs Eichelfressen, er-
halten hat, Norwegen und die Hochalpen, namentlich die Urschweiz. Sowohl
Norwegen wie die Urschweiz liefern noch unverfälschte Exemplare jener Men-
schenrasse, welche einst im Teutoburger Wald die Römer auf gut westfälisch mit
Knüppeln und Dreschflegeln totschlug ...
Seitdem hat man wenig mehr von ihnen gehört. Sie beschäftigten sich in aller
Gottseligkeit und Ehrbarkeit mit Kühemelken, Käsemachen, Keuschheit und
Jodeln. Von Zeit zu Zeit hielten sie Volksversammlungen, worin sie sich in
Hornmänner, Klauenmänner und andre bestialische Klassen spalteten und nie
ohne eine herzliche, christlich-germanische Prügelei auseinandergingen. Sie
waren arm, aber rein von Sitten, dumm, aber fromm und wohlgefällig vor dem
Herrn, brutal, aber breit von Schultern und hatten wenig Gehirn, aber viel
Wade.[88]
Jetzt aber scheint diese Sittenreinheit aber doch einmal in Grund und Boden
umgerührt werden zu sollen. Hoffentlich werden die Exekutionstruppen ihr
möglichstes tun, um aller Biederkeit, Urkraft und Einfalt den Garaus zu ma-
chen. Dann aber jammert, ihr Spießbürger! Dann wird es keine armen, aber
zufriednen Hirten mehr geben, deren ungetrübte Sorglosigkeit ihr euch für den
Sonntag wünschen könnt, nachdem ihr sechs Tage der Woche an Zichorienkaf-
fee und Tee von Schlehenblättern euren Schnitt gemacht habt! ... Doch lassen

wir das. Diese Urschweizer müssen mit noch ganz andern Waffen bekämpft werden als mit bloßem Spott. Die Demokratie hat sich noch wegen ganz andrer Dinge als wegen ihrer patriarchalischen Tugenden mit ihnen ins reine zu setzen.[89]

3. »Gewaltsamer Umsturz aller bisherigen Gesellschaftsordnung« – Das Manifest der Kommunistischen Partei (1848)[*]

Vorbemerkung: In der literarischen Hinterlassenschaft von Marx und Engels[**] gebührt dem *Manifest der Kommunistischen Partei* der höchste Stellenwert. Im Februar 1848 erstmals erschienen, ist es das »in der Welt weitest verbreitete Werk explizit politischer Literatur«[90] und wird als »Geburtsurkunde sozialistisch-kommunistischer Politikwissenschaft und Praxis«[91] gefeiert. »Schon vor der russischen Revolution von 1917 war das *Manifest* in einigen hundert Ausgaben in etwa 30 Sprachen erschienen ... Es dürfte nicht überraschen, daß die meisten Ausgaben auf Russisch (70) erschienen sind, dazu weitere 35 Ausgaben in den Sprachen des Zarenreiches ...«[92] Vor 30 Jahren hieß es bereits, es gebe in der Welt mehr als 1000 Ausgaben in nunmehr 100 Sprachen[93]. Inzwischen ist jeder Überblick verlorengegangen, wie das Karl-Marx-Haus in Trier auf Anfrage mitteilte.[94] Die Kenner sind sich einig, daß die nur 23 Seiten des *Manifests* die Kernaussagen des Marxismus enthalten, auch dessen, was später noch ausgeführt wurde. Daher erscheint es angezeigt, das Brisante des *Manifests* in einem eigenen Kapitel zu dokumentieren.

Ein Gespenst geht um in Europa – das Gespenst des Kommunismus. Alle Mächte des alten Europa haben sich zu einer <u>heiligen Hetzjagd</u> gegen dies Gespenst verbündet,[***] der Papst und der Zar, Metternich und Guizot, französische Radikale und deutsche Polizisten.[95]

Die <u>Kommunisten</u> sind also praktisch der entschiedenste, immer weitertreibende Teil der Arbeiterparteien aller Länder; sie <u>haben theoretisch vor der übrigen</u>

---

[*] Ausführlich dazu Löw a.a.O. 1998.

[**] Die besseren Gründe sprechen dafür, nicht nur Marx, sondern auch Engels als (Mit-)Autor zu bezeichnen, insbes. die Tatsache, daß das *Manifest* Engels' Grundsätze des Kommunismus (MEW 4, 363 ff.) auszugsweise fast wörtlich übernimmt. Andere Ansicht Kuczynski a.a.O. S. 35.

[***] Von »allen Mächten« kann nicht die Rede sein. In England konnten die Freunde jahrzehntelang agieren, ohne irgendwie behelligt zu werden. Engels selbst ist es, der dies an anderer Stelle bestätigt (MEW a.a.O. 1, 569): »Die Furcht vor dem Despotismus, der Kampf gegen die Macht der Krone, existieren in England seit 100 Jahren nicht mehr ...«

Masse des Proletariats <u>die Einsicht in die Bedingungen, den Gang und die allgemeinen Resultate der proletarischen Bewegung</u> voraus.

Der nächste Zweck der Kommunisten ist derselbe wie der aller übrigen proletarischen Parteien: Bildung des Proletariats zur Klasse, <u>Sturz der Bourgeoisie-
herrschaft</u>, Eroberung der politischen Macht durch das Proletariat.[96]

Was den Kommunismus auszeichnet, ist nicht die <u>Abschaffung des Eigentums</u>*
überhaupt, sondern die Abschaffung des bürgerlichen Eigentums.**

Aber das moderne bürgerliche Privateigentum ist der letzte und vollendetste
Ausdruck der Erzeugung und Aneignung der Produkte, die auf Klassengegensätzen, auf der Ausbeutung der einen durch die andern beruht.

<u>In diesem Sinn können die Kommunisten ihre Theorie in dem einen Ausdruck:
Aufhebung des Privateigentums, zusammenfassen.</u>[97]

<u>Aufhebung der Familie!</u> Selbst die Radikalsten ereifern sich über diese schänd-
liche Absicht der Kommunisten.

Worauf beruht die gegenwärtige, die bürgerliche Familie? Auf dem Kapital, auf
dem Privaterwerb. Vollständig entwickelt existiert sie nur für die Bourgeoisie;
aber sie findet ihre Ergänzung in der erzwungenen Familienlosigkeit der Proletarier und der öffentlichen Prostitution.

Die Familie der Bourgeois fällt natürlich weg mit dem Wegfall dieser ihrer Ergänzung, und beide verschwinden mit dem Verschwinden des Kapitals.[98]

Das Proletariat wird seine politische Herrschaft dazu benutzen, der <u>Bourgeoi-
sie</u> nach und nach <u>alles Kapital zu entreißen</u>, alle Produktionsinstrumente in
den Händen des Staats, d.h. des als herrschende Klasse organisierten Proletariats, zu zentralisieren und die Masse der Produktionskräfte möglichst rasch zu
vermehren.

Es kann dies natürlich zunächst nur geschehn vermittelst <u>despotischer Ein-
griffe</u> in das Eigentumsrecht und in die bürgerlichen Produktionsverhältnisse, durch Maßregeln also, die ökonomisch unzureichend und unhaltbar
erscheinen, die aber im Laufe der Bewegung über sich selbst hinaustreiben

---

* Wer die im folgenden aufgeführten Maßregeln genau besieht (insbes. 1., 2., 3.), kommt zu
der Erkenntnis, daß das Privateigentum praktisch sofort abgeschafft werden sollte. Der Angriff auf das Eigentum ist ein Angriff auf die Freiheit.
Josef Isensee (im Vorwort zu Leisner a.a.O. S. V): »Eigentum ist Menschenrecht. Darin hat es
gleichen Rang mit der Freiheit. Freiheit und Eigentum gehören zusammen. Diese Erkenntnis
steht am Anfang der menschenrechtlichen Entdeckungen und der verfassungsstaatlichen Entwürfe dreier Jahrhunderte. Freiheit und Eigentum lassen sich nicht voneinander lösen und ge-
sonderten Sphären zuweisen ...«
** Das »Lexikon der Völkermorde« (Heinsohn a.a.O. S. 20): »Am schmerzlichsten wird ein Begriff für die Opfer vermißt, die aus wirtschaftstheoretischen Gründen beseitigt wurden: die
Eigentümer. Im 20. Jahrhundert bilden sie die größte Opfergruppe. Sie werden der marxistischen Überzeugung dargebracht, daß Eigentum die Produktivkräfte fessele und die Nationen
arm halte.«

und als Mittel zur Umwälzung der ganzen Produktionsweise unvermeidlich sind.

Diese Maßregeln werden natürlich je nach den verschiedenen Ländern verschieden sein.

Für die fortgeschrittensten Länder werden jedoch die folgenden ziemlich allgemein in Anwendung kommen können:

1. <u>Expropriation des Grundeigentums</u> und Verwendung der Grundrente zu Staatsausgaben.
2. <u>Starke Progressivsteuer.</u>
3. <u>Abschaffung des Erbrechts.</u> *
4. <u>Konfiskation des Eigentums aller Emigranten und Rebellen.</u>
5. Zentralisation des Kredits in den Händen des Staats durch eine Nationalbank mit <u>Staatskapital</u> und ausschließlichem <u>Monopol.</u>
6. Zentralisation des Transportwesens in den Händen des Staats.
7. Vermehrung der Nationalfabriken, Produktionsinstrumente, Urbarmachung und Verbesserung der Ländereien nach einem gemeinschaftlichen Plan.
8. Gleicher <u>Arbeitszwang</u> für alle, Errichtung industrieller Armeen, besonders für den Ackerbau.
9. Vereinigung des Betriebs von Ackerbau und Industrie, Hinwirken auf die allmähliche Beseitigung des Unterschieds von Stadt und Land.
10. Öffentliche und unentgeltliche Erziehung aller Kinder. Beseitigung der Fabrikarbeit der Kinder in ihrer heutigen Form.** Vereinigung der Erziehung mit der materiellen Produktion usw.

Sind im Laufe der Entwicklung die Klassenunterschiede verschwunden und ist alle Produktion in den Händen der assoziierten Individuen konzentriert, so verliert die öffentliche Gewalt den politischen Charakter. Die <u>politische Gewalt</u> im eigentlichen Sinne ist die <u>organisierte Gewalt einer Klasse zur Unterdrückung einer andern.</u> Wenn das Proletariat im Kampfe gegen die Bourgeoisie sich notwendig zur Klasse vereint, durch eine Revolution sich zur herr-

---

* Wenn andere, z.B. Bakunin, ähnliche Forderungen erheben, dann ist das »gedankenloses Geschwätz« (MEW a.a.O. 16, 409): »Er schlägt eine Reihe von Beschlüssen vor, die, *an sich abgeschmackt,* darauf berechnet sind, den bürgerlichen Kretins Schrecken einzujagen und Herrn Bakunin erlauben, mit Eklat aus der Friedensligue *aus-* und in die Internationale *einzutreten.* Es genügt zu sagen, daß sein dem Berner Kongreß vorgeschlagenes Programm solche Absurditäten enthält wie die ›Gleichheit‹ der ›Klassen‹, ›Abschaffung des Erbrechts *als Anfang* der sozialen Revolution‹ etc. – gedankenlose Schwätzereien, ein Rosenkranz von hohlen Einfällen ...«
** Marx hat sich an anderen Stellen ausdrücklich für die Fabrikarbeit der Kinder ausgesprochen (s. Löw a.a.O. 1988, »Kinderarbeit«).

*schenden Klasse macht und als herrschende Klasse gewaltsam die alten Pro-
duktionsverhältnisse aufhebt, so hebt es mit diesen Produktionsverhältnissen
die Existenzbedingungen des Klassengegensatzes, die Klassen überhaupt und
damit seine eigene Herrschaft als Klasse auf.*

*An die Stelle der alten bürgerlichen Gesellschaft mit ihren Klassen und Klas-
sengegensätzen tritt eine Assoziation, worin die freie Entwicklung eines jeden
die Bedingung für die freie Entwicklung aller ist.* * 99*

*Auf Deutschland richten die Kommunisten ihre Hauptaufmerksamkeit, weil
Deutschland am Vorabend einer bürgerlichen Revolution steht und weil es diese
Umwälzung unter fortgeschritteneren Bedingungen der europäischen Zivilisation überhaupt und mit einem viel weiter entwickelten Proletariat vollbringt
als England im 17. und Frankreich im 18. Jahrhundert, die deutsche bürgerliche Revolution also nur das unmittelbare Vorspiel einer proletarischen Revolution sein kann.* *

*Mit einem Wort, die Kommunisten unterstützen überall jede revolutionäre Be-
wegung gegen die bestehenden gesellschaftlichen und politischen Zustände.*

*In allen diesen Bewegungen heben sie die Eigentumsfrage, welche mehr oder
minder entwickelte Form sie auch angenommen haben möge, als die Grund-
frage der Bewegung hervor ...*

*Die Kommunisten verschmähen es, ihre Ansichten und Absichten zu verheim-
lichen. Sie erklären es offen, daß ihre Zwecke nur erreicht werden können durch
den gewaltsamen Umsturz aller bisherigen Gesellschaftsordnung. Mögen die
herrschenden Klassen vor einer kommunistischen Revolution zittern. Die Proletarier haben nichts in ihr zu verlieren als ihre Ketten. Sie haben eine Welt zu
gewinnen.*

Proletarier aller Länder vereinigt euch![100]

---

* Eine freiheitliche Ordnung, wie sie das Grundgesetz für die Bundesrepublik Deutschland
verbürgt, ist damit nicht gemeint, da sich die Freunde stets gegen Grund- und Menschenrechte
aussprachen. Vieles deutet in Richtung herrschaftsfreie Utopie, irreale Anarchie oder auch Negation um der Negation willen.
** Wie unbewußte Selbstkritik klingen die Sätze, die die Freunde 1873 mit Blick auf den konkurrierenden Michael Bakunin formulierten (MEW a.a.O. 18, 440): »Die Hauptmittel der
Propaganda bestehen darin, daß man die Jugend durch erdichtete Schilderungen, Lügen über
die Ausdehnung und Macht der geheimen Gesellschaft, Prophezeiungen vom nahe bevorstehenden Ausbruch der von ihr vorbereiteten Revolution etc. – verleitet.«

4. »Vernichtungskampf und rücksichtslosen Terrorismus« (1848–1849)

Vorbemerkung: Im Februar 1848 war das *Manifest* erschienen, fast gleichzeitig mit dem Ausbruch der bürgerlichen Revolution in Frankreich. Ihr folgte im März die deutsche Revolution, wodurch es den Freunden möglich wurde, in ihre Heimat zurückzukehren und die *Neue Rheinische Zeitung* herauszubringen. Untertitel: »Organ der Demokratie«. *

Die Junirevolution in Paris 1848 war ein Arbeiteraufstand gegen die vom Volk gewählte Nationalversammlung und ihre Exekutivorgane. Marx und Engels stellten sich vorbehaltlos auf die Seite jener, die sich gegen die demokratisch legitimierte Macht erhoben. Diesen Standpunkt haben sie zeitlebens beibehalten, ein weiterer Beweis dafür, daß sie von den Spielregeln der Demokratie nichts hielten.

Die Autorenschaft der in der *Neuen Rheinischen Zeitung* (NRZ) erschienenen Artikel ist nicht immer zuverlässig festzustellen, da die Artikel nicht unterzeichnet sind. Wo im folgenden der Name fehlt, ist eine sichere Zuordnung nicht möglich.

Einige der im folgenden wiedergegebenen Zitate stammen weder von Marx noch von Engels. Der Autor ist dann meist Eduard Müller-Tellering. Gleichwohl ist es legitim, diese Texte hier zu präsentieren, da jede Nummer der *Neuen Rheinischen Zeitung* den Vermerk trägt: »Karl Marx, Redakteur en Chef«. Auch die Art und Weise, wie Marx diese Funktion nach eigener Bekundung und nach dem Urteil Dritter wahrnahm, rechtfertigt die Wiedergabe. So schreibt Marx an Engels: »In Deinem Artikel vom vorigen Freitag habe ich den ganzen Eingang weggestrichen, erstens, weil ich meine misgivings gegen die Östreicher hatte; zweitens, weil wir absolut unsre Sache nicht mit der der jetzigen deutschen Regierung identifizieren müssen.«[101] Bei anderer Gelegenheit: »Lassalle könnte als einer der Redakteure, unter strenger Disziplin, Dienste leisten. Sonst nur blamieren.«[102] An Lassalle schreibt Marx Heinrich Bürgers betreffend: »Er war allerdings nomineller Mitredakteur der ›NRhZ‹, hat aber nie an derselben geschrieben, außer einem Artikel, von dem ich die eine Hälfte strich und die andre umwandelte. Darüber war er so erzürnt (es war in den ersten Tagen der Zeitung), daß er ans allge-

---

* Obwohl das Blatt über knapp elf Monate hinweg fast täglich erschien, blieb das Wort »Kommunismus« – entgegen der trutzigen Ankündigung am Ende des *Manifests* (s. S. 62) – tabu. Man mußte sich, um halbwegs erfolgreich agieren zu können, ein demokratisches Mäntelchen umhängen (s. Löw a.a.O. 1996 S. 44 ff.) Auch wenn das Wort »Kommunismus« nicht fiel, war die Zeitung das »radikalste Blatt der damaligen deutschen Linken« (Rosdolsky a.a.O. S. 87).

meine Stimmrecht appellierte. Ich gab dies ausnahmsweise zu, gleichzeitig erklärend, auf einem Zeitungsbüro müsse Diktatur, nicht allgemeines Stimmrecht herrschen.«[103] Engels berichtet:»Die Verfassung der Redaktion war die einfache Diktatur von Marx. Ein großes Tageblatt, das zur bestimmten Stunde fertig sein muß, kann bei keiner anderen Verfassung eine folgerechte Haltung bewahren. Hier aber waren noch dazu Marx' Diktatur selbstverständlich, unbestritten, von uns allen gern anerkannt.«[104] Marx lobt Müller-Tellering mit den Worten:»Ihre Korrespondenzen sind unstreitig die besten, die wir erhalten, ganz unsrer Tendenz gemäß, und da sie aus unsrer Zeitung in französische, italienische und englische Journale übergegangen, haben Sie viel zur Aufklärung des europäischen Publikums beigetragen.«[105] Engels 1884 über »Marx und die ›Neue Rheinische Zeitung‹«[106]: »Im übrigen war der Ton des Blattes keineswegs feierlich, ernst oder begeistert. Wir hatten <u>lauter verächtliche Gegner und behandelten sie ausnahmslos mit der äußersten Verachtung</u>. Das konspirierende Königtum ..., die gesamte ›Reaktion‹, über die der Philister sich sittlich entrüstete – wir behandelten sie <u>nur mit Hohn und Spott</u>.«

1848

Engels an Marx   *21. Januar*
Was dem L. Blanc* angeht, so verdient der, gezüchtigt zu werden. Schreib eine Kritik seiner »Revolution« für die »D.-B.-Zeitung« und weis ihm praktisch nach, <u>wie sehr wie über ihm stehen</u>; freundschaftlich in der Form, aber <u>unsre Superiorität</u> entschieden festhaltend im Inhalt ... Man muß dem kleinen Sultan etwas bange machen. Die theoretische Seite ist leider Gottes einstweilen unsere einzige Stärke ... [107]

Marx an Engels   *vor dem 25. April*
Jetzt ist es aber nötig, daß Du <u>Deinem Alten gegenüber Forderungen</u> stellst und überhaupt **definitiv** *erklärst, was in Barmen und Elberfeld zu machen ist.*[108]

Marx an Engels   *Mitte November*
<u>Dein Alter ist ein Schweinhund</u>, dem wir einen hundsgroben Brief schreiben werden.[109]

---

* Jean-Joseph-Louis Blanc (1811–1882) war ein französischer Sozialist, Journalist und Historiker. Er vertrat, gemäß dem Personenverzeichnis der MEW (z.B. 35, 556), »den Standpunkt der Klassenversöhnung«.

Marx an Engels   29. November
Ich habe einen <u>sichern Plan</u> entworfen, <u>Deinem Alten Geld auszupressen</u>, da wir jetzt keins haben. Schreib einen Geldbrief (möglichst graß an mich), worin Du Deine bisherigen Fata erzählst, aber so, daß ich ihn Deiner Mutter mitteilen kann. Der Alte fängt an, Furcht zu bekommen. ⃰ 110

Engels   NRZ 18. Juni
*Der Aufstand mag endigen wie er will, ein <u>Vernichtungskrieg der Deutschen gegen die Tschechen</u> bleibt jetzt die einzige mögliche Lösung …
In dem großen <u>Kampfe zwischen dem Westen und dem Osten Europas</u>, der in sehr kurzer Zeit – vielleicht in einigen Wochen – hereinbrechen wird, stellt ein unglückliches Verhängnis die Tschechen auf die Seite der Russen, auf die Seite des Despotismus gegen die Revolution. <u>Die Revolution wird siegen</u>, und die Tschechen werden die Ersten sein, die von ihr erdrückt werden.* ⃰⃰
Die Schuld für diesen Untergang der Tschechen tragen wieder die Deutschen. Es sind die Deutschen, die sie an Rußland verraten haben. ⃰⃰⃰ 111

NRZ 27. Juni
*… <u>**Paris im Blut schwimmend**</u>**, die Insurrektion** *entwickelt zur* **größten Revolution, die je stattgefunden,** *zur* **Revolution des Proletariats gegen die Bourgeoisie** *– das sind unsre neuesten Nachrichten aus Paris. In riesenhaften Umrissen dieser* **Junirevolution** *genügen nicht drei Tage wie der* **Julirevolution** *und der* **Februarrevolution,** *aber der* **Sieg des Volks** *ist unzweifelhafter als je. Die* **französische Bourgeoisie** *hat gewagt, was nie die französischen Könige gewagt haben:* **Sie hat ihr Los selbst geworfen.** *Mit diesem zweiten Akt der* **Französischen Revolution** *beginnt erst die* <u>**europäische Tragödie.**</u> ⃰⃰⃰⃰ 112

Engels   NRZ 29. Juni
Die Tapferkeit, mit der die Arbeiter [in Paris] sich geschlagen haben, ist wahrhaft wunderbar … Ihren Toten werden nicht die Ehren erwiesen werden, wie

---

⃰ So erpresserisch benahm sich Marx auch seinen Eltern gegenüber, was bei seiner maßlosen Verschwendungssucht zum Bruch führen mußte.
⃰⃰ Man spürt geradezu, wie Engels angesichts dieser Entwicklung frohlockt.
⃰⃰⃰ Eine der zahlreichen falschen Vorhersagen. Zu dem großen Kampf, den Marx und Engels heiß ersehnten, ist es nicht gekommen. Die Tschechen wurden nicht »erdrückt«. Die deutsche Schuld ist eine Fiktion. Für die Freunde waren eben wechselseitige Zugeständnisse indiskutabel.
⃰⃰⃰⃰ »Die europäische Tragödie« war der sehnlichste Wunsch der Freunde, die nach Kräften herbeigeredet und gefördert werden sollte. Dieser Wunsch hat sich nicht erfüllt.

den Toten des Juli und des Februar; aber die Geschichte wird ihnen einen ganz
andern Platz anweisen, den Opfern der ersten entscheidenden Feldschlacht des
Proletariats.* [113]

Marx   NRZ 29. Juni
*Die tricolore Republik trägt nur mehr **eine Farbe**, die Farbe der Geschlagenen,
die **Farbe des Bluts**. Sie ist zur <u>**roten Republik**</u> geworden.* [114]
*Der tiefe Abgrund, der sich vor uns eröffnet hat, darf er die Demokraten irren,
darf er uns wähnen lassen, die Kämpfe um die Staatsform seien inhaltlos, illu-
sorisch, null?*
*Nur schwache, feige Gemüter können die Frage aufwerfen. Die Kollisionen,
welche aus den Bedingungen der bürgerlichen Gesellschaft selbst hervorgehen,
sie müssen durchkämpft, sie können nicht wegphantasiert werden. Die beste
Staatsform ist die, worin die gesellschaftlichen Gegensätze nicht verwischt,
nicht gewaltsam, also nur künstlich, also nur scheinbar gefesselt werden. Die
beste Staatsform ist die, worin sie zum freien Kampf und damit zur Lösung
kommen.***
*Man wird uns fragen, ob wir keine Träne, keinen Seufzer, kein Wort für die
Opfer haben, welche vor der Wut des Volkes fielen, für die Nationalgarde, die
Mobilgarde, <u>die republikanische Garde</u>, die Linie?*
*Der Staat wird ihre Witwen und Waisen pflegen, Dekrete werden sie verherr-
lichen, feierliche Leichenzüge werden ihre Reste zur Erde bestatten, die offizielle
Presse wird sie unsterblich erklären, <u>die europäische Reaktion wird ihnen hul-
digen</u>*** vom Osten bis zum Westen.*
*Aber die Plebejer, vom Hunger zerrissen, von der Presse geschmäht, von den
Ärzten verlassen, von den Honetten Diebe gescholten, Brandstifter, Galeeren-
sklaven, ihre Weiber und Kinder in noch grenzenloseres Elend gestürzt, ihre besten Lebenden über die See deportiert – ihnen den Lorbeer um die drohend fin-
stere Stirn zu winden, das ist das **Vorrecht**, das ist das **Recht der demokratischen Presse**.***** [115]

Engels   NRZ 9. Juli
*Wie rührend! Herr Bauer aus Krotoschin ist so sehr von Teilnahme an der Zu-
kunft des polnischen Volks in Anspruch genommen, daß er über seine Vergan-*

---

* Mit »Juli« ist der Sturz der Bourbonendynastie 1830 gemeint, mit »Februar« der Sturz der
Monarchie Louis-Philippes 1848.
** Also keine Kompromisse. Marxens Worte sind das Bekenntnis zur totalitären Beseitigung
der Gegensätze und – in letzter Konsequenz – zur totalen Beseitigung des Gegners.
*** Gemeint sind die Opfer, die auf der Seite der demokratisch Legitimierten gefallen waren.
**** Die »demokratische Presse« windet denen, die die Demokratie mit Waffengewalt beseiti-
gen wollen, Lorbeer um die Stirn!

genheit, über die <u>Barbareien der preußischen Soldateska, der Juden und Deutschpolen</u> »einen Schleier ziehen« möchte!116

Engels   NRZ 11. Juli
Behauptet Herr Kühlwetter etwa allen Ernstes auch nur ein kleiner Teil der <u>Brutalitäten und Grausamkeiten</u> sei bestraft worden, die die preußische Soldateska verübt, die die Beamten zugelassen und unterstützt, <u>denen die Deutschpolen und Juden Beifall zugejubelt</u> haben? ... Von dem Fall einer Revolution, wo die <u>Teilung der Gewalten</u> ohne »ein besonderes Gesetz« <u>aufhört</u>, spricht Herr Kühlwetter gar nicht.
... Wir haben die staatspilosophische Fülle der Kühlwetterschen Rede genugsam bewundert. Betrachten wir jetzt den Zweck, den eigentlichen, praktischen Grund dieser <u>bemoosten Weisheit</u>, dieser ganzen <u>Montesquieuschen Teilungstheorie</u>.* 117

Marx oder Engels   NRZ 12. Juli
Nur der **Krieg mit Rußland** ist ein **Krieg des revolutionären Deutschlands, ein Krieg**, worin es die Sünden der Vergangenheit abwaschen, worin es sich ermannen, worin es seine eigenen Autokraten besiegen <u>kann</u>, worin es, wie einem die Ketten langer, träger Sklaverei abschüttelnden Volke geziemt, <u>die Propaganda der Zivilisation mit dem Opfer seiner Söhne erkauft</u> und sich nach innen frei macht, indem es nach außen befreit.118

Marx   NRZ 7. August
Werfen wir endlich wieder einen Blick auf Belgien, auf unsern konstitutionellen »**Musterstaat**«, auf das monarchische Eldorado mit breitester **demokratischer** Grundlage, auf die Hochschule der Berliner Staatskünstler und den Stolz der »Kölnischen Zeitung«.
Wir betrachten zunächst die ökonomischen Zustände, wovon die vielgepriesene politische Verfassung nur den vergoldeten Rahmen bildet.
Der belgische »**Moniteur**« – Belgien hat seinen »Moniteur« – gibt folgende Nachrichten über den größten Vasallen Leopolds, den **Pauperismus**.
In der Provinz **Luxemburg** findet sich unterstützt 1 Einwohner auf 69,
...
» »   »   **Westflandern**   » »   »   1 »   » 3.
Dieser Anwachs des Pauperismus zieht im notwendigen Gefolge einen ferneren Anwachs von Pauperismus nach sich. Alle Individuen, die auf dem Stand einer

---

* »Revolution« war die permanente Sehnsucht der Freunde. Alle Rechtsstaatlichkeit hat dann ihr Ende.

selbständigen Existenz stehen, verlieren durch die Unterstützungssteuer, die jene paupern Mitbürger ihnen aufbürden, das bürgerliche Gleichgewicht und stürzen ebenfalls in den Abgrund der offiziellen Wohltätigkeit. Der Pauperismus erzeugt mit vermehrter Geschwindigkeit den Pauperismus ...
<u>*Während so Pauperismus und Verbrechen unter dem Proletariat wachsen, versiegen die Einkommenquellen der Bourgeoisie*</u>* ...[119]

Müller-Tellering   NRZ 17. August
Der Schacher hat Italien wieder erobert, der mit dem Absolutismus verschworene Schacher. Darum jauchzt in Wien auch niemand mehr über diese Wiedereroberung, als die <u>Schacherjuden</u> der Börse ... <u>Europas Menschheit ist verjudet</u>, sie hat durch den alleinseligmachenden Glauben an Geld und Schacher alle innere Moral längst verloren, denn sie hat mit diesem Glauben allen Fortschritt verleugnet und wird die Freiheit noch gänzlich erwürgen.[120]

Engels   NRZ 20. August
*Und was war der Krieg mit Rußland? <u>Der Krieg mit Rußland war der vollständige, offne und wirkliche Bruch mit unsrer ganzen schmachvollen Vergangenheit, war die wirkliche Befreiung</u> und Vereinigung <u>Deutschlands</u>, war die Herstellung der Demokratie auf den Trümmern der Feudalität und des kurzen Herrschaftstraums der Bourgeoisie. <u>Der Krieg mit Rußland war der einzig mögliche Weg, unsre Ehre und unsre Interessen gegenüber unsren slawischen Nachbarn und namentlich gegenüber den Polen zu retten ...</u>
Die einzig mögliche, <u>die einzige Lösung, die Deutschlands Ehre, Deutschlands Interessen gewahrt hätte</u>, wir wiederholen es, war der Krieg mit Rußland. Man hat ihn nicht gewagt ...[121]*

Engels   NRZ 10. September
*Mit demselben Recht, mit dem die Franzosen Flandern, Lothringen und Elsaß genommen haben und Belgien früher oder später nehmen werden, mit demselben Recht nimmt Deutschland Schleswig: mit dem <u>Recht der Zivilisation gegen die Barbarei, des Fortschritts gegen die Stabilität.</u> Und selbst wenn die Verträge für Dänemark wären – was noch sehr zweifelhaft ist –, dies Recht gilt mehr als alle Verträge, weil es <u>das Recht der geschichtlichen Entwicklung ist.</u>** [122]*

---

* Wie sehr Marx die auf Linderung der Not bedachte Sozialpolitik bekämpfte, zeigt dieser Artikel, der *gegen* eine Unterstützungssteuer agiert!
** Wer immer sich einbildet, fortschrittlich zu sein, legitimiert auf diese Weise all sein Tun, den Terror eingeschlossen.

Müller-Tellering   NRZ 13. September
Und da schimpft diese <u>Juden-Demokratenpresse</u> à la Jellinek aus Berlin ... usw.
noch über Ungarn! Hätte Deutschland nicht fast lauter <u>Demokraten-Gesindel</u>,
es hätte eine andere Demokratie![123]

Marx: NRZ 14. September
»Das konstitutionelle Prinzip!« Sind denn diese Herren wirklich so töricht zu
glauben, man könne das deutsche Volk aus den Stürmen des Jahres 1848, aus
dem täglich drohender hereinbrechenden Einsturz aller historisch überlieferten
Institutionen hinausführen mit der <u>wurmstichigen Montesquieu-Delolme-</u>
<u>schen Teilung der Gewalten</u>, mit abgetragenen Phrasen und längst durch-
schauten Fiktionen! ... <u>Jeder provisorische Staatszustand nach einer Revolu-</u>
<u>tion erfordert eine Diktatur, und zwar eine energische Diktatur.</u>[124]

Müller-Tellering   NRZ 17. September
Wie richtig die fortwährenden Denunziationen gewesen sind, die ich Ihnen in
Beziehung auf unsere <u>demokratische Judenpresse</u> immer gemacht, beweisen
täglich die ungarischen Korrespondenzen unserer sogenannten demokratischen
Journale selbst. Was Sie Bourgeois nennen, das sind hier die Juden, die sich der
demokratischen Leitung bemächtigt haben. <u>Dies Judentum ist indessen noch</u>
<u>zehnmal niederträchtiger als das westeuropäische Bourgeoistum</u>, weil es die
Völker unter der erheuchelten, börsengestempelten Maske der Demokratie be-
trügt, um sie direkt in den Despotismus des Schachers zu führen.
<u>Wo die Demokratie nur die Dummheit und die jüdische Schacher- und Stel-</u>
<u>lenjägerei-Gemeinheit zur Grundlage hat, wird sie es noch weit bringen.</u>[125]

Müller-Tellering   NRZ 22. September
Vom französischen Judentum verlassen, ... <u>an der Spitze unserer Demokratie</u>
<u>nur feige, treulose Schacherjuden</u> und Phrasenhelden, sehe ich nicht ab, wie wir
siegen sollen. Und wenn wir siegen, werden wiederum nur <u>gemeine Juden</u>,
deren feiges Spekulantentreiben der Demokratie im Volke alles Ansehen be-
raubt, <u>den Gewinn davontragen</u>, um uns in alle Niederträchtigkeiten eines
Bourgeoisregiments zu leiten. An der Spitze aller demokratischen Vereine, <u>an</u>
<u>der Spitze der ganzen Presse stehen nur Juden.</u> Sie führten auch im Sicher-
heitsausschuß das Regiment, spielten dort die Demokraten, zogen Scharen von
Juden von überall her nach Wien ... <u>Es gibt in Östreich eine ganze Million</u>
<u>Juden, die sich nur von dem Schacher ernähren; also auf 30 Menschen ein</u>
<u>Blutsauger.</u>[126]

Müller-Tellering   NRZ 12. Oktober

Die Universität ist mit Barrikaden umzingelt, dort ist das Hauptquartier. <u>Die</u> <u>*niederträchtigen Hunde von Tschechen und Ruthenen*</u> *glauben, Wien zur pan-slawistischen Hauptstadt machen und dem Absolutismus wieder übergeben zu können ... Als ich eben in die Versammlung treten will, erscheint eine Deputa-tion der Abgeordneten mit weißen Fahnen. Was wollen* <u>*diese politischen Kreti-nes*</u>*, worunter ich Goldmark und den infamen Fischof als Hauptfiguren be-merke? Sie wollen Frieden stiften, vereinbaren, wo die schönste Gelegenheit sich darbietet, die ganze Brut der Kamarilla mit einem Schlag zu vertilgen.*[127]

Müller-Tellering   NRZ 12. Oktober

Da beauftragt nun die Schönbrunner Katze den deutschen Oberstleutnant Urban, in Siebenbürgen eine k.k. Räuberschar à la Jellachich zu bilden. Er wendet sich an den <u>*Kretinismus, der im Norden Siebenbürgens wohnenden*</u> <u>*Wallachen,*</u> *wie Urban sich an den* <u>*Kretinismus der Slowaken und Hanacken*</u> <u>*wendet*</u> *...*[128]

Müller-Tellering   NRZ 15. Oktober

Entrüstet über die verräterische Feigheit dieser Erbärmlichen und niederge-schlagen wegen des <u>*hirnlos-feigen Benehmens des demokratischen Judengesin-dels,*</u> *welches das Steuer führt, verließ ich diese Versammlung, ...*[129]

Marx   NRZ 19. Oktober

Die Wiener Revolution hat noch nicht gesiegt. Ihr erstes Wetterleuchten aber genügte, um alle Positionen der Kontrerevolution vor Europa klarzulegen und so einen <u>*universellen Kampf auf Leben und Tod unvermeidlich*</u> *zu machen.*[130]

Marx   NRZ 7. November

*In **Paris** wird der vernichtende Gegenschlag der Juni-Revolution geschlagen werden. Mit dem Siege der »roten Republik« zu Paris werden die **Armeen** aus dem **Innern** der Länder an und über die Grenzen ausgespien werden und die **wirkliche Macht** der ringenden Parteien wird sich rein herausstellen. Dann werden wir uns erinnern an den Juni, an den Oktober, und auch wir werden rufen:*

<u>*Vae victis!*</u> *[Wehe den Besiegten!]*
Die resultatlosen Metzeleien seit den Juni- und Oktobertagen, das langweilige Opferfest seit Februar und März, der Kannibalismus der Kontrerevolution selbst wird die Völker überzeugen, daß es <u>*nur ein Mittel*</u> *gibt, die mörderischen Todeswehen der alten Gesellschaft, die blutigen Geburtswehen der neuen Ge-*

sellschaft *abzukürzen, zu vereinfachen, zu konzentrieren, nur ein Mittel – den revolutionären Terrorismus*.[131]

Marx   NRZ 17. November
Und nun gar die Juden, die seit der Emanzipation ihrer Sekte wenigstens in ihren vornehmen Vertretern überall an die Spitze der Kontrerevolution getreten sind, was harrt ihrer?[132]

Autor unbekannt   NRZ 23. November
Die Juden haben ein gutes Geschäft bei der Eroberung gemacht. Was die Kroaten raubten und stahlen, haben nämlich meist jüdische Demokraten für ein Spottgeld erhandelt. Der Kommunismus der Kroaten brachte natürlich noch mehr ein als die gewöhnliche Zeitungsdemokratie. Daß die Juden im Besitz aller – denn man sieht fast gar keine mehr – von den Kroaten nicht fortgeschleppten Zwanziger sind, unterliegt keinem Zweifel. Ich kenne eine Jüdin, die ihre 80 000 Fl. in Zwanzigern verborgen hält. Da die Geldkrisis nicht ausbleiben kann und nötigenfalls gerade durch die Juden noch heraufbeschworen werden wird, so werden sie solche Kapitalien zu verzehnfachen wissen. Die Militärdiktatur hat alle öffentlichen Gebäude durchsuchen lassen, um Individuen und Waffen zu finden, nur die Judensynagoge, wo, wie man sagt, das ganze demokratische Israel sein Asyl aufgeschlagen, ist verschont geblieben.[133]

Autor unbekannt   NRZ 25. November
Die von hier in alle Winkel Europas geflüchteten Juden werden nun aber nicht versäumen, vor allem als Wiener Freiheitskämpfer die öffentliche demokratische Meinung Deutschlands für ihren Säckel zu exploitieren, indem sie die Sache nur von dem ihnen allein erquicklichen Gesichtspunkte darzustellen nicht verfehlen werden.[134]

Autor unbekannt   NRZ 2. Dezember
*Die größte Stütze der Kamarilla sind unter allen 99 Nationen und Natiönchen Östreichs in diesem Augenblicke die Juden. Sie sind **de facto** radikal emanzipiert, und zwei ihrer Leute – Bach und Thienfeld – sogar ins neue Ministerium aufgenommen worden. Man weiß sehr wohl, wer die Zwanziger besitzt und gedenkt es mit diesen zu halten. Die Juden sind indessen noch klüger als die Kamarilla und suchen die entsetzlichen Geldverhältnisse benutzend sich in den Besitz des Grundes und Bodens, den sie früher nicht erwerben durften, zu setzen.*[135]

Marx   NRZ 10. Dezember
*Wir haben es nie verheimlicht. Unser Boden ist nicht der **Rechtsboden**, es ist
der **revolutionäre Boden**.*[136]

Marx   NRZ 24. Dezember
*Nicht etwas ist faul im »Staate Dänemark«, sondern **alles**.*[137]

Marx   NRZ 31. Dezember
*Die Geschichte des preußischen Bürgertums, wie überhaupt des deutschen Bür-
gertums von März bis Dezember beweist, daß in Deutschland **eine rein bürgerliche Revolution** die Gründung der **Bourgeoisherrschaft** unter der Form
der **konstitutionellen Monarchie** unmöglich, daß nur die feudale absolutisti-
sche Kontrerevolution möglich ist oder die **sozial-republikanische Revolution**.*[138]

Engels: Von Paris nach Bern
*Bei allen **Bauern**, die ich gesprochen, war der Enthusiasmus für Louis Napoleon ebenso groß wie der Haß gegen Paris. Auf diese beiden Leidenschaften und
auf das **gedankenloseste, tierischste Verwundern** über die ganze europäische Erschütterung beschränkt sich die ganze Politik des französischen Bauern. Und
die Bauern haben über **sechs Millionen Stimmen**, über zwei Drittel aller Stimmen bei den Wahlen in Frankreich ... **Das französische Proletariat**, ehe es seine
Forderungen durchsetzt, **wird zuerst einen allgemeinen Bauernkrieg zu unterdrücken haben**,* einen Krieg, der selbst durch Niederschlagung aller Hypothe-
karschulden sich nur um kurze Zeit wird hinausschieben lassen.*[139]

——— **1849** ———

Marx an Joseph Weydemeyer   1. August
*So fatal unsern persönlichen Verhältnissen momentan der jetzige Stand der
Dinge, so gehöre ich doch zu den satisfaits. Les choses marches très bien [Zu-
friedenen. Die Dinge gehen sehr gut voran.], und das **Waterloo, das die offizielle Demokratie erlebt hat, ist als ein Sieg zu betrachten**. Die Regierungen von
Gottes Gnaden übernehmen die Rolle, **uns an der Bourgeoisie zu rächen** und sie
zu züchtigen.*[140]

---

* Dieser Text, wie zahllose andere, beweist, daß die Freunde nie ernsthaft an die Beachtung demokratischer Spielregeln dachten. Die Minderheit Proletariat soll die Mehrheit, die Bauern
(zwei Drittel aller Stimmen), unterdrücken.

Marx   NRZ 1. Januar
*Die Niederlage der Arbeiterklasse in Frankreich, der <u>Sieg der französischen
Bourgeoisie</u> war gleichzeitig der <u>Sieg des Ostens über den Westen</u>, die Niederlage der Zivilisation unter der Barbarei. In der Walachei begann die Unterdrückung der Romanen durch die Russen und ihre Werkzeuge, die Türken; <u>in
Wien erwürgten Kroaten</u>, Panduren, <u>Tschechen</u>, Sereczaner <u>und ähnliches
Lumpengesindel</u> die <u>germanische Freiheit</u>, und in diesem Augenblicke ist der
Zar allgegenwärtig in Europa. Der Sturz der Bourgeoisie in Frankreich, der Triumph der französischen Arbeiterklasse, die Emanzipation der Arbeiterklasse
überhaupt ist also das Losungswort der europäischen Befreiung.*

*Das Land aber, das ganze Nationen in seine Proletarier verwandelt, das mit seinen Riesenarmen die ganze Welt umspannt hält, das mit seinem Gelde schon
einmal die Kosten der europäischen Restauration bestritten hat, in dessen eigenem Schoße die Klassengegensätze sich zur ausgeprägtesten, schamlosesten
Form fortgetrieben haben* – England scheint der Fels, an dem die Revolutionswogen scheitern, das die neue Gesellschaft schon im Mutterschoße aushungert.[141]*

*Und der europäische Krieg ist die erste Folge der siegreichen Arbeiterrevolution
in Frankreich. England wird wie zu Napoleons Zeit an der Spitze der kontrerevolutionären Armeen stehen, aber durch den Krieg selbst an die Spitze der revolutionären Bewegung geworfen werden und seine Schuld gegen die Revolution des 18. Jahrhunderts einlösen.*

*<u>Revolutionäre Erhebung der französischen Arbeiterklasse, Weltkrieg – das ist
die Inhaltsanzeige des Jahres 1849.</u>** [142]*

Engels   NRZ 13. Januar
Woher kömmt diese Scheidung nach Nationen, welche Tatsachen liegen ihr zugrunde?

*Diese Scheidung entspricht der ganzen bisherigen Geschichte der fraglichen
Stämme. Sie ist der Anfang der Entscheidung über das Leben oder den Tod aller
dieser großen und kleinen Nationen.*

*Die ganze frühere Geschichte Östreichs beweist es bis auf diesen Tag und das
Jahr 1848 hat es bestätigt. <u>Unter allen den Nationen und Natiönchen Östreichs
sind nur drei, die die Träger des Fortschritts</u> waren, die aktiv in die Geschichte
eingegriffen haben, die noch jetzt lebensfähig sind – die **Deutschen**, die **Polen**,
die **Magyaren**. Daher sind sie jetzt revolutionär.*

---

* In anderen Texten wird der Wohlstand der englischen Arbeiter bedauert.
** Immer und immer wieder: kühne, falsche, unheilschwangere Vorhersagen.

Alle andern großen und kleinen Stämme und Völker haben zunächst die Mis-
sion, im revolutionären Weltsturm unterzugehen. Daher sind sie jetzt kontre-
revolutionär.[143]

Wo ist ein einziger dieser Stämme, die Tschechen und Serben nicht ausgenom-
men, der eine nationale geschichtliche Tradition besitzt, die im Volke lebt und
über die kleinsten Lokalkämpfe hinausgeht? ...

Es ist kein Land in Europa, das nicht in irgendeinem Winkel eine oder mehre-
re Völkerruinen besitzt, Überbleibsel einer früheren Bewohnerschaft, zurückge-
drängt und unterjocht von der Nation, welche später Trägerin der geschichtli-
chen Entwicklung wurde. Diese Reste einer von dem Gang der Geschichte, wie
Hegel sagt, unbarmherzig zertretenen Nation, diese Völkerabfälle werden je-
desmal und bleiben bis zu ihrer gänzlichen Vertilgung oder Entnationalisierung
die fanatischen Träger der Kontrerevolution, wie ihre ganze Existenz überhaupt
schon ein Protest gegen eine große geschichtliche Revolution ist ...

So in Östreich die panslawistischen Südslawen, die weiter nichts sind als der
Völkerabfall einer höchst verworrenen tausendjährigen Entwicklung. Daß
dieser ebenfalls höchst verworrene Völkerabfall sein Heil nur in der Umkehr der
ganzen europäischen Bewegung sieht, die für ihn nicht von Westen nach Osten,
sondern von Osten nach Westen gehen sollte, daß die befreiende Waffe, das
Band der Einheit für ihn die russische Knute ist – das ist das Natürlichste von
der Welt.[144]

Die Slawen haben den Fall Italiens entschieden, die Slawen haben Wien ge-
stürmt, die Slawen sind es, die jetzt über die Magyaren von allen Seiten herfal-
len. An ihrer Spitze als Wortführer die Tschechen unter Palacky, als Schwert-
führer die Kroaten unter Jellachich.

Das ist der Dank dafür, daß die deutsche demokratische Presse im Juni überall
mit den tschechischen Demokraten sympathisierte, als sie von Windisch-Grätz
niederkartätscht wurden, von demselben Windisch-Grätz, der jetzt ihr Held ist.
Resümieren wir:

In Österreich, abgesehen von Polen und Italien, haben die Deutschen und die
Magyaren im Jahre 1848, wie seit tausend Jahren schon, die geschichtliche In-
itiative übernommen. Sie vertreten die Revolution.

Die Südslawen, seit tausend Jahren von Deutschen und Magyaren ins Schlepp-
tau genommen, haben sich 1848 nur darum zur Herstellung ihrer nationalen
Selbständigkeit erhoben, um dadurch zugleich die deutsch-magyarische Revo-
lution zu unterdrücken. Sie vertreten die Konter-Revolution. Ihnen haben sich
zwei ebenfalls längst verkommene Nationen ohne alle geschichtliche Aktions-
kraft angeschlossen: Die Sachsen und Rumänen Siebenbürgens.[145]

Aber bei dem ersten siegreichen Aufstand des französischen Proletariats, den
Louis-Napoleon mit aller Gewalt heraufzubeschwören bemüht ist, werden die

östreichischen Deutschen und Magyaren frei werden und <u>an den slawischen Barbaren blutige Rache</u> nehmen. Der <u>allgemeine Krieg, der dann ausbricht,</u> wird <u>diesen slawischen Sonderbund zersprengen und alle diese kleinen Stierköpfigen Nationen bis auf ihren Namen vernichten.</u> <u>Der nächste Weltkrieg wird nicht nur reaktionäre Klassen</u> und Dynastien, er wird <u>auch ganze reaktionäre Völker vom Erdboden verschwinden machen. Und das ist auch ein Fortschritt.</u>[146]

Marx oder Engels   NRZ 31. Januar
Wir werden sehr bald sehen, ob es zum endlichen Siege der roten Republik nötig ist, daß Frankreich für einen Augenblick durch die monarchische Phase passiert. Möglich ist es, aber nicht wahrscheinlich.
Das aber ist gewiß: Die <u>honette Republik bricht an allen Ecken zusammen,</u> und nach ihr ist, wenn auch erst nach einigen kleinen Intermezzos, <u>nur noch möglich die **rote Republik**.</u>[147]

Marx oder Engels   NRZ 10. Februar
Bei seinem nächsten Siege wird das Volk hoffentlich nicht, wie im März, so einfältig oder vergeßlich sein, daß es alle seine Folterknechte in Amt und Würde beläßt. Es wird sich vielmehr, wie ziemlich sicher anzunehmen, beeilen, die ganze Bande reaktionärer Beamten, und unter ihnen voran die blutdürstigen Gesetzesheuchler, auch »<u>Richter</u>« genannt, ein halbes Jahr lang in <u>pennsylvanischen Gefängnissen</u> [Einzelhaft] zur Untersuchung zu ziehen und dann zur weitern Kur bei Eisenbahn- und Chausseebauten zu verwenden.[*] [148]

Marx   NRZ 14. Februar
Woran ist die **März-Revolution** gescheitert? Sie reformierte nur die höchste politische Spitze, sie ließ alle Unterlagen dieser Spitze unangetastet, die alte Bürokratie, die alte Armee, die alten Parquets, die alten, im Dienste des Absolutismus geborenen, herangebildeten und ergrauten Richter. <u>Die erste Pflicht der Presse ist nun, alle Grundlagen des bestehenden politischen Zustandes zu unterwühlen.</u>[149]

---

[*] In diesem Zusammenhang erscheint bemerkenswert, daß Marx, mehrmals angeklagt, von den Richtern jeweils freigesprochen wurde (siehe MEW a.a.O. 6, 574 ff.). Marx selbst bekennt in einem Schreiben (MEW a.a.O. 6, 529): »Vor allem ist die ›Neue Rheinische Zeitung‹, deren Eigentümer und Chefredakteur ich war, niemals verboten worden. Ihr Erscheinen war lediglich fünf Tage lang wegen des Belagerungszustands untersagt.«

Engels   *NRZ 15. Februar*
Man hat es durch schmerzliche Erfahrung gelernt, daß die »europäische Völ-
kerverbrüderung« nicht durch bloße Phrasen und fromme Wünsche zustande
kommt, sondern nur durch <u>gründliche Revolution und blutige Kämpfe</u>; daß es
sich nicht um eine Verbrüderung aller europäischen Völker unter einer repu-
blikanischen Fahne, sondern um die Allianz der revolutionären Völker gegen
die kontrerevolutionären handelt, eine Allianz, die nicht auf dem **Papier,** *son-*
dern nur auf dem <u>Schlachtfeld</u> zustande kommt.[150]
Nur ein Wort über die »allgemeine Völkerverbrüderung« und Ziehung von
»Grenzen, welche der souveräne Wille der Völker selbst aufgrund ihrer natio-
nalen Eigenheiten vorzeichnet«. Die Vereinigten Staaten und Mexiko sind zwei
Republiken; und in beiden ist das Volk souverän. Wie kommt es, daß zwischen
diesen beiden Republiken, die der **moralischen Theorie** *gemäß »verbrüdert«*
und »föderiert« sein müßten, wegen Texas ein Krieg ausbrach, daß der »sou-
veräne Wille« des amerikanischen Volks, gestützt auf die Tapferkeit der ameri-
kanischen Freiwilligen, die von der Natur gezogen Grenzen aus »geographi-
schen, kommerziellen und strategischen Notwendigkeiten« um einige hundert
Meilen weiter südlich verlegte? Und wird Bakunin den Amerikanern einen »<u>Er-</u>
<u>oberungskrieg</u>« zum Vorwurf machen, der zwar seiner auf die »Gerechtigkeit
und Menschlichkeit« gestützten Theorie einen argen Stoß gibt, der aber doch
einzig und allein <u>im Interesse der Zivilisation</u> geführt wurde? Oder ist es etwa
ein Unglück, daß das herrliche Kalifornien den faulen Mexikanern entrissen
ist, die nichts damit zu machen wußten? daß die energischen Yankees durch die
rasche Ausbeutung der dortigen Goldminen die Zirkulationsmittel vermehren,
an der gelegensten Küste des stillen Meeres in wenigen Jahren eine dichte Be-
völkerung und einen ausgedehnten Handel konzentrieren, große Städte schaf-
fen, Dampfschiffsverbindungen eröffnen, ... und zum drittenmal in der Ge-
schichte dem Welthandel eine neue Richtung geben werden? Die »Unabhängig-
keit« einiger spanischer Kalifornier und Texaner mag darunter leiden, <u>die</u>
<u>»Gerechtigkeit« und andre moralische Grundsätze mögen hier und da verletzt</u>
<u>sein; aber was gilt das gegen solche weltgeschichtliche Tatsachen?</u>[*] [151]

---

[*] Dazu Rosdolsky (a.a.O. S. 219): »Um die ›moralische Theorie‹, die das Prinzip der Selbstbe-
stimmung der Völker aus den ›ewigen Menschenrechten‹ ableitete, zu widerlegen, verneint er
[Engels] auch *dieses Prinzip als solches*, verneint die Notwendigkeit von Grenzziehungen, ›welche der Wille der Völker selbst verzeichnet‹, und glaubt sogar Annexionen rechtfertigen zu
müssen, insofern sie ›im Interesse der Zivilisation‹ erfolgen ...
Dabei war das Beispiel, auf das er sich berief, besonders unglücklich gewählt. Die sehr um-
fangreiche Provinz Texas, wegen der der Krieg zwischen den Vereinigten Staaten und Mexiko
ausbrach, zählte 1836, als sie sich von Mexiko losriß, etwas über 38 000 *(weiße)* Einwohner,
wovon die meisten Einwanderer aus den Vereinigten Staaten waren. Sie stellte also ein ausge-
sprochenes Kolonialgebiet dar, im eigentlichen Sinne des Wortes. Was aber das den ›faulen Mexikanern‹ im Gefolge des Krieges entrissene Kalifornien anbelangt, so gab es ihrer in dem

Wir wiederholen es: Außer den Polen, den Russen und höchstens den Slawen der Türkei hat kein slawisches Volk eine Zukunft, *aus dem einfachen Grunde, weil allen übrigen Slawen die ersten historischen, geographischen, politischen und industriellen Bedingungen der Selbständigkeit und Lebensfähigkeit fehlen ...*
Die Tschechen, *zu denen wir selbst die Mähren und die Slowaken rechnen wollen, obwohl sie sprachlich und geschichtlich verschieden sind,* hatten nie eine Geschichte. *Seit Karl dem Großen ist Böhmen an Deutschland gekettet. Einen Augenblick emanzipiert sich die tschechische Nation und bildet das Großmährische Reich, um sofort wieder unterjocht und während fünfhundert Jahren als Spielball zwischen Deutschland, Ungarn und Polen hin- und hergeworfen zu werden.* Dann kommt Böhmen und Mähren definitiv zu Deutschland, *und die slowakischen Gegenden bleiben bei Ungarn. Und diese geschichtlich gar nicht existierende »Nation« macht Ansprüche auf Unabhängigkeit?[152] Ebenso die Südslawen. Die Slowenen und Kroaten schließen Deutschland und Ungarn vom Adriatischen Meer ab; und* Deutschland und Ungarn **können** sich nicht vom Adriatischen Meer abschließen lassen, *aus »geographischen und kommerziellen Notwendigkeiten«, die zwar für Bakunins Phantasie kein Hindernis sind, die aber darum doch existieren und für Deutschland und Ungarn eben solche Lebensfragen sind wie für Polen z.B. die Ostseeküste von Danzig bis Riga.[153]*
Zwischen Schlesien und Östreich ein unabhängiger böhmisch-mährischer Staat eingekeilt, Östreich und Steiermark durch die »südslawische Republik« von seinem natürlichen Débouché [Handelsweg], dem Adriatischen und Mittelmeere abgeschnitten, der Osten Deutschlands zerfetzt wie ein von Ratten abgenagtes Brot! Und das alles zum Dank dafür, daß die Deutschen sich die Mühe gegeben, die eigensinnigen Tschechen und Slowenen zu zivilisieren, Handel, Industrie, erträglichen Ackerbau und Bildung bei ihnen einzuführen! ...
Welches sind nun die großen, schrecklichen Verbrechen der Deutschen *und* Magyaren gegen die slawische Nationalität? *Wir sprechen ja nicht von der Teilung Polens, die nicht hierhergehört, wir sprechen von dem »jahrhundertelangen Unrecht«, das an den Slawen verübt worden sein soll.*
Die Deutschen haben im Norden das ehemals deutsche, später slawische Gebiet von der Elbe bis zur Warthe den Slawen wieder aberobert; eine Eroberung, die durch »geographische und strategische Notwendigkeiten« bedingt *war, die aus*

---

ganzen riesigen Land 1846 kaum 15 000 – Verhältnisse, unter denen weder von einem ›Selbstbestimmungsrecht‹ noch von einer Verletzung dieses Rechtes die Rede sein konnte. Noch schlimmer aber stand es in diesem Falle um die ›Zivilisation‹: Die Einwanderer aus den Vereinigten Staaten, die sich 1836 in Texas gegen Mexiko erhoben, waren nämlich Pflanzer, Besitzer von Negersklaven, und der hauptsächlichste Grund ihrer Erhebung bestand darin, daß in Mexiko 1829 die Kaufsklaverei aufgehoben wurde ... (aus demselben Grunde konnte auch im amerikanischen Kongreß erst 1845 die Annexion von Texas durchgesetzt werden.)«

der Teilung des Karolingischen Reichs hervorgingen … Daß diese Eroberung
aber im Interesse der Zivilisation lag, ist bisher noch nie bestritten worden.[154]
Und endlich, welches »Verbrechen«, welche »fluchwürdige Politik«, daß die
Deutschen und Magyaren zu der Zeit, als überhaupt in Europa die großen
Monarchien eine »historische Notwendigkeit« wurden, alle diese kleinen ver-
krüppelnden, ohnmächtigen Natiönchen zu einem großen Reich zusammen-
schlugen und sie dadurch befähigten, an einer geschichtlichen Entwicklung teilzunehmen, der sie, sich überlassen, gänzlich fremd geblieben wären! Freilich,
dergleichen läßt sich nicht durchsetzen ohne manch sanftes Nationenblümlein
gewaltsam zu zerknicken. Aber ohne Gewalt und ohne eherne Rücksichtslosigkeit wird nichts durchgesetzt in der Geschichte, und hätten Alexander, Cäsar
und Napoleon dieselbe Rührungsfähigkeit besessen, an die jetzt der Panslawismus zugunsten seiner verkommenen Klienten appelliert, was wäre da aus der
Geschichte geworden![155]
Kurz, es stellt sich heraus, daß diese »Verbrechen« der Deutschen und Magyaren gegen die fraglichen Slawen zu den besten und anerkennenswertesten
Taten* gehören, deren sich unser und das magyarische Volk in der Geschichte
rühmen kann.
Was übrigens die Magyaren angeht, so ist hier speziell noch zu bemerken, daß
sie namentlich seit der Revolution viel zu nachgiebig und zu schwach gegen die
aufgeblasenen Kroaten verfahren sind. … Und diese Nachgiebigkeit gegen eine
von Natur kontrerevolutionäre Nation ist das einzige, was man den Magyaren
vorwerfen kann.[156]
Wir wiederholen: Die sogenannten Demokraten unter den östreichischen Slawen sind entweder Schurken oder Phantasten, und die Phantasten, die in ihrem
Volke keinen Boden für die vom Ausland eingeführten Ideen finden, sind fortwährend von den Schurken an der Nase herumgeführt worden … Das Bom-
bardement einer Stadt wie Prag würde jede andre Nation mit dem unauslösch-
lichsten Haß gegen die Unterdrücker erfüllt haben. Was taten die Tschechen? Sie
küßten die Rute, die sie bis aufs Blut gezüchtigt, sie schworen begeistert zu der
Fahne, unter der ihre Brüder niedergemetzelt, ihre Weiber geschändet worden
waren … Und für diesen feigen, niederträchtigen Verrat an der Revolution werden wir einst blutige Rache an den Slawen nehmen.[157]
Wie ganz anders haben die **Polen** gehandelt! Seit achtzig Jahren unterdrückt,
geknechtet, ausgesogen, haben sie sich stets auf die Seite der Revolution gestellt,
haben die Revolutionierung Polens mit der Unabhängigkeit Polens für unzertrennlich erklärt. In Paris, in Wien, in Berlin, in Italien, in Ungarn haben die

---

* Oben war von der Schuld der Deutschen die Rede. Jetzt werden sie wieder reingewaschen,
ganz so, wie es ins augenblickliche Konzept paßt.

Polen bei allen Revolutionen und Revolutionskriegen mitgekämpft, unbeküm-
mert, ob sie gegen Deutsche, gegen Slawen, gegen Magyaren, ja ob sie gegen
Polen kämpften. Die Polen sind die einzige slawische Nation, die von allen
panslawistischen Gelüsten frei ist. … Daher aber, weil die Befreiung Polens von
der Revolution unzertrennlich, weil Pole und Revolutionär identische Worte geworden sind, daher ist den Polen auch die Sympathie von ganz Europa und die
Wiederherstellung ihrer Nationalität ebenso sicher wie <u>den Tschechen, den Kroaten und Russen der Haß von ganz Europa und der blutigste Revolutionskrieg
des ganzen Westens gegen sie</u>.[158]
Auf die sentimentalen Brüderschaftsphrasen, die uns hier im Namen der kon-
trerevolutionärsten Nationen Europas dargeboten werden, antworten wir, daß
der <u>Russenhaß</u> die **erste revolutionäre Leidenschaft** bei den Deutschen war
<u>und noch ist</u>; daß <u>seit der Revolution der Tschechen- und Kroatenhaß hinzuge-
kommen</u> ist und daß wir, in Gemeinschaft mit Polen und Magyaren, nur durch
den <u>entschiedensten Terrorismus gegen diese slawischen Völker</u> die Revolution
sicherstellen können. …
<u>Dann Kampf,</u> »unerbittlichen Kampf auf Leben und Tod« mit dem revoluti-
onsverräterischen Slawentum; Vernichtungskampf und rücksichtslosen Terrorismus – nicht im Interesse Deutschlands, sondern im Interesse der Revolution!* [159]

Marx oder Engels   NRZ 18. Februar
Wir lieben die entschiedenen Stellungen. Wir haben nie mit einer parlamentarischen Partei kokettiert. <u>Die Partei, die wir vertreten, die Partei des Volks, existiert in Deutschland nur erst elementarisch. Wo es aber einen Kampf gegen die
bestehende Regierung gilt, alliieren wir uns selbst mit unsern Feinden.</u> Wir

---

* Dazu kein geringerer als Karl Kautsky (a.a.O. S. 107 f.): »Mit höchstem Befremden, ja mit
wahrem Entsetzen muß man die eben zitierten Ausführungen lesen. Sie zeigen in vielem nicht
bloß eine völlig verkehrte Anschauung der tatsächlichen Verhältnisse, sondern auch, was noch
bedenklicher, eine Preisgabe von Grundsätzen, auf die nicht bloß internationaler Sozialismus,
sondern auch im besonderen marxistisches Denken aufgebaut ist.
Es wurde verkündet, die Slawen seien alle, außer den Polen, von Natur aus konterrevolutionär,
daher müßten sie nicht bloß in der gegenwärtigen Situation bekämpft werden, die sie in das
Lager der Konterrevolution geraten ließ. Nein, sie müßten ausgerottet werden. Mit ihnen sei
eine Verbrüderung ausgeschlossen, ihnen gegenüber gebe es nur einen Kampf bis zu ihrer Vernichtung …
In der Tat haben Marx und Engels nur ganz kurze Zeit jenen entsetzlichen Slawenhaß an den
Tag gelegt, den wir hier konstatieren mußten.« – Der »entsetzliche Slawenhaß« wurde nicht
mehr in dieser krassen Form artikuliert, aber die Aversion blieb, was Kautsky von Engels noch
Jahrzehnte später schriftlich bestätigt wurde (Brief vom 7. 2. 82; MEW a.a.O. 35, 272): »Nun
können Sie mich fragen, ob ich denn gar keine Sympathie habe für die kleinen slawischen Völker und Völkertrümmer, die von den drei ins Slawentum eingetriebenen Keilen, dem deutschen, magyarisch und türkischen, auseinandergesprengt sind? In der Tat verdammt wenig.«

nehmen die offizielle preußische Opposition, wie sie aus den bisherigen erbärmlichen deutschen Kulturverhältnissen hervorgeht, als Tatsache hin und
haben daher im Wahlkampfe selbst unsre eignen Ansichten in den Hintergrund
treten lassen. Jetzt, **nach** der Wahl, behaupten wir wieder unsern alten rücksichtslosen Standpunkt nicht nur der Regierung, sondern auch der offiziellen
Opposition gegenüber.[160]

Autor unbekannt   NRZ 22. Februar
Die Juden sind bekanntlich überall die betrogenen Betrüger, aber besonders in
Östreich. Sie haben die Revolution exploitiert und werden jetzt dafür von Windischgrätz bestraft. Wer übrigens weiß, welche Macht in Östreich die Juden
sind, der wird beurteilen können, welchen Feind Windischgrätz sich durch seine
folgende Proklamation aufgeladen hat ...[161]

Müller-Tellering   NRZ 24. Februar
Man fühlt in Östreich im ganzen Volke, daß das Judenvolk dort die nichtswür-
digste Sorte von Bourgeoisie und den gemeinsten Schacher repräsentiert, und
darin liegt die ganze Antipathie wider das Judengesindel.[162]

Marx   NRZ 25. Februar
Die Gesellschaft beruht aber nicht auf dem Gesetze. Es ist das eine juristische
Einbildung. Das Gesetz muß vielmehr auf der Gesellschaft beruhn, es muß Ausdruck ihrer gemeinschaftlichen, aus der jedesmaligen materiellen Produktionsweise hervorgehenden Interessen und Bedürfnisse gegen die Willkür des einzelnen Individuums sein. ... Die Behauptung der alten Gesetze gegen die neuen
Bedürfnisse und Ansprüche der gesellschaftlichen Entwicklung ist im Grund
nichts anders als die scheinheilige Behauptung unzeitgemäßer Sonderinteressen gegen das zeitgemäße Gesamtinteresse. **Diese Behauptung des Rechtsbo-
dens** will solche Sonderinteressen als **herrschende** geltend machen ...[163]

Müller-Tellering   NRZ 27. Februar
Die Rothmäntler besitzen ... eine eigene Fertigkeit im Kopfabschneiden,
Bauchaufschlitzen, Sezieren, Kinderspießen, Weiberschänden, Skalpieren, Bra-
ten usw., und tragen fortwährend die zur Ausübung dieses Handwerks geeig-
netsten Waffen und Mordinstrumente auf dem Leibe, dabei sind sie ebenso
geldgierig wie die Juden.[164]

Müller-Tellering   NRZ 4. März
Unser Atmen wird leichter, denn die Magyaren siegen, sind in der Offensive.
Der Einmarsch der Russen wirkt wie ein galvanischer Schlag auf die Völker Un-

garns, an welchem sich die Macht von Olmütz und Petersburg brechen wird. Mit Ausnahme der jüdisch-germanischen Rasse, mit deren Vermittlung die Russen ins Land gebracht wurden, die überall die Klassizität in der hohen Niederträchtigkeit zu erreichen weiß, sind selbst alle den Magyaren feindlich gegenüberstehenden Stämme des Ungarnlands über das Hereinrufen der Russen mehr oder minder entrüstet. Die in Siebenbürgen verübte jüdisch-germanische Untat ist aber, machen wir uns darüber keine Illusionen, der offene Ausspruch der innern Stimme der gesamten deutschen Bourgeoisie.[165]

Müller-Tellering   NRZ 11. März

Ein demokratisches, ein konstitutionelles Östreich, Ideal des k.k. privilegierten Idioten Schuselka, ist vorläufig kompletter Unsinn, wider welchen Ungarn, Italien, Deutschland, Polen protestieren, und welches nur von den Tschechen, dem blödesten Stamme, und von Schuselka, dem blödesten Geistesausdruck Östreichs, noch aufrechterhalten wird.[166]

Marx oder Engels   NRZ 13. März

Ein Teil jener armseligen Schächer wagt es indes noch gegenwärtig, sich mit den aus der Fabrik zu Frankfurt* hervorgegangenen »Grundrechten« zu brüsten und sich darauf, wie auf eine Großtat, etwas einzubilden. Mit »Grundrechten« schlugen sie sich wie die Scholastiker des Mittelalters waschweiberredselig herum, während die »Grundgewalt« der Heiligen Allianz und ihrer Spießgesellen sich immer enormer organisierte und immer lauter und lauter über das grundrechtliche Professoren- und Philistergeschwätz hohnlächelte.** [167]

Engels   NRZ 1. April

Aber wenn diese Niederlage eine Revolution in Paris zur Folge hat und den europäischen Krieg zum Ausbruch bringt, dessen Vorzeichen an allen Ecken und Enden sich zeigen; wenn sie der Anstoß ist zu einer neuen Bewegung über den ganzen Kontinent, einer Bewegung, die diesmal einen andern Charakter haben wird als die des vorigen Jahres – dann haben selbst die Italiener Ursache, sich dazu Glück zu wünschen.*** [168]

---

* Gemeint ist die Frankfurter Nationalversammlung.
** Nirgendwo treten die Freunde für die Grund- und Menschenrechte ein. Zum Thema Pressefreiheit s. Löw a.a.O. 1996 S. 208 f.
*** Die Hoffnung auf Krieg und Revolution findet immer wieder Ausdruck.

Marx   NRZ 11. April

Das _Kapital_ **lebt**, aber nicht nur _von_ der Arbeit. Ein zugleich vornehmer und
barbarischer Herr, zieht es mit sich in die Gruft die Leichen seiner Sklaven,
ganze _Arbeiterhekatomben, die in den Krisen untergehn._[169]

Engels   NRZ 29. April

Wir wenden uns in dieser lehrreichen Untersuchung für heute nach dem polnischen Teil unseres engeren Vaterlandes. Bereits im vorigen Sommer, bei Gelegenheit der glorreichen Pazifizierung und Reorganisation Polens mit Schrap-
nells und Höllenstein, haben wir die deutsch-jüdischen Lügen von »überwiegend deutscher Bevölkerung« in den Städten, »großem deutschen Grundbesitz«
auf dem Lande und königlich-preußischem Verdienst um das Wachsen des allgemeinen Wohlstandes geprüft. Die Leser der »NRhZ« erinnern sich, ... daß die
deutschen Nationalgimpel und Geldmacher des Frankfurter Sumpfparlaments
bei diesen Zählungen immer noch die _polnischen Juden_ zu Deutschen gerechnet, obwohl diese _schmutzigste aller Rassen_* weder ihrem Jargon, noch ihrer Abstammung nach, sondern höchstens durch ihre Profitwütigkeit mit Frankfurt
im Verwandtschaftsverhältnis stehen kann ... [170]

Marx oder Engels   NRZ 16. Mai

Jene _Frankfurter nationalversammelten Waschlappen_, die in ihrer radikalen
Biedermännigkeit, Feigheit und Tölpelei den bezahlten Verrätern des deutschen Volks ein ganzes Jahr lang so getreulich an der Kontrerevolution mitar-
beiten halfen, ernten jetzt was sie gesäet.[171]

Marx   19. Mai**

In **Paris** wird der vernichtende Gegenschlag der Juni-Revolution geschlagen
werden. Mit dem Siege der »**roten**« Republik zu Paris werden die **Armeen** aus
dem **Innern** der Länder an und über die Grenzen ausgespien werden, und die
wirkliche Macht der ringenden Parteien wird sich rein herausstellen. Dann
werden wir uns erinnern an den Juni, an den Oktober, und auch wir werden
rufen:

Vae Victis! _[Wehe den Besiegten!]_
Die resultatlosen Metzelein seit den Juni- und Oktobertagen, das langweilige
Opferfest seit Februar und März, der Kanibalismus der Kontrerevolution selbst
wird die Völker überzeugen, daß es nur ein Mittel gibt, die mörderischen To-

---

* In den MEW »Racen«; sonst wurde die Schreibweise des 19. Jahrhunderts überall aktualisiert.
** Es handelt sich um die letzte Nummer der _Neuen Rheinischen Zeitung_. In ihr werden mar-
kante Zitate früherer Nummern wiederholt. Der ganze Text wurde mit roter Farbe gedruckt.

deswehn der alten Gesellschaft, die blutigen Geburtswehn der neuen Gesellschaft **abzukürzen,** zu vereinfachen, zu konzentrieren, <u>nur **ein Mittel** – den revolutionären Terrorismus</u>.[*]

Est-ce clair, messieurs?
Wir haben es von Anfang an für überflüssig gehalten, unsre Ansicht zu verheimlichen ... <u>**Wir sind rücksichtslos,** wir verlangen keine Rücksicht von euch.</u> **Wenn die Reihe an uns kömmt, wir werden den Terrorismus nicht beschönigen.** ...
Beim Abschiede rufen wir unsern Lesern die Worte unserer ersten Januarnummer ins Gedächtnis:
<u>**»Revolutionäre Erhebung der französischen Arbeiterklasse, Weltkrieg** –</u>
das ist die Inhaltsanzeige des Jahres 1849.«[172]

5. Die »schauderhafte Friedensperiode« (1850–1863)

Vorbemerkung: Die Revolutionen der Jahre 1848/49 waren gescheitert. Nun begann – aus der Sicht der Freunde – eine »schauderhafte Friedensperiode«.[173] Marx lebte fortan in London, Engels in Manchester, wo er in der Firma Ermen & Engels (Fabrik, an der sein Vater beteiligt war) arbeitete. Die Korrespondenz der beiden untereinander und mit Dritten ist sehr rege. Viele höchst aufschlußreiche Briefe sind erhalten geblieben. Die Freunde begrüßen jede Unruhe, Krise, Mißernte als Vorboten der ersehnten Revolution. Doch sie will sich nicht einstellen. Das politisch bedeutsamste Ereignis dieser Jahre ist das Emporkommen Louis Napoleons, der 1852 die Kaiserwürde erlangt. Auf ihn kommt Marx immer wieder äußerst kritisch zu sprechen.
Die mit 100 Druckseiten umfangreichste Veröffentlichung der Freunde aus dieser Zeit trägt den Titel: Die großen Männer des Exils.
Von 1851 bis 1862 ist Marx ständiger Mitarbeiter der New York Daily Tribune. Viele der Texte, die unter seinem Namen erscheinen, hat Engels verfaßt. Kurzfristig (1855) ist Marx auch Korrespondent der Neuen Oderzeitung (Breslau), aber auch andere Blätter beliefert er mit Beiträgen. Stets nimmt er Rücksicht auf den Herausgeber und die Leser, um den Wirkungsbereich nicht zu verlieren. Ihrer politischen Überzeugung können sie also häufig nicht Ausdruck verleihen. Die Kritik an einem Dritten verdeutlicht das Ge-

---

[*] Dieser Text fand sich erstmals am 7. November 1848 in der Neuen Rheinischen Zeitung.

sagte. Marx an Engels: *Ich bin ganz Deiner Ansicht quoad [in bezug auf] Eccarius. Es fehlt einem Arbeiter, namentlich einem von der kritischen Trockenheit des Eccarius, das diplomatische Geschick. Er schreibt an die »Times«, als ob er für die »Neue Rheinische Zeitungs-Revue« schriebe.*[174]
Aus der Korrespondenz ist jedoch zu ersehen, daß sie ihren Idealen und Zielen treu bleiben, die sich nur über eine große Revolution verwirklichen lassen. Sie ist ihre ständige Hoffnung. Kriege werden als Vorboten begrüßt, der erlösende Weltkrieg wird vorhergesagt.

——— 1850 ———

Marx: *Die Klassenkämpfe in Frankreich 1848–1850*
*Mit Ausnahme einiger weniger Kapitel trägt jeder bedeutendere Abschnitt der Revolutionsannalen von 1848 bis 1849 die Überschrift: **Niederlage der Revolution!***
Was in diesen Niederlagen erlag, war nicht die Revolution. Es waren die vorrevolutionären traditionellen Anhängsel, Resultate gesellschaftlicher Verhältnisse, die sich noch nicht zu scharfen Klassengegensätzen zugespitzt hatten ...
Mit einem Worte: Nicht in seinen unmittelbaren tragikomischen Errungenschaften brach sich der revolutionäre Fortschritt Bahn, sondern umgekehrt in der Erzeugung einer geschlossenen, mächtigen Kontrerevolution, in der Erzeugung eines Gegners, durch dessen Bekämpfung erst die Umsturzpartei zu einer wirklich revolutionären Partei heranreifte.[*][175]
*Die Finanzaristokratie, in ihrer Erwerbsweise wie in ihren Genüssen, ist nichts als die **Wiedergeburt des Lumpenproletariats** auf den Höhen der bürgerlichen Gesellschaft.*
... Die industrielle Bourgeoisie sah ihre Interessen gefährdet, die kleine Bourgeoisie war moralisch entrüstet, die Volksphantasie war empört, Paris war von Pamphlets überflutet – »La dynastie Rothschild«, »Les juifs rois de l'époque« etc. –, worin die Herrschaft der Finanzaristokratie mit mehr oder weniger Geist denunziert und gebrandmarkt wurde.
Rien pour la gloire! Der Ruhm bringt nichts ein! La paix partout et toujours! Der Krieg drückt den Kurs der drei- und vierprozentigen! – hatte das Frankreich der Börsenjuden auf seine Fahne geschrieben.[176]
Die Phrase, welche dieser eingebildeten Aufhebung der Klassenverhältnisse entsprach, war die fraternité, die allgemeine Verbrüderung und Brüderschaft. Diese gemütliche Abstraktion von den Klassengegensätzen, diese sentimentale

---

[*]Das ist Dialektik à la Marx. Die Niederlage kommt den Besiegten zugute.

Ausgleichung der sich widersprechenden Klasseninteressen, diese schwärmerische Erhebung über den Klassenkampf, die fraternité, sie war das eigentliche Stichwort der Februarrevolution. * 177
Am 4. Mai trat die aus den **direkten allgemeinen Wahlen** *hervorgegangene Nationalversammlung zusammen. Das allgemeine Stimmrecht besaß nicht die magische Kraft, welche ihm die Republikaner alten Schlags zugetraut hatten. ... Aber wenn das allgemeine Stimmrecht nicht die wundertätige Wünschelrute war, wofür republikanische Biedermänner es angesehen hatten, besaß es das ungleich höhere Verdienst, den Klassenkampf zu entfesseln, die verschiedenen Mittelschichten der bürgerlichen Gesellschaft ihre Illusionen und Enttäuschungen rasch durchleben zu lassen,* <u>sämtliche Fraktionen der exploitierenden Klasse</u> *in einem Wurfe* <u>auf die Staatshöhe</u> *zu schleudern und ihnen so die trügerische Larve abzureißen ...* ** 178
Es blieb den Arbeitern keine Wahl, sie mußten verhungern oder losschlagen. ***
Sie antworteten am 22. Juni mit der ungeheuren Insurrektion, worin die erste große Schlacht geliefert wurde zwischen den beiden Klassen, welche die moderne Gesellschaft spalten. Es war ein Kampf um die Erhaltung oder Vernichtung der **bürgerlichen** *Ordnung. Der Schleier, der die Republik verhüllte, zerriß.*
Es ist bekannt, wie die Arbeiter mit beispielloser Tapferkeit und Genialität, ohne Chefs, ohne gemeinsamen Plan, ohne Mittel, zum größten Teil der Waffen entbehrend, die Armee, die Mobilgarde, die Pariser Nationalgarde und die aus der Provinz hinzugeströmte Nationalgarde während fünf Tagen in Schach hielten. **** 179
Die <u>Fraternité</u>, *die Brüderlichkeit der entgegengesetzten Klassen, wovon die eine die andere exploitiert, diese Fraternité, im Februar proklamiert ... – ihr wahrer, unverfälschter, ihr prosaischer Ausdruck, das* <u>ist</u> *der* **Bürgerkrieg,** *der Bürgerkrieg* <u>in seiner fürchterlichsten Gestalt</u>, *der Krieg der Arbeit und des Kapitals.* ***** 180
Von der Bourgeoisie wurde das Pariser Proletariat zur Juniinsurrektion **gezwungen.** ****** *Schon darin lag sein Verdammungsurteil. Weder sein unmittelbares eingestandenes Bedürfnis trieb es dahin, den Sturz der Bourgeoisie ge-*

---

* Marx hält nichts von *fraternité*. Seine Devise: Klassenkampf, Revolution.
** Auch dieser Text offenbart, daß Marx nichts von der legitimierenden Kraft des allgemeinen Wahlrechts hält; ferner: Nach der Logik des Textes stellt die »exploitierende Klasse« die Mehrheit.
*** Demnach wären sie alle verhungert, denn das Losschlagen allein macht nicht satt und Erfolg hatten sie keinen.
**** Die Sympathien von Marx sind eindeutig auf der Seite jener, die gegen die demokratisch legitimierte Staatsgewalt rebellierten.
***** Auch beim Vergleich der Bundesrepublik Deutschland mit der DDR sprachen viele von Kapitalismus versus Sozialismus, wo Demokratie versus Diktatur hätte stehen müssen.
****** Das ist Demagogie reinsten Wassers.

waltsam erkämpfen zu wollen, noch war es dieser Aufgabe gewachsen. Der
»*Moniteur*« mußte ihm offiziell eröffnen, daß die Zeit vorüber, wo die Republik vor seinen Illusionen die Honneurs zu machen sich veranlaßt sah, und erst
seine Niederlage überzeugte es von der Wahrheit, daß die geringste Verbesserung seiner Lage eine **Utopie** bleibt **innerhalb** der bürgerlichen Republik, eine
Utopie, die zum Verbrechen wird, sobald sie sich verwirklichen will. An die Stelle seiner, der Form nach überschwenglichen, dem Inhalte nach kleinlichen und
selbst noch bürgerlichen Forderungen, deren Konzession es der Februarrepublik
abringen wollte, trat die kühne revolutionäre Kampfparole: <u>Sturz der Bourgeoisie! Diktatur der Arbeiterklasse!</u>
Indem das Proletariat seine Leichenstätte zur Geburtsstätte der **bürgerlichen
Republik** machte, zwang es sie sogleich, in ihrer reinen Gestalt herauszutreten
als der Staat, dessen eingestandener Zweck ist, die Herrschaft des Kapitals, die
<u>Sklaverei der Arbeit</u> zu verewigen.[181]
Endlich nahm Europa durch die Siege der Heiligen Allianz eine Gestalt an, die
jede neue proletarische Erhebung in Frankreich mit einem **Weltkriege** unmittelbar zusammenfallen läßt. Die neue französische Revolution ist gezwungen,
sofort den nationalen Boden zu verlassen und das **europäische Terrain zu erobern**, auf dem allein die soziale Revolution des 19. Jahrhunderts sich durch-
führen kann.
Erst durch die Juniniederlage also wurden alle Bedingungen geschaffen, innerhalb deren Frankreich die **Initiative** der europäischen Revolution ergreifen
kann. <u>Erst in das Blut der **Juniinsurgenten** getaucht, wurde die Trikolore zur
Fahne der europäischen Revolution</u> – zur **roten Fahne!**
Und wir rufen: **Die Revolution ist tot! –** <u>Es lebe die Revolution!</u>[*][182]
<u>Der umfassende Widerspruch</u> aber dieser Konstitution besteht darin: Die Klas-
sen, deren gesellschaftliche Sklaverei sie verewigen soll, <u>Proletariat, Bauern,
Kleinbürger</u>, setzt sie durch das <u>allgemeine Stimmrecht</u> in den Besitz der politischen Macht. Und der Klasse, deren alte gesellschaftliche Macht sie sanktio-
niert, der Bourgeoisie, entzieht sie die politischen Garantien dieser Macht. Sie
zwängt ihre politische Herrschaft in demokratische Bedingungen, die jeden Augenblick den feindlichen Klassen zum Sieg verhelfen und die Grundlagen der
bürgerlichen Gesellschaft selbst in Frage stellen.[**][183]
Die Revolution, die hier nicht ihr Ende, sondern ihren organisatorischen Anfang findet, ist keine kurzatmige Revolution. <u>Das jetzige Geschlecht</u> gleicht den
Juden, die Moses durch die Wüste führt. Es hat nicht nur eine neue Welt zu er-

---

[*] Bürgerkrieg genügt Marx nicht. Ein Weltkrieg soll die Weltrevolution gebären.
[**] Was Marx als Widerspruch ausgibt, ist in Wirklichkeit der Sieg des demokratischen Gedankens.

obern, es _muß untergehen, um den Menschen Platz zu machen, die einer neuen Welt gewachsen sind._* [184]
Die Revolutionen sind die Lokomotiven der Geschichte. ** [185]
_Während so die **Utopie**, der **doktrinäre Sozialismus**, ... von dem Proletariat an das Kleinbürgertum abgetreten wird, ... gruppiert sich das **Proletariat** immer mehr um den **revolutionären Sozialismus**, um den **Kommunismus**, für den die Bourgeoisie selbst den Namen **Blanqui** erfunden hat. Dieser Sozialismus ist die **Permanenzerklärung der Revolution**, die **_Klassendiktatur des Proletariats_** als notwendiger Durchgangspunkt zur **Abschaffung der Klassenunterschiede** überhaupt, zur Abschaffung sämtlicher Produktionsverhältnisse, worauf sie beruhen ..._[186]

Engels: _Die Zehnstundenfrage_***
_So war die **Zehnstundenbill** an sich und als abschließende Maßregel entschieden ein **_falscher Schritt_**, eine unpolitische und sogar reaktionäre Maßregel, die den Keim ihrer eigenen Zerstörung in sich trug.**** Einerseits beseitigte sie nicht die gegenwärtige Gesellschaftsordnung, und andererseits förderte sie auch nicht ihre Entwicklung. Statt das System auf seine äußerste Spitze zu treiben – auf einen Punkt, wo die herrschende Klasse all ihre Ressourcen erschöpft finden würde, auf jenen Punkt, wo die Herrschaft einer anderen Klasse, wo eine soziale Revolution notwendig werden würde – soll die Zehnstundenbill die Gesellschaft auf einen Zustand zurückschrauben, der seit langem durch das gegenwärtige System abgelöst worden ist._[187]
Zweitens wird die Arbeiterklasse durch die Erfahrung gelernt haben, **daß ihr durch andere keinerlei dauernder Vorteil verschafft werden kann, sondern daß sie ihn sich selbst verschaffen muß, indem sie zu allererst die politische Macht erobert.** Sie muß jetzt erkennen, daß sie **unter keinen Umständen ir-**

---

* Die Geburtshelfer der »neuen Welt« dürfen den Untergang des »jetzigen Geschlechts« natürlich beschleunigen.
** »Die Revolutionen« werden von den Freunden maßlos überschätzt. Geschichte vollzieht sich ständig, Revolutionen sind selten.
*** Durch die »Zehnstundenbill« wurde die gesetzlich zulässige Höchstarbeitszeit eingeschränkt, an sich ein bemerkenswerter Fortschritt, für die Ziele von Marx und Engels jedoch kontraproduktiv.
**** 14 Jahre später schrieb Marx (MEW a.a.O. 16, 10): »Nach einem dreißigjährigen Kampf, der mit bewundrungswürdiger Ausdauer geführt ward, gelang es der englischen Arbeiterklasse durch Benutzung eines augenblicklichen Zwiespalts zwischen Landlords und Geldlords, die _Zehnstundenbill_ durchzusetzen. Die großen physischen, moralischen und geistigen Vorteile, die den Fabrikarbeitern aus dieser Maßregel erwuchsen und die man in den Berichten der Fabrikinspektoren halbjährig verzeichnet findet, sind jetzt von allen Seiten anerkannt.« – Dennoch sind Zweifel angebracht, inwieweit diese Reverenz ernstgemeint war, finden wir sie doch in der _Inauguraladresse der Internationalen Arbeiter-Assoziation_, die eine Auftragsarbeit war, bei deren Ausführung er auf die Auftraggeber Rücksicht nehmen mußte.

gendwelche Gewähr für die Verbesserung ihrer sozialen Lage hat, ausgenommen durch das allgemeine Wahlrecht, *das sie in den Stand versetzen würde, eine Mehrheit von Arbeitern in das Unterhaus zu bringen.*[*] [188]

Marx/Engels: *Ansprache der Zentralbehörde an den Bund vom März 1850*
Es kann sich für uns nicht um Veränderung des <u>Privateigentums</u> handeln, sondern nur um seine <u>Vernichtung</u>, nicht um Vertuschung der Klassengegensätze, sondern um Aufhebung der Klassen, <u>nicht</u> um <u>Verbesserung der bestehenden Gesellschaft, sondern um Gründung einer neuen</u>.[189]
<u>Die Arbeiter müssen</u> vor allen Dingen während des Konfliktes und unmittelbar nach dem Kampfe, so viel nur irgend möglich, der bürgerlichen Abwiegelung entgegenwirken und <u>die Demokraten zur Ausführung ihrer jetzigen terroristischen Phrasen zwingen</u>. Sie müssen dahin arbeiten, daß die unmittelbare revolutionäre Aufregung nicht sogleich nach dem Siege wieder unterdrückt wird. Sie müssen sie im Gegenteil so lange wie möglich aufrecht erhalten. <u>Weit entfernt, den sogenannten Exzessen, den Exempeln der Volksrache an verhaßten Individuen oder öffentlichen Gebäuden, an die sich nur gehässige Erinnerungen knüpfen, entgegenzutreten, muß man diese Exempel nicht nur dulden, sondern ihre Leitung selbst in die Hand nehmen</u>. Während des Kampfes und nach dem Kampf müssen die Arbeiter neben den Forderungen der <u>bürgerlichen Demokraten</u> ihre eigenen Forderungen bei jeder Gelegenheit aufstellen. Sie müssen Garantien für die Arbeiter verlangen, sobald die demokratischen Bürger sich anschicken, die Regierung in die Hand zu nehmen. Sie müssen sich diese Garantien nötigenfalls erzwingen und überhaupt dafür sorgen, daß die neuen Regierer sich zu allen nur möglichen Konzessionen und Versprechungen verpflichten – das sicherste Mittel, sie zu <u>kompromittieren</u> ...
Um aber dieser Partei, deren Verrat an den Arbeitern mit der ersten Stunde des Sieges anfangen wird, energisch und drohend entgegentreten zu können, müssen die Arbeiter bewaffnet und organisiert sein. <u>Die Bewaffnung des ganzen Proletariats mit Flinten, Büchsen, Geschützen und Munition muß sofort durchgesetzt</u>, der Wiederbelebung der alten, gegen die Arbeiter gerichteten Bürgerwehr muß entgegengetreten <u>werden</u>.[**] [190]

---

[*] Wenn nur die Arbeiterklasse das Los der Arbeitenden erleichtern kann, so können ihnen auch die Freunde keine guten Dienste leisten. Doktrinär wird den Arbeitern eingeimpft, daß sie in anderen Schichten und Klassen der Bevölkerung keine Freunde haben. Das allgemeine Wahlrecht folgte bereits im nächsten Jahrzehnt, der evolutionäre Weg zur Verbesserung der arbeitenden Klasse wurde fortgesetzt, allen Unkenrufen von Marx und Engels zum Trotz. Die herrschenden Bourgeois ebneten den Weg, so wie sich auch die Sklaven und die Leibeigenen nicht selbst befreit haben.

[**] Allein dieser Text müßte ausreichen, um Marx und Engels vom freiheitlichen demokratischen Standpunkt aus zu verurteilen. Die Freunde beschreiben den Kampf gegen die demokratisch Legitimierten!

Wir haben gesehn, wie die Demokraten bei der nächsten Bewegung zur Herrschaft kommen, wie sie genötigt sein werden, mehr oder weniger sozialistische Maßregeln vorzuschlagen. Man wird fragen, welche Maßregeln die Arbeiter dagegen vorschlagen sollen ... Die Arbeiter können natürlich im Anfange der Bewegung noch keine direkt kommunistischen Maßregeln vorschlagen. Sie können aber:

1. *die Demokraten dazu zwingen, nach möglichst vielen Seiten hin in die bisherige Gesellschaftsordnung einzugreifen, ihren regelmäßigen Gang zu stören und sich selbst zu kompromittieren sowie <u>möglichst viele Produktivkräfte, Transportmittel, Fabriken, Eisenbahnen usw. in den Händen des Staates</u> zu <u>konzentrieren.</u>*

2. *Sie müssen die <u>Vorschläge der Demokraten,</u> die jedenfalls nicht revolutionär, sondern bloß reformierend auftreten werden, <u>auf die Spitze treiben</u> und sie in direkte Angriffe auf das Privateigentum verwandeln ...; wenn die Demokraten selbst eine gemäßigte progressive beantragen, bestehen die Arbeiter auf einer Steuer, deren Sätze so rasch steigen, daß das große Kapital dabei zugrunde geht ... Ihr Schlachtruf muß sein: <u>Die Revolution in Permanenz.</u>* [* 191]

Engels: *Der deutsche Bauernkrieg*
Auch das deutsche Volk hat seine revolutionäre Tradition. Es gab eine Zeit, wo Deutschland Charaktere hervorbrachte, die sich den besten Leuten der Revolutionen anderer Länder an die Seite stellen können ... [** 192]

Marx/Engels: *Revue*
Bei dieser allgemeinen Prosperität, worin die Produktivkräfte der bürgerlichen Gesellschaft sich so üppig entwickeln, wie dies innerhalb der bürgerlichen Verhältnisse überhaupt möglich ist, kann von einer wirklichen Revolution keine Rede sein. Eine solche Revolution ist nur in den Perioden möglich, wo diese beiden Faktoren, die modernen Produktivkräfte und die bürgerlichen Produktionsformen, miteinander in Widerspruch geraten ... <u>Eine neue Revolution ist nur möglich im Gefolge einer neuen Krisis. Sie ist aber auch ebenso sicher wie diese.</u> [*** 193]
<u>*Das allgemein Wahlrecht*</u> *hatte seine Mission erfüllt, die Majorität des Volks hatte die Entwicklungsschule durchgemacht, zu der es allein in einer revolu-*

---

[*] Auch diese Sätze müßten jeden Zweifel über den Standpunkt der Freunde in der Demokratiefrage beseitigen.

[**] Ein weiterer schöner Beleg, welchen Stellenwert »Revolution« im Denken der Freunde einnahm, geradezu ein Wert an sich, nicht bloß Mittel zum Zweck.

[***] Da sie Revolution ersehnten, begrüßten sie jede Krise, wie zahlreiche weitere Zitate belegen.

tionären Epoche dienen kann. Es _mußte beseitigt werden_ durch eine Revolution oder durch die Reaktion.[194] _Wie die Entwicklung und den Kampf, so hassen die Herren das Denken_, das herzlose Denken – als ob irgendein Denker, Hegel und Ricardo nicht ausgenommen, je die Herzlosigkeit erreicht hätte, mit der dem Publikum dieser weichmäulige Spülicht über den Kopf gegossen wird! Das Volk soll nicht für den folgenden Tag sorgen und sich alle Gedanken aus dem Kopf schlagen; kommt der große Tag der Entscheidung, so wird es durch die bloße Berührung elektrisiert, und das Rätsel der Zukunft wird sich ihm durch ein Wunder lösen. Dieser Aufruf zur Gedankenlosigkeit ist ein direkter Versuch zu Prellerei gerade der unterdrücktesten Klassen des Volks.* [195]

Marx/ Engels/ August Willich/ Ada Vidil/ Julian Harney: _Weltgesellschaft der revolutionären Kommunisten_
Art 1. Das Ziel der Assoziation ist der Sturz aller privilegierten Klassen, ihre Unterwerfung unter die _Diktatur der Proletarier_, in welcher die _Revolution in Permanenz_ erhalten wird bis zur Verwirklichung des Kommunismus, der die letzte Organisationsform der menschlichen Familie sein wird.** [196]

Marx u.a.: _Statuten des Kommunistischen Bundes_
1. Der _Zweck des Kommunistischen Bundes_ ist, _durch alle Mittel_ der Propaganda und _des politischen Kampfes_ die _Zertrümmerung der alten Gesellschaft_ – und Sturz der Bourgeoisie –, die geistige, politische und ökonomische Befreiung des Proletariats, die kommunistische Revolution durchzuführen. Der Bund vertritt in den verschiedenen Entwicklungsstufen, welche der Kampf des Proletariats zu durchlaufen hat, stets das Interesse der Gesamtbewegung, wie er stets alle revolutionären Kräfte des Proletariats in sich zu vereinigen und zu organisieren sucht; er ist geheim und unauflöslich, solange die proletarische Revolution ihr Endziel nicht erreicht hat.
2. _Mitglied_ kann nur werden, wer folgende Bedingungen vereinigt:
   a) _Freiheit von aller Religion_, praktische Lossagung von jedem kirchlichen Verbande und allen nicht durch die bürgerlichen Gesetze gebotenen Zeremonien;

---

* Angesprochen sind andere Männer des Exils. Der Text ist eine unbewußte Selbstkritik. Die Klassiker des Kommunismus, Marx und Engels, ergehen sich in Kritik und nochmals Kritik. Über das, was nach der geglückten Revolution geschehen soll, verlieren sie nur wenige Sätze.
** Die Satzung stammt vom April 1850. Am 7. August 1851 schrieb Engels über den Mitunterzeichner Willich (MEW a.a.O. 27, 570): »Dieser W. ist übrigens nicht nur ein Narr, sondern ein infam heimtückischer, maliziöser Kerl, dessen Bosheit, einer bis ins Allerkolossalste und Unglaublichste aufgespreizten Eitelkeit und Selbstanbetung zum Mittel dienend, durchaus keine Grenzen kennt. Ich habe nie ein so durch und durch verlogenes Subjekt gesehn. Ich kann dir versichern, daß ich, buchstäblich, nie ein wahres Wort aus seinem Munde gehört habe.«

b) *Einsicht in die Bedingungen, den Entwicklungsgang und das Endziel der proletarischen Bewegung* ...

3. ...

4. *Wer die Bedingungen der Mitgliedschaft verletzt, wird ausgeschlossen* ... *Die Ausgeschlossenen werden dem ganzen Bunde angezeigt und gleich allen verdächtigen Subjekten von Bundes wegen überwacht.* * [197]

Marx/Engels: Vorbemerkung
Einige elende Betrüger des Volkes, das sogenannte Zentralkomitee der europäischen Sozial-Demokraten, in Wahrheit ein Komitee des europäischen Zentralmobs, unter Vorstand der Herrn Willich, Schapper usw. feierten in London den Jahrestag der Februarrevolution. Louis Blanc, der Vertreter des sentimentalen Phrasensozialismus, hatte sich aus Intrige gegen einen andern Volksverräter ... dieser Sippschaft ... angeschlossen. ** [198]

——— **1851** ———

Engels an Marx   13. Februar
Wie passen Leute wie wir, die offizielle Stellungen fliehen wie die Pest, in eine »Partei«? Was soll uns, die wir auf die Popularität spucken, die wir an uns selbst irre werden, wenn wir populär zu werden anfangen, eine »Partei«, d.h. eine Bande von Eseln, die auf uns schwört, weil sie uns für ihresgleichen hält? Wahrhaftig, es ist kein Verlust, wenn wir nicht mehr für den »richtigen und adäquaten Ausdruck« der bornierten Hunde gelten, mit denen uns die letzten Jahre zusammengeworfen hatten.
Eine Revolution ist ein reines Naturphänomen, das mehr nach physikalischen Gesetzen geleitet wird, als nach den Regeln, die in ordinären Zeiten die Entwicklung der Gesellschaft bestimmen. Oder vielmehr, diese Regeln nehmen in der Revolution einen viel physikalischeren Charakter an, die materielle Gewalt der Notwendigkeit tritt heftiger hervor ...
*Nicht nur keine offizielle **Staats**stellung, auch solange wie möglich keine offizielle **Partei**stellung, kein Sitz in Komitees pp., keine Verantwortlichkeit für Esel,*

---

* Das ist die Geburtsurkunde der Tscheka und des Staatssicherheitsdienstes. In der Ausstellung »Stasi – Macht und Banalität«, Leipzig, zeigt eine Bildtafel die »Geschichte der Unterdrückung und des Terrors«, beginnend mit Marx und Engels.
»Der Kommunismus war die einzige Bewegung der jüngeren Geschichte, die mehr ihrer eigenen Führer, Funktionäre und Mitglieder selbst umgebracht hat, als das ihre Feinde taten.« Diese These Hermann Webers wird akribisch bewiesen in: Weber/Mählert (Hg.) a.a.O. S. 1.
** Immer wieder: Haß und Verachtung; in der Diktion werden hier Stalins Schauprozeßanklagen vorweggenommen.

unbarmherzige Kritik für alle, und dazu jene Heiterkeit, die sämtliche Konspirationen von Schafsköpfen uns doch nicht nehmen werden.[199]

Engels an Marx   26. Februar
Da mir meine Intrige mit meinem Alten vollständig gelungen ist, wenigstens bis jetzt, so kann ich mich hier definitiv häuslich niederlassen ... Die Entwicklung der Geschichte mit meinem Alten und die neue Intrige, die ich anspinnen mußte, einerseits um meine Unentbehrlichkeit hier zu verlängern, und 2., um mich vor zu großer Überbeschäftigung auf dem Comtoir zu schützen, erzähl' ich Dir mündlich, in 6 Wochen ist ohnehin Ostern, und die Sache ist umständlich. _So viel ist gewiß, daß mein Alter mir das alles schwer in bar bezahlen soll, besonders wenn er erst hier gewesen ist und ich ihn noch mehr hineingeritten habe._[200]

Marx an Engels   31. März
Dann schrieb ich an meine Mutter, drohte ihr, Wechsel auf sie zu ziehn und im Nichtzahlungsfall nach Preußen zu gehn und mich einsperren zu lassen ... Am 10. März schrieb sie mir, sie wolle den Verwandten schreiben; am 18. März schreibt sie, die Verwandten hätten **nicht** geschrieben, was heißen sollte: die Sache sei abgemacht. Ich antwortete ihr sofort: es bleibe bei meinem ersten Briefe ...*
Dem alten Bamberger gegenüber blieb mir nichts übrig, als ihm 2 Wechsel auszustellen, einen auf ihn für London, 4 Wochen nach dem 24sten März, den anderen auf 3 Wochen nach Trier auf meine Alte, um den ersten zu decken. Ich machte der Alten sofort Anzeige. Heute erhalte ich gleichzeitig mit Deinem Brief einen von meiner Alten, worin sie mir höchst **impertinent** und dabei voller moralischer Entrüstung gegenübertritt und positivement erklärt, daß sie jeden von mir auf sie gezognen Wechsel protestiert.** ...
Du wirst zugeben, daß diese Gesamtscheiße passablement angenehm ist und daß ich bis an die Wirbelspitze meines Schädels im kleinbürgerlichen Dreck stecke. Und dabei hat man noch die Arbeiter exploitiert! und strebt nach der Diktatur![201]

---

* Der Brief von Marx – seine Richtigkeit unterstellt, schildert eine regelrechte Erpressung der eigenen Mutter. Wenn der Brief nicht den Tatsachen entspricht, ist es bestürzend, welcher Untat er sich rühmt.
** Wieder ein Versuch krimineller Erpressung.

Engels an Marx   9. Mai

*Et puis [Und nun], haben wir uns nicht auch 1848 in Köln unsre Stellung erst erobern müssen und **lieben** wird uns der demokratische, rote oder selbst kommunistische Mob doch nie.*[202]

Engels an Marx   23. Mai

Je mehr ich über die Geschichte nachdenke, desto klarer wird es mir, daß die Polen une nation fotue [eine erledigte Nation] sind, die nur so lange als Mittel zu brauchen sind, bis Rußland selbst in die agrarische Revolution hineingerissen ist. Von dem Moment an hat <u>Polen</u> *absolut* <u>keine</u> *raison d'être [<u>Daseinsberechtigung] mehr. Die Polen haben nie etwas andres in der Geschichte getan, als tapfre krakeelsüchtige Dummheiten gespielt.</u> Auch nicht ein einziger Moment ist anzugeben, wo Polen, selbst nur gegen Rußland, den Fortschritt mit Erfolg repräsentierte oder irgend etwas von historischer Bedeutung tat.*[*] [203]

Marx an Engels   13. Juli

D'abord [zunächst]. Scheint mir aus Deinem Briefe hervorzugehn, daß Du während der Anwesenheit des Alten in Manchester nicht erfahren hast, daß ein zweites Aktenstück in der »Kölnischen Zeitung« abgedruckt war, unter der Überschrift: »Der Bund der Kommunisten«. Es war dies die von uns beiden verfaßte »<u>Ansprache an den Bund</u>« – au fond [im Grunde] nichts als ein <u>Kriegsplan gegen die Demokratie</u>.[204]

Engels an Marx   23. September

<u>Die australische Goldscheiße wird hoffentlich die Handelskrise nicht aufhalten</u>.[205]

Engels an Marx   11. Dezember

In ein paar Monaten müssen <u>die Roten</u> wieder eine Gelegenheit bekommen, wo sie sich zeigen können, vielleicht schon bei der Abstimmung; wenn sie dann aber wieder abwarten, dann geb' ich sie auf, und dann bringen sie es auch bei der schönsten Handelskrise zu nichts als zu einer sie definitv für ein paar Jahre beseitigenden Tracht Prügel. Was ist denn noch an dem <u>Gesindel</u>, wenn [es] verlernt, sich zu schlagen?[**] [206]

---

[*] Ganz anders an mehreren anderen Stellen, z.B. (MEW a.a.O. 16, 153): »»Vive la Pologne‹ – es lebe Polen! Das galt für Deutschland, als 1848 und 1849 die Organe der Arbeiterklasse Krieg mit Rußland forderten zur Wiederherstellung Polens. Das gilt auch heute.« Weitere inhaltsgleiche Belege s. Löw a.a.O. 1988, »Polen«.

[**] Mit »Gesindel« meint Engels die in der Theorie so progressiven Proletarier.

Engels an Marx   16. Dezember
In der Tat, die Invasion der einheimischen Barbaren, wenn sie einmal kommt,
verspricht, ein erheiterndes Schauspiel werden zu wollen … [*] [207]

Marx an Joseph Weydemayer   27. Juni
*Ich weiß jetzt aus **sichrer** Quelle, daß Verrat und Denunziation bei den Ver-*
*haftungen unsrer Freunde im Spiel ist. Ich bin **moralisch** überzeugt, daß die*
Herrn Willich und Schapper und ihre nichtswürdige <u>Lumpenhundenbande</u> di-
rekt in dieser Infamie mitspielen. [**] …
Es wäre vielleicht <u>gut</u>, wenn es noch einige Jahre ruhig bliebe, damit diese ge-
samte <u>Demokratie</u> von 1848 Zeit fände zu <u>verfaulen</u>. So talentlos unsere Regie-
rungen sind, sie sind wahre lumina mundi [Leuchten der Welt] gegen diese
***breitspurigen** Normalesel.* [208]

Engels an Ernst Dronke   9. Juli
Wir haben dagegen die Genugtuung, den sämtlichen Londoner großmäuligen,
konfusen und impotenten <u>Flüchtlingspöbel</u> los zu sein und endlich wieder ein-
mal ungestört arbeiten zu können. Die zahllosen Privatgemeinheiten des Packs
können uns gleichgültig sein. <u>Wir waren dem Gesindel von jeher überlegen und
haben sie</u> in jeder ernsthaften Bewegung <u>beherrscht</u> … [209]

Engels: *Bedingungen und Aussichten eines Krieges der Heiligen Allianz*
Aber ebensoweit, wie die bloße Eroberung der politischen Herrschaft durch das
jetzige <u>konfuse</u>, teilweise den Schwanz andrer Klassen bildende <u>französische
und deutsche Proletariat</u> entfernt ist von der wirklichen Emanzipation des Pro-
letariats, die in der Aufhebung aller Klassengegensätze besteht, ebenso weit ent-
fernt ist die anfängliche Kriegführung der zu erwartenden Revolution von der
Kriegführung des wirklich emanzipierten Proletariats.
Die wirkliche Emanzipation des Proletariats, die vollständige Beseitigung aller
Klassenunterschiede und die vollständige Konzentrierung aller Produktions-
mittel in Deutschland und Frankreich setzt voraus die Mitwirkung Englands
und mindestens die Verdoppelung der jetzt in Deutschland und Frankreich vor-
handenen Produktionsmittel. Gerade das aber setzt eine neue Art der Krieg-
führung ebenfalls voraus. [210]

---

[*] Mit »Barbaren« meint Engels die Bauern, die er an anderer Stelle des Briefes »Barbarenras-
se« nennt. Alle Schichten der Bevölkerung werden so mit härtesten Unwerturteilen bedacht.
[**] Die »moralische« Überzeugung war schlicht aus der Luft gegriffen.

Engels: *Revolution und Konterrevolution in Deutschland*
Gleichzeitig aber kam in diesen kleinen Parlamenten eine Art liberaler Advo-
katen auf, die berufsmäßig Opposition machten: die <u>Rotteck, Welcker, Römer,</u>
<u>Jordan, Stüve, Eisenmann,</u> *jene großen »Volksmänner«, die nach 20 Jahren*
mehr oder minder lärmender, immer aber erfolgloser Opposition durch die re-
volutionäre Sturmflut von 1848 auf den Gipfel der Macht getragen, sich, nach-
dem sie dort ihre <u>völlige Unfähigkeit und Nichtigkeit gezeigt,</u> *rasch wieder ins*
Nichts zurückgeschleudert sahen. Diese ersten Exemplare von Geschäftspoliti-
kern und Berufsoppositionellen in Deutschland gewöhnten das deutsche Ohr
durch ihre Reden und Schriften an die Sprache des Konstitutionalismus und
verkündeten durch ihre bloße Existenz das Nahen einer Zeit, in der die Bour-
geoisie die politischen Phrasen, mit denen diese geschwätzigen Advokaten und
Professoren um sich zu werfen pflegten, ohne ihren ursprünglichen Sinn groß
zu verstehen, aufgreifen und ihnen damit ihre eigentliche Bedeutung zurück-
geben würde.[*] [211]
Man brauchte daher auf die Vorgänge, die sich in den kleineren Staaten ab-
spielten, gar nicht einzugehen, und wir könnten uns sehr wohl ausschließlich
auf die Betrachtung der österreichischen und preußischen Angelegenheiten be-
schränken, wenn das Vorhandensein dieser kleineren Staaten nicht der Anlaß
zur Bildung einer Körperschaft gewesen wäre, die durch die bloße Tatsache ihres
Bestehens der schlagendste Beweis für die anormale Lage in Deutschland und
für die Unvollständigkeit der jüngsten Revolution war – <u>einer Körperschaft, so</u>
<u>abnorm, so lächerlich</u> *schon durch die Stellung, die sie einnahm, und dabei so*
erfüllt von ihrer eigenen Wichtigkeit, daß die Geschichte höchst wahrscheinlich
nie ein Gegenstück dazu liefern wird. <u>Diese Körperschaft war die sogenannte</u>
<u>Deutsche Nationalversammlung in Frankfurt am Main.</u> *...*
Sie hätte sich vor allem eine organisierte bewaffnete Macht im Lande verschaf-
fen müssen, stark genug, um jeden Widerstand seitens der Regierungen zu bre-
chen. Und das alles war leicht, sehr leicht in jenem Anfangstadium der Revolu-
tion. Aber das hieß viel zuviel erwarten von einer Versammlung, die sich in
ihrer Mehrheit aus liberalen Advokaten und doktrinären Professoren zusam-
mensetzte, einer Versammlung, die zwar den Anspruch erhob, die Blüte deut-
schen Geistes und deutscher Wissenschaft zu verkörpern, die aber in Wirklich-
keit nichts anderes war als eine <u>Bühne, auf der alte, längst überlebte politische</u>
<u>Figuren ihre unfreiwillige Lächerlichkeit und ihre Impotenz im Denken wie im</u>
<u>Handeln vor den Augen ganz Deutschlands zur Schau stellten. Diese Ver-</u>
<u>sammlung alter Weiber</u> *hatte vom ersten Tag ihres Bestehens mehr Angst vor*

---

[*] Konstitutionalismus und Parlamentarismus werden so lächerlich gemacht.

der geringsten Volksbewegung als vor sämtlichen reaktionären Komplotten sämtlicher deutscher Regierungen zusammengenommen ...
Die Debatten dieser Körperschaft blieben ohne das geringste praktische Ergebnis; sie waren nicht einmal von theoretischem Wert, da sie nur die abgedroschensten Gemeinplätze veralteter philosophischer und juristischer Schulen wiederkäuten; es gab keinen Satz, der in dieser Versammlung gesprochen oder vielmehr hergestammelt wurde, der nicht unendlich oft und tausendmal besser längst gedruckt gewesen.* 212
Andrerseits mußte man sich fragen, sollten ganze Landstriche, hauptsächlich von Deutschen bewohnt, sollten große, völlig deutsche Städte einem Volk [den Polen] überlassen werden, das bisher noch nicht bewiesen hatte, daß es fähig sei, sich über einen auf bäuerlicher Leibeigenschaft beruhenden Feudalzustand hinaus zu entwickeln? ... Die einzig mögliche Lösung lag in einem Kriege mit Rußland. Dadurch wäre die Frage der Abgrenzung zwischen den verschiedenen revolutionierten Nationen untereinander zu einer sekundären geworden gegenüber der Aufgabe, erst eine gesicherte Grenze gegen den gemeinsamen Feind *zu schaffen. Hätten die Polen ausgedehnte Gebiete im Osten erhalten, so hätten sie über den Westen eher ein vernünftiges Wort mit sich reden lassen ...*** 213
So wurde in den Studierstuben einer Handvoll slawischer Dilettanten der Geschichtswissenschaft jene lächerliche, antihistorische Bewegung aufgezogen, eine Bewegung, die sich kein geringeres Ziel setzte als die Unterjochung des zivilisierten Westens durch den barbarischen Osten, der Stadt durch das flache Land, *des Handels, der Industrie und* des Geisteslebens durch den primitiven Ackerbau *slawischer Leibeigener. Aber hinter dieser lächerlichen Theorie stand die furchtbare Wirklichkeit des **russischen Reiches**, jenes Reiches, das mit jedem seiner Schritte den Anspruch erhebt, ganz Europa als Domäne der slawischen Rasse, insbesondere des einzig kraftvollen Teils dieser Rasse, der Russen, zu betrachten ...*214
So endeten für jetzt und höchstwahrscheinlich für immer die Versuche der Slawen Deutschlands, wieder zu nationaler Selbständigkeit zu gelangen. Zersplitterte Reste zahlreicher Nationen, deren Nationalität und politische Lebenskraft längst erloschen waren und die sich daher seit beinahe einem Jahrtausend gezwungen sahen, den Spuren einer stärkeren Nation zu folgen, die sie überwunden, wie die Waliser in England, die Basken in Spanien, ... – diese sterbenden Völkerstämme, die Böhmen, Kärntner, Dalmatiner usw., hatten versucht, sich die allgemeine Verwirrung des Jahres 1848 zunutze zu machen, um den politischen Status quo wieder herzustellen, der A.D. 800 bestand. Die Geschichte

---

* Antiparlamentarismus in Reinkultur. Jeden dieser Sätze hätte auch Hitler in »Mein Kampf« wiederholen können.
** Das haben 1945 die Russen von der anderen Seite her in die Tat umgesetzt.

eines Jahrtausends müßte ihnen gezeigt haben, daß ein solcher Rückschritt nicht möglich war; daß, wenn das ganze Gebiet östlich der Elbe und der Saale einstmals von miteinander verwandten slawischen Völkerschaften besiedelt gewesen, diese Tatsache nur die geschichtliche Tendenz und <u>die physische und intellektuelle Fähigkeit der deutschen Nation</u> bewies, ihre alten östlichen Nachbarn zu unterwerfen, aufzusaugen und sie zu assimilieren … Verräter an der Sache des Volkes, Helfershelfer und Hauptstützen des Ränkespiels der österreichischen Regierung, brachten sie sich durch ihr Verhalten bei allen revolutionären Nationen in Acht und Bann.[215]

… wo waren, fragen wir, unter diesen Jammergestalten [gemeint sind die <u>Abgeordneten der Frankfurter Nationalversammlung</u>], die ein einziges Jahr parlamentarischen Lebens zu <u>völligen Idioten</u> gemacht, wo waren da die Männer, die einen raschen, kraftvollen Entschluß fassen, geschweige denn tatkräftig und konsequent handeln konnten?[216]

Die Linke der Versammlung – diese Elite und dieser Stolz des revolutionären Deutschlands, wofür sie sich selbst hielten – war förmlich berauscht von den paar armseligen Erfolgen, die sie davongetragen … Seit Beginn ihrer parlamentarischen Laufbahn waren sie mehr als jede andere Fraktion der Versammlung von jener unheilbaren Krankheit, dem <u>parlamentarischen Kretinismus</u>, verseucht, einem Leiden, daß seine unglücklichen Opfer mit der erhabenen Überzeugung erfüllt, daß die ganze Welt, deren Vergangenheit und deren Zukunft, durch die Stimmenmehrheit gerade jener Vertretungskörperschaft gelenkt und bestimmt wird, die die Ehre hat, sie zu ihren Mitgliedern zu zählen …[217]

1852

Marx an Engels   20. Januar
In Frankreich les choses vont à merveille [gehen die Dinge vortrefflich]. Und <u>ich hoffe</u>, daß la belle France diese Schule nicht zu oberflächlich durchmachen wird, sondern eine längere Klasse bestehn muß. <u>Krieg</u>, einige months früher oder später, scheint mir unvermeidlich. * [218]

Engels an Marx   22. Januar
Und à l'intérieur, welch <u>famose Entwicklung</u>! Die <u>Mordversuche</u> werden schon ganz alltäglich und die Maßregeln immer schöner.[219]

---

* Die wachsende Kriegsgefahr ist demnach ein erfreulicher Prozeß.

Marx an Engels   4. Februar
Der Teufel soll diese Volksbewegungen holen und gar, wenn sie pacifiques sind.[220]

Marx an Engels   27. Februar
Die einzig gute Nachricht haben wir von meiner ministeriellen Schwägerin erhalten, die Nachricht von der Krankheit des unverwüstlichen Onkels meiner Frau. Stirbt der Hund jetzt, so bin ich aus der Patsche heraus.* [221]

Engels an Marx   2. März
Leider ist wenig Aussicht da, daß die Handelskrise mit der Auflösung gleichzeitig eintritt. Der Commerce geht hier fortwährend brilliant. Die Nachrichten von Amerika sind äußerst günstig. Was die Krise hinausschiebt und noch etwas hinausschieben kann, ist 1. Kalifornien …; dazu noch ca. 4 Monate für die Zeit, bis die Waren am Bestimmungsort ankommen und die Nachrichten von der definitiven Überführung wieder her, sowie für die Zwischenzeit, wo die Leute sich besinnen, bis sie von Panik erfaßt werden – so wäre die Zeit vom Novbr. 1852 – Febr. 1853 wohl die wahrscheinlichste für den Ausbruch der Krise. Das ist aber alles guess-work, und wir können sie ebensogut im September haben. Sie wird aber schön werden …[222]

Engels an Marx   6. Juli
Pourquoi pas? Den braven Joinville oder so einen à la duc d'Enghien behandeln zu lassen, wäre doch schön und pourquoi le neveu ne ferait-il pas fusiller aussi son Bourbon?** [223]

Marx an Engels   5. August
An diesem Tage allgemeine Flüchtlingsversammlung von Goegg berufen, wo der Kleine sehr nötig wäre. Denn Pieper ist nicht derjenige, welcher. Jedenfalls muß Dronke machen, daß er hier ist, wenn die Scheiße aus Berlin kommt, da ich nicht ganz allein mit den Lumpenhunden mich placken kann.*** [224]

Engels an Marx   16. August
C'est drôle, quand un Schapper nous échappe, un Imandt est toujours sûr de re-

---

* Marx hoffte auf eine weitere Erbschaft. Da werden Todesfälle in der Familie zu guten Nachrichten.
** D.h.: »Den braven Joinville oder so einen wie den Herzog von Enghien behandeln zu lassen [er wurde hingerichtet], wäre doch schön und warum sollte der Neffe nicht auch seinen Bourbonen erschießen lassen?«
*** »Lumpenhunde« nannte Marx die Flüchtlinge vom Kontinent.

venir à nous. Jedenfalls aber ein Deus minimorum gentium, <u>canis domesticus</u>
<u>communismi</u> germanici [Es ist komisch, während ein Schapper uns echappiert,
kehrt ein Imandt immer sicher zu uns zurück. Jedenfalls aber ein Gott der klei-
nen Leute, <u>ein Haushund des deutschen Kommunismus] und als solcher</u>
<u>brauchbar</u>, da wir dergleichen Leutchen doch jetzt kurzzuhalten gelernt
haben.* 225

Engels an Marx   24. August
Die Krisis scheint allerdings kommen zu wollen, wenn auch die neulichen Fal-
liten nur Vorläufer waren. <u>Leider scheint die Ernte in Nordostdeutschland,</u>
<u>Polen und Rußland passabel, stellenweise gut zu werden.</u> Hier hat auch das letz-
te gute Wetter gefruchtet. Aber <u>Frankreich bleibt in der Sauce, und das ist schon</u>
<u>viel.</u>226

Engels an Marx   24. September
Was bleibt, sind sporting characters ohne suite** wie Derby und <u>jüdische</u>
<u>Schwindler</u> wie Disraeli – die grade solche Karikaturen der alten Tories sind,
wie Monsieur Bonaparte von seinem Onkel. <u>Es wird hier schön werden, wenn</u>
<u>die Krise kommt.</u>227

Marx an Engels
Das Empire marschiert <u>famos</u>. Bonaparte versteht es wie kein andrer drauf hin-
zuarbeiten, daß diesmal die <u>Handelskrise Frankreich noch grausamer trifft als</u>
<u>England.</u>228

Engels an Marx   31. Oktober
Kinkel schlich heute, vom <u>rabble</u> [Pöbel] <u>der hiesigen deutschen Juden</u> herum-
geführt, auf der hiesigen Börse herum.229

Marx an Joseph Weydemeyer   13. Februar
So danken die Hunde der »Neuen Rheinischen Zeitung«, die <u>das demokratische</u>
<u>Lumpengesindel</u> in seinem Konflikte mit der Regierung ... stets beschützte. So
dankt Herr Kinkel der »Westdeutschen Zeitung«, worin Becker ihn gebacken
und Bürgers ihn geborgen hat. <u>Les canailles! Il faut les attaquer à mort</u> [Die
Lumpen! Man muß sie auf Leben und Tod bekämpfen.].230

---

* So wurden die engsten Freunde eingeschätzt. Auch daraus folgt, daß die Diktatur des Proletariats letztlich – mangels geeigneter Führer – die Diktatur des Karl Marx gewesen wäre.
** Dilettanten ohne Anhang.

Marx an Joseph Weydemeyer   5. März
Was ich neu tat, war 1. nachzuweisen, daß die Existenz der Klassen bloß an bestimmte historische Entwicklungsphasen der Produktion gebunden ist; 2. daß der Klassenkampf notwendig zur Diktatur des Proletariats führt; 3. daß diese Diktatur selbst nur den Übergang zur Aufhebung aller Klassen und zu einer klassenlosen Gesellschaft bildet.[231]

Marx an Adolf Cluß   10. Mai
*Inliegend findest Du ein Postkuvert, das der nichtswürdige, feige und halbverrückte [Müller-]Tellering ... mir per Post zugeschickt hat. (Adresse:) Charles Marx, the future Dictator of Germany.**[232]

Engels an Joseph Weydemeyer   11. Juni
*In Amerika wäre dieser Willich an seinem Platz, die alte Rotte in New York, die jetzt ganz verwildert und in rowdies und loafers [Bummler] aufgegangen sein muß, würde ihn sehr bald satt bekommen und windelweich prügeln – schon hier war sein Verhältnis zu den Schweinkerls zuletzt das saukommune einer Spitzbubenbande, die sich über den Raub in die Haare gerät –, und sein Freund, der erfahrene Schwindler Weitling, würde ihm ebenfalls eine glänzende Zukunft bereiten.***[233]

Marx an Adolf Cluß   20. Juli
*Komplettere Esel als diese Arbeiter gibt es wohl nicht ... Voilà unsere Straubinger; schlimm, daß mit solchen Leuten Weltgeschichte gemacht werden soll ...****[234]

Marx an Adolf Cluß   7. Dezember
Die Orleanisten – ich kenne einen ihrer Agenten sehr genau – sind ungeheuer tätig. Thiers ist in diesem Augenblick hier. Sie haben viele Verbündete in der Armee und in der unmittelbaren Umgebung Bonapartes. Sie wollen ihn (im Ja-

---

* Über einen kommunistischen Mitstreiter urteilt Engels ähnlich (MEW a.a.O. 21, 220): »Willich war einer der seit 1845 im westlichen Deutschland so häufigen Gemütskommunisten, also schon deshalb in instinktivem, geheimem Gegensatz gegen unsre kritische Richtung. Er war aber mehr, er war vollständiger Prophet, von seiner persönlichen Mission als prädestinierter Befreier des deutschen Proletariats überzeugt und als solcher direkter Prätendent auf die politische nicht minder als auf die militärische Diktatur.«
** Gott und die Welt, hier sind es die deutschen Emigranten in den USA, werden mit unüberbietbarem Hohn verfolgt. Wilhelm Weitling (1808-1871) war Handwerker und kommunistischer Theoretiker.
*** Wer diese Verachtung zu spüren bekam, konnte sich unschwer Marx als »The futur Dictator of Germany« (s. oben) vorstellen.

nuar) in seinem Bett <u>morden</u>. Nous verrons. Ich werde jedenfalls 14 Tage **vor**
ihrem Attentat unterrichtet sein und durch die geheime Gesellschaft der »frères
et amis«, der ich angehöre, die revolutionär-proletarische Partei in Paris un-
terrichten.* [235]

Marx: *Der achtzehnte Brumaire des Louis Bonaparte*
Die Niederlage der Juni-Insurgenten hatte nun allerdings das Terrain vorbe-
reitet, geebnet, worauf die bürgerliche Republik begründet, aufgeführt werden
konnte; aber sie hatte zugleich gezeigt, daß es sich in Europa um andre Fragen
*handelt als um »Republik oder Monarchie«. Sie hatte offenbart, daß **bürgerli-***
***che Republik** hier die uneingeschränkte Despotie einer Klasse über andre Klas-*
sen bedeute. Sie hatte bewiesen, daß in altzivilisierten Ländern mit entwickel-
ter Klassenbildung, mit modernen Produktionsbedingungen und mit einem
geistigen Bewußtsein, worin alle überlieferten Ideen durch jahrhundertlange
*Arbeit aufgelöst sind, **die Republik überhaupt nur die politische Umwäl-***
zungsform der bürgerlichen Gesellschaft** bedeutet und nicht ihre **konservati-
ve Lebensform* ...*[236]
Der unvermeidliche Generalstab der Freiheiten von 1848, persönliche Freiheit,
Preß-, Rede-, Assoziations-, Versammlungs-, Lehr- und Religionsfreiheit usw.,
erhielt eine konstitutionelle Uniform, die sie unverwundbar machte. Jede die-
*ser Freiheiten wird nämlich als das **unbedingte** Recht des französischen Citoy-*
en proklamiert, aber mit der beständigen Randglosse, daß sie schrankenlos sei,
*soweit sie nicht durch die »**gleichen Rechte anderer** und die **öffentliche Si-***
***cherheit**« beschränkt werde, oder durch »Gesetze«, die eben diese Harmonie der*
individuellen Freiheiten untereinander und mit der öffentlichen Sicherheit
vermitteln sollen ... Beide Seiten berufen sich daher in der Folge mit vollem
Recht auf die Konstitution, sowohl die Ordnungsfreunde, die alle jene Freihei-
ten aufhoben, wie die Demokraten, die sie alle herausverlangten. Jeder Para-
graph der Konstitution enthält nämlich seine eigene Antithese ...*** [237]
Sie waren also darauf angewiesen, sich genau innerhalb der parlamentarischen
Schranken zu bewegen. Und es gehörte jene eigentümliche Krankheit dazu, die
<u>seit 1848</u> *auf dem ganzen Kontinent grassiert hat,* <u>*der* **parlamentarische Kre-***</u>
<u>***tinismus,***</u> *der die Angesteckten in eine eingebildete Welt festband und ihnen*
allen Sinn, alle Erinnerung, alles Verständnis für die rauhe Außenwelt raubt,

---

* Auch wenn es sich dabei nur um einen Wunschtraum handeln sollte, daß und wie er ihn zu
Papier bringt, ist höchst bezeichnend. Die Schilderung erfüllt den Straftatbestand: Mitwisserschaft an einem Kapitalverbrechen.
** Aus diesem Text folgt, wie aus anderen, daß nach Marx der Republik kein langes Leben be-
schieden sein sollte, nur Vorspiel zur »Diktatur des Proletariats«.
*** Marx kritisiert den Konstitutionalismus, ohne eine Alternative aufzuzeigen. Es geht ihm
darum, jeden Fortschritt der Freiheit lächerlich zu machen.

dieser <u>parlamentarische Kretinismus</u> gehörte dazu, wenn sie, die alle Bedingungen der parlamentarischen Macht mit eignen Händen zerstört hatten und
in ihrem Kampfe mit den andern Klassen zerstören mußten, ihre parlamentarischen Siege noch für Siege hielten ...[238]
Die außerparlamentarische Masse der Bourgeoisie endlich sollte ihren Bruch
mit der Bourgeoisie im Parlamente noch einmal einige Tage vor der Katastrophe feierlich bestätigen. Thiers, als parlamentarischer Held vorzugsweise
von der unheilbaren Krankheit des <u>parlamentarischen Kretinismus</u> ange-
steckt ...[239]
Mit der Verzweiflung an der napoleonischen Restauration scheidet der französische Bauer von dem Glauben an seine Parzelle, stürzt das Ganze auf diese Parzelle aufgeführte Staatsgebäude zusammen und erhält **die proletarische Revolution das Chor, ohne das ihr Sologesang in allen Bauernnationen zum Ster-
belied wird.**[*] [240]

Engels: Die Ursachen der Inaktivität der französischen Proletarier[**]
Die Geschäfte gingen ausgezeichnet – und die Engländer wissen nur zu
gut, daß man mit einer vollbeschäftigten und gut bezahlten Arbeiterklasse
keine politische Campagne, geschweige denn eine Revolution ins Werk setzen
kann.[***] [241]
Der schlecht gehende Handel und die schlechten Ernten von 1846 und 1847 be-
wirkten die Revolution von 1848; und man kann <u>zehn zu eins</u> wetten, <u>daß 1853
der Handel in der ganzen Welt weit tiefer getroffen</u> und weit länger gestört <u>sein
wird</u> als je zuvor.[****] [242]

Marx/Engels: Die großen Männer des Exils
<u>Die großen Männer des 1848er Deutschlands</u> standen im Begriff, ein schäbi-
ges Ende zu nehmen, als der Sieg der »Tyrannen« sie sicherstellte, sie ins
Ausland verschlug und zu Märtyrern und Heiligen machte. Die Kontrerevolution hat sie gerettet. Die Entwicklung der kontinentalen Politik brachte die meisten derselben nach London, das so ihr europäischer Zentralpunkt wurde ... Je
mehr dieser <u>Menschenkehricht</u> durch eigne Impotenz wie durch die bestehenden Verhältnisse außerstand gesetzt war, irgend etwas Wirkliches zu tun, desto
eifriger mußte jene resultatlose Scheintätigkeit betrieben werden, deren eingebildete Handlungen, eingebildete Parteien, eingebildete Kämpfe und

---

[*] Marx glaubt zu wissen, daß nun die Bauern in das Lager der Proletarier abwandern und so
ihnen die Mehrheit verschaffen.
[**] Zunächst wußten die Freunde, daß das französische Proletariat losschlagen würde. Als es die
Vorhersage nicht erfüllte, wußten die Freunde wiederum genau, warum nicht.
[***] Deshalb die unverhüllte Krisensehnsucht der Freunde über die Jahrzehnte hinweg.
[****] Doch die sichere Verheißung ging nicht in Erfüllung.

eingebildete Interessen von den Beteiligten so pomphaft ausposaunt worden sind.[* 243]

Herr Rudolf Schramm *– ein krakeeliges, schwatzhaftes, äußerst konfuses Man-nequin, das sich als Lebensmotto die Stelle aus* »Rameaus Neffen« *gewählt hat:* »*Lieber will ich ein impertinenter Schwätzer sein, als gar nicht sein.*« ... *Gustav* Struve *gehört zu den bedeutenderen Figuren der Emigration. Seine saf-fianlederne Erscheinung,* sein dumm-pfiffiges Glotzauge, *seine sanftleuchtende Glatze, seine* slawisch-kalmückischen Züge *verraten auf den ersten Blick den ungewöhnlichen Mann, und der Eindruck wird noch gesteigert durch die ge-dämpfte Kehlkopfstimme, durch die gefühlvolle Salbung des Vortrags und die feierliche Wichtigkeit der Manieren.*[244]

Da rettete sich Ruge hinter den Humanismus, *jene* Phrase, *womit alle Konfu-sionarier in Deutschland von Reuchlin bis Herder ihre Verlegenheit bemäntelt haben. Diese Phrase schien um so zeitgemäßer, als eben erst Feuerbach* »*den Menschen neu entdeckt hatte*« *und Arnold klammerte sich mit solcher Ver-zweiflung an sie an, daß er sie bis auf die heutige Stunde nicht fahren läßt.*[** 245]

Marx: Pauperismus und Freihandel – Die drohende Handelskrise

Selbst wer nur ganz oberflächlich mit der Geschichte des Handels seit Beginn des neunzehnten Jahrhunderts vertraut ist, wird überzeugt sein, daß der Au-genblick nicht mehr fern *ist, wo der kommerzielle Zyklus in die Periode des* Pa-roxysmus *eintritt, um aus dieser zu Überspekulation und Krach überzugehen ... Dieses Stadium des Paroxysmus ist nur der Vorläufer des Stadiums der* Ka-tastrophe.[246]

Engels: Der Kommunisten-Prozeß zu Köln

Die praktische revolutionäre Erfahrung von 1848/49 bestätigte die theoreti-schen Überlegungen, *die zu dem Schlusse führten,* daß erst die kleinbürgerliche Demokratie an die Reihe kommen muß, ehe die kommunistische Arbeiterklas-se erwarten darf, sich für dauernd in den Besitz der Macht zu setzen *und jenes System der Lohnsklaverei zu vernichten, das sie unter dem Joch der Bourgeoi-sie hält. Somit konnte die Geheimorganisation der Kommunisten gar nicht das*

---

[*] *Die großen Männer des Exils* bieten Schmähungen über Schmähungen, die Fortsetzung der *Heiligen Familie* oder *Kritik der kritischen Kritik – gegen Bruno Bauer und Konsorten* und der *Deutschen Ideologie. Kritik der neuesten deutschen Philosophie in ihren Repräsentanten Feuer-bach, B. Bauer und Stirner* .... Aus ihnen spricht Menschenverachtung pur. Hier nimmt das Wort F. Engels' Gestalt an: Rücksichtslose Kritik an allen. Bei den *Männern des Exils* handelt es sich um Persönlichkeiten, die aus Deutschland hatten fliehen müssen, weil sie für Demo-kratie und Freiheit gekämpft hatten.

[**] Die Textstelle ist insbesondere für jene bedenkenswert, die Marx wider seinen Willen zum Humanisten machen möchten.

unmittelbare Ziel verfolgen, die **gegenwärtigen** Regierungen in Deutschland zu stürzen. Sie wurde geschaffen, nicht um deren Sturz herbeizuführen, sondern den Sturz jener Regierung, die, aus einem Aufstand hervorgehend, früher oder später an ihre Stelle treten wird.* [247]

——— 1853 ———

Marx an Engels   21. Januar

Jüdchen Bamberger hat mir bisher noch keinen Centime gegeben, aber ver-sprochen, und ich werde ihm nach und nach auf den Wechsel wenigstens 15 £ (bis er kömmt) abpressen.[248]

Marx an Engels   29. Januar

Bei dem Stand der Winterernte bin ich überzeugt, daß die *Krisis* nun *will beco-me due [fällig wird]*.[249]

Marx an Engels   29. Juni

Als ich nach Manchester abreiste, pumpte ich 2 £ bei dem *Jüdchen Bamberger*. Der Kerl schickt mir grobe Mahnzettel, sogar Drohungen. Mais nous verrons [Aber wir werden sehen].[250]

Marx an Engels   28. September

Les choses marchent merveilleusement [Die Dinge gehen ausgezeichnet]. In Frankreich wird das einen *entsetzlichen [Krach]* geben, wenn die ganze finanzielle Schwindelei zusammenbricht.[251]

Engels an Joseph Weydemeyer   12. April

Die Präliminarien der *proletarischen Revolution*, die Maßregeln, die uns das Schlachtfeld präparieren und die Bahn fegen – *eine und unteilbare Republik*** usw., Sachen, die **wir** damals vertreten mußten **gegen** die Leute, deren natürlicher, normaler Beruf es gewesen wäre, sie durchzusetzen oder wenigstens zu fordern ...

Alles das bezieht sich natürlich nur auf die Theorie; in der Praxis werden wir wie immer darauf reduziert sein, vor allem auf resolute Maßregeln und *abso-lute Rücksichtslosigkeit* zu drängen. Und da liegt das Pech. Mir ahnt so was, als

---

* Wiederum eine Aussage, die jeden Glauben an die demokratische Einstellung der Freunde zerstören müßte. Klarer geht es nicht!
** Absage an den Bundesstaat.

ob unsre Partei, dank der <u>Ratlosigkeit und Schlaffheit aller andern,</u>* eines schönen Morgens an die Regierung forciert werde, um schließlich doch die Sachen
durchzuführen, die nicht direkt in unsrem, sondern im allgemein revolutionären und spezifisch kleinbürgerlichen Interesse sind ... Dabei verliert man
dann den Kopf – hoffentlich nur physiquement parlant – eine Reaktion tritt
ein, und bis die Welt imstande ist, ein **historisches** Urteil über so was zu fällen,
gilt man nicht nur für eine Bestie, was Wurst wäre, sondern auch für bête
[dumm], und das ist viel schlimmer.²⁵²

Marx an Adolf Cluß　　　　　　　　　　　　　　　　　　　Mitte Oktober
Ich habe nie, besoffen oder nüchtern, Äußerungen gemacht, daß die Arbeiter
nur zu Kanonenfutter gut, obgleich ich die <u>Knoten</u>**, unter die sich Klein by and
by [allmählich] zu rangieren scheint, kaum gut genug dafür halte.²⁵³
<u>Die Hunde von Russen,</u> so wenig ich sie für Europa befürchte, werden uns Deut-
schen verdammt aufsetzen. Wir sitzen mitten in der Patsche zwischen Kal-
müken und crapauds [Gesindel] ...²⁵⁴

Marx: *Der Mailänder Aufstand*
Die Mailänder Erhebung ist bedeutsam als Symptom der <u>nahenden revolutionären Krise auf dem ganzen europäischen Kontinent.</u> Und bewundernswert
ist sie als Akt des Heroismus einiger weniger Proletarier, die, nur mit Messern
bewaffnet, einen Angriff gegen die Zitadelle einer Garnison und gegen eine
Armee von 40 000 Mann der besten Truppen ganz Europas wagten ...
»Die Ruhe ist wiederhergestellt.« Jawohl, jene schreckliche, unheilvolle Ruhe
zwischen dem ersten Aufbrausen des Sturmes und dem nächsten dröhnenden
Donnerschlag.²⁵⁵

Marx: *Erzwungene Emigration*
<u>In der Gesellschaft vollzieht sich eine lautlose Revolution, vor der es kein Ent-
rinnen gibt, und die sich um die menschlichen Existenzen, die sie zerbricht,
ebensowenig kümmert wie ein Erdbeben um die Häuser, die es zerstört. Unterliegen müssen jene Klassen und Rassen, die zu schwach sind, die neuen Lebensbedingungen zu meistern.</u>²⁵⁶

Engels: *Die politische Lage der schweizerischen Republik*
Die Masse der <u>Schweizer Bevölkerung</u> betreibt entweder Viehzucht oder Acker-

---

* Das wieder ganz typisch. Bei Licht betrachtet sind die einzigen tüchtigen »Proletarier« Marx
und Engels, eben »the future Dictator of Germany« und sein Adlatus.
** Laut dem *Etymologischen Wörterbuch der deutschen Sprache* (Kluge/Mitzka a.a.O.): »Schel-
te für den Handwerksburschen und Nichtstudenten«.

bau; Viehzucht im Hochgebirge und Ackerbau überall dort, wo es die Beschaf-
fenheit des Bodens erlaubt. Die Hirtenstämme, denn Stämme kann man sie
nennen, gehören zu den am wenigsten zivilisierten Bewohnern Europas. Wenn
sie auch keine Köpfe und Ohren abschneiden, wie die Türken und Montene-
griner, so verüben sie doch durch ihre Gerichtsversammlungen kaum weniger
barbarische Handlungen … Der Schweizer Bauer beackert das Stück Land, das
sein Vater und Großvater vor ihm beackert hatten; er beackert es in derselben
nachlässigen Weise, wie sie es taten; er hat etwa denselben Verdienst, den sie
hatten; er lebt ungefähr in derselben Weise, wie sie es getan haben, und folglich
denkt er auch fast genauso wie sie.²⁵⁷
Wenn die Nationen Europas die Fähigkeit, frei und normal zu handeln wie-
dererlangt haben, dann werden sie in Erwägung ziehen, was mit diesen kleinen
»neutralen« Staaten geschehen soll, die sich zu Knechten einer im Vormarsch
befindlichen Konterrevolution machen und sich andererseits jeder revolu-
tionären Bewegung gegenüber neutral oder sogar feindlich verhalten und sich
trotzdem als freie und unabhängige Nationen ausgeben. Doch zu dem Zeit-
punkt wird vielleicht von diesen Auswüchsen eines ungesunden Körpers keine
Spur mehr zu finden sein.* …²⁵⁸

Marx: *Die politische Lage in Holland … Türkei und Rußland*
Handelt Rußland aus eigenem freien Impuls oder ist es bloß der unbewußte, wi-
*derstrebende Sklave des modernen **Fatums** – Revolution? Ich glaube an die letz-*
te Möglichkeit.** ²⁵⁹

Marx: *Die russische Politik … Die Arbeiterbewegung in England*
Allen, die nichts anderes von der englischen Gesellschaft kennen als ihre trost-
lose apoplektische Oberfläche, sollte man empfehlen, an diesen Arbeitermee-
tings teilzunehmen und in jene Tiefen zu blicken, wo die Totengräber der eng-
lischen Gesellschaft am Werke sind.*** ²⁶⁰

Marx: *Die Kriegsfrage …*
Die Demütigung der reaktionären westlichen Regierungen und ihre offenbare
Unfähigkeit, die Interessen der europäischen Zivilisation gegen russische Über-
griffe zu schützen, müssen unbedingt einen heilsamen Unwillen in den Völkern
erzeugen, die seit 1849 der Herrschaft der Konterrevolution unterworfen sind.

---

* Der Fortschritt, wie Engels ihn versteht, schafft Recht. Daher ist den Revolutionären alles erlaubt. Warum nicht aus Zweckmäßigkeitserwägungen die Schweiz kassieren? Die Neutralität
spielt keine Rolle.
** Hier werden Glaube und Hoffnung von Marx auf eine Kurzformel gebracht: Die Revolution
als Fatum der Menschheit.
*** Bis heute wartet das Grab auf die Leiche.

Auch <u>die nahende industrielle Krise</u> wird durch diese halb orientalischen Wirren ebensosehr beeinflußt und beschleunigt wie durch die ganz orientalischen Wirren in China.[261]

Marx: Die künftigen Ergebnisse der britischen Herrschaft in Indien
<u>Die indische Gesellschaft hat überhaupt keine Geschichte</u>, zum mindesten keine bekannte Geschichte. Was wir als ihre Geschichte bezeichnen, ist nichts andres als die Geschichte der aufeinander folgenden Eindringlinge, die ihre Reiche auf der passiven Grundlage dieser widerstandslosen, sich nicht verändernden Gesellschaft errichteten. Die Frage ist daher nicht, ob die Engländer ein Recht hatten, Indien zu erobern, sondern ob ein von den Türken, den Persern, den Russen erobertes Indien den von den Briten eroberten vorzuziehen wäre. <u>England hat in Indien eine doppelte Mission</u> zu erfüllen: eine zerstörende und eine erneuernde – <u>die Zerstörung der alten asiatischen Gesellschaftsordnung</u> und <u>die Schaffung der materiellen Grundlagen einer westlichen Gesellschaftsordnung</u> in Asien.* [262]

Marx: Die Annoncensteuer ... Dänemark ...
Sie haben die noch bessere Erfahrung gemacht, daß sie, <u>die Deutschen und die Skandinavier, die beide zu der gleichen großen Rasse gehören</u>, nur den Weg für ihren Erbfeind, den Slawen, bereiten, wenn sie miteinander streiten, statt sich zu verbinden.** [263]

Marx: Politische Schachzüge – Brotknappheit in Europa
Ich schließe, indem ich wiederum meine Meinung zum Ausdruck bringe, daß weder die Deklamationen der Demagogen noch das Geschwätz der Diplomaten die Dinge zur Krise treiben werden, sondern daß <u>wirtschaftliches Unheil</u> und <u>soziale Erschütterungen</u> herannahen, welche <u>die sicheren Vorboten der europäischen Revolution</u> sind.*** [264]

Marx: Lord Palmerston
<u>In dem russischen Vokabularium existiert das Wort »Ehre« nicht.</u>**** [265]

---

* Mit derlei Überlegungen läßt sich jeder Weltkrieg legitimieren.
** Die Germanen, die große Rasse, sind die Träger der Zivilisation. Das Recht ist auf der Seite des Fortschritts. Hier liegen die Bausteine, mit denen totalitäre Allüren ideologisch abgestützt werden.
*** Marx hoffte offenbar, daß sich Prophezeiungen aufgrund von Prophezeiungen erfüllen.
**** Hier wie an zahlreichen anderen Stellen zeigt Marx seine Geringschätzung für die Russen. Dabei sind in seinen Augen die Russen die tüchtigsten aller Slawen.

Marx: *Die Kriegsfrage ... Streiks*
Auf alle Fälle können wir die Symptome eines in England heranreifenden Bür-
gerkrieges nicht scharf genug beobachten, insbesondere, da die Londoner Pres-
se absichtlich ihre Augen vor bedeutsamen Tatsachen verschließt ...« [266]

Engels: *Der Krieg an der Donau*
Die Russen können sich bedanken, daß man sie so entwischen ließ. Nie ist eine
russische Armee aus einer nur halb so schwierigen Situation mit so geringen
materiellen Verlusten herausgekommen. Sie verdienten es, völlig aufgerieben zu
werden, und statt dessen sind sie jetzt in völliger Sicherheit. [267]

1854

Marx an Engels   13. September
Mit meiner Alten ist, wie sich noch einmal in Trier bewährt, nichts zu machen,
bis ich ihr direkt auf dem Hals sitze. [268]

Marx an Engels   22. September
Püttmann, das dicke Schwein, ist nebst family als »Kolonist« von hier nach Au-
stralien verschickt. [269]

Marx: *Österreichs Bankrott*
So wächst die Abhängigkeit des Kaisers von den Juden der Wiener Bank in dem-
selben Maße wie der militärische Charakter seiner Herrschaft. Im Januar 1852
verpfändete er ihnen die Salinen von Gmunden, Aussee und Hallein. Im Fe-
bruar 1854 erhalten sie ein Pfandrecht auf die Zolleinnahmen der ganzen Mon-
archie. Schritt für Schritt wird die Bank der wirkliche und die Regierung nur-
mehr der nominelle Beherrscher des Reiches. [**] [270]
Wir gelangen somit zu dem unwiderleglichen Schluß, daß von dem Besitz Un-
garns und der Lombardei nicht bloß die politische, sondern auch die ökonomi-
sche Existenz des österreichischen Reiches abhängt und daß mit ihrem Verlust
der lang verzögerte Bankrott dieses Staates unvermeidlich wird. [271]

Marx: *Das englische Kriegsbudget*
Um folglich die bestehende Organisation der Arbeit zu ändern und durch eine
neue zu ersetzen, braucht man Macht – soziale und politische Macht –, Macht,

---

[*] Wieder ist der Wunsch der Vater der Vorhersage. Nie ist es dazu gekommen.
[**] 50 Jahre später prägt Wien die politischen Fundamente von Hitlers Weltanschauung. Man
stelle sich vor, der Satz stammte von Hitler. Alle Deutschen würden ihn kennen. So aber soll er
im Giftschrank verwahrt bleiben.

nicht nur zum Widerstand, sondern auch zum Angriff; um aber zu solcher
Macht zu gelangen, muß man sich zu einer Armee organisieren, die moralisch
und physisch stark genug ist, um der feindlichen Streitmacht begegnen zu kön-
nen.* [272]

Engels: *Die Kriegstaten ...*
Aber eine Macht gibt es, die sich bei jedem plötzlichen Ereignis »in Bewegung
setzen« kann und die auch Louis Bonaparte und seine feigen Knechte »in Be-
wegung setzen« kann, wie sie vordem schon manch einen Herrscher in Bewe-
gung gesetzt hat. Diese Macht vermag allen diesen Invasionen Trotz zu bieten,
sie hat dies dem vereinigten Europa schon einmal bewiesen. Und diese Macht,
die Revolution, seid versichert, wird an dem Tage nicht fehlen, wo man ihrer
Aktion bedarf.** [273]

Marx: *Die Politik Österreichs*
Das bornierte Österreich, dieses bloße Werkzeug in den Händen des Zaren
und seiner englischen Bundesgenossen, bereitet mit alledem nur die Grundla-
gen für eine allgemeine Revolution vor, deren erstes Opfer es selbst sein wird,
und deren Ausbruch nur utopische Reaktionäre wie David Urquhart beklagen
können.[274]

Marx/Engels: *Der langweilige Krieg*
Tatsache ist, daß das konservative Europa – das Europa »der Ordnung, des Be-
sitzes, der Familie, der Religion« – das Europa der Monarchen, der Feudalher-
ren, der Geldleute, wie unterschiedlich ihr Verhältnis zueinander in den ein-
zelnen Ländern auch sein mag, wieder einmal seine äußerste Impotenz zeigt.
Mag Europa verfault sein, ein Krieg hätte jedoch die gesunden Elemente auf-
rütteln müssen; ein Krieg hätte manche verborgenen Kräfte wecken müssen und
sicherlich wäre unter 250 Millionen Menschen soviel Energie vorhanden gewe-
sen, daß wenigstens ein ordentlicher Kampf zustande gekommen wäre, in dem
beide Parteien etwas Ehre geerntet hätten, soviel wie Mut und Tatkraft eben auf
dem Schlachtfeld zu erringen vermögen. Aber nein. Nicht nur das England der
Bourgeoisie und das Frankreich der Bonaparte ist zu einem ordentlichen, fri-
schen, kräftig ausgefochtenen Krieg untauglich geworden, sondern auch Ruß-
land, dasjenige Land Europas, das von der entnervenden, Treue und Glauben

---

* Ein Demokrat hätte gesagt: Mit Hilfe des allgemeinen Wahlrechts werden wir die Organisation der Arbeit umgestalten.
** Keine Revolution hat Louis Bonaparte vom Thron gestoßen, sondern Frankreichs militäri-
sche Niederlage im Krieg gegen den Norddeutschen Bund.

verachtenden Zivilisation am wenigsten angekränkelt ist, bringt derartiges nicht zuwege. * 275

Engels: *Die Militärmacht Rußlands*
Die großen Aktionen von 1854 sind, so dürfen wir behaupten, nur die unbedeutenden Präludien der <u>Völkerschlachten</u>, die die Annalen von <u>1855</u> verzeichnen werden. Erst wenn die große russische Westarmee und die österreichische Armee auf den Plan treten, gleich, ob gegeneinander oder miteinander, erst dann werden wir richtigen Krieg im großen Stil erleben, etwa wie <u>die großen Napoleonischen Kriege</u>. Und <u>vielleicht werden diese Schlachten nur die Präludien zu anderen noch viel heißeren</u>, viel entscheidenderen <u>Schlachten sein</u> – zu den Schlachten der europäischen Völker gegen die jetzt siegreichen und sich sicher fühlenden europäischen Despoten. ** 276

1855

Marx an Engels   8. März
<u>A very happy envent, der Tod des 90jährigen Onkels meiner Frau</u> wurde uns gestern mitgeteilt. Dadurch spart meine Schwiegermutter eine jährliche Abgabe von 200 Talern und meine Frau wird an 100 £ bekommen; mehr, wenn <u>der alte Hund</u> den Teil seines Geldes, der nicht fidei commiß war, nicht seiner Haushälterin vermacht. *** 277

Marx an Ferdinand Lassalle   8. November
Übrigens schwärmt Georg Weerth sehr für das Leben in Westindien und ist keineswegs auf den <u>Menschenkehricht</u> und das Wetter des hiesigen nordischen Klimas gut zu sprechen. **** 278

Engels: *Der Krieg, der sich über Europa zusammenballt*
Noch ein paar Wochen, und wir werden – wenn nicht in Wien in der allernächsten Zeit Frieden geschlossen wird, woran jetzt in Europa, wie es scheint, niemand glaubt – den Ausbruch eines Krieges auf diesem Kontinent erleben, im Vergleich zu dem der Krimfeldzug die unbedeutende Rolle spielen wird, die er

---

* Wo findet sich in der »Weltliteratur« eine überschwenglichere Verherrlichung der Segnungen eines Krieges?
** Die Freunde schüren nach Kräften Kriegsbegeisterung! Ganz offenbar: je heißer die Schlachten, um so schöner.
*** Jedes der Worte verhöhnt jenen Humanismus, der Marx angedichtet wird.
**** Das vorher Gesagte gilt nicht minder für »Menschenkehricht«, einem festen Bestandteil des Marxschen Sprachschatzes.

in einem Krieg zwischen den drei größten Nationen auf der Erdoberfläche hätte spielen sollen.* 279

Engels: *Deutschland und der Panslawismus*
*Die slawische Race, lang geteilt durch innere Zwiste, nach dem Osten zurück-getrieben durch die Deutschen, unterjocht, zum Teil von Deutschen, Türken und Ungarn, still ihre Zweige wiedervereinend, nach 1815, durch das allmäh-liche Wachstum des Panslawismus, sie versichert nun zum ersten Mal ihre Einheit und erklärt damit Krieg auf den Tod den römisch-keltischen und deut-schen Racen, die bisher in Europa geherrscht haben. Panslawismus ist eine Bewegung nicht nur für nationale Unabhängigkeit; er ist eine Bewegung, die ungeschehen zu machen strebt, was eine Geschichte von tausend Jahren ge-schaffen hat, die sich nicht verwirklichen kann, ohne die Türkei, Ungarn und eine Hälfte Deutschlands von der Karte von Europa wegzufegen, die, sollte sie dies Resultat erreichen, seine Dauer nicht sichern kann außer durch die Unterjochung Europas. Panslawismus hat sich jetzt umgewandelt aus einem Glaubensbekenntnis in ein politisches Programm, mit 800 000 Bajonetten zu seiner Verfügung. Er läßt Europa nur eine Alternative: Unterjochung durch die Slawen oder Zerstörung für immer des Zentrums ihrer Offensivkraft – Ruß-lands.** 280*
Um eingebildete Nationalitäten neu zu behaupten, erklärten sich die Pansla-wisten bereit, eine 800jährige faktische Teilnahme an der Zivilisation russisch-mongolischer Barbarei zu opfern. War das nicht das naturgemäße Resultat einer Bewegung, die mit einer entschiedenen Reaktion gegen den Gang der eu-ropäischen Zivilisation begann und die Weltgeschichte zurückdämmen woll-te?281
Soviel ist gewiß, es ist jetzt nicht mehr Rußland allein, es ist die panslawistische Verschwörung, die ihr Reich auf den Ruinen von Europa zu gründen droht. Die Vereinigung aller Slawen wird bald durch die unleugbare Stärke, die sie besitzt und erhalten kann, die Seite, die ihr gegenübersteht, zwingen, in einer durch-aus anderen Form als bisher zu erscheinen.282

Engels: *Die Armeen Europas*
Daher erkennen wir sofort, was für ein Vorteil im militärischen Sinne einem Lande durch die höhere Entwicklung der Zivilisation gegenüber seinen weniger entwickelten Nachbarn erwächst. Als Beispiel können wir anführen, daß sich

---

* Obgleich der Friedensschluß 1855 nicht zustande kam, blieb Europa von dem verheißenen Krieg verschont.
** Mit anderen Worten: Ein heiliger Krieg gegen Rußland ist das Gebot der Stunde.

die russische Armee, obwohl sie sich durch viele erstklassige soldatische Qualitäten auszeichnet, niemals einer anderen Armee des zivilisierten Europas überlegen erweisen konnte.[283]
Körperliche Züchtigung existiert nicht mehr in der französischen und preußischen Armee sowie in mehreren kleineren Armeen. Selbst in Österreich, wo der größere Teil der Rekruten aus Halbbarbaren besteht, strebt man offenbar nach ihrer Beseitigung ...[284]
Aber bis zur heutigen Zeit sind die Russen aller Klassen viel zu barbarisch, um an wissenschaftlicher oder geistiger Tätigkeit irgendwelcher Art (außer Intrigen) Gefallen zu finden. Deshalb sind fast alle ihre hervorragenden Leute im Militärdienst entweder Ausländer oder, was beinahe auf dasselbe herauskommt, »Ostseiskije«, Deutsche aus den baltischen Provinzen.[*] [285]

Marx: Die französische Bank ...
Jedenfalls erscheinen die Finanzoperationen, Börsenmanöver und Bankspekulationen, die in der letzten Zeit Louis-Philippes so große Sensation machten und eine ganze polemische Literatur hervorriefen in der Art der »Juifs rois de l'époque«, »La dynastie Rothschild« usw. als wahre Kindereien, wenn man sie mit dem vergleicht, was von 1852 bis zu diesem Augenblick nach dieser Seite hin geleistet worden ist.[286]

——— 1856 ———

Engels an Marx   7. März
Lassalle.[**] Es wäre schade um den Kerl seines großen Talents wegen, aber diese Sachen sind doch zu arg. Er war immer ein Mensch, dem man höllisch aufpassen mußte, als echter Jud von der slawischen Grenze war er immer auf dem Sprunge, unter Parteivorwänden jeden für seine Privatzwecke zu exploitieren. Dann diese Sucht, sich in die vornehme Welt einzudrängen, de parvenir [emporzukommen], wenn auch nur zum Schein, den schmierigen Breslauer Jud mit allerhand Pomade und Schminke zu übertünchen, waren immer widerwärtig.[287]

Marx an Engels   10. April
Du weißt, daß Heine tot ist, aber Du weißt nicht, daß Ludwig Simon von Trier

---

[*] Engels liefert hier eine Skizze des russischen »Untermenschen«.
[**] Ferdinand Lassalle (1825–1864), ein Schriftsteller, nahm an der Revolution 1848/49 teil. 1863 war er maßgeblich an der Gründung des Allgemeinen Deutschen Arbeitervereins beteiligt.

über sein Grab gepißt hat – ich wollte sagen, sein Wasser abgeschlagen – in der New-Yorker »Neuen Zeit« des quondam Löwen des nach Stuckert [Stuttgart] retirierten Parlaments teutscher Nation. <u>Der Dichter oder Minnesänger des Judenweibs Hohenscheiße-esche oder -linden von Frankfurt a. M. findet natürlich, daß Heine kein Dichter war.</u> [288]

Engels an Marx   14. April
Die Lassalliaden haben mich sehr erheitert, <u>der krause Juddekopp</u> muß sich über dem roten Schlafrock und in der Marquisen-Draperie, wo bei jeder Bewegung der <u>polnische Schmuhl</u> durchkuckt, sehr reizend ausnehmen. Gesehen, muß <u>der Kerl</u> einen <u>höchst lausig-widerwärtigen Eindruck machen.</u> [289]

Engels an Marx   nach dem 26. September
*Die Geldmarktswolken ziehen sich sehr ernsthaft zusammen, und der alte »horizon politique« des »Constitutionnel« wird wohl wieder zu Ehren kommen. Die Geschichte in der Bank vorigen Dienstag, wo 1 Mill. Gold geholt wurde, ist bezeichnend. Fast sieht's aus, als bräche die Sache jetzt schon los, es kann aber auch bloß ein Vorspiel sein. Der Theorie nach müßte Rußland erst vollständig in den Schwindel hereingeritten sein, ehe der Sturz kommen dürfte, allein das ist wohl nicht zu erwarten, ist auch vielleicht besser.** ... Es gibt <u>diesmal ein dies irae</u> [Tag des Zornes] <u>wie nie vorher,</u> die ganze europäische <u>Industrie kaputt,</u> alle Märkte überführt ..., alle besitzenden Klassen hereingeritten, <u>kompletter Bankrott der Bourgeoisie,</u> <u>Krieg</u> und Liederlichkeit im höchsten Grad.**** [290]*

Marx: *Die russische Anleihe*
So finden wir, daß hinter jedem Tyrannen ein Jude, wie hinter jedem Papst ein Jesuit steht. Wahrlich, die Gelüste der Unterdrücker wären hoffnungslos, die Möglichkeit von Kriegen unvorstellbar, gäbe es nicht eine Armee von Jesuiten das Denken zu drosseln, und eine Handvoll Juden, die Taschen zu plündern.« [291]

Marx: *Rede auf der Jahresfeier des »People's Paper«*
Die sogenannten Revolutionen von 1848 waren nur kümmerliche Episoden – kleine Brüche und Risse in der harten Kruste der europäischen Gesellschaft. Sie

---

* Haß gebiert die eigentümlichsten Spracharabesken.
** Diese Textstelle ist sehr bezeichnend, zeigt sie doch, daß die entdeckten »Gesetze« selbst nach Ansicht der Entdecker nicht zwingend wirken. Daher durfte Lenin 1917 Revolution machen, ohne daß die Voraussetzungen, die Marx und Engels benannt hatten, gegeben waren. Auch so handelte er marxistisch, wie das Zitat beweist.
*** Doch nichts von alledem wurde Wirklichkeit.

offenbarten jedoch einen Abgrund. Sie enthüllten unter der scheinbar festen Oberfläche Ozeane flüssiger Masse, die nur der Expansion bedarf, um <u>*Kontinente aus festem Gestein in Stücke zerbersten*</u> *zu lassen. Lärmend und verworren verkündeten sie die Emanzipation des Proletariats, d.h. das Geheimnis des 19. Jahrhunderts und der* <u>*Revolution dieses Jahrhunderts*</u> *...*
Wir für unsern Teil verkennen nicht die Gestalt des arglistigen Geistes, der sich fortwährend in all diesen Widersprüchen offenbart. Wir wissen, daß die neuen Kräfte der Gesellschaft, um richtig zur Wirkung zu kommen, <u>*nur neuer Menschen*</u>** bedürfen, die ihrer Meister werden – und das sind die Arbeiter. ...*
Die englischen Arbeiter sind die erstgeborenen Söhne der modernen Industrie.**
Sie werden also gewiß nicht die letzten sein, der durch diese Industrie erzeugten sozialen Revolution zu helfen, einer Revolution, die die Emanzipation ihrer eignen Klasse in der ganzen Welt bedeutet, die so universal ist wie die Herrschaft des Kapitals und die Lohnsklaverei. Ich kenne die heldenmütigen Kämpfe, die die englische Arbeiterklasse seit Mitte des vorigen Jahrhunderts bestanden hat – Kämpfe, nur darum weniger berühmt, weil sie in Dunkel gehüllt sind und die bürgerlichen Historiker sie vertuschen.
<u>*Im Mittelalter gab es in Deutschland ein geheimes Gericht, Femgericht genannt. Es existierte, um die Untaten der herrschenden Klasse zu rächen. Wenn man ein Haus mit einem roten Kreuz gezeichnet fand, so wußte man, daß der Besitzer von der Feme verurteilt war. Alle Häuser Europas sind jetzt mit dem geheimnisvollen roten Kreuz gezeichnet. Die Geschichte ist der Richter – ihr Urteilsvollstrecker der Proletarier.*</u>**** 292*

Marx: Wirtschaftskrise in Europa
Die Affairen der Kompanie sollen jetzt vor dem Court of Chancery aufgerollt werden. Doch ehe das geschehen kann, werden alle Spekulationsgeschäfte der Royal British Bank in den <u>*Fluten der allgemeinen europäischen Krise*</u> *untergegangen sein.293*

---

* »Nur neuer Menschen bedürfen«! Der Mensch aber bleibt der alte, wie die Geschichte beweist. Nicht einmal in den satanischen Umerziehungslagern gelang es, den »neuen Menschen« zu züchten.
** Gerade die englischen Arbeiter lehnten Marx ab. Marx und Engels haben sich später deutlich von ihnen distanziert. Siehe z.B. Brief vom 17. 11. 1861. Nicht einer von ihnen gab Marx das letzte Geleit, als er 1883 in der Millionenstadt London zu Grabe getragen wurde.
*** Derlei Sentenzen »rechtfertigen« die Vernichtung ganzer Klassen.

——— 1857 ———

Marx an Engels   16. Februar
Freiligrath ersucht Dich, die Geschichte wegen Weerth nicht schlafen zu lassen.
Gesetzt, <u>der Jude Steinthal</u> habe sich der Weerthschen Tagebücher bemächtigt
…, so liegt eine andre Gefahr darin, daß Weerths Verwandte, sollten sie diesel-
ben heraushalten, sie in usum delphini [von allen »anstößigen« Stellen gerei-
nigt], emendiert und zensuriert, drucken lassen. … Es ist nebenbei höchst elend
von dem Steinthal, daß er sich der alten Frau gegenüber auf eine dürre Notiz
von Weerths Tod beschränkt, ohne Details, ohne Vor- und Nachworte. <u>Dieser</u>
<u>süß grinsende Schacherer</u>. …
Da es mir jetzt in meiner eignen Krise natürlich <u>sehr erbaulich</u> ist, <u>von Krisen</u>
<u>zu hören</u>, so laß mich in ein paar Zeilen wissen, wie es mit den Industriebezir-
ken steht.* [294]

Engels an Marx   11. Mai
Hierbei der Brief von <u>Lassalle</u> zurück. <u>Dorch un dorch der läppische Jüd</u>. Es
werden schöne Geschichten sein, die er zusammengeschrieben hat, auch das
Ding, das »zünden« wird und worüber er so geheimnisvoll tut.
Daß nichts an dem Kerl ist, das wissen wir freilich, es ist aber schwer, einen po-
sitiven Grund zu finden, woraufhin mit ihm direkt brechen …[295]

Marx an Engels   15. August
Es ist möglich, daß ich mich blamiere. Indes ist dann immer mit einiger <u>Dia-</u>
<u>lektik</u> zu helfen. Ich habe natürlich meine Aufstellungen so gehalten, daß ich <u>im</u>
<u>umgekehrten Fall auch Recht</u> habe** [296]

Marx an Engels   26. August
Es blieb nichts übrig, als eine Zeitlang gar nicht und dann nur sehr selten, say

---

* Ein Brief von Jenny Marx (Gattin von Karl Marx) an Conrad Schramm aus demselben Jahr
unterstreicht das Gesagte (MEW a.a.O. 29, 645): »Nicht wahr, an dem allgemeinen Krach und
Zusammenrumpeln des alten Drecks hat man doch noch eine Freude … Obgleich wir die amerikanische Krise an unserm Beutel sehr verspüren, indem Karl statt zweimal wöchentlich nur
mehr einmal an die ›Tribune‹ schreibt, … so können Sie sich doch wohl denken, wie
high up [gut gelaunt] der Mohr ist. Seine ganze frühere Arbeitsfähigkeit und Leichtigkeit
ist wiedergekehrt sowie auch die Frische und Heiterkeit des Geistes, die seit Jahren gebrochen
war …«
** Diese Sätze sind höchst aufschlußreich, nennen sie doch den Grund für den »Kommuni-
stenstolz der Unfehlbarkeit«. Nie hat Marx öffentlich einen Irrtum, einen Fehler eingestanden.
Marx, der Selbstgott im Sinne Heines, behält stets Recht. Nur dem Freund gesteht er seine Un-
aufrichtigkeit, wie der folgende Brief zeigt.

every fortnight, nach New York zu schreiben, so daß mir immer offen war, mit
Schein später behaupten zu können, eigne Krankheit und häusliche troubles
hätten mir alles Schreiben sehr schwierig gemacht ... Um mir also eine Hin-
tertür offenzuhalten, schickte ich dem Dana die Lieferung ab, zugleich mit
einem Brief, worin ich ihm 1. anzeigte, das bulk der Beiträge sei am 7ten Au-
gust abgegangen – (so daß er an Verlieren des Manuskripts denken muß) und
ihm zugleich die Zögerung und Verschleppung aus einer Krankheit erklärte, die
noch nicht ganz subsided [nachgelassen] habe ... Wenn es gar nicht ready war,
so war die <u>*Täuschung um so nötiger.*</u>* *[297]

Engels an Marx   6. Oktober
Er hat sich durch einen großen pechschwarzen Bart ein sonderbares Ansehn ge-
geben, ähnlich in etwa dem <u>*schmierigen Juden,*</u> *der mit uns im Boot vom Stea-*
mer ans Land fuhr ...[298]

Marx an Engels   20. Oktober
<u>*Die amerikanische Krise ... ist beautiful.*</u>[299]

Engels an Marx   29. Oktober
<u>*Der American crash ist herrlich*</u> *und noch lange nicht vorbei. Den Sturz der*
Masse der Importhäuser haben wir noch zu erwarten, bis jetzt scheinen nur ein-
zelne gefallen zu sein. Die Rückwirkung auf England scheint auch in der Liver-
pooler Borough-Bank eröffnet. Tant mieux [Um so besser].[300]

Engels an Marx   15. November
Der allgemeine Aspekt der hiesigen Börse war höchst ergötzlich in der vorigen
Woche. Die Kerle ärgern sich schwarz über meine plötzlich sonderbar <u>*gehobene*</u>
<u>*Laune*</u> *...*
Für <u>*Ausbreitung und Fortdauer der Krise ist auch gesorgt.*</u> *...*
Es wäre <u>*zu wünschen,*</u> *daß erst diese »Besserung« zur* <u>*chronischen Krise*</u> *einträ-*
te, ehe ein zweiter und entscheidender Hauptschlag fällt. Der chronische Druck
ist für eine Zeitlang nötig, um die Bevölkerungen warm zu machen. <u>*Das Prole-*</u>
<u>*tariat schlägt dann besser,*</u> *in bessrer connaissance de cause [Sachkenntnis],*
und mit mehr Einklang ... Die Massen müssen <u>*durch die lange Prosperität ver-*</u>
<u>*dammt lethargisch*</u> *geworden sein ...*
1848 sagten wir: jetzt kommt unsere Zeit, und sie kam in a certain sense, dies-
mal aber kommt sie vollständig, <u>*jetzt geht es um den Kopf.*</u>[301]

---

* Skrupelloses Lügen! Auf den vorausgegangenen Brief sei hingewiesen. Am 21. September
schrieb Marx an Engels: »Von Dana letzten Freitag Brief erhalten, kühl und kurz. Ich habe ihm
geantwortet, daß ich sofort beim Postoffice reklamieren werde.«

Engels an Marx   7. Dezember
In Hamburg sieht es <u>großartig</u> aus … So komplett und klassisch ist noch nie eine Panic gewesen, wie jetzt in Hamburg. <u>Alles ist wertlos</u>, absolut wertlos außer Silber und Gold …
Der amerikanische crash und der Fall in Produkten brachte dann die ganze Geschichte an den Tag, und für den Moment ist <u>Hamburg</u> kommerziell <u>vernichtet</u>.[302]

Engels an Marx   11. Dezember
Bei dieser <u>Krise</u> ist die Überproduktion so <u>allgemein</u> gewesen wie noch nie, sie ist auch in den Kolonialwaren unleugbar und ebenso im Korn. <u>Das ist das Famose</u> und muß kolossale Folgen haben.[303]

Engels an Marx   17. Dezember
Der Jammer unter dem Proletariat fängt auch an. Vorderhand ist noch nicht viel Revolutionäres zu merken; <u>die lange Prosperität hat furchtbar demoralisiert</u>.[304]

Marx an Engels   18. Dezember
*Die jetzige **Krisis** … Ich denke, daß wir about Frühling **zusammen** ein Pamphlet über die Geschichte machen, als **Wiederankündigung** beim deutschen Publico – daß <u>wir</u> wieder und noch da sind, <u>always the same</u> …*
außerdem sieht es – abgesehn von der general rotteness des bankerotten Staats – im Handel selbst besonders faul aus …[305]

Marx: *Die Lage in Europa*
Wenn wir den Ärmelkanal überqueren, sehen wir, daß die Oberfläche der Gesellschaft unter der Wirkung der unterirdischen Brände bebt und schwankt. Die Pariser Wahlen sind sogar weniger der Vorboten als der wirkliche Beginn einer <u>neuen Revolution</u> … Um überhaupt Aussicht auf Erfolg zu haben, müssen revolutionäre Bewegungen in der modernen Gesellschaft anfangs ihre <u>Fahne</u> von jenen Elementen des Volks <u>ausleihen</u>, die, obwohl in Opposition gegen die bestehende Regierung, sich völlig in Harmonie mit der bestehenden Gesellschaftsordnung befinden. Mit einem Wort, Revolutionen müssen ihre Eintrittskarte zur offiziellen Bühne von den herrschenden Klassen selbst empfangen. * [306]

---

* Dieser Text ist ungemein aufschlußreich, bestätigt er doch andere Passagen, die besagen, daß die Kommunisten unter dem Banner der Demokratie die Monarchie zu bekämpfen hätten. Sie glaubten, diese Verstellung sei geboten und daher gerechtfertigt.

——— **1858** ———

Marx an Engels   1. Februar
Der »Herakleitos der Dunkle« von Lassalle dem Hellen ist au fond [im Grunde] ein sehr läppisches Machwerk.* [307]

Engels an Marx   17. März
Le cas de soulèvement donné [Wenn der <u>Aufstand</u> kommt] und er muß <u>im Laufe dieses Jahres</u> kommen, ist alle Chance da, daß sie Februar 1848 nachmachen …
*Der <u>Commerce</u> in Frankreich ist jetzt <u>glücklicherweise</u> in einer Lage, die sich <u>nicht verbessern **kann,** ehe</u> die chronische Krise in einer <u>politischen Revolution</u> kulminiert hat.*** [308]

Engels an Marx   9. Juni
Lieber Mohr, hierbei der Brief von <u>L[assalle]</u> zurück. Daß unser <u>Jüdel Braun</u>*** *eine Keilerei gehabt, hatte mir schon Borchardt am Samstag mit triumphierender Miene angezeigt.* [309]

Engels an Marx   7. Oktober
Wenn das noch einige Zeit so vorangeht, so werden die Movements für Lohnheraufsetzung anfangen. In Frankreich verdienen die Baumwollspinner auch seit einiger Zeit mehr als in den letzten Jahren …; wie es im übrigen Commerce dort aussieht, weiß ich nicht genau, aber der Stand der Börse spricht für wesentliche Besserung. <u>Alles das sieht verdammt optimistisch aus, und der Henker weiß, wie lange das noch dauert</u> …****
*Mir scheint übrigens Jones' new move [neuer Schritt], in Verbindung mit den früheren mehr oder weniger erfolgreichen Versuchen einer solchen Allianz, in der Tat damit zusammenzuhängen, daß das englische Proletariat faktisch mehr und mehr verbürgert, so daß diese bürgerlichste aller Nationen es schließlich dahin bringen zu wollen scheint, eine bürgerliche Aristokratie und ein <u>bürgerliches Proletariat</u> **neben** der Bourgeoisie zu besitzen. Bei einer Nation, die die ganze Welt exploitiert, ist das allerdings gewissermaßen gerechtfertigt. <u>Hier</u>*

---

* Dem völlig entgegen umschmeichelt Marx Lassalle mit den Worten (MEW a.a.O. 29, 561): »Ich habe während meiner Leidenszeit Deinen »Herakleitos« durchstudiert und finde die Wiederherstellung des Systems aus den zerstreuten Reliquien meisterhaft, wie mich nicht minder der Scharfsinn in der Polemik angesprochen.«
** Doch die »politische Revolution« wollte und wollte nicht kommen.
*** Dies ist eine der immer wiederkehrenden abschätzigen Bezeichnungen für Lassalle.
**** «Zum Henker!« – wenn sich die Lage verbesserte.

können nur ein paar grundschlechte Jahre helfen, und diese scheinen seit den
Goldentdeckungen so leicht nicht mehr herzustellen.[310]

Marx an Engel   8. Oktober
*Bei der optimistischen Wendung des Welthandels at this moment … ist es we-
nigstens* *tröstlich, daß* *in Rußland* *die* **Revolution** *angefangen hat, denn als solchen Anfang betrachte ich die Zusammenberufung der »Notables« nach Petersburg …*
*Die schwierige question für uns ist die: auf dem Kontinent ist die Revolution
imminent und wird auch sofort einen sozialistischen Charakter annehmen.[311]*

Marx an Engels   24. November
1. …
2. *Fröbel* *ist hier. Hat reiche Frau geheiratet. Kehrt nach Amerika zurück …*
Diese Hunde *verlangen alle nur, sobald sie have found their bread and chee-
se, einen blasierten Prätext, um dem Kampf valet zu sagen.*
3. *Rindvieh Ruge* *hat bei Prutz bewiesen …*
4. *Der blödsinnige Ewerbeck …*
5. *Dr. Freund* *soll so* *herunter* *sein, daß er die Leute auf der Straße um 1 sh. angegangen haben soll.*
6. *Lump Landolphe …*[*] [312]

Marx an Engels   11. Dezember
Freiligrath scheint zu glauben, daß, weil *Gattin* *Kinkel* *den Hals gebrochen* *hat,
Gatte Kinkel ein großer Mann geworden ist oder wenigstens ein edler. Kinkel
hatte das* *Begräbnis* *so* *melodramatisch* *organisiert – mit der »zitternden
Hand« und dem »Lorbeerkranz« etc. –, daß Freiligrath, der keinen Ton des
Schmerzes in seiner Leier finden konnte, bei den »tragischen« Ereignissen …
plötzlich* *den elenden Humbug* *ansingt.*[**] [313]

Marx an Engels   17. Dezember
Die Betriebsamkeit dieser kleinen *aus der demokratischen Pißjauche ausge-
brüteten badensischen Flöhe* *ist rührend.[314]*

Marx an Ferdinand Lassalle   22. Februar
*After all, schwant es mir, daß jetzt, wo ich nach 15jährigen Studien so weit,
Hand an die Sache legen zu können, stürmische Bewegungen von außen wahr-*

---

[*] Ein typisch Marxscher Rundumschlag.
[**] Auch die Toten bleiben nicht verschont.

scheinlich interfere [dazwischenkommen] werden. Nevermind. Wenn ich zu
spät fertig werde, um noch die Welt für derartige Sachen aufmerksam zu finden, ist der Fehler offenbar my own ...*
Es ist jedenfalls beste Zeit für wissenschaftliche Unternehmungen und am Ende,
nach den Erfahrungen der letzten 10 Jahre, muß die Verachtung der Massen wie
der einzelnen bei jedem rational being [denkenden Wesen] so gewachsen sein,
daß »odi profanum vulgus et arceo« [ich hasse den gemeinen Pöbel und wehre
ihn ab] fast aufgedrungne Lebensweisheit ist.[315]

Marx an Ferdinand Lassalle   31. Mai
Im ganzen ist die jetzige Zeitperiode angenehm. Die Geschichte ist offenbar im
Begriff to take again a new start [wieder einen neuen Anlauf zu nehmen], und
die Zeichen der Auflösung everywhere are delightful for everymind not bent
upon the conservation of things as they are [sind überall höchst erfreulich für
jeden, der sich nicht auf die Erhaltung der bestehenden Dinge ausrichtet].[316]

Marx: Die Lage in Europa
Überall glaubt man, der Krieg stände unmittelbar bevor. Louis-Napoleon hat
keine anderen Mittel, einer baldigen Vernichtung zu entrinnen. Der Anfang
vom Ende ist nahe.[317]

Marx: Die steigende Anzahl der Geisteskranken in England
In der britischen Gesellschaft gibt es wohl keine feststehendere Tatsache als die,
daß der Pauperismus im gleichen Maße anwächst wie der moderne Reichtum.**
Merkwürdigerweise scheint dasselbe Gesetz auch für die Geisteskrankheiten zu
gelten.[318]

Engels: Die gerichtliche Verfolgung Montalemberts
So dürfen wir also eine Bewegung der Bourgeoisie in Frankreich erwarten, die
der entspricht, welche sich jetzt in Preußen entwickelt, und die ebenso gewiß der
Vorläufer einer neuen revolutionären Bewegung ist, wie die Bewegung der
Bourgeoisie von 1846/47 in Italien der Herold der Revolutionen von 1848
war.[319]

---

* Aus diesen und ähnlichen Stellen folgt, daß sich Marx der Bedeutungslosigkeit seiner Untersuchungen für den Gang der Dinge bewußt gewesen ist. Trotzdem hat er dieser Beschäftigung
wegen seine Familie auf das äußerste vernachlässigt, so daß zumindest der Tod eines Kindes
darauf zurückzuführen ist (s. Löw a.a.O. 1996 S. 96).
** Hier überträgt Marx seine Lehre auf die britische Gesellschaft, eine Manipulation, die die
amerikanischen Adressaten nicht leicht durchschauen konnten.

Marx: *Über die Bauernbefreiung in Rußland*
Es ist aber wohl bekannt, daß der russische Adel *überdies in großem Maße*
an Privatpersonen, an *Bankiers, Händler,* Juden und Wucherer verschuldet
ist ... [320]

─── 1859 ───

Marx an Engels　　　　　　　　　　　　　　　　　　25. Februar
Lieber Engels,
*«*Po und Rhein*« ist ein vorzüglicher Einfall, der sofort ins Werk gesetzt werden*
muß. Du mußt gleich an die Sache *gehn, da Zeit hier* alles *ist. Ich habe heute*
noch an Lassalle geschrieben und bin sicher, daß Jüdel Braun *die Sache durch-*
setzt.

...

Die Hunde von Demokraten und liberalen Lumpen *werden sehn, daß wir die*
einzigen Kerls sind, die nicht verdummt sind in der schauderhaften Friedensperiode.[321]

Marx an Engels　　　　　　　　　　　　　　　　　　25. Februar
Das Jüdel Braun *[Lassalle] hat mir zwar nicht geschrieben, seit mein Manu-*
skript angekommen ist, und das sind über vier Wochen. Einerseits war er be-
schäftigt mit der Herausgabe eines eignen unsterblichen »zündenden« Werks
(still [und doch] ist das Jüdel, selbst sein »Herakleitos«*, obgleich* hunzschlecht
geschrieben, better than anything the democrats could boast of [besser als ir-
gend etwas, dessen sich die Demokraten rühmen könnten]), und dann wird er
wahrscheinlich die letzte Korrektur bei meinem Wisch zu übernehmen haben.
Zweitens hat er indirekt in meiner Analyse des Geldes einen furchtbaren Schlag
auf den Kopf erhalten, der ihn etwas betäubt haben mag.[322]
Also bei klugem mangagement gehört uns der Mann mit Haut und Haar, *so*
viele »zündende« Bocksprünge er immer machen und so sehr er den Heraklit
dafür, daß er der kurzgefaßteste Philosoph war, mit dem längsten Kommentar
züchtigen mag. Aus demselben Grund bin ich sicher, *daß er Deine Broschüre*
dem Duncker aufzwingen *wird en cas de besoin [falls Bedarf]. Übrigens habe*
ich den Brief an ihn so eingerichtet, daß er ihn ganz dem Duncker zeigen kann.
Er ist in der Tat für D[uncker], nicht für L[assalle] geschrieben, obgleich
Ephraim* das trotz seiner Gescheitheit kaum merken wird. ...
Das Vernünftigste *wäre,* wenn Du plötzlich krank würdest *und vom comptoir*
wegbliebst, um die Sache in einem Zug hinzuschreiben.[323]

---

* Gemeint ist wieder Lassalle.

Engels an Marx   11. April
En attendant, vive la guerre! [Inzwischen, es lebe der Krieg!] in 10 Tagen werden sie hoffentlich bei Alessandria oder Casale aneinander sein, und wer weiß, was für Füchse ich nächste season jagen werde! *324

Marx an Engels   6. Mai
*Von unsrem point of view [Gesichtspunkt] betrachtet, ich meine den revolutionären, ist es gar nicht unerwünscht, wenn Östreich zuerst entweder eine Schlappe bekommt oder, was moralisch dasselbe, sich wieder in die Lombardei zurückzieht. Die Verhältnisse werden dadurch viel entwickelter, und die nötige Zeit, damit die Sachen in Paris reifen, wird damit gegeben. Überhaupt stehn die Sachen so, daß, auf welcher Seite immer blunders [Fehler] gemacht werden, sie zu unsrem Vorteil ausschlagen müssen.*325

Marx an Engels   18. Mai
*Übrigens, wenn L[assalle] im Namen der Partei zu sprechen sich herausnimmt, muß er für die Zukunft entweder sich gefaßt machen, offen von uns desavouiert zu werden, indem die Verhältnisse zu wichtig sind für Rücksichtnahme, oder, statt den gemischten Inspirationen von Feuer und Logik zu folgen, muß er vorher sich verständigen über die Ansicht, die andre Leute außer ihm haben. Wir müssen jetzt durchaus auf Parteidisziplin halten, oder alles wird in den Dreck geritten.*** 326
*Eine sehr schöne Lektion haben die Herren Knoten so erhalten. Der Alt-Weitlingsche Esel Scherzer glaubte, er könne Parteivertreter ernennen. In meiner Zusammenkunft mit einer Deputation der Knoten (ich habe abgeschlagen, in irgendeinen Verein zu kommen, in dem einen aber den Liebknecht, in dem andern den Lappländer als chairman) erklärte ich ihnen rundheraus: Unsre Bestellung als Vertreter der proletarischen Partei hätten wir von niemand als uns selbst. Sie sei aber kontrasigniert durch den ausschließlichen und allgemeinen Haß, den alle Fraktionen der alten Welt und Parteien uns widmeten. Du kannst Dir denken, wie verblüfft die Ochsen waren.****** 327

Marx an Engels   24. Mai
Wenn es Dir möglich, einiges »tin« [Blech] herüberzuschicken, verpflichtest Du mich sehr. Der Lauskerl von Duncker [Verleger], auf den ich gerechnet hatte,

---

* D.h.: Es könnten auch Menschen sein.
** Die »Partei« gab es ausschließlich in Marxens Imagination. Trotzdem sollten die »Mitglieder« ihre Meinung nur zensiert äußern dürfen.
*** Dieser Text, der für viele steht, zeigt, daß Marx die demokratischen Tugenden gänzlich fremd gewesen sind.

scheint die Sache in die blaue Unendlichkeit zu verschieben. Während 11 Tagen hat das Vieh wieder nichts geschickt. Weißt Du, wer mir den way stops [Weg versperrt]? Niemand anders als Lassalle. Erst wird meine Geschichte um 4 Wochen ausgesetzt wegen seines »Sickingen«. Jetzt, wo die Sache dem Abschluß entgegenreifte, muß der Narr wieder mit seinem »anonymen« Pamphlet dazwischenkommen, das er nur schrieb, weil Dein »anonymes« Pamphlet ihn nicht schlafen ließ. Sollte der Hund nicht einsehn, daß der Anstand selbst erheischte, erst meine Sache herauszubringen?328

Marx an Engels　　　　　　　　　　　　　　　　　　　25. Mai

Die Arbeit, die noch an meiner Geschichte zu machen war, konnte höchstens 3 Stunden Zeit kosten. Aber der verfluchte eitle Narr [Lassalle] hat das Embargo verordnet, damit die Aufmerksamkeit Publici nicht geteilt würde. Duncker, der Schweinhund, aber ist seelenvergnügt, daß er neuen Vorwand hat, die Zahlung meines Honorars aufzuschieben. Ich vergesse dem Jüdchen diesen Streich nicht. Die Hast, womit sein Dreck gedruckt wurde, zeigt, daß er magna pars [großen Anteil] in der Verzögrung unsrer Sachen. Dabei ist das Vieh so verliebt in seine Ausschweißungen, daß er es für selbstverständlich hält, ich brenne nur von Begier, sein »Anonymes« zu sehn und habe »Objektivität« genug, das Killen meiner Sache als in der Ordnung zu betrachten. Der verfluchte Jude von Wien schreibt auch nicht. ...

Liebk[necht] ist ebenso schriftstellerisch unbrauchbar wie er unzuverlässig und charakterschwach ist, wovon ich Näheres wieder zu berichten haben werde. Der Kerl hätte diese Woche einen definitiven Abschiedstritt in den Hintern erhalten, zwängen nicht gewisse Umstände, ihn einstweilen noch als Vogelscheuche zu verwenden. ...

Ich habe übrigens dem faullebenden Fleisch Schapper gestern durch Pfänder kategorisch mitteilen lassen, daß, wenn er nicht sofort wieder in den Arbeiterverein (den sog. kommunistischen) eintritt und dort das management übernimmt, mit ihm aller »Zusammenhang« aufhört. Die einzige Sphäre, worin wir das Hippopotamus brauchen können, hält der Narr zu gering für sich. Mais nous verrons [Aber wir werden sehen]. Wir hatten nie einen schlechteren staff [Mitarbeiterstab].* 329

Marx an Engels　　　　　　　　　　　　　　　　　　　7. Juni

Ad vocem Freiligrath. Unter uns gesagt, ein Scheißkerl.** ...

Ad vocem Duncker. In einem Brief D[uncker]s, dem ich saugrob über seine

---

* Das war die Elite der Elite.
** Diesen »Scheißkerl« hat Marx immer und immer wieder um Hilfe angegangen, die ihm auch gewährt wurde.

Verzögrung geschrieben, gesteht <u>das Vieh</u> *rundheraus, daß der letzte 3wöchent-liche Verzug ...* **infolge des Erscheinens** *des aus* »*Schweiß, Feuer und Logik*« *zu-sammengebrauten* »*Anonymen*« ...
<u>Liebknecht</u> *ist an awful nuisance [*<u>eine furchtbare Plage</u>*]. Durch seine klug-scheißerischen Manöver konnte der Klatsch wegen Kinkel und Bauer nur ganz verdünnt ins Blättchen.*[330]

Marx an Engels   14. Juli
Die preußische Klugscheißerei, von Lass[alle]s etc. unterstützt, hat Deutsch-land (und Preußen) in eine Patsche gebracht, aus der die **keine** <u>Rettung</u> *ist* <u>außer durch</u> *eine* <u>wütende Revolution</u>.*[*][331]

Engels an Marx   14. Juli
<u>Außer der Fortsetzung des Kriegs</u> *konnte uns* <u>nichts Erwünschteres</u> *kommen als* **dieser** *Friede. Preußen blamiert, Östreich blamiert, Bonaparte blamiert, Sar-dinien und der vulgäre italienische Liberalismus blamiert, England blamiert, Kossuth ruiniert, Vogt & Co. blamiert, niemand gewinnt, außer den Russen und den Revolutionären, was Jüdel Braun [Lassalle] eine* »*reinliche revolutionäre Situation*« *nennen würde. Exzellenz Ephraim Gescheit [Lassalle] aber ist erst recht blamiert.*[332]

Engels an Marx   22. September
Ein paar Tage, ehe mein Alter herkam, passierte mir ein ganz verfluchtes Pech. In einer bekneipten Gesellschaft insultiert mich ein unbekannter Engländer, ich habe den Regenschirm in der Hand, schlage nach ihm, und die Spitze trifft ihn ins Auge.[333]

Marx an Engels   23. September
Wärst Du sofort nach Deiner Ankunft in Manchester und nachdem Du Erkun-digung über den »*Engländer*« *eingezogen, wieder abgereist,* **etwa nach London,** *und hättest den Schweinhund durch dritte Hand wissen lassen, Du seist* **nach dem Kontinent,** *so hättest Du* **jedes** *arrangement treffen können. Vielleicht* **geht das noch,** *da, wie ich von Allen etc. sehe, alle Engländer jetzt an general amnesty auf dem Kontinent glauben, daher fürchten, daß ihre Schuldner quit the country [das Land verlassen] ... Solchem Kerl gegenüber jede Kriegslist an-zuwenden.*[**][334]

---

[*] In Wirklichkeit gab es stets eine andere »Rettung«.
[**] Marxens Antwort auf Engels' Brief vom 22. 9. (s.o.).

Marx an Engels   19. November

Diese ganze Geschichte ist so lausig – verzwickt – und so charakteristisch für die Biedermänner Freiligrath und Blind, daß ich die Scheiße so weitläufig auseinandersetzen mußte. Es ist überhaupt <u>charakteristisch</u> für den Biedermann Freiligrath, <u>daß er nicht glaubte, mir Rechenschaft schuldig zu sein</u> wegen seines Auftretens vor dem Publikum mit Kinkel und Konsorten …[335]

Engels an Marx   11. oder 12. Dezember

Inliegend Post Office Order 5 £ zahlbar Camden Town. Der <u>Beta ist der größte Schweinhund</u>, der mir je vorgekommen. Der Schundartikel hat mich in eine wahre Wut versetzt. Leider ist der Kerl schon solch ein <u>Krüppel</u>, daß man ihn nicht noch <u>krummer schlagen</u> kann; indes an diesem <u>Hund</u> muß doch noch einmal persönliche <u>Rache</u> genommen werden. Es gereicht indes immer zur Befriedigung, daß die schöne Seele Kinkel nicht umhin kann, ihre Ergänzung in einem solchen <u>Schweinigel</u> zu finden …
Übrigens ist der Darwin, den ich jetzt grade lese, ganz famos. Die Teleologie war nach einer Seite hin noch nicht kaputtgemacht, das ist jetzt geschehn. Dazu ist bisher noch nie ein so großartiger Versuch gemacht worden, historische Entwicklung in der Natur nachzuweisen, und am wenigsten mit solchem Glück.[336]

Marx an Joseph Weydemeyer   1. Februar

Du wirst gehört haben, daß Herr Kinkel wieder ein berühmter Mann geworden, weil <u>Frau Kinkel</u> zum Fenster herausgefallen und den <u>Hals gebrochen</u> hat. Der »heitre« Kunde – der sich nie so wohl fühlte als seit dem Tod der alten Mockel – beschloß sofort, seinen »Schmerz« herumzuhausieren … Etwas Elenderes ist nie erschienen, und wir können uns gratulieren, daß die 10 Jahre Exil <u>die Hohlheit unsrer demokratischen Freunde</u> so völlig herausgearbeitet haben. Die »Kölnische Zeitung« ist, damit verglichen, geistreich und kühn. Das Schönste bei Kinkels <u>Exploitation des Todes seiner Frau</u> ist, daß diese Person, die an Herzkrankheit litt, exasperiert war, weil der süße Pfaffe eine Jüdin namens Herz verführt hatte und sie überhaupt »kalt« behandelte. Die Jüdinnen in Manchester schwören darauf, daß dies der Grund, warum die verewigte Johanna Mockel zum Fenster herausfiel. Jedenfalls würde das beweisen, daß, so albern Gottfried sonst ist, er Schlauheit besitzt in der Ausbeutung der öffentlichen Credulity. Doch genug von diesem Humbug.[*]
Die Revolutionsluft, die auf dem europäischen Kontinent bläst, hat natürlich alle großen Männer wieder von ihrem Winterschlaf erweckt.[337]

---

[*] Nicht einmal ein tragischer Todesfall bringt Hohn und Spott zum Verstummen.

*In diesen 2 Kapiteln wird zugleich der Proudhonsche, jetzt in Frankreich fashionable Sozialismus, der die Privatproduktion bestehn lassen, **aber** den Austausch der Privatprodukte **organisieren**, der die **Ware** will, aber das **Geld** nicht will, in der Grundlage kaputtgemacht. Der Kommunismus muß sich vor allem dieses »falschen Bruders« entledigen ...*
Ich hoffe, unsrer Partei einen wissenschaftlichen Sieg zu erringen. Sie muß aber jetzt selbst zeigen, ob sie zahlreich genug ist, genug Exemplare zu kaufen, um den Buchhändler über seine »Gewissensskrupel« zu beruhigen. [*] [338]

Marx an Ferdinand Lassalle   28. März
*Ad vocem **Deine Korrespondenz an die** »Presse«: Ich bin absolut der Meinung, daß Du korrespondieren sollst. Für Dich als **Preußen** wäre es allerdings »unanständig«, in einem **österreichischen** Blatt jetzt zu schreiben. Prinzipiell aber müssen wir, was Luther vom lieben Gott sagt, »einen Buben mit dem andern schlagen«, und, <u>wo sich eine Chance öffnet, zur allgemeinen Auflösung, Verwirrung beitragen.</u>* [339]

Marx an Ferdinand Lassalle   19. April
Hier in England geht der <u>Klassenkampf aufs erfreulichste voran.</u> [**] [340]

Marx an Ferdinand Lassalle   5. Mai
<u>*Die Wahlen sind leider nicht torystisch genug ausgefallen. Im letztern Falle hätte by und by eine revolutionäre Bewegung hier begonnen.*</u> [341]

Engels an Ferdinand Lassalle   18. Mai
Unter uns ist ja seit Jahren die Kritik, im Interesse der Partei[***] *selbst, notwendigerweise so unverhohlen wie nur möglich; im übrigen aber macht es mir und uns allen immer Freude, wenn ein neuer Beweis vorliegt, daß <u>unsre Partei,</u> auf welchem Gebiete auch sie auftritt, <u>immer mit Überlegenheit</u> auftritt. Und das haben Sie auch diesmal getan.*
Im übrigen scheinen die <u>Weltereignisse einen recht erfreulichen Verlauf</u> nehmen zu wollen. Eine bessere <u>Grundlage zu einer gründlichen deutschen Revolution</u> läßt sich kaum denken, als durch eine französisch-russische Allianz gegeben wird. Uns Deutschen muß das Wasser bis an den Hals reichen, ehe wir en masse in den furor teutonicus [deutsche Raserei] versetzt werden; und diesmal scheint die Gefahr des Ersaufens uns nahe genug treten zu wollen. Tant

---

[*] Selbstverständlich geht es um das von ihm verfaßte Buch *Das Kapital.*
[**] Später müssen die Freunde die gegenteilige Entwicklung beklagen.
[***] »Partei« ist die Partei Marx, ein bloßes Schlagwort mit beliebigem Inhalt. Engels (MEW a.a.O. 34, 443): »Niemals haben Marx oder ich mit Lassalle zusammengearbeitet.«

mieux [Um so besser]. In einer solchen Krisis müssen sich alle bestehenden Mächte ruinieren und alle Parteien nacheinander aufreiben ... *In einem solchen Kampf muß der Moment eintreten, wo* <u>*nur die rücksichtsloseste, entschlossenste Partei imstande*</u> *ist,* <u>*die Nation zu retten,*</u> *und müssen zugleich die Bedingungen gegeben werden, unter denen es allein möglich ist, den ganzen alten Plunder, die innere Trennung einerseits und die durch Östreich gegebnen polnischen und italienischen Anhängsel vollständig über Bord zu werfen.* <u>*Vom preußischen Polen*</u> *dürfen wir* <u>*keinen Zoll aufgeben*</u> *und was [Ende des Briefes fehlt].*[342]

Marx an Ferdinand Freiligrath   28. November
Weder bin ich Liebknechts Briefsteller, noch sein Attorney. Indes werde ich ihm Abschrift des auf ihn bezüglichen Teils Deines Briefes zustellen.
Die einen Augenblick beabsichtigte Erklärung habe ich unterlassen, eingedenk des »Odi profanum vulgus et arceo« [<u>*Ich hasse den gemeinen Pöbel*</u> *und wehre ihn ab].*[343]

Marx: *Die Lage in Preußen*
<u>*Der Ruin des Kleinbürgertums während der vergangenen acht Jahre ist eine allgemeine Erscheinung,*</u>[*] *die in ganz Europa beobachtet werden kann, aber nirgends so ausgeprägt wie in Deutschland. Bedarf diese Erscheinung irgendeiner Erklärung? Ich antworte darauf mit einem Wort: Seht euch die Millionäre von heute an, die noch gestern arme Teufel waren. Damit ein Habenichts über Nacht zu einem Millionär werde, müssen sich tausend 1000-Dollar-Besitzer tagsüber in Bettler verwandeln haben.*[**] *Der Börsenzauber bewerkstelligt so etwas im Handumdrehen, ganz abgesehen von den langsameren Methoden, mit denen die moderne Industrie den Reichtum zentralisiert. In Preußen hat sich daher während der vergangenen zehn Jahre zugleich mit der Bourgeoisie ein unzufriedenes Kleinbürgertum und eine konzentrierte Arbeiterklasse entwickelt.*[344]

Marx: *Zur Kritik der Politischen Ökonomie*
Auf einer gewissen Stufe ihrer Entwicklung geraten die materiellen Produktivkräfte der Gesellschaft in Widerspruch mit den vorhandenen Produktionsverhältnissen oder, was nur ein juristischer Ausdruck dafür ist, mit den Eigentumsverhältnissen innerhalb deren sie sich bisher bewegt hatten. Aus Entwick-

---

[*] Der Text war natürlich nicht für deutsche Leser bestimmt, sondern für nordamerikanische.
[**] Diese Behauptung ist schlicht falsch. Hat sie Marx wider besseres Wissen aufgestellt? Zudem: Marx hat mehrmals damit geprahlt, wie leicht er an der Börse Gewinne machen könne (s. Löw a.a.O. 1988, »Börse«). Nennenswerte Gewinne hat er offenbar damit nie erzielt.

lungsformen der Produktivkräfte schlagen diese Verhältnisse in Fesseln derselben um. Es tritt dann eine Epoche sozialer Revolution ein … Die bürgerlichen Produktionsverhältnisse sind die letzte antagonistische Form des gesellschaftlichen Produktionsprozesses, antagonistisch nicht im Sinn von individuellem Antagonismus, sondern eines aus den gesellschaftlichen Lebensbedingungen der Individuen hervorwachsenden Antagonismus, aber die im Schoß der bürgerlichen Gesellschaft sich entwickelnden Produktivkräfte schaffen zugleich die materiellen Bedingungen zur Lösung dieses Antagonismus. Mit dieser Gesellschaftsformation schließt daher die Vorgeschichte der menschlichen Gesellschaft ab.* 345

Engels: *Po und Rhein*
Daß die Karte von Europa definitiv festgestellt sei, wird kein Mensch behaupten. Alle Veränderungen, sofern sie Dauer haben, müssen aber im ganzen und großen darauf hinausgehn, den großen und lebensfähigen europäischen Nationen mehr und mehr ihre wirklichen natürlichen Grenzen zu geben, die durch Sprache und Sympathien bestimmt werden, während gleichzeitig die Völkertrümmer, die sich hier und da noch finden und die einer nationalen Existenz nicht mehr fähig sind, den größeren Nationen einverleibt bleiben und entweder in ihnen aufgehen oder sich nur als ethnographische Denkmäler ohne politische Bedeutung erhalten …
Soll aber die Karte von Europa revidiert werden, so haben wir Deutsche das Recht, zu fordern, daß es gründlich und unparteiisch geschehe und daß man nicht, wie es beliebte Mode ist, verlange, Deutschland allein solle Opfer bringen …346

Marx: *Eine preußische Meinung zum Krieg*
Der Krieg, den der französische Autokrat angestiftet hat, bleibt zweifellos nicht nur nicht »lokalisiert«, worunter im Sinne des politischen Jargons zu verstehen ist, daß die kriegerischen Operationen nicht über die Grenzen der italienischen Halbinsel hinausgetragen werden sollen; der Krieg wird im Gegenteil nicht einmal auf den Rahmen eines üblichen Krieges beschränkt bleiben, der zwischen selbstherrlichen Regierungen ausgefochten und durch den Kampf ausgebildeter Armeen entschieden wird. In seinem weiteren Verlauf wird er sich in eine allgemeine revolutionäre Feuersbrunst des kontinentalen Europas verwandeln,

---

* Diese Sätze zusammen mit dem Kontext gelten als die klassische Ausformulierung des Historischen Materialismus. Die »soziale Revolution« ist ein naturnotwendiges Ereignis. Die Gegenwart ist »Vorgeschichte«. Das Paradies erwartet uns. Die religiöse Inspiration ist schwerlich zu leugnen.

aus der nicht viele der jetzigen Herrscher ihre Kronen und ihre Dynastien werden retten können. * 347

Engels: *Die Schlacht bei Solferino*
*Die Sachen verwickeln sich vortrefflich. Diesmal können sich die Herren Fürsten indes blamieren, ohne daß unsrer Nationalität Gefahr droht; im Gegenteil, das deutsche Volk, ein ganz anderes Volk seit der Umwälzung von 1848, ist stark genug geworden, um nicht nur mit den Franzosen und Russen, sondern auch gleichzeitig mit den 33 Landesvätern fertig zu werden.*348

Engels: *Karl Marx' »Zur Kritik der politischen Ökonomie«*
Auf allen wissenschaftlichen Gebieten haben die Deutschen längst ihre Ebenbürtigkeit, auf den meisten ihre Überlegenheit gegenüber den übrigen zivilisierten Nationen bewiesen. Nur eine Wissenschaft zählte keinen einzigen deutschen Namen unter ihren Koryphäen: die politische Ökonomie. ** 349
Es zeigt sich aber auch sofort bei näherer Betrachtung, daß der anscheinend so einfache Satz, daß das Bewußtsein der Menschen von ihrem Sein abhängt und nicht umgekehrt, gleich in seinen ersten Konsequenzen allen Idealismus, auch dem verstecktesten, direkt vor den Kopf stößt ... Die neue Anschauungsweise stieß daher notwendig an, nicht nur bei den Repräsentanten des Bürgertums, sondern auch bei der Masse der französischen Sozialisten, die die Welt mit der Zauberformel liberté, égalité, fraternité aus den Angeln heben wollen. Großen Zorn aber erregte sie vollends bei den deutschen vulgär-demokratischen Schreiern ...
Als nach der Niederlage der Revolution von 1848/49 ein Zeitpunkt eintrat, wo die Einwirkung auf Deutschland, vom Auslande aus, mehr und mehr unmöglich wurde, überließ unsre Partei das Feld des Emigrationsgezänks ... der vulgären Demokratie. Während diese sich nach Herzenslust herumhetzte, ... war unsere Partei*** froh, wieder einige Ruhe zum Studieren zu finden. Sie hatte den großen Vorzug, eine neue wissenschaftliche Anschauung zur theoretischen Grundlage zu haben, deren Ausarbeitung ihr hinreichend zu tun gab; schon deswegen konnte sie nie so tief verkommen wie die »großen Männer« der Emigration.
*Die erste Frucht dieser Studien ist das vor uns liegende Buch.*350
Die Ökonomie handelt nicht von Dingen, sondern von Verhältnissen zwischen Personen und in letzter Instanz zwischen Klassen; diese Verhältnisse sind aber stets **an Dinge gebunden** *und* **erscheinen als Dinge.** *Diesen Zusammenhang,*

---

* Auch hier reines Wunschdenken. Der Krieg blieb auf Italien beschränkt.
** Dies ist das Präludium, um Freund Marx als den Größten herauszustellen.
*** »Unsere Partei« – gemeint sind Marx – und mit großem Abstand – Engels.

der in einzelnen Fällen diesem oder jenem Ökonomen allerdings aufgedämmert ist, hat Marx zuerst *in seiner Geltung für die ganze Ökonomie* aufgedeckt *und dadurch die schwierigsten Fragen so einfach und klar gemacht, daß jetzt selbst die bürgerlichen Ökonomen sie werden begreifen können.*[*] [351]

Marx: *Politische Rundschau*
Die brutale Halsstarrigkeit der Meister, die sich ihren »Händen« *gegenüber dieselbe Autorität anmaßen wie der amerik[anische] Pflanzer seinem Sklaven gegenüber, hat die Mißbilligung selbst eines Teils der bürgerlichen Zeitungsschreiber erregt. Wir haben natürlich keine Ursache, mit den Meistern unzufrieden zu sein; tun sie doch, was in ihren Kräften steht, um die ohnedies breite Kluft zwischen Arbeit und Kapital noch zu erweitern und jenen* konzentrierten, bewußten Klassenhaß *zu* erzeugen, *der die sicherste* Bürgschaft für eine gesellschaftliche Umwälzung *ist.*[352]

——— 1860 ———

Marx an Engels   nach dem 11. Januar
Wie grotesk die grandeur, worunter sich das bepißte Pudelbewußtsein *verstecken tut ...*
So ist die »soziale« *Bewegung im Westen und Osten eröffnet. Dies zusammen mit dem* bevorstehenden downbreak *in Zentraleuropa wird* grandios *werden.*[353]

Marx an Engels   28. Januar
Unter jetzigen Umständen *nehme ich natürlich die Einladung an, womit die letzte Spur des alten Krakeels mit dem* Arbeiterpack[**] *ausgelöscht. Herr F. Freiligrath ist* nicht *eingeladen. Ich muß in der Tat jetzt vermeiden, mit dem Dickwanst zusammenzutreffen.*[354]

Engels an Marx   31. Januar
Ich denke morgen an Ephraim Gescheit *[Lassalle] zu schreiben; dies diplomatische Sendschreiben darf nicht unüberlegt fortgeschickt werden ...*
Jüdel Braun *[Lassalle] wird jetzt auch einsehn, daß Deine Erklärung und der*

---

[*] An anderer Stelle räumt Engels dem Freund gegenüber ein, daß er selbst Mühe habe, den Gedankengängen zu folgen. Darin stimmen alle Leser von *Das Kapital* überein.
[**] Wenn Marx vertraulich über Arbeiter spricht, werden sie ebenso beschimpft wie alle anderen Klassen und Schichten der Bevölkerung.

*ganze Krawall zwischen Vogt und der A[ugsburger] »A[llgemeinen Zeitung«
doch eine ganz andre Bedeutung hat, als der <u>Berliner Philister</u> [Lassalle] sich
im Anfang einbildete.[355]
<u>Sei</u> endlich einmal etwas <u>weniger gewissenhaft Deinen eignen Sachen gegen-
über; es ist immer noch viel zu gut für das Lausepublikum.</u> Daß das Ding geschrieben wird und erscheint, ist die Hauptsache; die Schwächen, die Dir auffallen, finden die Esel doch nicht heraus; und wenn bewegte Zeiten eintreten,
was hast Du davon, daß das ganze Ding unterbrochen wird, eh Du noch mit
dem Kapital im allgemeinen fertig wirst?[356]*

Engels an Marx   1. Februar
*Mit solchen Leuten ist nicht zu räsonieren. Diese langen breiten Bettelsuppen
scheinen dem Lassalle so natürlich abzugehn <u>wie sein Kot,</u> und vielleicht noch
viel leichter – was kann man auf solche Fadaisen [Albernheiten] und wohlfei-
le Weisheit sagen? Wunderbare Ratschläge gibt der Kerl.[357]*

Engels an Marx   2. Februar
*Quoad unsre Broschüre, so haben wir den Nachteil, persönlich in der Defensi-
ve zu sein und nicht mit Lügen auf Lügen antworten zu können. Dann den
zweiten Nachteil, daß das Publikum = Philisterium uns von vornherein haßt;
wir sind zwar nicht des odium generis humani [<u>des Hasses</u> gegen das Men-
schengeschlecht], aber doch des odium generis Bourgeois [des Hasses gegen das
Geschlecht der Bourgeois] <u>überführt,</u> und das ist ja ganz dasselbe.[358]*

Marx an Engels   4. Februar
Wäre übrigens <u>Itzig</u> kein <u>Lump,</u> so hätte er mir von selbst wenigstens die »Na-
tional-Zeitung« sofort nach ihrem Erscheinen geschickt. ...
Die <u>Hundedemokratie,</u> die einstweilen natürlich voll Schadenfreude, soll uns
wahrhaftig nicht ihre Revolutionsreisen-Projekte, -Papiergelder, -Klatsche-
reien etc. auf den Hals schieben. Sie soll auch vor Deutschland bloßgestellt werden ...[359]*

Marx an Engels   9. Februar
*Der Verfasser, i.e. [das heißt] der <u>Sau-Berliner-Korrespondent</u> des »Daily Tele-
graph« ist ein <u>Jud</u> namens Meier, ein Verwandter des City-Proprietor [Ge-
schäftseigentümer], der ein <u>englischer Jud</u> namens Levy ist. Beide Kerls werfen*

---

* Gemeint ist Lassalle. Diese Form der Verächtlichmachung findet sich häufig in Julius Strei-
chers *Der Stürmer.* Joseph Goebbels attackierte den Berliner Vizepolizeipräsidenten Dr. Bernhard Weiß mit dem Pamphlet »Das Buch Isidor«, ein Spottname, den er von der kommunistischen »Roten Fahne« übernommen hatte. (Siehe Höver a.a.O. S. 160 f.)

*daher mit Recht – juvante [mit Hilfe] Vogt – dem Heine vor, daß er ein getauf-
ter Jude. Der letzte Brief von Itzig [Lassalle], den Du als eine Rarität aufheben
mußt, einliegend. Dieser Objektive! Man denke sich die Plastizität dieses un-
griechischsten aller Wasserpolackischen Juden ...*

*Apropos, um zu return à nos moutons, i.e. [um auf besagten Hammel zurück-
zukommen, d.h.] Lassalle ... Was macht das Vieh für ein fuss [Aufheben] darüber! Wie der Kerl dem Liebknecht gegenüber moralisch sich aufspreizt! Derselbe Bursche, der die schamlosesten Mittel gebraucht und sich mit den schamlosesten Personen in Verbindung gesetzt au service de la comtesse de Hatzfeldt
[im Dienst der Gräfin von Hatzfeldt]! Vergißt das Vieh, daß, obgleich ich ihn
in den Bund aufnehmen wollte, ein einstimmiger Beschluß der Zentralbehörde
in Köln ihn wegen Anrüchigkeit nicht akzeptierte? ... Nun sieh den gespreizten
Affen! Kaum glaubt er – aus seinen bonapartistisch gefärbten Augen sehend –,
uns auf einem schwachen Punkt zu ertappen, wie bläht er sich, wie orakelt er,
wie wirft er sich in – allerdings possierliche Positur. ...*

*Dem Blind habe ich sofort geschrieben – ich will vielmehr sagen, in ein Kuvert
das Zirkular gelegt, das ihn so ganz intim angeht. Er hat natürlich das Maul gehalten. Statt dessen läuft das Vieh in der Stadt herum ...*

*Am elendesten benimmt sich der Philisterwanst Freiligrath. Ich hatte ihm das
Zirkular geschickt. Er zeigt nicht einmal den Empfang an. Glaubt das Vieh,
daß, wenn ich will, ich ihn nicht bis über die Augenbrauen in den Schwefelpfuhl
eintauchen kann? Vergißt er, daß ich über 100 Briefe von ihm besitze? Meint er,
daß ich ihn nicht sehe, weil er mir den Hintern zeigt? ...*

Hollinger ist ein noch viel infameres Vieh.[360]

Marx an Engels   13. Februar

*Herr F. Freiligrath, – den ich merkwürdig (scheinbar wohlwollend) kompro-
mittieren werde – zeigt mir nicht einmal den Empfang der ihm gesandten Sachen an.*[361]

Marx an Engels   12. April

*D'abord [Vor allem] wirst Du aus den Zeitungen gesehn haben, daß Palmer-
ston den Witz sich gemacht hat, Herrn Reuter (den Triester Telegraphenjuden)
der Königin vorzustellen. Des nicht orthographisch schreiben könnenden Jud
Reuters Faktotum ist – Siegmund Engländer ...*[362]

Engels an Marx   25. Juni

*Der Kerl [»Itzig«, Lassalle] wird sich noch einen Menschen halten, der ihm
jedes Jahr einmal eine Ohrfeige gibt, damit die Leute von ihm sprechen, wenn
seine eigne jüdische Unverschämtheit es nicht mehr fertigbringt. Inzwischen be-*

wahrt er ein brillantes <u>Talent zum Durchgekeiltwerden und Herausgeschmis-</u>
<u>senwerden</u>.[363]

Marx an Engels   25. September
1. Geld. Ich habe nur 25 £ zu zahlen. 12 von Borkheim, 8 hat Lassalle mir zu-
gesagt. *[364]

Marx an Engels   6. Dezember
Herr <u>Philister Freiligrath, das »erkältete westfälische Maul«,</u> schreibt mir ge-
stern u.a. folgendes:
*»Dein Buch«*** (beileibe nicht Pamphlet) »hat Petsch mir geschickt. Besten*
Dank! Soviel ich bis jetzt darin gelesen habe, finde ich's wie ich erwartet hatte,
voll Esprit und <u>voll Malice</u> [Boshaftigkeit]. Das Detail ist so reichlich, daß es
beinahe den Überblick erschwert. Auf die Sache selbst einzugehn, wirst Du mir
erlassen. Ich beklage den ganzen Streit auch heute noch und stehe ihm nach wie
vor fern.«
Was sagst Du zu diesen beiden letzten Sätzen? <u>Der Schweinhund,</u> der Vogts
Lügen und Blinds Infamien früher schon kannte, jetzt aber schwarz auf weiß
hat, will nicht ... »auf die Sache selbst eingehn«.[365]

Marx an Ferdinand Lassalle   2. Juni
Du wirst die Schriften Urquharts gelesen haben ...
Daß seine deutschen Anhänger wie Bucher, Fischel, etc. (des letztren »Mosko-
witertum« kenne ich nicht, wohl aber weiß ich, ohne es gelesen zu haben, was
drin steht) auch seine »angelsächsischen« Marotten, die übrigens nicht ohne
eine eigne Art verzwickter Kritik sind, adoptiert haben, ist mir ganz gleichgül-
tig; so gleichgültig, wie es Dir sein würde in einem <u>Krieg gegen Rußland</u> z.B., ob
Dein Nebenmann auf die Russen schießt aus schwarzrotgoldnen oder revolu-
tionären Motiven. ...
In dem <u>Krieg</u>, den wir zusammen mit den Urquhartiten <u>gegen Rußland</u>, Pal-
merston und Bonaparte führen ...
Jedenfalls haben die Urquhartiten den Vorzug, daß sie »unterrichtet« sind in
der auswärtigen Politik, die ignoranten Mitglieder derselben ihre Inspiration
von Unterrichteten erhalten, und daß sie ein bestimmtes großes Ziel, den
<u>Kampf mit Rußland</u>, verfolgen, und die Hauptstütze der russischen Diploma-
tie, <u>Downing Street</u> at London [Sitz der britischen Regierung] <u>auf Leben und</u>
<u>Tod bekämpfen</u>.[366]

---

* Lassalle, der immer und immer wieder auf unüberbietbare Weise von den Freunden verspottet wird, ist gleichzeitig das Opfer der Marxschen Schnorrereien.
** Gemeint ist *Herr Vogt*. Siehe dazu unten die Fußnote zu »Marx: Herr Vogt«.

Marx an Ferdinand Lassalle   15. September
Man haßt Rußland allerdings in Deutschland, und wir haben schon in der ersten Nummer der »Neuen Rheinischen Zeitung« den <u>Krieg gegen die Russen als Revolutionsmission</u> Deutschlands hingestellt. Aber Hassen und Verstehn sind zwei ganz verschiedne Dinge.[367]

Marx: *Herr Vogt*[*]

Die »*abgerundete Natur*«, *wie Advokat* **Hermann** *vor dem Bezirksgericht in Augsburg seinen kugelrunden Klienten, den Erb-Vogt auf Nichilburg, zartsinnig kennzeichnete, die* »*abgerundete Natur*« *beginnt ihre Naupengeheuerliche Geschichtsklitterung wie folgt:*

»*Unter dem Namen der* **Schwefelbande, oder auch** *unter dem nicht weniger charakteristischen der* **Bürstenheimer,** *war unter der Flüchtlingsschaft von 1849 eine Anzahl von Leuten bekannt, die, anfangs in der Schweiz, Frankreich und England zerstreut, sich allmählich in London sammelten und dort als ihr sichtbares Oberhaupt Herrn* **Marx** *verehrten. Politisches Prinzip dieser Gesellen war die <u>Diktatur des Proletariats</u> etc.*«[**] [368]

Dieser Bonaparte, der sich als <u>Chef des Lumpenproletariats</u> konstituiert, der hier allein in massenhafter Form die Interessen wiederfindet, die er persönlich verfolgt, der in diesem Auswurfe, Abfall, Abhube aller Klassen die einzige Klasse erkennt, auf die er sich unbedingt stützen kann, er ist der wirkliche Bonaparte ...«[***] [369]

In dem ersten Abschnitt des »*Manifestes*«*, betitelt* »*Bourgeois und Proletarier*« *..., wird ausführlich entwickelt, daß die ökonomische und daher auch, in einer oder der andern Form, die politische* **Herrschaft der Bourgeoisie** *die Grundbedingung ist sowohl für die Existenz des modernen Proletariats wie für die Schöpfung der* »*materiellen Bedingungen seiner Befreiung*«*. Die* »*Entwicklung des modernen Proletariats*« *(siehe* »**Revue der Neuen Rheinischen Zeitung**« *Januar 1850, p. 15) ist überhaupt bedingt durch die Entwicklung der industriellen Bourgeoisie.* **Unter ihrer Herrschaft** *gewinnt es erst die ausgedehnte nationale Existenz, die seine Revolution zu einer nationalen erheben kann, schafft es selbst erst die modernen Produktionsmittel, welche ebenso viele Mittel seiner*

---

[*] *Herr Vogt* ist der Titel eines überaus polemischen Buches von Marx, das 1860 in London erschienen ist, 300 Druckseiten stark. In ihm rechnet der Autor mit dem ehemaligen Mitglied der Frankfurter Nationalversammlung Karl Vogt ab, der es gewagt hatte, Marx zu kritisieren. Das Buch, das Marx viel Zeit und Geld gekostet hatte, wurde, wie unbestritten, mangels Absatz eine totale finanzielle Pleite.

[**] Dieses Zitat ist höchst bemerkenswert, zeigt es doch, daß Marxens Losung: »Diktatur des Proletariats« damals schon viele vernommen hatten.

[***] Diese Passage und der Kontext zeigen klar, daß es Marx nicht um die Armen ging. Nur die proletarischen Fabrikarbeiter kamen für sein Ziel, die Revolution, in Betracht. Nur sie konnten die Parole einlösen: »Alle Räder stehen still, wenn dein starker Arm es will.«

revolutionären Befreiung werden. Ihre Herrschaft reißt erst die materiellen Wurzeln der feudalen Gesellschaft aus und ebnet das Terrain, worauf allein eine proletarische Revolution möglich ist.« Ich erkläre daher in derselben »Revue« jede proletarische Bewegung, an welcher sich England nicht beteiligt, für einen »Sturm in einem Glase Wasser«.* 370 Vermittelst künstlich geheimer Röhrenleitung leeren alle Abtritte von London ihren physischen Unrat in die Themse aus. So spuckt die Welthauptstadt täglich durch ein System von Gänsekielen all ihren sozialen Unrat in eine große papierne Zentralkloake – den »Daily Telegraph«. Liebig tadelt mit Recht jene sinnlose Verschwendung, die dem Wasser der Themse seine Reinheit und dem Land von England seinen Dünger raubt. Levy aber, der Eigentümer der papiernen Zentralkloake, versteht sich nicht nur auf Chemie, sondern sogar auf Alchimie. Nachdem er den sozialen Unrat Londons in Zeitungsartikel verwandelt hat, verwandelt er die Zeitungsartikel in Kupfer und schließlich das Kuper in Gold. Auf dem Tor, das zur papiernen Zentralkloake führt, sind die Worte eingeschrieben di colore oscuro: »hic ... quisquam faxit oletum! [mit dunkler Farbe: »Hier darf Gestank gemacht werden!«]« ...

Die »Weekly Mail« behauptete, Levy mache dem Publikum zwar kein X für ein U [vor], wohl aber ein Y für ein I, und wirklich findet sich unter den 22 000 Levis, die Moses bei dem Zug durch die Wüste aufgezählt hat, kein einziger Levi, der sich mit einem Y schreibt. Wie Edouard Simon mit aller Gewalt zur romanischen, will Levy durchaus zur angelsächsischen Rasse zählen. Wenigstens einmal jeden Monat greift er daher die unenglische Politik des Herrn Disraeli an, denn Disraeli, »das asiatische Rätsel« (the Asiatic mystery) stamme nicht, wie der »Telegraph« von der angelsächsischen Rasse. Aber was nützt es dem Herrn Levy, den Herrn Disraeli anzugreifen und ein Y für ein I zu machen, da Mutter Natur seinen Stammbaum in tollster Frakturschrift ihm mitten ins Gesicht geschrieben hat.** 371

---

* In der Tat: Hier werden Konstanten des Denkens von Marx festgehalten.

** So geht es weiter über Dutzende von Seiten. Dazu ein Rezensent des *Herr Vogt* (MEW a.a.O. 30, 143): »Herr Marx ist ein Meister in konstruktiver Denunziation ... Viele werden durch diesen aufgewühlten Schmutz mit Vergnügen waten, denn es ist meisterhafte Calumnie [Verleumdung]; aber um eine Vorsicht bitten wir die Leser: es gibt in der Affen-Wildnis boshafte Paviane, die in Ermangelung anderer Waffen sich des Unrats bedienen und damit Freunde und Feinde bombardieren. Man nehme sich in acht: Herr Marx praktiziert diese Art von Strategie, wobei man die Ausgaben für Munition scheut, fast ausschließlich auf seinen 190 Seiten. Lest, lest, aber nur dicht neben einem Becken voll Wasser und scharfer Seife und nicht ohne Riechfläschchen!«

——— 1861 ———

Marx an Engels   7. Mai

Zunächst also zu dem business [Geschäftlichen]. Meinem Onkel habe ich zunächst 160 £ abgepreßt, so daß wir den größten Teil unsrer Schulden abzahlen konnten. Meine Mutter, bei der von barem Geld nicht die Rede ist, die aber rasch ihrer Auflösung entgegengeht, hat einige frühere Schuldscheine, die ich ihr ausgestellt, vernichtet ...
Nun zum political business [politischen Teil].
... Es herrscht ein allgemeiner Auflösungsduft, und Leute von jedem Rang betrachten eine Katastrophe als unvermeidlich ...
Lassalle, geblendet durch das Ansehn, das er in gewissen Gelehrtenkreisen durch seinen »Heraklit« und in einem andren Kreis von Schmarotzern durch guten Wein und Küche hat, weiß natürlich nicht, daß er im großen Publikum verrufen ist. Außerdem seine Rechthaberei; sein Stecken im »spekulativen Begriff« ..., seine Infektion mit altem französischem Liberalismus, seine breitspurige Feder, Zudringlichkeit, Taktlosigkeit usw ...
Der Bursche ist furchtbar pathetisch, und so blieb mir nichts übrig als eine beständige Ironie ihm entgegenzustellen, die seine Eigenliebe um so mehr verletzte, als dadurch die Gräfin, der er sich als Universalgenie imponiert hat, bedenklich Emanzipationsgelüste von diesem Buddha bekam. Sonderbarerweise hat sich die Hatzfeld in gewissen Momenten von ihm einem jüdelnden Ton angehört und eingepaukt.[372]

Marx an Engels   6. November

Von meiner Alten erhielt ich gestern Antwort. Nichts als »zärtliche« Redensarten, but no cash [aber kein Geld]. Außerdem teilt sie mir mit, was ich längst wußte, daß sie 75 Jahre alt ist und manche Gebresten des Alters fühlt.[*][373]

Engels an Marx   27. November

Hübsch geht's in Rußland und Polen, und im braven Preußen wird nun auch wohl endlich eine Krisis eintreten, wenn die Wahlmänner nicht wieder sich einschüchtern lassen.[374]

Marx an Ferdinand Lassalle   16. Januar

Die Sklavenkrisis in den Vereinigten Staaten wird in ein paar Jahren zu einer

---

[*] Ganz offenbar sah er nie Veranlassung, solcher Jubiläen wegen Grüße zu senden, sondern nur Forderungen: cash!

furchtbaren Krisis in England treiben; die Manchester cotton lords [Baumwoll-Lords] fangen schon jetzt zu zittern an ...
Sehr bedeutend ist Darwins Schrift und paßt mir als naturwissenschaftliche Unterlage des geschichtlichen Klassenkampfes. Die grob englische Manier der Entwicklung muß man natürlich mit in den Kauf nehmen. Trotz allem Mangelhaften ist hier zuerst der »Teleologie« in der Naturwissenschaft nicht nur der Todesstoß gegeben* ...[375]

Marx an Ferdinand Lassalle   15. Februar
Unter diesen Umständen, und bei den Geldausgaben, die mir durch die Krankheit meiner Frau erwachsen, muß ich nach Holland zu meinem Onkel Philips, um meine Geldangelegenheiten überhaupt in Ordnung zu bringen. Da ich dazu Reisegeld brauche, habe ich auf Dich einen Wechsel von 20 £ (about 34 Taler) gezogen, auf 6 Wochen Sicht.** [376]

Marx an Ferdinand Lassalle   7. März
Du weißt, daß ich hier mit meinem Onkel (der das Vermögen meiner Mutter verwaltet und in frühren Zeiten mir öfter bedeutende Vorschüsse auf mein Erbteil gemacht) schwierige Geldverhältnisse in Ordnung bringen will. Der Mann ist zäh, hat aber viel Eitelkeit auf mein Schriftstellertum. Du mußt daher in Deinem Brief an mich von dem Erfolg (lucus a non lucendo [obgleich das Gegenteil der Fall ist]) meiner letzten Schrift gegen Vogt, von gemeinschaftlichen Zeitungsplänen usf. sprechen, überhaupt Deinen Brief so einrichten, daß ich dem Herrn Onkel »das Vertrauen« schenken kann, ihm den Brief mitzuteilen.*** [377]

Marx an Antoinette Philips   24. März
Dieses Fräulein, das mich mit ihrem Wohlwollen direkt überschwemmte, ist das häßlichste Geschöpf, das ich je in meinem Leben gesehen habe, mit einer garstigen jüdischen Physiognomie ...
Der Stand der Dinge hier ist unheilverkündend für die an der Macht befindlichen Kräfte ... Das kann, wie mein Freund Lassalle**** glaubt, der geeignete Moment sein, um hier in der preußischen Hauptstadt eine Zeitung herauszugeben ...[378]

---

* Natürlich steht Marx turmhoch über Darwin. – Auch ein anderer Deutscher hat Darwin in seine Dienste genommen.
** So disponiert Marx über das Vermögen des bitter verhaßten Lassalle. – Das jährliche Durchschnittseinkommen eines Kölner Spinners betrug um diese Zeit 105 – 130 Taler.
*** Diese Skrupellosigkeit ist schwerlich zu überbieten.
**** »Freund« – welche Heuchelei!

Engels: *Die Entwicklung der Revolution in Österreich*
Die Revolution in Österreich macht rasche Fortschritte ...
Und was die Reminiszensen der Vergangenheit anbelangt – die Manöver der
ungarischen Imigranten im Solde Louis-Napoleons, die Tatsache, daß ein libe-
rales Österreich unmöglich ist, weil Österreichs Außenpolitik immer reaktionär
sein wird und daher zugleich Zusammenstöße zwischen der Krone und dem
Parlament schaffen muß, und da Louis-Napoleon mit dieser Tatsache rechne –,
besteht <u>genügend Wahrscheinlichkeit</u>, daß das Jahr <u>1861 die Auflösung des</u>
<u>österreichischen Kaiserreichs</u> in seine einzelnen Bestandteile erleben wird. * 379

——— **1862** ———

Marx an Engels   28. April
<u>*Kinkel*</u>** *ist als <u>bepißter Pudel</u> abgezogen. Er antwortet nicht. Statt dessen ein*
paar Zeilen von seinem <u>Schweinhund Beta,</u>*** worin dieser ihm attestiert, nur
nach halbjährigem Andringen seinerseits habe Gottfried ihm die nötigen bio-
graphischen Notizen (die derselbe <u>Schweinhund</u> regelmäßig alle 2 Jahre seit
*Menschengedenken benutzt hat) ... zukommen lassen.*380

Engels an Marx   23. Mai
Die Kerle nahmen die ganze Position enorm ernsthaft, glaubten an ihre All-
macht und waren wieder so schön im <u>parlamentarischen Kretinismus</u> fast wie
*je 1848.*381

Marx an Engels   18. Juni
Es ist mir höchst ekelhaft, Dich wieder von meiner misère zu unterhalten, aber
que faire [was tun]? <u>Meine Frau sagt mir jeden Tag, sie wünschte, sie läge mit</u>
<u>den Kindern im Grab</u>, und ich kann es ihr wahrlich nicht verdenken, denn die
Demütigungen, Qualen und Schrecken, die in dieser Situation durchzumachen
sind, sind in der Tat unbeschreiblich. Die 50 £ sind, wie Du weißt, für Schul-
den ausgegeben worden ... Aber so viel wirst Du aus eigner Erfahrung wissen,
daß es beständig laufende Ausgaben gibt, die bar bezahlt werden müssen. Das
geschah nun durch Wiederversetzen der Ende April aus dem Pfandhaus gehol-
ten Sachen. Aber schon seit Wochen ist diese Quelle so erschöpft, daß meine
Frau vor einer Woche den »vergeblichen« Versuch machte, Bücher von mir zu

---

* Auch hier war der Wunsch der Vater der Prognose.
** Gottfried Kinkel (1815-1882) Dichter, Publizist, Demokrat, nahm 1849 am Badisch-Pfälzi-
schen Aufstand teil und wurde deshalb zu lebenslänglicher Festungshaft verurteilt.
*** Siehe IV 1 am Ende.

*verklopfen. Die armen Kinder tun mir um so mehr leid, als dies alles in dieser Exhibition season [Ausstellungszeit] vorfällt, wo ihre Bekannten sich amüsieren ...** *

*Ich dehne diesen Band mehr aus, da die deutschen Hunde den Wert der Bücher nach dem Kubikinhalt schätzen.*** ...*

Kein Mensch besucht mich, und das ist mir lieb, denn die <u>Menschheit,</u> die hier ist, kann mich – – –. <u>Schönes Gesindel!</u>[382]

Marx an Engels   30. Juli

<u>Der jüdische Nigger Lassalle,</u> der glücklicherweise Ende dieser Woche abreist, hat glücklich wieder 5 000 Taler in einer falschen Spekulation verloren. Der <u>Kerl</u> würde eher das Geld in den Dreck werfen, als es einem »Freunde« pumpen, selbst wenn ihm Zinsen und Kapital garantiert würden. Dabei geht er von der Ansicht aus, daß er als <u>jüdischer Baron</u> oder <u>baronisierter ... Jude</u> leben muß ... Der Kerl hat mir Zeit gekostet und, meinte das Vieh, da ich ja jetzt doch »kein Geschäft« habe, sondern nur eine »theoretische Arbeit« mache, könne ich ebensogut meine Zeit mit ihm totschlagen! Um gewisse dehors [gesellschaftlichen Anstand] dem Burschen gegenüber aufrechtzuhalten, hatte meine Frau alles nicht Niet- und Nagelfeste ins Pfandhaus zu bringen! ...

*Es ist mir jetzt völlig klar, daß er, wie auch seine Kopfbildung und sein Haarwuchs beweist, – <u>von den Negern</u> abstammt, die sich dem Zug des Moses aus Ägypten anschlossen (wenn nicht seine Mutter oder Großmutter von väterlicher Seite sich mit einem <u>nigger</u> kreuzten). Nun, diese <u>Verbindung von Judentum und Germanentum mit der negerhaften Grundsubstanz</u> müssen ein sonderbares Produkt hervorbringen. Die Zudringlichkeit des Burschen ist auch <u>niggerhaft.</u>**** [383]*

Engels an Marx   8. August

... und falls wir nicht die Kunst erfinden, <u>Gold</u> zu scheißen, wird schwerlich etwas andres übrigbleiben, als daß Du auf die eine oder die andre Weise etwas <u>aus Deinen Verwandten herausschlägst.</u>[384]

Engels an Marx   9. September

Wir werden nun wohl mit nächstem Steamer weitere Nachricht über neue Gefechte hören, wo die Föderalisten wohl siegreich sein könnten, wenn ihre Gene-

---

* Doch das Mitleid ist nicht so groß, daß es das Genie veranlassen könnte, der übernommenen Verantwortung durch einen Brotberuf nachzukommen.

** Das ist der Höhepunkt: Marx türmt Tautologie auf Tautologie anstatt jede sich bietende einträgliche Arbeit anzunehmen, um mit selbstverdientem Geld die Lage seiner Familie zu verbessern.

*** Sind derlei Beschimpfungen steigerungsfähig?

rale nicht so _blutig dumm_ wären. Aber was ist bei solchem _Hundevolk_ zu machen!_* 385_

Engels an Marx   15. November
So gut es einerseits ist, daß die _bürgerliche Republik_ sich auch in Amerika
gründlich blamiert, so daß sie in Zukunft nie wieder on its own merits [um
ihrer selbst willen] gepredigt werden kann, sondern nur als _Mittel und Über-_
gangsform zur sozialen Revolution ...386

Marx an Engels   17. November
Was mich in meinen Ansichten vielmehr lädieren könnte, ist die _Schafshaltung_
der Arbeiter in Lancashire. Such a thing has never been heard of in the world
[So etwas hat die Welt noch nicht gesehen]. Um so mehr, da das _Fabrikanten-_
gesindel selbst nicht einmal heuchelt, »Opfer zu bringen«, sondern dem Rest
von England die Ehre überläßt, ihnen ihre Armee auf den Beiden zu halten; das
heißt dem Rest von England die Unterhaltungskosten für ihr variables Kapital
[die Arbeitskräfte] auferlegt. England hat sich während dieser letzten Zeit mehr
blamiert als any other country [irgendein anderes Land], die _Arbeiter_ durch
ihre _christliche Sklavennatur_ ...387

Marx an Johann Philipp Becker   26. Februar
Sie müssen wissen, daß diese Deutschen, jung und alt, lauter überkluge, gedie-
gene, praktisch einsichtige Männer sind, die Leute wie Sie und mich für _unrei-_
fe Narren halten, die _immer noch nicht von der Revolutionsphantasterei geheilt_
sind. Und so schlimm wie hier im Ausland ist das inländische _Gesindel_. Bei
meiner Anwesenheit in Berlin usw. überzeugte ich mich, daß jeder Versuch literarisch auf diese _Kanaille_ einzuwirken, ganz vergeblich. Die selbstgefällige
Dummheit der Burschen, die in ihrer Presse, dieser Jammerpresse, ein außer-
ordentliches Lebenselixier besitzt, übersteigt alles Glaubliche. Dazu die Seelen-
mattigkeit – _Prügel ist das einzige Resurrektionsmittel für den deutschen Mi-_
chel ...388

Engels an Carl Siebel   4. Juni
Die sog. salva venia [mit Erlaubnis zu sagen] Schiller-Anstalt (auch Jerusalem-
Klub genannt) ist ein reines Juden-Institut geworden, und von 1/2 2–3 Uhr
herrscht ein Lärm da, daß man ganz toll davon wird. Ich gehe auch fast gar
nicht mehr in das edle Institut. _Es geht wie immer mit den Juden._389

_*_ Gemeint sind die Amerikaner. In Verlautbarungen, die in den USA erschienen oder erscheinen sollten, war Marx voll des überschwenglichen Lobes auf sie (s. Löw a.a.O. 1988 »Amerika,
Amerikaner«).

─────── **1863** ───────

Marx an Engels   8. Januar
*Die Nachricht vom Tode der Mary [Engels' Lebensgefährtin] hat mich ebenso
sehr überrascht als bestürzt. Sie war sehr gutmütig, witzig und hing fest an Dir.
Mag der Teufel wissen, daß nichts als Pech jetzt in unsern Kreisen sich ereignet.
Ich weiß auch absolut nicht mehr, wo mir der Kopf steht ...
In ganz London ist kein einziger Mensch, gegen den ich mich auch nur frei aus-
sprechen kann, und in meinem eignen Hause spiele ich den schweigsamen Stoi-
ker, um den Ausbrüchen von der andern Seite das Gegengewicht zu halten. Arbeiten aber under such circumstances [unter solchen Umständen] wird rein unmöglich. Hätte nicht statt der Mary meine Mutter, die ohnehin jetzt voll
körperlicher Gebresten und ihr Leben gehörig ausgelebt hat, ...? Du siehst, zu
welchen sonderbaren Einfällen die »Zivilisierten« unter dem Druck gewisser
Umstände kommen.
Salut.
Dein
K.M.
Wie wirst Du es nun mit Deinem establishment einrichten? Es ist außerordentlich hart für Dich, da Du bei der Mary ein home hattest, frei und zurückgezogen von allem Menschendreck, so oft's Dir gefiel.* 390*

Engels an Marx   13. Januar
*Du wirst es in Ordnung finden, daß diesmal mein eignes Pech und Deine fro-
stige Auffassung desselben es mir positiv unmöglich machten, Dir früher zu antworten.
Alle meine Freunde, einschließlich Philisterbekannte, haben mir bei dieser Gelegenheit, die mir wahrhaftig nahe genug gehen mußte, mehr Teilnahme und
Freundschaft erwiesen, als ich erwarten konnte. Du fandest den Moment passend, die Überlegenheit Deiner kühlen Denkungsart geltend zu machen.391*

Marx an Engels   13. Februar
*Soviel ist sicher, die era of revolution [Ära der Revolution] ist nun wieder fair-
ly opened in Europe [in Europa völlig heraufgezogen]. Und der allgemeine
Stand der Dinge gut.392*

───────

* Wiederum ein schier unüberbietbares Zeugnis der Herzenskälte. Selbst der kalte Freund er-
schrak, wie das folgende Zitat zeigt.

Marx an Engels   21. Februar
Wir werden bald Revolution haben.[393]

Engels an Marx   8. April
*Was die neue Ausgabe angeht ..., so ist der Moment jedenfalls nicht geeignet,
wo alle revolutionäre Energie aus dem englischen Proletariat so gut wie vollständig verduftet ist und der englische Proletarier sich mit der Herrschaft der
Bourgeoisie vollständig einverstanden erklärt.*[394]

Marx an Engels   9. April
*Und die Illusion selbst, daß morgen oder übermorgen das Resultat auch ge-
schichtlich ans Tageslicht springen wird, gibt dem Ganzen eine Wärme und le-
benslustigen Humor – wogegen das spätere »Grau in Grau« verdammt unangenehm absticht.*[*] [395]

Engels an Marx   21. April
*Ich habe in der letzten Zeit russische Geschichte rückwärts gelesen ... Ich muß
sagen, für die Polacken von 1772 sich zu begeistern, dazu gehört ein Büffel. ...
aber so dumm in der Methode, sich an die Russen zu verkaufen wie die Polacken, war doch sonst kein Adel.*[396]

Engels an Marx   11. Juni
*Eine europäische Bewegung scheint mir sehr wahrscheinlich, weil der Bürger
jetzt wieder alle Furcht vor den Kommunisten verloren hat und im Notfall auch
wieder mit losgehn würde. Die französischen Wahlen beweisen dies ebenso wie
die Historien in Preußen seit den letzten Wahlen. Daß eine solche Bewegung
indes in Frankreich anfängt, glaub' ich kaum. Die Wahlen in Paris sind doch
zu bürgerlich ausgefallen. Die Arbeiter, wo sie Spezialkandidaten aufstellten,
fielen durch und hatten auch nicht die Macht, die Bourgeois zu wenigstens radikalen Wahlen zu zwingen.*[**]
*Ich lese jetzt Kinglake, der mich mehr und mehr in der Überzeugung bestärkt,
daß jeder Engländer irgendwo in seinem Gehirn ein Brett vorgenagelt hat, wo
alles aufhört.*[397]

Engels an Marx   24. Juni
*Deine Politik dem Itzig [Lassalle] gegenüber ist ganz recht. Was kann all die
Gemütlichkeit helfen gegenüber einem Kerl, der im entscheidenden Moment*

---

[*] Die Hoffnung auf Revolution wird immer mehr durch die Tatsachen verfinstert.
[**] Derlei Einsichten machen verständlich, warum die Freunde nichts vom allgemeinen Wahlrecht hielten.

doch entweder durch die Verhältnisse gezwungen wird, mit uns zu gehn, oder aber der offen unser Feind wird. Sich noch von dem <u>Narren</u> jahrelang intellektuell exploitieren lassen und zum Dank dafür verpflichtet zu sein, für alle seine Dummheiten einzustehn, das ist eppes zu arg.[398]

Marx an Engels   15. August
Übrigens, wenn ich jetzt das Machwerk ansehe und sehe, wie ich alles habe umschmeißen müssen und auch den **historischen** Teil erst aus zum Teil ganz unbekanntem Material machen mußte,* so ist mir <u>Itzig</u> [Lassalle] in der Tat komisch, der »**seine**« Ökonomie bereits in der Mache hat, durch sämtliches Zeug aber, das er bisher losgehökert, sich als einen <u>Sextaner</u> beweist, der <u>mit der widerlichsten, spreitspurigsten Waschweiberei</u> Sätze in die Welt posaunt – als seine neuste Entdeckung –, die <u>wir vor 20 Jahren zehnmal besser</u> schon als Scheidemünze unter unsre partisans [Mitstreiter] verteilten. Derselbe <u>Itzig</u> <u>sammelt</u> auch sonst <u>unsre</u> vor 20 Jahren abgesonderten <u>Parteiexkremente</u> in seine manurefabrik [Dungfabrik], mit der die Weltgeschichte gedungen werden soll.[399]
Unser <u>Vaterland</u> sieht <u>gottsjämmerlich</u> aus. Ohne Keile von außen ist <u>mit diesen Hunden nichts anzufangen</u>.[400]

Marx an Engels   12. September
<u>Die interessanteste Bekanntschaft</u>, die ich hier gemacht, ist die des Oberst **Lapinski**. Er ist unbedingt <u>der geistreichste Pole</u> – dabei homme d'action [Mann der Tat] –, den ich bisher kennengelernt … Statt des Nationalitätenkampfs <u>kennt</u> er <u>nur</u> den <u>Rassenkampf</u>. Er haßt alle Orientalen, wozu er Russen, Türken, Griechen, Armenier usw. mit gleicher Vorliebe zählt … Sein Zweck in London ist jetzt, eine deutsche Legion, wenn auch nur von 200 Mann auf die Beine zu bringen, um mit der schwarzrotgoldnen Fahne den Russen in Polen gegenüberzutreten …
Was fehlt, ist Geld. Es werden hier Versuche gemacht, sämtliche deutsche Vereine usw. für diesen Zweck zu exploitieren. Du mußt am besten wissen, ob in Manchester etwas in dieser line [Richtung] zu tun ist. <u>Die Sache selbst wäre vorzüglich</u>.** [401]

Engels an Marx   24. November
Die Sache wird in Deutschland kritisch. Die dänische Geschichte kommt nach einer Seite hin ungelegen, nach der anderen aber kann sie die Krisis nur be-

---

* Marx spricht von seiner *Kritik der Politischen Ökonomie*.
** Marx hätte es zugesagt, wäre der »Rassenkämpfer« Lapinski unterstützt worden.

schleunigen ... Daß Preußen und Östreich das Protokoll unterschrieben haben,
ist eine namenlose Infamie und muß blutig an den Betreffenden gerächt wer-
den.[402]

Marx an Engels   2. Dezember
Vor 2 Stunden kamTelegramm, daß meine Mutter tot ist. Das Schicksal ver-
langte einen vom Hause. Ich selbst stand schon mit einem Fuß unter der Erde.
Unter den gegebnen Verhältnissen ich jedenfalls noch nötiger als die Alte.
Ich muß der Erbschaftsreglung wegen nach Trier. * ...*
Ich muß Dich nun bitten, mir umgehend so viel Geld zu schicken, daß ich die
Reise nach Trier sofort antreten kann. ** [403]

Engels an Marx   3. Dezember
Ich habe die ganze Frage durchgeochst und bin zu dem Schluß gekommen, ...
daß in diesem Augenblick die einzige Chance Deutschlands, die Herzogtümer
zu befreien, darin besteht, daß wir einen Krieg gegen Rußland zugunsten Po-
lens anfangen. Dann ist Louis-Napoleon unser gehorsamer Diener, Schweden
fällt uns sofort in die Arme, und England, hoc est Pam [Palmerston] ist lahm-
gelegt; dann nehmen wir von Dänemark ungestraft, was wir wollen.[404]

Marx an Engels   2. Dezember
Wenn man die Politik vor Ekel auskotzen will, muß man sie täglich einnehmen
in der telegraphischen Pillenform, worin die kleinen holländischen Blätter sie
liefern ...
Die Hunde von Parlamentskretins, die in Frankfurt a.M. versammelt waren,
beseitigten ohne Debatte eine Resolution, die ein Deutscher aus Posen einge-
bracht, und worin in sehr zusammenfassend rationeller Form die true question
[eigentliche Frage] zwischen Deutschland und Rußland gestellt war.[405]

6. »Le grand chef de l'Internationale« (1864–1872)

Vorbemerkung: Mit der Gründung der Internationalen Arbeiterassoziation
(IAA) witterte Marx revolutionäre Morgenluft. Die Entstehung der IAA be-
schreibt er recht anschaulich:
Workingmen's International Association. *Vor einiger Zeit hatten Londoner*

---

* Nicht etwa, um an der Beerdigung teilzunehmen.
** Nahezu jeder Brief an Engels – über Jahre hinweg – enthält derartige Geldforderungen.

Arbeiter an Pariser Arbeiter Adresse wegen Polen geschickt und sie zum gemeinschaftlichen Handeln in dieser Sache aufgefordert …
Ein gewisser Le Lubez wurde zu mir geschickt, ob ich pour les ouvriers allemands [für die deutschen Arbeiter] Anteil nehme, speziell einen deutschen Arbeiter als Sprecher für das Meeting etc. liefern wollte. Ich lieferte den Eccarius, der sich famos herausbiß, und ich assistierte ditto als stumme Figur auf der platform [Vorstandstisch]. Ich wußte, daß sowohl von der Londoner als Pariser Seite diesmal wirkliche »Mächte« figurierten, und beschloß deswegen, von meiner sonst stehenden Regel, to decline any such invitations [alle derartigen Einladungen abzulehnen], abzusehen.[406]

Daraus geht zweifelsfrei hervor, daß Marx – entgegen späteren Behauptungen von Engels – nicht Gründer gewesen ist. Marx war nur korrespondierender Sekretär der IAA für Deutschland. Doch sein Einfluß und seine Reputation gingen weit darüber hinaus. Die Gründe dafür liegen auf der Hand: Marx war außergewöhnlich motiviert, sah er doch in diesem Zusammenschluß ein Machtinstrument, die Umsetzung seiner Gedanken voranzutreiben. Zudem wohnte er in London, am Sitz der Assoziation, und konnte über seine Zeit frei verfügen.

Die Broschüre »Der Bürgerkrieg in Frankreich« machte ihn bekannt und berüchtigt. Er selbst genoß diesen Erfolg: *Das tut einem wahrhaft wohl nach der langweiligen zwanzigjährigen Sumpfidylle.*[407]

1872 zerbrach die IAA an inneren Querelen, d.h. sie wurde auf Antrag der Freunde in die USA verlegt, was damals zwangsläufig ihr Ende bedeutete.

1864

Marx an Engels   20. Januar
Was die schleswig-holsteinische Geschichte betrifft, hoffe ich, daß sie zu Kollisionen in Deutschland selbst führen wird.[408]

Marx an Engels   3. Juni
Die beiden flüchtigen Solinger kamen mich hier besuchen; teilten mir ihren Enthusiasmus für Itzig [Lassalle] mit und daß die Arbeiter sich seinem Wagen vorspannten, als er zuletzt in Solingen. Sie nahmen als selbstverständlich an, daß wir zwei im intimsten Einverständnis mit Itzig …
»Wie ist mich denn«, hatte ich mich auch mehrmals gefragt, als ich Itzigs »Lohnarbeit und Kapital« durchlas … Da fand ich meines Itzigs nächste Quelle, und aus besonderer Freundschaft werde ich als Note den ganzen Wisch aus der »NRhZ« als Anhang zu meinem Buch abdrucken lassen, natürlich on false

pretences [unter falschem Vorwand] ohne Anspielung auf Itzig. Es wird ihm nicht gut tun.
Borkheim hat about [ungefähr] – unter Patronage des Oppenheim, des »Juden Süß« von Ägypten – 2000 £ gemacht.[409]

Engels an Marx   2. September
Soviel ist sicher, die preußische Stammpolitik mit der Teilung Deutschlands an der Mainlinie ist noch nie so frech gepredigt worden, und das liberale Saupack scheint sich ganz damit zu befreunden. Wenn das der Fall ist ..., so gibt uns die preußische Bourgeoisie für den nächsten Set-to [Kampf] eine enorme Handhabe.[410]

Engels an Marx   4. September
Welcher Jubel wird unter den Fabrikanten und unter den Fortschrittsschweinhunden herrschen, Lassalle war doch der einzige Kerl in Deutschland selbst, vor dem sie Angst hatten. *
Aber was ist das für eine sonderbare Art, ums Leben zu kommen: sich in eine bayrische Gesandtentochter ernstlich zu verlieben – dieser would-be Don Juan –, sie heiraten wollen, in Kollision kommen mit einem abgedankten Nebenbuhler, der noch dazu ein walachischer Schwindler ist, und sich von ihm totschießen zu lassen. Das konnte nur dem Lassalle passieren bei dem sonderbaren Gemisch von Frivolität und Sentimentalität, Judentum und Chevalereskstuerei, das ihm ganz allein eigen war.[411]

Marx an Engels   7. September
Das Unglück des Lassalle ist mir dieser Tage verdammt durch den Kopf gegangen. Er war doch noch immer einer von der vieille souche [vom alten Stamm] und der Feind unsrer Feinde. Dabei kam die Sache so überraschend, daß es schwierig ist zu glauben, daß ein so geräuschvoller, stirring, pushing [rühriger, vorwärtsdrängender] Mensch nun maustot ist und altogether [ganz und gar] das Maul halten muß. Was seinen Todesvorwand angeht, so hast Du ganz recht. Es ist eine der vielen Taktlosigkeiten, die er in seinem Leben begangen hat. With all that [Bei alledem] tut's mir leid, daß in den letzten Jahren das Verhältnis getrübt war, allerdings durch seine Schuld ... **

---

* Lassalle war am 31. 8. 1864 den Folgen einer Duellverletzung erlegen.
** Das Schreiben an Sophie von Hatzfeld (MEW a.a.O. 31, 419) ist wieder ein Beleg für skrupellose Verstellungskunst:
»Meine liebe Frau Gräfin!
... Sie haben ganz recht, wenn Sie unterstellen, daß niemand mehr als ich das Große und Bedeutende in Lassalle anerkennen konnte. Er selbst wußte dies am besten ...

Aber diese Wahlzeit ist in dem Musterland des <u>Demokratenschwindels</u> voll von Zufälligkeiten, die der Vernunft der Ereignisse ... ganz unerwartet ins Gesicht schlagen können.[*] [412]

Engels an Marx   2. November
Die Krisis und ihre zahllosen Scherereien müssen mich entschuldigen, daß ich Dir nicht eher schrieb. So viel <u>Judenschikanen</u> hab' ich in meinem ganzen Leben noch nicht auf einem Haufen gehabt wie diesmal ...
*Ich habe in der letzten Zeit etwas friesisch-anglisch-jütisch-skandinavische Philologie und Archäologie getrieben und komme auch hier zu dem Resultat, daß die <u>Dänen</u> ein reines Advokatenvolk sind, die aus Parteiinteresse auch in wissenschaftlichen Fragen **direkt und wissentlich lügen.**[**] [413]*

Marx an Engels   4. November
Ich hatte die Papiere (Wolffs und des Le Lubez) bisher nicht in der Hand gehabt, konnte also nichts vorbereiten; war aber fest entschlossen, daß womöglich not one single line [keine einzige Zeile] von dem Zeug stehenbleiben sollte.[***]
...
*Ich sah, daß es unmöglich war, etwas aus dem Zeug zu machen. Um die höchst sonderbare Art, worin ich die bereits »votierten Sentiments« zu redigieren bezweckte, zu rechtfertigen, schrieb ich **An Address to the Working Classes** ...; <u>unter dem Vorwand,</u> daß alles Faktische in dieser »Adresse« enthalten, und daß wir dieselben Sachen nicht dreimal sagen dürften, veränderte ich das ganze Préamble, schmiß die déclaration des principes heraus und endlich setzte an die Stelle der 40 rules 10. Soweit in der »Adresse« International Politics vorkommt, spreche ich von countries, nicht von nationalities und denunziere Rußland, nicht die minores gentium [kleineren Völker]. Meine Vorschläge alle angenommen vom subcomité. <u>Nur wurde ich verpflichtet, in das Préamble der Statuten zwei »duty« und »right« Phrasen, ditto »truth, morality and justice«</u> [Wahrheit, Sittlichkeit und Gerechtigkeit] <u>aufzunehmen, was aber so placiert ist, daß es einen Schaden nicht tun kann.</u>*[****] ...
Es war sehr schwierig, die Sache so zu halten, daß unsre Ansicht in einer Form

---

Aber von aller Leistungsfähigkeit abgesehen, liebte ich ihn *persönlich.*« Die »liebe Frau Gräfin« wird in der Korrespondenz mit Engels des öftern »Saumensch« und »alte Hure« genannt.
[*] Die Wähler wollen nicht immer so, wie es die selbsternannten Vordenker vorgeben möchten.
[**] Niemand, auch kein Volk bleibt ungeschoren.
[***] Ohne »die Papiere« geprüft zu haben, stand für Marx fest, daß das Elaborat der anderen keinen Bestand haben dürfte.
[****] Dieser Satz ist aufschlußreich, zeigt er doch, welche Vorsicht geboten ist, wenn man versucht, aus öffentlichen Verlautbarungen die Überzeugung von Marx herauszudestillieren.

erschien, die sie dem jetzigen Standpunkt der Arbeiterbewegung acceptable machte. Dieselben Leute werden in ein paar Wochen Meetings mit Bright und Cobden für Stimmrecht halten. Es bedarf Zeit, bis die wiedererwachte Bewegung die alte Kühnheit der Sprache erlaubt. Nötig fortiter in re, suaviter in modo [stark in der Sache, gemäßigt in der Form].[414]

Engels an Marx   7. November
Der Lassalle ist offenbar daran kaputtgegangen, daß er das Mensch nicht sofort in der Pension aufs Bett geworfen und gehörig hergenommen hat, sie wollte nicht seinen schönen Geist, sondern jüdischen Riemen. Es ist eben wieder eine Geschichte, die nur dem Lassalle passieren konnte.[415]

Marx an Engels   10. Dezember
Lothario Bucher, den Lassalle zu seinem Testamentsexekutor ernannt und 150 £ jährliche Rente hinterlassen, ist, wie Du wahrscheinlich schon weißt, ins Bismarcksche Lager übergetreten. Baron Itzig [Lassalle] selbst hätte vielleicht als »Arbeitsminister« dasselbe getan ... _Lumpenpack, all das Gesindel aus Berlin, Mark und Pommern!_[416]

Marx an Carl Klings   4. Oktober
Becker ist eigentlich ein _schwacher Mensch, Heß_ ein _konfuser Kopf._ Es ist daher schwer, zwischen den beiden zu entscheiden ...
Es sind an mich Anfragen gekommen, z.B. von Berlin, ob ich die Präsidentschaft annehmen wolle?* Ich erwiderte, daß dies **unmöglich**, weil mir einstweilen noch die Ansiedlung in Preußen verweigert ist. Wohl aber würde ich es für eine **gute Parteidemonstration**, sowohl gegen die preußische Regierung als gegen die Bourgeoisie halten, wenn der Arbeiterkongreß mich **wählte**, worauf ich dann in einer öffentlichen Antwort erkären würde, warum ich die Wahl **nicht** annehmen kann.[417]

Engels an Joseph Weydemeyer   24. November
Die Gemeinheit der deutschen liberalen Spießbürger ist schuld daran; hätten _die Hunde_ in der preußischen Kammer mehr Einsicht und Courage gehabt, so könnte alles gutgehn** – Östreich war jeden Augenblick bereit, zugunsten Polens loszugehn, und nur die Stellung Preußens hat es verhindert und der Verrat des Herrn Bonaparte ...[418]

---

* Gemeint ist die Nachfolge von Lassalle als Präsident des Allgemeinen Deutschen Arbeitervereins. Ob die Behauptung den Tatsachen entspricht, sei dahingestellt.
** Die »gemeinen Hunde« haben den Krieg gegen Rußland verhindert!

Marx an Joseph Weydemeyer   29. November
Obgleich ich jahrelang systematisch alle Teilnahme an allen »*Organisationen*«
*etc. ablehnte, so akzeptierte ich **diesmal**, weil es sich um eine Geschichte handelte, wo es möglich ist, bedeutend zu wirken.*[419]

Marx an Lion Philips*   29. November
<u>Unser Stammgenosse **Benjamin Disraeli**</u> *hat sich in dieser Woche wieder sehr
blamiert, indem er als warnender Schutzengel der high church [Hochkirche],
der church rates [Kirchensteuern] und als Abwehrer gegen Kritik in religiösen
Dingen sich auf einem öffentlichen Meeting breitmachte. Er ist der beste Beweis, wie großes Talent ohne Überzeugung <u>Lumpen</u> schafft ...*** [420]

Marx an Sophie von Hatzfeldt   22. Dezember
*Sollten Bruhn, Bernhard Becker und tutti quanti mir und meinen Strebungen
in irgendeiner Weise feindselig gegenübertreten, die ich der Arbeiterbewegung
selbst für schädlich halte, so wird ein Sturm über den Häuptern der Herrn los-
brechen, der selbe wundern soll. Gründe alter persönlicher Freundschaft und
Parteirücksicht, die mich Lassalle gegenüber banden, fallen durchaus weg angesichts dieser dii minorum gentium [Götter der kleineren Völker]. Ich erkläre
dies ein für allemal, damit mir später nicht etwa Zweideutigkeit oder Rücksichtslosigkeit vorgeworfen werde.*[421]

Marx: *Inauguraladresse der Internationalen Arbeiter-Assoziation*
*Überall die Massen der Arbeiterklasse tiefer sinkend in demselben Verhältnisse
wenigstens, als die Klassen über ihnen in der gesellschaftlichen Waagschale auf-
schnellten. Und so ist es jetzt in allen Ländern Europas eine Wahrheit, erwiesen für jeden vorurteilsfreien Geist und nur geleugnet durch die interessiert klugen Prediger eines Narrenparadieses, daß keine Entwicklung der Maschinerie,
keine chemische Entdeckung, keine Anwendung der Wissenschaft auf die Produktion, keine Verbesserung der Kommunikationsmittel, keine neuen Koloni-
en, keine Auswanderung, keine Eröffnung von Märkten, kein Freihandel, noch
alle diese Dinge zusammengenommen das Elend der arbeitenden Massen beseitigen können, sondern daß vielmehr umgekehrt, auf der gegenwärtigen
falschen Grundlage, <u>jede frische Entwicklung der Produktivkräfte der Arbeit
dahin streben muß, die sozialen Kontraste zu vertiefen und den sozialen Gegensatz zuzuspitzen</u>. Während dieser* »*berauschenden Epoche*« *ökonomischen
Fortschritts hob sich der **Hungertod** beinahe zum Range einer Institution in der*

---

* Philips war auch ein Abkömmling von Juden.
** Dies ist der einzige Brief, in dem sich Marx zu seiner jüdischen Abstammung bekennt. Der
Adressat, Nachlaßverwalter von Marxens Vater, wußte das natürlich ohnehin.

Hauptstadt des britischen Reichs. In den Annalen des Weltmarkts ist dieselbe Epoche gekenntzeichnet durch die <u>raschere Wiederkehr</u>, *den* <u>erweiterten Umfang</u> *und die* <u>tödlichere Wirkung</u> *der gesellschaftlichen Pest, die man* **industrielle und kommerzielle Krise** *heißt.*[422]

Marx: *Provisorische Statuten der Internationalen Arbeiter-Assoziation*
Sie erklären, daß diese Internationale Assoziation und alle Gesellschaften und Individuen, die sich ihr anschließen, Wahrheit, Gerechtigkeit und Sittlichkeit anerkennen als die Regel ihres Verhaltens zueinander und zu allen Menschen, ohne Rücksicht auf Farbe, Glauben oder Nationalität.[*] [423]

1865

Engels an Marx   27. Januar
Der brave <u>Lassalle entpuppt sich</u> *nach und nach doch* <u>als ein ganz kommuner Schuft</u>. *Wir sind nie davon ausgegangen, die Leute zu beurteilen nach dem, was sie sich vorstellten, sondern nach dem, was sie waren, und ich sehe nicht, warum wir bei Itzig [Lassalle] selig eine Ausnahme machen sollen. Subjektiv mag seine* <u>Eitelkeit</u> *ihm die Sache plausibel vorgestellt haben, objektiv war es eine Schufterei, ein* <u>Verrat der ganzen Arbeiterbewegung</u> *an die Preußen. Dabei scheint* <u>der dumme Geck</u> *sich von Bismarck aber auch gar keine Gegenleistung ... ausbedungen zu haben ...*[424]

Marx an Engels   3. Februar
Wenn Klings es fertigbringt – ohne **unser** *Zutun –, zusammen mit dem alten* <u>Saumensch [Sophie von Hatzfeldt]</u> *den B. Becker[**] und seine testamentliche Wichtigkeit zu beseitigen, so ist mir das recht. Es ist nichts zu machen mit dem Arbeiterverein, wie Baron Itzig [Lassalle] ihm vermacht hat.* <u>Je rascher er aufgelöst wird, um so besser ...</u>
Meine Ansicht ist nun die, daß **wir beide** *eine Erklärung machen müssen und daß diese Krise grade uns Gelegenheit gibt, unsere »legitimate« Position wieder einzunehmen.*
... Und Du mußt Deine »Ideen« über die ganze Erklärung zu Papier werfen. Ich setzte meins dann hinzu und knete es zusammen, schicke Dir das Ganze nochmals and so forth [und so weiter]. Mir scheint der Moment zu diesem

---

[*] Siehe dazu Brief Marx an Engels vom 4. 11. 1864, in dem er verdeutlicht, daß er sich selbst an diese feierliche Erklärung nicht gebunden erachtet: » ... wurde ich verpflichtet ... aufzunehmen ...«
[**] Nachfolger Lassalles als Präsident des Allgemeinen Deutschen Arbeitervereins.

»coup d'état« günstig. Wir können weder aus Rücksicht auf Liebknecht noch auf anybody else diesen Moment zu unsrer »restitutio in integrum« [Wiedereinsetzung in alte Rechte] verpassen. ...
Ich würde ihnen – quoad [bezüglich] Erklärung – natürlich schreiben, daß wenn sie selbe nicht umgehend aufnehmen, selbe »allbereits« in andern Blättern erscheinen wird.
Nehmen sie sie auf, so gut, und es schadet selbst nicht, wenn das sie in die Luft sprengt ... Nehmen sie sie nicht auf, so haben wir anständigen Vorwand, sie loszuwerden. Jedenfalls muß die Luft gereinigt und die Partei von dem hinterlaßnen Lassallegestank gefegt werden.[425]

Engels an Marx   5. Februar
Der Lassalleverein, geht mir aus Siebels Brief hervor, den ich hier behalte, wird sehr bald an Spitzbübereien und Unterschleifen der Beamten kaputtgehn und sehr gut ist es, daß es »so geworden wird«. Das Übrige dazu tut das alte Saumensch [Sophie von Hatzfeldt] mit ihren Klüngeleien. Je weniger wir uns um den Dreck kümmern, je besser. Let it rot and be dam'd to it [Laß ihn verfaulen und mag ihn der Teufel holen].
Das »Social Demokrätchen« wird mir alle Tage widerlicher. Dieser Scheiß-Heß, der sich uns gegenüber als wirklicher geheimer Lassallescher Angestellter mit einer Protektormiene geriert; die tiefsinnigen beschissenen Artikel des Herrn Schweitzer* über Enzyklika und Bismarck, ... Dreimal in der Woche Lassalle-Kultus, das halt' der Teufel aus, und es ist gut, daß die Krisis kommt.[426]

Marx an Engels   6. Februar
In dem heut angekommenen »Soc-Dem« findet sich glücklicherweise, im Feuilleton hinter meinem Artikel, wo selbst jedes »Scheinkompromiß« verurteilt wird, Dein Aufruf zum Totschlagen des Adels.[427]

Engels an Marx   9. Februar
Eben kommt wieder ein S.D. (Sau-Dreck) an. Was ist das für ein lahmes Gewinsel über die Stellung der Partei. Nicht gehauen und nicht gestochen.[428]

Engels an Marx   13. Februar
Deine Suggestions [Anregungen] kamen gestern grade noch rechtzeitig und sind beide benutzt worden. Wie notwendig namentlich die wegen der Knoten-

---

* Johann Baptist von Schweitzer (1834 – 1875) war Miteigentümer und Redakteur des »Social-Demokrat« und von 1867–1871 Präsident des Allgemeinen Deutschen Arbeitervereins, also der Nach-Nachfolger Lassalles.

forderungen war, zeigen mir wieder die beiden heute eingetroffenen Nr. 20 und
21 des S[au]-Drecks ...
Paß auf, die Knoten werden sagen, was will der Engels, was hat der die ganze
Zeit getan, wie kann der in unserm Namen sprechen und uns sagen, was wir
tun sollen, der Kerl sitzt in Manchester und exploitiert die Arbeiter usw. Das ist
mir nun zwar total Wurst, aber das kommt sicher, das haben wir dem Baron
Itzig zu verdanken.[429]

Marx an Engels   13. Februar
Solange dieser Lassallesche Dreck obenauf in Deutschland, wird die »*Interna-*
tional Association« grade dort kein Feld haben. Indes, man muß Geduld
haben. Die preußische Regierung wird rasch genug dem faulen Sumpf dieser It-
zigerei ein Ende machen.[430]

Marx an Engels   18. Februar
Was die deutschen Knoten angeht, so mögen sie schreien, soviel sie wollen. Der
brauchbare Teil darunter muß sich doch früher oder später um uns ralliiren.[431]

Marx an Engels   10. März
Die Frechheit des Herrn Schweitzer, der doch weiß, daß ich nur seine eignen*
Briefe zu publizieren brauchte, ist fabelhaft. Aber was soll der beschissene Hund
auch machen.
Der Wisch, den er aus der »*Neuen Frankfurter Zeitung« zitiert, ist, wie Du*
schon geraten haben wirst, von Studiosus »*Blind«. Ich schicke Dir die erste Nr.*
dieses »*Lakaien« der abgesetzten Demokratenkönige und Holloway-artigen*
»*selfadvertises« [Selbstanpreiser] und »puffers« [Prahlhänse]. Du mußt ein*
paar Witze über den Kerl dem Siebel zukommen lassen, der sie seinerseits in die
verschiednen Blätter kolportieren muß.
Übrigens, wenn Deine Broschüre 2. Auflage erleben sollte, so kann in kurzem
Vorwort **unsre** *Stellung zu der* Lassallescheiße *und* »*Social Demokrat« in weni-*
gen Worten offiziell konstatiert werden. Es wäre natürlich **unter unsrer Würde,**
uns mit dem Lumpenpack in kleinen Journalen direkt herumzuplacken.[432]

Engels an Marx   11. März
Die Unverschämtheit des Schweitzer ist wirklich ordentlich lächerlich ...
Was der Liebknecht sich von Manchester für Vorstellungen macht! Hat nichts
zu fressen und fragt mich, was hier ein Haus »*mit Garten« kostet! Der Kerl ist*
überhaupt ganz versimpelt. Schweitzer hat sich deshalb nicht an Bismarck ver-
kaufen **können,** *weil er dies sonst durch das alte Saumensch [Sophie von Hatz-*
feldt] hätte tun **müssen!**[433]

Marx an Engels   13. März
Mein Plan also der:
Schweitzer druckt die ihm als Lügen bewußten Lügen der »Neuen Frankfurter
Zeitung« ab … Wegen der Schamlosigkeit, Stelle aus Privatrostbrief seiner
Lobhudelei vor- und nachzuhängen, bittet Schweitzer demütigst bei mir ab …
Ich werde durch kurze Auszüge aus Schweitzers Briefen … zeigen, daß der Kon-
flikt mit der »Taktik« von der ersten Probenummer bis zu unsrer Austrittser-
klärung permanent war, keineswegs plötzlich vom Zaun gebrochen, wie Ehren-
Schweitzer, die Blindscheiße bestätigend, vorgibt. Es wird dies kurze Mosaik aus
Schweitzerschen Briefexerpten zugleich zeigen, wie servil dasselbe Vieh uns
gegenüber, der plötzlich, nach erhaltenem Fußtritt, gemein wird. Dies heilsam
zu lesen für Bürger und Arbeiter …
Neben meiner Arbeit an dem Buche nimmt die International Association ganz
enorm viel Zeit weg, da ich in fact das head [in der Tat das Haupt] der Ge-
schichte bin.[434]

Engels an Marx   14. März
So sehr es im ganzen auch Wurst ist, ob der Herr Schweitzer sich einmal eine
Unverschämtheit erlaubt, so war es mir doch ärgerlich, daß dieser ordinäre
neugebackene Lauskerl sich sollte ungestraft so gegen uns gerieren dürfen.[435]

Marx an Engels   1. Mai
Deine und meine Erklärung war in der Tat über alle Erwartung erfolgreich.
Nicht nur haben wir den »Allgemeinen Deutschen Arbeiterverein«, soweit er
Organ der preußischen Regierung, gesprengt, überhaupt den Royalitätsdusel
der deutschen Arbeiter weggeblasen mit six words. Die jetzige Spaltung in der
Fortschrittspartei war auch unmittelbares Resultat unsres Auftretens.[436]

Marx an Engels   24. Juni
Schöne Schweinerei, worin sich des Baron von Itzig [Lassalle] Gesamtbewegung
aufgelöst hat! Der Kerl hatte aber offenbar den richtigen Instinkt, wie man es
anfangen muß, um deutscher Knotenheiland zu werden![437]

Marx an Engels   5. August
Übrigens ist die andre Sekte der Lassallianer, die infolge unsrer Erklärung volte-
face [kehrt] gegen den »Social-Demokrat« machten, auch ganz erbärmliches
Gesindel …
Liebknecht habe ich seit sehr langer Zeit … noch nicht geantwortet … Mit sei-
nem gewöhnlichen Talent aus Faulheit mit den Tatsachen unbekannt zu sein,
schwatzt der Kerl den größten Blödsinn …[438]

Marx an Engels   20. November
Aus dem Brief von Liebknecht geht auch hervor, daß die <u>*Schweinhunde vom*</u>
<u>*»Social-Demokrat«*</u> *gar zu gerne wieder mit uns anbinden würden.*[439]

Engels an Marx   1. Dezember
Daß <u>*die Herren vom »Social-Demokrat«*</u> *wieder mit uns anbinden wollten, ist*
bezeichnend für das <u>*Lumpenpack.*</u> *Halten jeden für ebensolchen* <u>*Scheißkerl*</u> *wie*
sie selbst. Bismarck scheint ihre Ohnmacht erkannt und daher sie an die Luft
gesetzt zu haben, daher endlich ein Prozeß und Schweitzers Verdonnerung zu
1 Jahr und Arrestation. Nun hat sich auch noch B. Becker von Schweitzer los-
gesagt und seine Stelle als Präsident der Menschheit niedergelegt, so daß jetzt
alles in der schönsten Auflösung ist. So daß nicht unsre Einmischung, sondern
unsre Nichteinmischung den ganzen Kram gesprengt hat. Hiermit wird wohl
der »Lassallianismus« in offizieller Form bald sein letztes Absehen erreicht
haben.[*] [440]

Marx an Johann Baptist von Schweitzer   13. Februar
Daß die Enttäuschung über Lassalles unselige Illusion eines sozialistischen Ein-
greifens einer preußischen Regierung kommen wird, ist über allen Zweifel er-
haben. Die Logik der Dinge wird sprechen. Aber die **Ehre** *der Arbeiterpartei er-*
heischt, daß sie solche Trugbilder zurückweist, selbst bevor deren Hohlheit an
der Erfahrung geplatz ist. <u>*Die Arbeiterklasse ist revolutionär oder sie ist*</u>
<u>*nichts.*</u>[441]

Marx an Ludwig Kugelmann   23. Februar
Ich will Ihnen zunächst mein Verhältnis zu **Lassalle** *kurz darlegen. Während*
seiner Agitation war unser Verhältnis suspendiert, 1. wegen der selbstlobhu-
delnden Renommisterei, womit er zugleich den schamlosesten Plagiarismus an
meinen etc. Schriften verband ... Sobald er sich in London (Ende 1862) über-
zeugt, daß er nicht **mit** *mir sein Spiel treiben könne, beschloß er* **gegen** *mich und*
die alte Partei sich als »Arbeiterdiktator« aufzuwerfen ... Es ist schade, daß Las-
salle diese Komödie nicht ausspielen konnte! Sie hätte ihn verdammt lächerlich
und gefoppt erscheinen lassen! Und allen Versuchen solcher Art für immer ein
Ende gemacht![442]

Marx an Léon Fontaine   *15. April*
Wenn Sie es wünschen, werde ich Ihnen später einen kurzen Bericht über die

---

[*] Aus den Worten spricht Genugtuung über den vermeintlichen Zerfall der jungen SPD. Den
in England lebenden Freunden waren die Sozialdemokraten viel zu lahm. Doch die Ge-
schmähten waren es, die immer wieder Freiheitsstrafen riskierten, nicht die »Engländer«.

*unangenehmen Zwischenfälle geben, die sich im Zentralrat ereignet haben.
Nach meiner Ansicht ist die treibende Kraft eine unserem Rat fremd gegen-
überstehende Person, die als italienischer Patriot [Giuseppe <u>Mazzini</u>] bekannt,
jedoch ein <u>Erzfeind der Rechte des Proletariats</u> ist, ohne die der Republikanis-
mus nur eine neue Form des bürgerlichen Despotismus sein würde. Ist er doch
so weit gegangen, die Streichung aller gegen die Bourgeoisie gerichteten Stellen
aus der italienischen Übersetzung unserer »Address« zu fordern ...*[443]*

Marx: *Über P.-J. Proudhon*
*»... Er will als Mann der Wissenschaft über Bourgeois und Proletarien schwe-
ben;* **er ist nur der Kleinbürger,** *der beständig zwischen dem Kapital und der
Arbeit, zwischen der politischen Ökonomie und dem Kommunismus hin- und
hergeworfen wird.«*** ...*
*Ein <u>marktschreierischer, selbstlobhudelnder</u>, ein <u>renommistischer Ton</u>, na-
mentlich das stets so unerquickliche Gesalbader von und falsches Gepränge mit
»**Wissenschaft**«, gellt einem fortwährend ins Ohr ... <u>Dazu das unbeholfen-wi-
drige Gelehrttun des Autodidakten</u>, dessen naturwüchsiger Stolz auf originelles
Selbstdenken bereits gebrochen ist und der nun als <u>Parvenü der Wissenschaft</u>
mit dem, was er nicht ist und nicht hat, sich spreitzen zu müssen wähnt ...
Proudhon neigte von Natur zur Dialektik. Da er aber nie die wirklich wissenschaftliche Dialektik begriff, brachte er es nur zur Sophistik ...
<u>Wissenschaftlicher Scharlatanismus</u> und <u>politische Akkomodation</u> sind von sol-
chem Standpunkt unzertrennlich. Es bleibt nur noch ein treibendes Motiv, die
Eitelkeit des Subjekts, und es fragt sich, wie bei allen Eiteln, nur noch um den
Erfolg des Augenblicks, um das Aufsehn des Tages.*[444]

Engels: *Die preußische Militärfrage und die deutsche Arbeiterpartei*
*Wenn nun aber die Regierung das bestehende Wahlgesetz umstieße und das all-
gemeine, direkte Wahlrecht oktroyierte? Ja, wenn!* Wenn *die Regierung einen
solchen bonapartistischen Streich machte und die Arbeiter gingen darauf ein,
so hätten sie ja damit schon von vornherein der Regierung das Recht zuerkannt,
durch eine neue Oktroyierung, sobald es ihr beliebte, das allgemeine, direkte
Wahlrecht auch wieder aufzuheben, und was wäre da das ganze allgemeine, direkte Wahlrecht wert?*** ...*

---

* Mazzini wollte eine demokratische Basis der politischen Ordnung, Marx aber die »Diktatur
des Proletariats«. Marx in einem Brief an Engels (MEW a.a.O. 31, 105): »Unterdes werde ich
durch Bakunin in Florenz Gegenminen gegen Herrn Mazzini legen.«
** Zitat aus Marxens *Elend der Philosophie* (MEW a.a.O. 4, 143 f.)
*** Eine sonderbare Logik! Kein Argument ist zu abwegig, um es nicht gegen eine evolutionäre Entwicklung auszuspielen.

Und was selbst das allgemeine, direkte Wahlrecht angeht, so braucht man nur nach Frankreich zu gehen, um sich zu überzeugen, welche zahmen Wahlen man damit zustande bringen kann, sobald man eine zahlreiche <u>stupide Landbevölkerung</u>, eine wohlorganisierte Bürokratie, eine gut gemaßregelte Presse, durch Polizei hinreichend niedergehaltene Vereine und gar keine politischen Versammlungen hat. <u>Wieviel Vertreter der Arbeiter bringt denn das allgemeine, direkte Stimmrecht in die französische Kammer?</u> ...
*Dies bringt uns noch auf einen andern Punkt. <u>In Deutschland ist die Landbevölkerung doppelt so stark wie die Städtebevölkerung, d.h. es leben 2/3 vom Ackerbau, 1/3 von der Industrie</u> ... und solange das Landproletariat nicht in die Bewegung mit hineingerissen wird, solange kann und wird das städtische Proletariat in Deutschland nicht das Geringste ausrichten, solange ist das <u>allgemeine, direkte Wahlrecht</u> für das Proletariat keine Waffe, sondern ein <u>**Fallstrick**</u>.[445]*
Es versteht sich von selbst, daß in allen diesen Fällen die Arbeiterpartei nicht als der bloße Schwanz der Bourgeoisie, sondern als eine durchaus von ihr unterschiedene, selbständige Partei auftreten wird. Sie wird der Bourgeoisie bei jeder Gelegenheit ins Gedächtnis rufen, daß die Klasseninteressen der Arbeiter denen der Kapitalisten direkt entgegengesetzt und daß die Arbeiter sich dessen bewußt sind ... Auf diese Weise wird sie sich eine Achtung gebietende Stellung sichern, die einzelnen Arbeiter über ihre Klasseninteressen aufklären und bei dem nächsten revolutionären Sturm – und diese Stürme sind ja jetzt von so regelmäßiger Wiederkehr wie die Handelskrisen und Äquinoktialstürme – zum Handeln bereit sein.
Daraus folgt die Politk der Arbeiterpartei in dem preußischen Verfassungskonflikt von selbst:
...
*die eigentliche Militärfrage gehen lassen, wie sie geht, in dem Bewußtsein, daß die Arbeiterpartei auch einmal ihre eigene, **deutsche** »Armeereorganisation« machen wird;*
der Reaktion aber auf ihre heuchlerischen Lockungen antworten: »Mit dem Speere soll man Gabe empfangen, Spitze gegen Spitze.«[446]

Marx: *Lohn, Preis und Profit*
Nach dieser sehr langen und, wie ich fürchte, ermüdenden Auseinandersetzung, auf die ich mich einlassen mußte, um dem zur Debatte stehenden Gegenstand einigermaßen gerecht zu werden, möchte ich mit dem Vorschlag schließen, folgende Beschlüsse anzunehmen:
1. Eine allgemeine Steigerung der Lohnrate würde auf ein Fallen der allgemei-

nen *Profitrate hinauslaufen, ohne jedoch, allgemein gesprochen, die Waren-
preise zu beeinflussen.*
2. *Die allgemeine Tendenz der kapitalistischen Produktion geht dahin, den
durchschnittlichen Lohnstandard nicht zu heben, sondern zu senken.*
3. *Gewerkschaften tun gute Dienste als Sammelpunkte des Widerstands gegen
die Gewalttaten des Kapitals. Sie verfehlen ihren Zweck zum Teil, sobald sie von
ihrer Macht einen unsachgemäßen Gebrauch machen. Sie verfehlen ihren
Zweck gänzlich, sobald sie sich darauf beschränken, einen Kleinkrieg gegen die
Wirkungen des bestehenden Systems zu führen, statt gleichzeitig zu versuchen,
es zu ändern, statt ihre organisierten Kräfte zu gebrauchen als einen Hebel zur
schließlichen Befreiung der Arbeiterklasse, d.h. zur endgültigen Abschaffung
des Lohnsystems.** 447

—— 1866 ——

Marx an Engels   10. Februar
*Dem Wilhelm [Liebknecht] werde ich einige Donnerzeilen über seine Schwach-
leibigkeit schreiben. Was wir wollen, ist ja grade der Untergang des »Social-Demokrat« und der ganzen Lassallescheiße.*448

Marx an Engels   20. Februar
*Du verstehst, my dear fellow, daß in einem Werk wie meinem, manche short-
coming [Unzulänglichkeiten] im Détail existieren müssen. Aber die **Komposition**, der Zusammenhang, ist ein Triumph der deutschen Wissenschaft, den
ein einzelner Deutscher eingestehn kann, da es in no way [keiner Weise] **sein**
Verdienst ist, vielmehr der **Nation** gehört. Dies um so erfreulicher, da es sonst
die **silliest nation** [einfältigste Nation] unter dem Sonnenlicht!
I feel proud of the Germans. It is our duty to emancipate this »deep« people.***
449

Marx an Engels   10. März
*In dem »International Council« und der »Zeitungsdirektion« geht alles kun-
terbunt durcheinander, und es zeigt sich große Lust, gegen den abwesenden »Tyrannen«**** *zu revoltieren, aber auch zugleich die ganze Boutique in den Dreck
zu fahren.*450

---

* *Derlei zu beschließen kommt Beschlüssen über die Wirksamkeit von Naturgesetzen nahe.*
** Zu deutsch: »Ich bin stolz auf die Deutschen. Es ist unsere Pflicht, dieses ›tiefsinnige‹ Volk
zu emanzipieren.«
*** Marx spricht von sich selbst!

Marx an Engels 15. März

The bearer of these lines is citizen Orsini, the brother of _the immortal martyr_, and a member of our association.* [451]

Engels an Marx 25. Mai

Der panic ist jedenfalls viel zu früh gekommen und kann uns möglicherweise eine gute solide Krisis, die sonst 67 oder 68 gekommen wäre, verderben. ... Wenn die Östreicher gescheut genug sind nicht anzugreifen, so bricht der Tanz in der preußischen Armee sicher los. So rebellisch, wie die Kerle bei dieser Mobilmachung sind, waren sie nie. Leider erfährt man nur den allergeringsten Teil von dem, was vorgeht, aber das ist schon genug, um zu beweisen, daß mit dieser Armee ein Angriffskrieg unmöglich ist. Wenn nun diese Burschen erst in Massen konzentriert sind, anfangen, sich zu zählen und zu finden, daß ³/4 der Armee eines Sinnes sind, wenn sie dann während des Kongresses 3–4 Wochen untätig unterm Gewehr stehn müssen, _so kann dies nicht anders als zu einer Krisis kommen_, und eines schönen Morgens wird der Gehorsam verweigert werden. Dazu findet sich schon ein Anlaß; und bei einer solchen Armee, wenn **ein** Bataillon anfängt, so geht das wie ein Lauffeuer. Wenn aber auch ein offener Ausbruch vermieden würde, so ist sicher, daß **diese** Armee, mit diesem morale und kommandiert vom alten Wilhelm, mit dem Friedrich Karl und dem Kronprinzen als Flügelkommandanten unter ihm, sofort _von den wütenden Östreichern_ unter Benedek ... _heillos geschlagen_ werden würde.** ...[452]

Marx an Engels 7. Juni

Der Krieg ist also doch da, wenn kein Wunder geschieht. _Die Preußen werden die Renommage büßen_, und unter allen Umständen ist die Idylle in Deutschland vorüber. Die Proudhonclique unter den Studenten in Paris ... predigt Frieden, erklärt Krieg für veraltet, Nationalitäten für Unsinn, attackiert Bismarck und Garibaldi usw. Als Polemik gegen den Chauvinismus ist ihr Treiben nützlich und erklärlich. Aber als Proudhongläubige ... sind sie grotesk.[453]

Engels an Marx 11. Juni

Ich glaube, in 14 Tagen geht es in Preußen los. Wenn diese Gelegenheit vorübergeht, ohne benutzt zu werden, und wenn die Leute sich dies gefallen lassen,

---

* Zu deutsch: »Der Überbringer dieser Zeilen ist Bürger Orsini, der Bruder des unsterblichen Märtyrers, ein Mitglied unserer Assoziation.« Der »unsterbliche Märtyrer« hatte 1858 ein Attentat auf Napoleon III. verübt. Das Attentat mißlang. Orsini wurde hingerichtet.
** Das war wieder alles Wunschdenken. Keine der Vorhersagen erfüllte sich.

dann können wir ruhig einpacken mit unsern revolutionären Siebensachen und uns auf die höhere Theorie werfen.* ...454

Engels an Marx   9. Juli

Du siehst übrigens, wie richtig ich die preußische Armee beurteilte, wenn ich immer behauptete, daß viel mehr darin stäke, als man gewöhnlich zugeben wollte.** Nach diesen Erfolgen und nach dem unbedingt brillanten Benehmen der Truppe ist ihr Selbstgefühl und zugleich ihre Kriegserfahrung so gewachsen, daß sie morgen den Franzosen gegenübertreten könnten ...455

Engels an Marx   14. Dezember

Die Saupreußen operieren allerdings ganz ausgezeichnet. So dumm hätte ich sie mir doch nicht vorgestellt, aber man kann sie sich wirklich nicht dumm genug vorstellen. Desto besser. Die Sache ist doch einmal im Gang, und um so eher gibt's Revolution, und diesmal sicher nicht ohne Köpfen, wie Du sagst.*** 456

Marx an Ludwig Kugelmann   9. Oktober

Proudhon hat enormes Unheil angerichtet. Erst ergriff und bestach seine Scheinkritik und sein Scheingegensatz gegen die Utopisten ... die »jeunesse brillante« [strahlende Jugend], die Studenten, dann die Arbeiter, besonders die Pariser, die als Luxusarbeiter, ohne es zu wissen »sehre« dem alten Dreck angehören. Unwissend eitel, anmaßend, schwatzsüchtig, emphatisch aufgeblasen waren sie auf dem Punkt, alles zu verderben, da sie in Zahlen zum Kongreß eilten, die in gar keinem Verhältnis zur Zahl ihrer Mitglieder. In dem Report werde ich ihnen unter, unter der Hand, auf die Hände hauen.457

Marx an Ludwig Kugelmann   13. Oktober

Meine ökonomischen Verhältnisse haben sich infolge meiner langwierigen Krankheit und der vielen Ausgaben, die sie benötigte, so verschlechtert, daß mir eine Finanzkrise in nächster Zukunft bevorsteht, eine Sache, die, abgesehn von ihren direkten Einflüssen auf mich und Familie, grade hier in London, wo man den Schein aufrechterhalten muß, auch politisch für mich ruinierend wäre.

---

* Zu der ersehnten Revolution kam es nicht, gleichwohl predigten die Freunde weiterhin: »Revolution!«

** Dieses Eigenlob ist schier unglaublich, denn wenige Wochen vorher hatte er in mehreren Briefen und Veröffentlichungen die Niederlage der Preußen vorhergesagt. Die Briefe waren an Marx adressiert (MEW a.a.O. 31, 200 f., 214, 217, 218). In *Betrachtungen über den Krieg in Deutschland*, geschrieben zwischen dem 19. Juni und 5. Juli 1866, behauptete er (MEW a.a.O. 16, 173): »Doch trotz des Zündnadelgewehrs ist die Überlegenheit nicht auf seiten der Preußen.« Was kann man von einem Menschen erwarten, der andere und sich selbst auf diese Weise belügt?

*** Die Realität sah anders aus: Keine Revolution, keine Köpfe, die rollten.

*Was ich von Ihnen wissen wollte, war dies: Kennen Sie irgend jemand, oder einige wenige Personen (denn die Sache dürfte unter **keinen Umständen publik werden**), die mir etwa 1000 Taler auf Zins von 5 oder 6 % für wenigstens 2 Jahre vorschießen könnten? Ich zahle jetzt 20–50 % Zins für die kleinen Summen, die ich aufnehme ...* [*][458]*

Engels: Was hat die <u>Arbeiterklasse</u> mit Polen zu tun?
Sie will Einmischung und keine Nichteinmischung; sie <u>will Krieg mit Rußland</u>, solange Rußland Polen nicht in Ruhe läßt; und sie hat das bewiesen, so oft die Polen sich gegen ihre Unterdrücker erhoben ...
Doch warum nennen wir, wenn von Polen die Rede ist, Rußland immer allein? Haben nicht zwei deutsche Mächte, Österreich und Preußen, an dem Raub teilgenommen? Halten sie nicht gleichfalls Teile von Polen in Knechtschaft, und trachten sie nicht im Bunde mit Rußland danach, jede nationale polnische Bewegung zu unterdrücken?
Es ist nachgerade bekannt, wie sehr sich Österreich gewunden hat, um sich aus dem polnischen Geschäft herauszuhalten, und wie lange es sich den Teilungsplänen Rußlands und Preußens widersetzte ... Erst als Österreich sah, daß Polens Schicksal besiegelt war, daß die anderen beiden Mächte, mit oder ohne Österreich, entschlossen waren, es zu vernichten, erst dann schloß Österreich sich ihnen aus Gründen der Selbsterhaltung an ...
Was Preußen anbelangt, so ist sein Anteil an Polen zu geringfügig, um ins Gewicht zu fallen. Sein Freund und Verbündeter Rußland hat es fertiggebracht, Preußen um neun Zehntel dessen zu erleichtern, was es bei den drei Teilungen erhalten hatte. Das wenige aber, was ihm geblieben ist, lastet auf ihm wie ein Alpdruck.[459]

——— 1867 ———

Marx an Engels   11. September
*Meanwhile [Inzwischen] hat unsre Gesellschaft [IAA] große Fortschritte gemacht ... <u>Die englischen Schweinhunde unter den Trade Unionists</u>, denen wir zu »weit« waren, kommen gelaufen. ... Und bei der nächsten Revolution, die vielleicht näher ist als es aussieht, haben wir (d.h. Du und ich) <u>diese mächtige engine [Maschine] **in unsrer Hand**.</u>*[460]

---

[*] Nicht nur Engels, sondern alle, die zu ihm in Kontakt traten und wohlhabend erschienen, wurden auf die geschilderte Weise angebettelt. Offenbar kam Marx nie die moralische Pflicht zu Bewußtsein, daß die Sorge für seine Familie Vorrang hat vor der Revolutionsagitation.

Marx an Engels   4. Oktober

Ad vocem International Association. *Die Präsidentenwürde ist auf meinen Vorschlag abgeschafft worden, nachdem bereits Odger zur Wiederwahl vorgeschlagen war. … Der Fox, der aus caprices und crotchets [Launen und Grillen] zusammengesetzt ist, bildet sich ein, er müsse eine »Oppositionspartei« im Council gegen die, wie er sagt, »deutsche Diktatur« [gemeint ist Marx] stiften. Er wird sich wundern über seine Erfolge in dieser line!*

Ad vocem Borkheim: *D'abord diese facts. B sprach (oder las vielmehr von seinem Manuskript) über 20 Minuten … Man hielt seine Rede für bedeutend, weil man sie nicht verstand. … Mit Ausnahme der paar Stichworte, die ich ihm soufflierte, nicht nur geschmackloser Kladderadatsch, sondern oft reiner Blödsinn.*[461]

Engels an Marx   11. Oktober

Ich wollte Dir noch viel schreiben, da kommt der verdammte alte Jud Leibel Choras, den Du kennst, und hält mich über eine Stunde auf.[462]

Marx an Engels   14. Oktober

Daher soll ich aufgehetzt werden, der »durch und durch Giftige«, wie Beta mich in seinem Sauwisch nennt, im Artikel: »Die Deutschen in London«, beginnend mit der normännischen Eroberung und endend mit dem schmierigen Jud Bender als der einzigen Menschenblüte in England.[463]

Engels an Marx   5. November

Der Tanz kann jeden Tag losgehn, und ich glaube kaum, daß der große Mann [Napoleon III.] seinen 2. Dezember nochmals feiern wird, jedenfalls aber wohl zum letztenmal. …

Wenn es aber zum Klappen kommt, so findet die Revolution doch jetzt überall eine ganz andre Situation vor als 1848. In Deutschland ist die Zerfahrenheit von damals seit dem vorigen Jahr nicht mehr möglich, und wenn auch eine sofortige gewaltsame Erhebung in Berlin wenig Chance hat, so würde der Anstoß doch auch dort Kollisionen einleiten, die mit dem Sturz des jetzigen Regimes enden müßten. Monsieur Bismarck würde sehr bald nicht mehr Herr der Situation sein. *[464]

Marx an Engels   7. November

Der alte Urquhart mit seinem Katholizismus etc. grows more and more disgusting [wird immer widerlicher].

---

* Die revolutionäre Sehnsucht ist eine Konstante in ihren Träumen und ihrem Denken.

On lit dans un registre d'une inquisition d'Italie cet aveu d'une religieuse; elle disait innocemment à la Madonne: »Degrâce, sainte Vierge, donne moi quelqu'un avec qui je puisse pécher.«* Die Russen sind aber auch hierin plus forts [stärker]. Es ist konstatiert, daß ein kerngesunder Kerl, der nur 24 Stunden in einem russischen Nonnenkloster, tot herauskam. Die Nonnen hatten ihn zu Tod geritten.** ...465

Marx an Sigfrid Meyer   30. April
Warum ich Ihnen also nicht antwortete? Weil ich fortwährend am Rande des Grabes schwebte, ich mußte also *jeden* arbeitsfähigen Moment benutzen, um mein Werk fertigzumachen, dem ich Gesundheit, Lebensglück und Familie geopfert habe.*** 466

Marx an Laura Lafargue   13. Mai
Das ist das Los des kleinen Mannes, und man muß nicht von großer Statur sein, um sich wie Gulliver unter den Liliputanern zu fühlen ... Die Arbeiterklasse in den größeren Zentren Deutschlands fängt an, eine entschlossenere und drohendere Haltung einzunehmen. Eines schönen Morgens wird es einen netten Tanz geben!467

Engels an Ludwig Kugelmann   8. November
Hier in England geht die Bildung einer wirklich revolutionären Partei**** rasch voran und gleichzeitig mit ihr die Entwicklung revolutionärer Verhältnisse. ... Das ist das große Verdienst des Disraeli, daß er aus Haß gegen die country gentlemen [Landedelleute] seiner eignen Partei und aus Haß gegen die Whigs die Entwicklung hier in einen Fluß gebracht hat, der nicht mehr aufzuhalten ist.468

---

* Zu deutsch: »Ich flehe Dich an, heilige Jungfrau, gib mir jemanden, mit dem ich sündigen kann.«
** Eine total enthemmte Phantasie treibt hier die schauerlichsten Blüten. Was kann man von diesem Gewächs erwarten?
*** Seinem Werk, auf das er zu schimpfen nicht müde wird, opfert er alles. Dabei ist doch der Übergang vom Kapitalismus zum Kommunismus nach seiner eigenen Theorie ein unvermeidlicher Prozeß.
**** Auch in diesem Punkt trog ihn seine Hoffnung.

——— 1868 ———

Marx an Engels   8. Januar
Aber die Dummheit, deren die Menschen fähig sind, kann kein Verstand der
Verständigen* vorhersehn.[469]

Engels an Marx   10. Januar
Das dumme Vieh ist durch die gedankenlose Repetition derselben Phrasen noch
10mal dummer geworden und hat alle Berührungspunkte mit der Welt des ge-
sunden Menschenverstandes (von eigentlichem Denken nicht zu sprechen) ver-
loren.[470]

Marx an Engels   11. Januar
Die französische Regierung hat Verfolgung gegen das Pariser Komitee der In-
ternational Workingmen's Association (als société illicite [gesetzwidrige Orga-
nisation]) eingeleitet. Dies mir sehr lieb, da es die Esel in Diskussion ihres schon
für den Kongreß von 1868 paraten Programms gehindert und unterbrochen
hat ...
Daß die englische Regierung den »Irishman« verfolgt, freut mich sehr.** [471]

Engels an Marx   11. Februar
Es ist bezeichnend, daß diese Wiener Literaten, lauter in allen Wassern gewa-
schene Juden, die den Rummel durchaus kennen, die außeröstreichische deut-
sche Presse für bona fide [glaubwürdig] ansehen.[472]

Marx an Engels   14. März
Ich schicke beiliegend die vom Fox mir zugeschickten Ausschnitte über Lassal-
le. Außer dem Erzlumpen, B. Becker, in Wien Reusche; dieser Bummler ist dort
für Hatzfeldtsches Geld ..., um den Itzig [Lassalle] als Gottsohn und das alte
Saumensch [Gräfin Hatzfeldt] als Mutter Gottes zu verherrlichen.[473]

Engels an Marx   6. Mai
Gestern kam der unvermeidliche Leibel Choras und verhinderte mich am
Schreiben. Ich frug ihn nach den Judenverfolgungen in der Moldau; er jam-
merte etwas, aber so arg scheint es nicht zu sein: mir missen's halt dulden, mir

---

* »... von der Menge bewundert und über sie erhaben ...« – hieß es schon im Abituraufsatz
(II 1).
** Auch Unterdrückung und Verfolgung sind für ihn, wie Krisen, erfreuliche Ereignisse.

Jiden haben nit die Macht; er wäre gern russisch oder östreichisch, aber es fällt
ihm nicht ein fortzugehn.[474]

Marx an Engels   4. August
Darauf meeting der French Branch _[Treffen des französischen Zweigs der In-_
ternationalen Arbeiterassoziation], wobei es zur Keilerei kam. Dupont ... _und_
diverse andre sind aus dieser Lumpenbande _ausgetreten._ Das Gesindel _zählt_
jetzt vielleicht in allem 15 Mann, obgleich sie uns gegenüber die »souveraineté
du peuple [Volkssouveränität]« darstellen.[*] [475]

Engels an Marx   22. August
Je näher man die Details der Lassalle-_Tragikomödie zu beschauen bekommt,_
desto mehr tritt die komische Seite hervor. Dieser Mensch ist an der irrepressi-
blen Reflexion auf sich selbst, permanenten Selbstbeschauung kaputtgegangen.
»Wie komm' ich mir vor?« der ewige Refrain. Armer Baron Itzig [Lassalle]! Ko-
misch im erhabnen Moment, wo er seinem alter ego Rüstow den Auftrag gibt,
die schöne Helena nötigenfalls per procura [in Stellvertretung] zu beschlafen –
er wußte wohl, wie wenig Gefahr dabei war –, wie in dem andern, wo ihm der
Wallache die Genitalien zerschießt. Armer Itzig! Von einem Wallachen zum
»Wallach« geschossen zu werden! Dir war es immer schon so komisch, daß ihm
das **Maul** _gestopft wurde, aber nun auch_ **das** _noch._
Seiler! Das ist der Eindruck der ganzen Historie. Sebastian Seiler, der einzige,
würdige Historiograph dieser Tragikomödie – er wird sich hängen, daß ihm die-
ser faule Blick entgangen ist. En attendant [Indessen] ist es ganz heiter, daß der
»testamentarische Nachfolger Lassalles« [Bernhard Becker] denselben für
einen Aristokraten, Verräter und Schweinhund _erklärt und alle die Sachen sich_
aneignen muß, die wir seinerzeit **gegen ihn selbst** _und Schweitzer drucken_
ließen. Scheißkerls.[476]

Marx an Engels   23. September
Die Auflösung des Allgemeinen Deutschen Arbeitervereins macht dem Lassal-
leanismus qua [als] solchem ein Ende mit Schrecken, obgleich er noch für some
time a lingering sectlife (einige Zeit ein sich hinschleppendes Sektenleben)
führen mag.[**] [477]

---

[*] »Diese Lumpenbande«, das »Gesindel« wurde an anderer Stelle in den leuchtendsten Farben
verherrlicht (MEW a.a.O. 17, 349): »Paris, arbeitend, denkend, kämpfend, blutend, über seiner Vorbereitung einer neuen Gesellschaft fast vergessend der Kannibalen vor seinen Toren,
strahlend in der Begeisterung seiner geschichtlichen Initiative!
Und nun, gegenüber dieser neuen Welt in Paris, siehe da die alte Welt ...«
[**] Der ADAV hat auch diese Krise gemeistert und 1875 als die zahlenmäßig größere Vereinigung die Fusion mit den »Eisenachern« vollzogen.

Engels an Marx   24. September
Mit dem Dicktun der <u>Lassallschen Sekte</u>, *als sei sie* »*die Partei*« *in Deutschland, ist es natürlich zu Ende, und* <u>die Sekte wird allmählich entschlafen</u> ... <u>Übrigens wird's, wie Wilhelm [Liebknecht] richtig ahnt, seinen Vereinen auch an den Leib gehn</u>. <u>Desto besser</u>. *Der kleinbürgerlich-volksparteilich-föderalistische Tick dieser Kerle ist auch keinen Heller wert.*⁴⁷⁸

Marx an Engels   29. September
Es scheint mir, daß die Macht des Generalrats sehr davon abhängt, daß er sich nicht unzeitig und niemals ohne Sicherheit des Erfolgs die Hände bindet, vielmehr russische Diplomatie in seinen Operationen befolgt.
Bist Du auch dieser Ansicht ..., *so kann ich Wilhelm und Eichhoff einfach schreiben, die Majorität des Generalrats habe sich gegen jeden öffentlichen Aufruf erklärt,** bis die Elemente, die sich der Internationalen Arbeiterassoziation angeschlossen, durch ihre Organisation einen Hinterhalt gewähren.*⁴⁷⁹

Engels an Marx   8. Oktober
Gaudissart wird immer amüsanter ... <u>Als Jud' kann er</u> *indes* <u>das Mogeln nicht lassen</u>, *und es geschieht ihm recht, daß er sich an Biscamp die Finger verbrennt.*
Wilhelmchen [Liebknecht] ist auch nicht übel ... <u>Das unglückliche Vieh</u>** *kann noch immer nicht einsehn, daß der ganze Gegensatz mit seinen beiden Seiten eine* <u>reine Borniertheit</u> *ist* ...⁴⁸⁰

Engels an Marx   18. November
Was sagst Du zu den Wahlen der Fabrikdistrikte? <u>Das Proletariat hat sich wieder einmal greulich blamiert</u>. *Manchester und Salford schicken 3 Tories gegen 2 Liberale* ...
Aber ein heilloses Armutszeugnis für das englische Proletariat bleibt's doch. ...
*Nicht ein einziger Arbeiterkandidat hat a ghost of a chance [die geringste Aussicht auf Erfolg] gehabt; aber mylord Tom Noddy oder irgendein Parvenü Snob kriegt die Stimmen der Arbeiter mit Vergnügen.**** ⁴⁸¹

Marx an Engels   5. Dezember
Schweitzer ist also entschlossen, Schneiderkönig von Deutschland zu werden!

---

* Marx und Engels sind selbstredend die Mehrheit.
** »Vieh« ist ein geradezu übliches Beiwort, wenn in der Korrespondenz der Freunde von Liebknecht die Rede ist. So auch in Marxens Antwort zwei Tage später.
*** Diese Betrachtungsweise macht es nur zu verständlich, warum die Freunde nicht für das allgemeine Wahlrecht eintraten.

Glück auf den Weg. In **einem** *Punkt hat er recht –* Wilhelms *[Liebknecht]* Unfähigkeit! *...*
Der Wilhelm wird jeden Tag dümmer. Welches Saublatt!* 482

Marx an Engels   14. Dezember
*Ich glaube nicht, daß man in der ganzen Weltgeschichte eine ähnliche Tragi-
komödie wiederfinden kann, wenigstens nicht so rein durchgeführt. Das Frankfurter, resp. Stuttgarter Parlament [die deutsche Nationalversammlung] ist
nichts dagegen. Die Franzosen allein verstehn sich darauf, in Szene zu setzen,
sei es einen Konvent, sei es ein* Rumpfparlament von vollkommnen Schwein-
hunden. 483

Marx an Ludwig Kugelmann   11. Januar
*Und dann my best thanks für ... das Interesse, womit Sie Propaganda machen
und die deutsche Presse am Narrenseil führen. Wie unser leider zu früh ver-
storbener Freund Weerth sang:*
»Es gibt nichts Schönres auf der Welt
Als seine Feinde zu beißen,
*Als über alle die plumpen Gesellen
Seine schlechten Witze zu reißen!«*484

Marx an Ludwig Kugelmann   17. März
Haben Sie gesehn, daß mein persönlicher Feind Schweitzer** *in 6 Nummern des
»Social-Demokrat« mich mit* **Elogen** *überhäuft hat von wegen meines Buchs?
Dies kummervoll für die* alte Hure *Hatzfeldt.*485

Marx an Laura Lafargue   11. April
*Du wirst Dir sicher einbilden, mein liebes Kind, daß ich Bücher sehr liebe, weil
ich Dich zu einer so ungelegenen Zeit damit belästige. Aber Du wärst sehr im
Irrtum.* Ich bin eine Maschine, dazu verdammt, sie zu verschlingen und sie
dann in veränderter Form auf den Dunghaufen der Geschichte zu werfen.*486

Marx an Ludwig Kugelmann   5. Dezember
Ich hatte Ihnen vor längerer Zeit versprochen, ein paar Worte über die French
Branch *[französischer Zweig der Internationalen Arbeiterassoziation] zu
schreiben. Diese Ragamuffins [*Lumpenkerle*] bestehn zur Hälfte oder* 2/3 *aus*

---

* Gemeint ist das *Demokratische Wochenblatt*, das Liebknecht redigierte.
** So nobel gaben sich seine »Feinde«. Johann Baptist Schweitzer war damals der Präsident des
Allgemeinen Deutschen Arbeitervereins (d.h. der SPD – nach dem Selbstverständnis der
Partei).

Maquereaus [<u>Zuhältern</u>] und <u>ähnlichem Gesindel</u>, alle aber – nachdem sich
unsre Leute zurückgezogen – aus Helden der revolutionären Phrase, die, from
a safe distance, of course [aus sicherer Entfernung natürlich], Könige und Kai-
ser, ganz besonders aber den Louis-Napoleon töten. Wir sind natürlich in ihren
Augen Reaktionäre ...
Wie ein Mann, den ich während 15 Jahren mündlich eingepaukt hatte (zum
Lesen war er von jeher zu faul), solches Zeug drucken lassen kann wie z.B. »Gesellschaft und Staat«, worin »das Gesellschaftliche« (auch eine schöne Kategorie!) als das Sekundäre und »das Politische« als das Wesentliche behandelt
wird, wäre unbegreiflich, wenn Liebknecht nicht ein Süddeutscher wäre und,
wie es scheint, mich von jeher mit seinem alten Vorgesetzten, dem »edlen« Gustav Struve, verwechselt hätte.[487]

Engels: Zur Auflösung des Lassalleanischen Arbeitervereins
Der von Lassalle dem Verein vererbte »Präsident der Menschheit«, Bernhard
Becker, überhäufte damals »die Partei Marx'«, d.h. Marx, Engels und Liebknecht, mit den infamsten Beschimpfungen. Jetzt, in seiner Schmutzschrift
»Enthüllungen über das tragische Lebensende Ferdinand Lassalle's«, welche
seine eigene Jammerseele bloßlegt und nur durch die darin abgedruckten un-
terschlagenen Dokumente Interesse hat, verballhornt derselbe den Engels wie
folgt ...[488]

—————— 1869 ——————

Marx an Engels   13. Januar
Der Russe Serno war in seiner früheren Korrespondenz mit Borkheim entschieden gegen Bakunin. In meiner Antwort an Serno wünschte ich diesen Jüngling
als Berichterstatter über Bakunin zu benutzen. <u>Da ich aber keinem Russen
traue</u>, tat ich das in der Form: »Was macht mein alter Freund (ich weiß nicht,
ob noch so) Bakunin etc. etc.« Russe Serno hat nichts Eiligeres zu tun, als dem
Bakunin diesen Brief mitzuteilen, und Bakunin benutzt dies zu einem sentimentalen Entrée![489]

Engels an Marx   29. Januar
Den Lassallianern muß man es lassen, sie verstehn die Agitation ganz anders
als unser braver Wilhelm [Liebknecht] mit seinen Büffeln von der Volkspartei.
Es ist das sehr unangenehm, da sie den Wilhelm und Bebel ganz zu überflügeln
scheinen, und <u>die Massen so greulich dumm und die Führer lauter Lumpen
sind</u>.[490]

Engels an Mars   25. Februar

Apropos, ich habe dem Borkheim geschrieben wegen Bakunin, daß er die Frage anregen soll, ob es <u>überhaupt für uns Westliche möglich</u> sei, <u>mit diesem panslawistischen Pack irgendwie zusammenzugehn</u>, solange die Kerls ihre Slawenherrschaft predigen ...[491]

Marx an Engels   14. März

<u>*Liebknecht hat das Talent, die dümmsten Leute von Deutschland um sich zu gruppieren.*</u>* *Exempli causa [beispielsweise] den Verfasser von* »*Die demokratischen Ziele und die deutschen Arbeiter*«. *Man kann sich selbst das Zeug in Gedanken nur im süddeutschen Patois lesen.* <u>*Dieses Vieh*</u> *ersucht die Arbeiter, ihm den Bismarck vom Hals zu schaffen* ...[492]

Marx an Engels   3. Juli

<u>*Unser Wihelm ist Sanguiniker und Lügner.*</u> *Also wohl wieder starke Übertreibung in Schilderung des Siegs über Schweitzer. ... Ich hoffe, daß infolge dieser Geschichte die deutsche Arbeiterbewegung endlich aus dem Stadium der Lassalleschen Kinderkrankheit heraustreten und das Residuum derselben in bloßer Sektierervereinzelung verkommen wird.*

Was nun die verschiednen »*absoluten Gebote*« *des Wilhelm [Liebknecht] angeht, so habe ich ihm geantwortet to this effect [auf folgende Weise]:*

Ich fühle durchaus kein Bedürfnis, mich den deutschen Arbeitern zu zeigen, und komme **nicht** *zu ihrem Kongreß.*** [493]

Marx an Engels   22. Juli

Die <u>*Unverschämtheit des Wilhelm*</u> *[Liebknecht], im Namen des Internationalen Generalrats Bannbullen zu erlassen, ist wirklich* <u>kolossal</u>. *Ich hatte ihm geschrieben, daß ich persönlich mich diesem Skandal (<u>das alte Saumensch Hatzfeldt</u> wünscht nichts eifriger, als mich hineinzuziehn) fernhalte, um so mehr, als ich <u>ebenso</u> dezidiert <u>gegen die Lassalleclique als gegen</u> die* »<u>Volkspartei</u>« ...

Ich schrieb ihm gleich, bei Empfang des letzten »*Wochenblatts*«, *einen saugroben Brief, worin ich ihm ins Gedächtnis rufe, wie oft er mich schon kompromittiert hat, und ihm direkt erklärte, daß ich ihn* **öffentlich desavouiere**, *sobald er wieder ähnliche Frechtheit begeht* ...

Den Herrn Wilhelm werde ich mir »*abschütteln*«, *wenn er mich zum dritten-*

---

* Wilhelm Liebknecht (1826–1900) war der wohl bedeutendste Repräsentant der Sozialdemokratischen Partei Deutschlands im 19. Jahrhundert. Im Nachruf der Parteizeitung *Vorwärts* hieß es: »Er war die Partei selbst. Er verkörperte die moderne Arbeiterbewegung.«
** Es handelte sich um die Gründung der Sozialdemokratischen Deutschen Arbeiterpartei (SDAP) 1869 in Eisenach.

mal in Sauerei verwickelt. Der Kerl hat nicht einmal die Entschuldigung, daß er durch dick und dünn mit uns geht. Er macht seine Dummheiten auf eigne Faust, verrät uns, wenn es ihm gutdünkt, und identifiziert uns mit ihm, sobald er sich nicht anders herauszuhelfen weiß.[494]

Marx an Engels   24. Juli
Heut morgen erhalte ich einfolgenden Wisch von Liebknecht*. Was ist wunderbarer, die* dumme Unverschämtheit *oder die* unverschämte Dummheit*? Also dieser Biedermann hält* offizielle Lügen*, wie die über nicht existierende Beschlüsse des Generalrats, wohl erlaubt in seinem Munde aber höchst verwerflich im Mund des Schweitzers?*[495]

Engels an Marx   25. Juli
Die Unverschämtheit des braven Wilhelm übersteigt wirklich das Mögliche. *…
Den »18. Brumaire« gestern mit Dank erhalten … Die Vorrede ist sehr gut. Sie sowohl wie das Buch selbst wird dem Wilhelm keine Freude machen.* Die Art, wie die Demokratie und erst recht die Sozial-Demokratie behandelt werden, ist durchaus nicht Wasser auf seine Mühle, wohl aber auf seinen Kopf*.*[496]

Engels an Marx   30. Juli
Daß der fette Bakunin *dahintersitzt, ist ganz klar. Wenn* dieser verdammte Russe *in der Tat daran denkt, sich an die Spitze der Arbeiterbewegung hinaufzuintrigieren, so ist es Zeit, daß ihm einmal gehörig gedient wird und die Frage gestellt, ob ein Panslawist überhaupt Mitglied einer internationalen Arbeiterassoziation sein kann. Man kann den Kerl sehr leicht fassen. Er muß sich nicht einbilden, den Arbeitern gegenüber den kosmopolitischen Kommunisten und den Russen gegenüber den heißnationalen Panslawisten spielen zu können.*[497]

Marx an Engels   4. August
Wenn ich nur irgendwo Leute sitzen sähe, die uns nicht in Eseleien hineinreiten, so würde ich mit dem größten Vergnügen den Zentralrat von hier entfernt sehn. Die Sache wird ennuyant [langweilig].[*][498]

Marx an Engels   10. August
*Wilhelms [*Liebknecht*] in der Beilage abgedruckter Redeteil … zeigt innerhalb der Dummheit eine nicht zu leugnende Schlauheit, sich die Sache zurechtzumachen. …*

---

[*] Nirgendwo Leute, von denen Marx etwas hält.

Das Vieh glaubt an den zukünftigen »Staat der Demokratie«! Unterderhand
*ist das bald das konstitutionelle England, bald die bürgerlichen Vereinigten
Staaten, bald die elende Schweiz. Von revolutionärer Politik hat »es« keine
Ahnung.*[499]

Engels an Marx   5. September
*Die Leute in Deutschland werden immer dummer. Die Arbeiterbewegung rückt
ihnen zwar bedrohlich näher, und sie kokettieren alle mit ihr und haben no-
strums [Geheimmittel] aller Art, aber ihr Verstand ist darum nicht schärfer geworden, im Gegenteil.*[*] ...
*Wilhelmchen [Liebknecht] ist jetzt so tief gesunken, daß er nicht einmal mehr
sagen darf, Lassalle habe Dich, und zwar falsch, abgeschrieben. Damit sind der
ganzen Biographie die Hoden abgeschnitten, und wozu er sie dann noch ab-
druckt, kann nur er wissen.*[500]

Marx an Engels   25. September
*Bei dieser Tour durch Belgien, Aufenthalt in Aachen und Fahrt den Rhein her-
auf, habe ich mich überzeugt, daß energisch, speziell in den katholischen Gegenden, gegen die Pfaffen losgegangen werden muß. Ich werde in diesem Sinn
durch die Internationale wirken. Die Hunde kokettieren (z.B. Bischof Ketteler
in Mainz, die Pfaffen auf dem Düsseldorfer Kongreß usw.), wo es passend
scheint, mit der Arbeiterfrage.*[**] [501]

Marx an Engels   10. Dezember
*Von dem Französischen, das ich Dir schicke, ist »Gaulois« – halb bonaparti-
stisch, halb Opposition – stupid. Der »Père Duchèsne« wird Dich durch seine
Frechheit in Erstaunen setzen. Und in solchem state of things [in solcher Lage]
wagt das Saumensch, die Eugénie [Gattin des französischen Kaisers], sich vor-
zudrängen? Sie will durchaus gehangen sein.*[502]

Marx an Engels   17. Dezember
*Aus einliegender »Égalité«, die ich zurück haben muß, siehst Du, wie frech il
Signor Bakunin wird. Dieser Bursche disponiert jetzt über 4 Organe der Inter-
nationale ...*

---

[*] Außer den beiden Freunden gibt es nur »Esel«, »Dummköpfe«, »Narren«, »Gesindel«.
[**] Der Text ist äußerst aufschlußreich, zeigt er doch, daß es Marx nicht um die Linderung der
Not, sondern um seine eigene Profilierung ging. Selbständige Mitstreiter waren gänzlich un-
erwünscht.

Mit Bezug auf Schweitzer weiß der Herr Bakunin, der Deutsch versteht, daß Schweitzer und seine Bande* nicht zur Internationale gehören.[503]

Engels an Friedrich Leßner 4. April
Dabei ist es zum Totlachen zu sehen, wie diese dummen Demokraten jetzt erst recht angeführt sind, und in keinem Lande der Welt sich auch nur noch ein anständiges Plätzchen für sie finden will. Fortschrittspartei in Deutschland, Republikaner in Frankreich, Radikale in England, sie sind alle zusammen gleich beschissen. Es gibt nichts Komischeres als die sauersüßen Komplimente, die sie der sozialen Bewegung machen müssen, während sie ganz genau wissen, daß diese soziale Bewegung ihnen eines schönen Morgens den Fuß auf den Nacken setzen wird.[504]

Marx an Jenny Longuet 10. Juni
Gestern abend war ich zum unvermeidlichen Tee bei Gumperts. Frau Gumpert ist vom Zahn der Zeit sehr mitgenommen. Ich habe nie zuvor eine so schnelle Veränderung erlebt. Die Heuchelei einer griechischen Nase ist dem treu-jüdischen Typ gewichen; alles an ihr sieht ziemlich verschrumpelt und vertrocknet aus, und die Stimme hat den gutturalen Klang, mit dessen Fluch das auserwählte Volk bis zu einem bestimmten Grade beladen ist.[505]

Marx an François Lafargue 10. Juli
Unser Enkel ist ein reizender Junge. Ich habe noch nie einen so schön geformten Kinderkopf gesehen.** [506]

Marx: Der Generalrat der Internationalen Arbeiter-Assoziation an das Zentralbüro der Allianz der sozialistischen Demokratie
Es gibt eine Phrase in Eurem Programm, die ... fehlerhaft ist. Im Artikel 2 liest man:
»Sie (die Allianz) will vor allem die politische, ökonomische und soziale Gleichmachung der Klassen.«
Die Gleichmachung der Klassen, wörtlich interpretiert, läuft auf die Harmonie von Kapital und Arbeit hinaus, welche die Bourgeoissozialisten so aufdringlich predigen. Nicht die Gleichmachung der Klassen – ein logischer Widersinn, unmöglich zu realisieren –, sondern vielmehr die Abschaffung der Klassen, dieses

---

* Nach dem Selbstverständnis der SPD bestand die »Bande« aus lauter Sozialdemokraten, da sie die Gründung Lassalles als ihre eigene Gründung wertet.
** Schön und gut ist nur das, was aus ihm selbst hervorgegangen ist.

*wahre Geheimnis der proletarischen Bewegung, bildet das große Ziel der Internationalen Arbeiterassoziation.** [507]

─────── **1870** ───────

Marx an Engels   10. Februar

*Von **Flerowskis** Buch habe ich die ersten 150 Seiten gelesen ... Jedenfalls ist dies das wichtigste Buch, was seit Deiner Schrift über die »Lage der arbeitenden Klassen« erschienen ist. Auch das Familienleben des russischen Bauern – mit der scheußlichen Zu-Tode-Prügelei ihrer Weiber, Schnaps und Kebsweiber – gut geschildert. Es kommt mir also grade ganz gelegen, wenn Du mir jetzt die Phantasielügen des Bürger Herzen schickst ... Die ganze Bakuninbande ist aus der »Égalité« herausgetreten. Bakunin selbst hat seine Residenz in Tessin aufgeschlagen und wird seine Intrigen in Schweiz, Spanien, Italien und Frankreich fortsetzen. Zwischen uns ist jetzt selbst der Waffenstillstand zu Ende, da er weiß, daß ich ihn bei Gelegenheit der letzten Genfer événements lebhaft angegriffen und denunziert habe. Das Vieh bildet sich in der Tat ein, wir seien »zu bürgerlich« und daher unfähig, seine erhabnen Konzeptionen über das »Erbrecht«, die »Gleichheit« und die Verdrängung des bisherigen Staatssystems durch »l'Internationale« zu begreifen und zu würdigen.* [508]

Marx an Engels   12. Februar

Sehr hübsch der doppelte Hieb auf den Wilhelm [Liebknecht] von der Volkspartei und den Schweitzer mit seiner Lumpengarde!
Was nun die excuses [Entschuldigungen] des Wilhelm angeht, so weiß man nie, ob er absichtlich lügt oder vor Konfusion sich ihm alles wie ein Mühlrad im Kopf herumdreht. [509]

Engels an Marx   13. April

Ich schicke Dir einige »Zukünfte«, um Dir Gelegenheit zu geben, die über alle Maßen lausige Handlungsweise der Nationalliberalen bei der Debatte über politische Verbrechen (Strafkodex) bewundern zu können. Das übersteigt alles. Die feigen Hunde glauben mit der Abschaffung der Todesstrafe für gemeine Verbrechen – und noch dazu bloß auf dem Papier – eine solche Heldentat begangen zu haben, daß sie jetzt die politischen Verbrecher ruhig ins Zuchthaus sperren dürfen und wie common convicts [gewöhnliche Sträflinge] behandeln. [510]

---

* Auch hier zeigt sich wieder, daß es Marx nicht um Harmonie geht, sondern um Beseitigung des Gegners.

Engels an Marx　　　　　　　　　　　　　　　　　　15. April
*Inl. Borkheim zurück. Der brave Wilhelm [Liebknecht] hat nicht gedacht, daß
seine Renommagen über Dich Dir ipsissimis verbis [wortwörtlich] mitgeteilt
werden würden. Bleibt ein Rindvieh sein Leben lang. ...
Das Fränkelche [Leo Frankel] ist das richtige Jidche. Hat gelernt in Paris »la
formule [die Formel]« und liefert gute Waar.*[511]

Marx an Engels　　　　　　　　　　　　　　　　　　19. April
*Aus dem einliegenden Brief ..., den ich bis Freitag zurück haben muß –, wirst
Du sehn, wie das muskowitische Vieh [Bakunin] agiert. ... Was meinst Du, daß
wir mit den Kerls tun sollen?*[512]

Engels an Marx　　　　　　　　　　　　　　　　　　8. Mai
*Mit Monsieur Wilhelm [Liebknecht] ist es nicht mehr zum Aushalten. Du wirst
gesehn haben, wie »durch Abwesenheit des Setzers« (der also der eigentliche Redakteur ist) der »Bauernkrieg« in einem Durcheinander gedruckt wird, das
Grandperret nicht besser machen könnte, und dabei untersteht sich das Vieh,
mir Randglossen ohne jede Angabe des Verfassers drunterzusetzen, die reiner
Blödsinn sind ...*[513]

Marx an Engels　　　　　　　　　　　　　　　　　　10. Mai
*Gestern erhalten den einliegenden Wisch von Wilhelm [Liebknecht]. Ein un-
verbesserlicher süddeutscher Knote.
Du siehst daraus d'abord, daß das Vieh niemals an Meißner geschrieben hat ...
Ich hatte ihm geschrieben, wenn er über Hegel nur den alten Rotteck-Welcker-
schen Dreck zu wiederholen wisse, so solle er doch lieber das Maul halten.*[514]

Engels an Marx　　　　　　　　　　　　　　　　　　15. Mai
*Der Brief von Wilhelm [Liebknecht] ... ist wirklich das Albernste, was ich je ge-
lesen. Solch ein Rindvieh!*[515]

Marx an Engels　　　　　　　　　　　　　　　　　　16. Mai
*Einliegend ein sehr artiger Wisch Wilhelms [Liebknecht]!
Dieser Narr fängt an, fürchterlich zu werden. ...
Was tut das Vieh? ...
Ich habe gleich dem Biederrindvieh Wilhelm geschrieben und ihm gehörig den
Kopf gewaschen.** [516]

---

* Aus dieser Zeit existiert kein Brief von Marx an Liebknecht.

Marx an Engels   20. Juli
Die Franzosen brauchen Prügel. Siegen die Preußen, so die Zentralisation der
state power *[Staatsgewalt]* nützlich der Zentralisation der deutschen Arbeiterklasse. Das deutsche Übergewicht würde ferner den Schwerpunkt der westeu-
ropäischen Arbeiterbewegung von Frankreich nach Deutschland verlegen, und
man hat bloß die Bewegung von 1866 bis jetzt in beiden Ländern zu vergleichen, um zu sehn, daß die deutsche Arbeiterklasse theoretisch und orgnisato-
risch der französischen überlegen ist. Ihr Übergewicht auf dem Welttheater über
die französische wäre zugleich das Übergewicht **unsrer** Theorie über die Proudhons etc.[517]

Marx an Ludwig Kugelmann   17. Februar
Daß dagegen der _russische Staat_ in seiner **Politik** Europa und Amerika gegenüber den **Mongolismus** vertritt, ist natürlich eine jetzt schon zum Gemein-
platz gewordne Wahrheit ...[518]

Marx an Laura und Paul Lafargue   5. März
_Um die soziale Entwicklung Europas zu beschleunigen, muß man die Katastro-
phe des offiziellen England beschleunigen._ ...
Doch lassen wir das. Nach dem Studium seines Werkes* ist man fest davon
überzeugt, daß _eine äußerst schreckliche soziale Revolution_ – natürlich in den
niederen Formen, wie sie dem gegenwärtigen Moskowiter Entwicklungsstand
entsprechen – in Rußland unvermeidlich ist und nahe bevorsteht. Das sind _gute
Nachrichten._[519]

Marx an Sigfrid Meyer   9.April
England, als Metropole des Kapitals, als bis jetzt den Weltmarkt beherrschende
Macht, ist einstweilen das wichtigste Land für die Arbeiterrevolution, dazu das
einzige Land, wo die materiellen Bedingungen dieser Revolution bis zu einem
gewissen Reifegrad entwickelt sind. _Die soziale Revolution in England zu beschleunigen,_ daher der wichtigste Gegenstand der Internationalen Arbeiterassoziation. Das einzige Mittel sie zu beschleunigen, ist die Unabhängigkeitma-
chung Irlands. Daher Aufgabe der »International«, überall den Konflikt zwischen England und Irland in den Vordergrund zu stellen, überall für Irland
offen Partei zu nehmen.** [520]

---

* N. Flerowski _Die Lage der arbeitenden Klasse in Rußland._ (Das Buch gilt als verschollen.)
** Es ging Marx und seinen Anhängern also nicht um das Selbstbestimmungsrecht des irischen
Volkes, sondern um die Auslösung innerer Spannungen.
Von demokratischer Warte aus betrachtet gab es keine Veranlassung zu einer Revolution, da
inzwischen in England das allgemeine Wahlrecht (der Männer) eingeführt worden war.

Marx an Paul und Laura Lafargue   28. Juli

*Ich meinerseits wäre dafür, daß beide, Preußen und Franzosen, sich abwech-
selnd schlagen, und daß – wie ich annehme – die Deutschen **schließlich siegen.**
Ich wünsche das deshalb, weil die definitive Niederlage Bonapartes wahrscheinlich eine Revolution in Frankreich hervorruft,* während durch die definitive Niederlage Deutschlands nur die gegenwärtige Lage um weitere 20 Jahre
hinausgezogen würde. …
Ich meinerseits tue alles in meinen Kräften stehende, um durch die **Internationale** diesen »Neutralitäts«geist zu fördern und die »bezahlten« (bezahlt von
den »respectables«) Führer der englischen Arbeiterklasse zu entlarven, die alle
Kraft anstrengen, um die Arbeiter in die Irre zu führen.*** [521]

Marx an Edward Spencer Beesly   16. September

*Vom Kontinent … ist uns des öfteren vorgeworfen worden, wir versäumten es,
uns der »freien« Londoner Presse zu bedienen. Sie haben natürlich keine Vorstellung von der völligen Korruption dieses gemeinen Gelichters, das schon vor
langer Zeit von William Cobbett als »käuflich, niederträchtig und ungebildet«
gebrandmarkt wurde, und wollen es auch nicht glauben. …
Diese Burschen sind in der Tat mehr zu Sklaven der preußischen Politik geworden als die Berliner Zeitungen.* [522]

Marx: *Der Generalrat an den Föderalrat der romanischen Schweiz*
*Dank seiner Herrschaft auf dem Weltmarkt ist England das einzige Land, wo
jede Revolution in den ökonomischen Verhältnissen unmittelbar auf die ganze
Welt zurückwirken muß. Wenn der Landlordismus und der Kapitalismus ihren
klassischen Sitz in diesem Lande haben, so sind andererseits die **materiellen**
Bedingungen ihrer Vernichtung dort am meisten herangereift. Der Generalrat
ist jetzt in der glücklichen Lage, seine Hand direkt auf diesem großen Hebel
der proletarischen Revolution zu haben; welche Torheit, ja, man könnte fast
sagen, welches Verbrechen wäre es, ihn englischen Händen allein zu überlassen!
Die Engländer verfügen über alle notwendigen **materiellen Voraussetzungen**
für eine soziale Revolution. Woran es ihnen mangelt, ist **der Geist der Verall-
gemeinerung und die revolutionäre Leidenschaft.** Dem kann nur der Generalrat abhelfen und somit eine wahrhaft revolutionäre Bewegung in diesem
Land und folglich **überall** beschleunigen.**** [523]

---

* Nicht nur Krisen auch Kriege werden unter dem Revolutionsaspekt gewertet.
** Auch das eine üble Nachrede, für die Marx keine Belege anbietet.
*** Das heißt im Klartext, daß sich Marx berufen fühlte, den Engländern, und damit auch dem
inzwischen wahlberechtigt gewordenen englischen Proletariat, den Weg in die Revolution zu
weisen.

Engels: *Vorbemerkung zum 2. Abdruck des »Deutschen Bauernkriegs«*
Aber auch das Proletariat ist der Parallele mit 1525 noch nicht entwachsen. Die
ausschließlich und lebenslänglich auf den Arbeitslohn angewiesene Klasse bil-
det noch immer bei weitem nicht die Mehrzahl des deutschen Volkes. Sie ist also
auf Bundesgenossen angewiesen. Und diese können nur gesucht werden unter
den Kleinbürgern, unter dem Lumpenproletariat der Städte, unter den kleinen
Bauern und den Ackerbautaglöhnern.
*Von den **Kleinbürgern** haben wir schon gesprochen. Sie sind höchst unzuver-*
lässig ...
*Das **Lumpenproletariat**, dieser Abhub der verkommenen Subjekte aller Klas-*
sen, der sein Hauptquartier in den großen Städten aufschlägt, ist von allen
möglichen Bundesgenossen der schlimmste. Dies Gesindel ist absolut käuflich
und absolut zudringlich. * 524

Marx an den Ausschuß der Sozialdemokratischen deutschen Arbeiterpartei
Im Fall Skandal nicht zu vermeiden ist, muß im voraus dafür gesorgt werden,
daß er auf seinen Urheber zurückfällt. Es müßte im »Volksstaat«, »Zukunft«
*und sonst zugänglichen deutschen Blättern der **Plan der preußischen Polizei***
denunziert werden, den internationalen Kongreß in Mainz, dessen Zusam-
menkunft sie nicht direkt verhindern kann, durch ihr Werkzeug, die Schweit-
zersche Organisation, unmöglich zu machen oder an der ruhigen Abhaltung
*seiner Sitzungen zu verhindern.** ...Übrigens wäre es an der Zeit, daß diese*
Leute [die Anhänger Schweitzers] überall in der Presse als reine Polizeiagenten
bloßgestellt und, wo sie wieder zu »hauen« versuchen, ganz gehörig wiederge-
hauen werden. Beim Kongreß geht das natürlich nicht, bis dahin können sie
aber doch schon so viel Prügel besehen, daß sie genug daran haben. 525

Marx: *Erste Adresse über den Deutsch-Französischen Krieg*
Was immer auch der Verlauf des Krieges Louis Bonapartes mit Preußen sein
möge, die Totenglocke des zweiten Kaiserreichs hat bereits in Paris geläutet ...
Aber vergessen wir nicht, daß es die Regierungen und die herrschenden Klassen
Europas waren, die es Louis Bonaparte ermöglichten, achtzehn Jahre lang die
*grausame Posse der **Restauration des Kaiserreichs** zu spielen.**** *
Von deutscher Seite ist der Krieg ein Verteidigungskrieg. 526

---

* Die ärmsten der Armen kann man auch, wie Marx zeigt, »Lumpenproletarier« nennen. Das
Proletariat, das nur die Minderheit stellt, hat keine verläßlichen Bundesgenossen. Also kann
es nicht mit Hilfe des allgemeinen Wahlrechts seine historische Mission erfüllen.
** Das war, wie sich aus dem Gesamttext eindeutig ergibt, eine reine Verleumdung. Der Bür-
germeister der Stadt Mainz hatte befürchtet, es könnte zu Schlägereien mit Anhängern
Schweitzers kommen.
*** Nach Marx hätten offenbar die Nachbarn (welche?) Frankreich eher mit Krieg überziehen
sollen.

Engels: *Über den Krieg – XXII*
Jedenfalls ist es klar, wenn eine echte nationale Begeisterung unter den Franzo-
sen lebendig wäre, könnte noch alles gewonnen werden. Während alle Kräfte
der Eindringlinge, bis auf 60 000 Mann und die Cavallerie, die den Gegner zwar
überfallen, aber nicht unterwerfen kann, an das eroberte Territorium gebun-
den sind, könnten die übrigen fünf Sechstel Frankreichs genügend bewaffnete
Scharen aufbringen, um die Deutschen an allen Punkten zu beunruhigen, ihre
Verbindungen abzuschneiden, Brücken und Eisenbahnen, Proviant- und Mu-
nitionslager in ihrem Hinterland zu zerstören ... * [527]

——— 1871 ———

Marx an Wilhelm Liebknecht   6. April
Es scheint, daß die Pariser [Insurgenten] unterliegen. Es ist ihre Schuld, aber
*eine Schuld, die in der Tat aus zu großer **honnêteté** [Gutmütigkeit] entsprang.*
Das Zentralkomitee und später die Kommune gaben dem mischievous avorton
[boshaften Zwerg] Thiers die Zeit zur Konzentration feindlicher Kräfte, 1. weil
sie törichterweise den Bürgerkrieg nicht eröffnen wollten ... ** [528]

Marx an Ludwig Kugelmann   12. April
Die Geschichte hat kein ähnliches Beispiel ähnlicher Größe! Wenn sie [die Pa-
riser Rebellen] unterliegen, so ist nichts daran Schuld als ihre »Gutmütigkeit«.
Es galt, gleich nach Versailles zu marschieren, nachdem erst Vinoy, dann der re-
aktionäre Teil der Pariser Nationalgarde selbst das Feld geräumt hatte. Der
*richtige Moment wurde versäumt aus Gewissensskrupel.*** *... Wie dem auch*
sei, diese jetzige Erhebung von Paris – wenn auch unterliegend vor den Wölfen,
Schweinen und gemeinen Hunden der alten Gesellschaft – ist die glorreichste
Tat unsrer Partei seit der Pariser Juni-Insurrektion. Man vergleiche mit diesen
Himmelsstürmern von Paris die Himmelsklaven des deutsch-preußischen hei-
ligen römischen Reichs mit seinen posthumen Maskeraden, duftend nach Ka-
serne, Kirche, Krautjunkertum und vor allem Philistertum. [529]

---

* Engels redet ganz offenbar dem Partisanenkrieg das Wort. Daß so dem französischen Volke
furchtbare Wunden geschlagen würden, spielt offenbar keine Rolle. Und: Wann und wo haben
in Europa Partisanen den Krieg entschieden?
** Die Freunde stehen vorbehaltlos auf der Seite der Pariser Rebellen. Es war eine Rebellion
gegen eine demokratisch legitimierte Regierung. Die Rebellen nahmen Geiseln und töteten sie,
so den Erzbischof der Stadt.
*** Es folgt dann eine Wiederholung des eben Zitierten.

Marx an Ludwig Kugelmann   17. April

Die Weltgeschichte wäre allerdings sehr bequem zu machen, wenn der Kampf nur unter der Bedingung unfehlbar günstiger Chancen aufgenommen würde. Sie wäre andrerseits sehr mystischer Natur, wenn »Zufälligkeiten« keine Rolle spielten. Diese Zufälligkeiten fallen natürlich selbst in den allgemeinen Gang der Entwicklung und werden durch andre Zufälligkeiten wieder kompensiert. Aber Beschleunigung und Verzögrung sind sehr von solchen »Zufälligkeiten« abhängig – unter denen auch der »Zufall« des Charakters der Leute, die zuerst an der Spitze der Bewegung stehn, figuriert.*

... Der Kampf der Arbeiterklasse mit der Kapitalistenklasse und ihrem Staat ist durch den Pariser Kampf in eine neue Phase getreten. Wie die Sache auch unmittelbar verlaufe, ein neuer Ausgangspunkt von welthistorischer Wichtigkeit ist gewonnen.** 530

Marx an Edward Spencer Beesly   12. Juni

Mir ging die Information von Bismarcks rechter Hand – einem Manne, der früher (vor 1848 bis 1853) der geheimen Gesellschaft angehörte, deren Führer ich war. Dieser Mann weiß, daß ich noch alle Berichte besitze, die er mir aus und über Deutschland zusandte. Er hängt von meiner Diskretion ab. Deshalb sein Bemühen, mir fortgesetzt seine guten Absichten zu beweisen. Es ist derselbe Mann, der mir, wie ich Ihnen sagte, die Warnung zugehen ließ, daß Bismarck entschlossen sei, mich verhaften zu lassen ...*** 531

Marx an Ludwig Kugelmann   18. Juni

Du weißt, daß ich während der ganzen Zeit der letzten Pariser Revolution fortwährend als der »**grand chef de l'Internationale**« *von den Versailler Blättern ... und par répercussion [weiterwirkend] von den hiesigen Journalen denunziert worden bin.*

Nun noch die **Adresse**, *die Du erhalten haben wirst! Sie macht einen Lärm vom Teufel, und ich habe die Ehre,* <u>at this moment the best calumniated and the most menaced</u> *[der bestverleumdete und meistbedrohte]* <u>man of London</u> *zu sein. Das tut einem wahrhaft wohl nach der langweiligen zwanzigjährigen Sumpfidylle.***** 532

---

* Wer so argumentiert, kann alles beweisen. Mal betont Marx das Weltgesetz, mal den Zufall, wie es die Umstände nahelegen.

** Immer wieder wird der Kampf gegen die demokratisch Legitimierten bejaht.

*** Diese »rechte Hand« soll laut den Marx-Engels-Werken Johannes Niquel gewesen sein, der jedoch in der gesamten vertraulichen Korrespondenz zwischen Marx und Engels keine Rolle spielt. Es ist unvorstellbar, daß Marx ihn nie erwähnt hätte, hätte ihm Niquel laufend Informationen zukommen lassen. Auch war Marx nie der Führer einer »Geheimen Gesellschaft«. Bemerkenswert ist auch, daß er Angst hat, sich in die Gefahr zu begeben, während er gleichzeitig den Freunden in Deutschland und anderswo zuruft, sie sollten noch couragierter kämpfen.

**** Auch ohne Leibwächter geschah ihm nicht das Geringste.

Engels an Wilhelm Liebknecht   11. September

*Was B. Becker angeht, dessen Lumpereien bereits hier in London anfingen und
Dir bekannt sind, so sind wir fast auf den Rücken gefallen, als wir lasen, Ihr
hättet ihm seine Lumpereien verziehen wegen seiner – Kapazität! Ich war bisher der Meinung, man könne ihm seine Lumpereien, seine vollständige Ver-
lumptheit nur allenfalls nachsehen wegen seiner Dummheit! … Der Mann, der
das Saubuch über seinen Herrn und Meister Lassalle [»Enthüllungen über das
tragische Lebensende Ferdinand Lassalle's«] schreiben konnte, ist capable de
tout [zu allem fähig]. Das Buch war uns interessant, aber der Verfasser hatte
sich auf ewig verächtlich gemacht.*533

Marx an Friedrich Adolph Sorge   9. November

*Es hat sich hier unter den French refugees [französischen Flüchtlingen] eine
Sektion der Internationale gebildet, »Section française de 1871« (ungefähr 24
Mann), welche sofort mit dem General Council in die Haare geraten ist, weil
wir Änderungen in ihren Statuten verlangt. Es wird wahrscheinlich zum split
[Bruch] kommen … Dies der Dank dafür, daß ich fast 5 Monate in Arbeiten
für die Flüchtlinge verloren und durch die »Address on the Civil War« als ihr
Ehrenretter gewirkt habe.** 534

Marx an Friedrich Bolte   23. November

*Die Entwicklung des sozialistischen Sektenwesens und die der wirklichen Ar-
beiterbewegung stehn stets im umgekehrten Verhältnis. Solange die Sekten berechtigt sind (historisch), ist die Arbeiterklasse noch unreif zu einer selbständigen geschichtlichen Bewegung. Sobald sie zu dieser Reife gelangt, sind alle Sekten wesentlich reaktionär …
In Deutschland – die Lassalleclique. Ich habe selbst während zwei Jahren mit
dem berüchtigten Schweitzer korrespondiert, und ihm unwiderleglich nachgewiesen, daß Lassalles Organisation eine bloße Sektenorganisation ist und als
solche der von der Internationalen angestrebten Organisation der wirklichen
Arbeiterbewegung feindlich ist.***
*… Bakunin (außerdem persönlich bedroht durch Resolution XIV …, die seine
infamen russischen Geschichten an den Tag bringen wird) bietet alles mögliche*

---

* In dieser *Address* … lobt Marx die Kommunarden über den grünen Klee. (MEW a.a.O. 17,
355 f.): »Der selbstopfernde Heldenmut, womit das Pariser Volk – Männer, Weiber und Kinder – acht Tage lang nach dem Einrücken der Versailler fortkämpften, strahlt ebensosehr
zurück die Größe ihrer Sache, …«. Doch sobald sie vor ihm konkrete Gestalt annehmen, sind
sie minderwertig.
** Die Wirklichkeit sah ganz anders aus: Die Lassalleaner waren die erste und stärkste deutsche
Arbeiterpartei, der Anfang der SPD.

auf, um mit den Trümmern seiner Anhängerschaft gegen die Konferenz Prote-
ste ins Werk zu setzen.
Zu dem Zweck hat er sich mit dem <u>verlumpten Teil der französischen Flücht-</u>
<u>lingschaft</u> *... in Genf und London in Verbindung gesetzt. Die ausgegebne Paro-*
le ist, daß im Generalrat der **Pangermanismus** *(resp. Bismarckismus) herrsche.*
Dies bezieht sich nämlich auf das **unverzeihliche** *Faktum, daß* **ich** *von Haus*
aus ein Deutscher bin ... (... Die Sünde besteht also darin, daß die englischen
und französischen Elemente **theoretisch** *vom deutschen Element beherrscht*
sind! und diese Herrschaft, i.e. die deutsche Wissenschaft, sehr nützlich und
selbst unentbehrlich finden.)* 535

Marx an Paul und Laura Lafargue   24./25. November
Meanwhile, he had addressed to myself the following Liebesbrief vom 28. Sept.:
»Bürger Marx,
Ich bin Ihnen persönlich zu großem Dank verpflichtet, was mich nicht be-
drückte, solange ich glaubte, daß nichts meine respektvolle Freundschaft für Sie
beeinträchtigen könnte. Heute, da ich meine Dankbarkeit nicht meinem Ge-
wissen unterordnen kann und leider mit Ihnen brechen muß, glaube ich, Ihnen
diese Erklärung schuldig zu sein.
<u>*Ich bin überzeugt, daß Sie, persönlichen Haßgefühlen nachgebend, ungerechte*</u>
<u>*Anklagen*</u> *gegen Mitglieder der Internationale ... die Gegenstand dieses Hasses*
sind oder deren einziges Verbrechen ist, diesen nicht zu teilen, vorgebracht oder
<u>*unterstützt haben.*</u>

P. Robin«

I did not think it worth my while to answer to R.R.R.-Robin <u>mouton</u> *[Ich hielt*
es nicht der Mühe wert, dem Hammel R.R.R.-Robin zu antworten] ... Jetzt
kehre ich zu unseren anderen Hammeln zurück ...
Sie schickten Bastelica in die Schweiz und erhielten von dort **die Parole:** *Der*
Generalrat sei unter der Herrschaft des **Pangermanismus** *(das war ich!), auto-*
ritär usw. Die erste Pflicht jedes Bürgers sei es, auf den Sturz dieses usurpatori-
schen Rats hinzuarbeiten usw ...
Nebenbei: <u>Alle diese Dummköpfe</u>, *die Mitglieder des Pariser Föderalrats gewe-*
sen waren oder fälschlicherweise vorgaben, Mitglied gewesen zu sein, wie z.B.
Roullier, dieses <u>Großmaul</u>, *dieser* <u>Schreihals</u> *und* <u>Säufer</u>, *hatten sich eingebildet*
– rechtmäßig – als Mitglieder des Generalrats zugelassen zu werden ...
Man wagt nicht, von dem Beschluß XIV zu sprechen, der <u>Bakunin</u> *besonders*

---

* Sein Beitrag war »deutsche Wissenschaft«.

unangenehm ist, weil er vor ganz Europa die <u>Schandtaten</u> enthüllen wird, die
er in Rußland begangen hat ...
Unsere Gegner werden vom Mißgeschick verfolgt. Wie ich schon vorhin sagte,
war der erste Sekretär der Dissidentensektion von London G. Durand, den wir
als <u>Spion</u> von Versailles entlarvt haben.
Die Bakunisten Blanc und Albert Richard (aus Lyon) haben sich <u>an Bonapar-
te verkauft</u>. Sie waren hier, um unter seiner Fahne Bundesgenossen zu werben,
denn – Bonaparte gilt mehr als Thiers!
Schließlich ist uns der Korrespondent der Genfer feindlichen Flüchtlinge zu Bé-
ziers – ungefähr ihr einziger französischer Korrespondent – von der Sektion in
Béziers als Polizist denunziert worden ...* 536

Karl Marx: *An die Redaktion des »Volksstaat«*
Das Paris-Journal, eines der gedungensten Organe der Pariser Polizeipresse,
veröffentlichte in seiner Nummer vom 14. März einen Artikel unter dem sen-
sationellen Aushängeschild: »<u>Le Grande Chef de l'Internationale«</u> ...
»Er«, beginnt der Artikel, »ist, wie bekannt, ein Deutscher, was schlimmer ist,
*ein Preuße. Er nennt sich <u>Karl Marx</u> ...«*537

Marx: *An die Redaktion des »De Werker«*
Mein angeblicher Brief an die Internationalen von Paris ist lediglich ... eine
Fälschung des »<u>Paris-Journal</u>«, eines dieser <u>in der kaiserlichen Kloake ausge-
brüteten Boulevardblätter</u>. Übrigens haben, wie es scheint, alle Organe der
*»guten Presse« Europas die Direktive bekommen, die **Fälschung** als ihre stärk-*
ste Waffe gegen die Internationale zu benutzen.
In den Augen dieser ehrbaren Verfechter der Religion, der Ordnung, der Fami-
*lie und des Eigentums** ist das Verbrechen der **Fälschung** nicht die geringste*
*Sünde.*538

Engels: *Abermals »Herr Vogt«*
Aber der große Geist unseres Vogt hatte keine Ruhe. Die Politik behielt ihre un-
widerstehlichen Reize für den Mann, der auch auf der Bierbank so großes lei-
stete. Die Tracht Prügel von Anno Sechzig war glücklich verwunden, der Marx-
sche »Herr Vogt« nicht mehr im Buchhandel zu haben,*** über alle die faulen

---

* Immer und immer wieder dasselbe: Aus der Sicht von Marx sind alle, die sich ihm nicht unterordnen, »Verräter«, »Esel«, »Spione« und dergleichen.
** Diese Zusammenstellung oberster Werte ist bemerkenswert, da es sich um die Angriffsziele
von Marx handelt.
*** In Wirklichkeit hatte Marx die »Prügel« bezogen, verlor er doch, wie oben erwähnt, den
gegen Vogt angestrengten Prozeß. Sein Buch *Herr Vogt* war auch in finanzieller Hinsicht eine
totale Pleite. Das mußte Marx selbst verbittert eingestehen.

Geschichten war aber und abermals Gras gewachsen, unser Vogt hatte unter
dem Beifall des deutschen Philisters Vorlesungsreisen gehalten, hatte sich auf
alle Naturforscherversammlungen, ethnographischen und antiquarischen
Kongressen breitgemacht und an die wirklichen wissenschaftlichen Größen
herangedrängt; er konnte sich also wieder einigermaßen »anständig« vorkommen ...* 539

Marx: Der Bürgerkrieg in Frankreich
Ein Meister kleiner Staatsschufterei, ein Virtuose des Meineids und Verrats,
ausgelernt in allen den niedrigen Kriegslisten, heimtückischen Kniffen und gemeinen Treulosigkeiten des parlamentarischen Parteikampfs; stets bereit, wenn
vom Amte verdrängt, eine Revolution anzufachen und sie im Blut zu ersticken,
sobald er am Staatsruder; mit Klassenvorurteilen an Stelle von Ideen; mit Eitelkeit an Stelle eines Herzens; sein Privatleben so infam, wie sein öffentliches
Leben niederträchtig – kann er [Louis-Adolphe Thiers (1797–1877) demokratisch legitimierter Präsident der französischen Republik] nicht umhin, selbst
jetzt, wo er die Rolle eines französischen Sulla spielt, die Scheußlichkeiten seiner Taten zu erhöhen durch die Lächerlichkeit seiner Großtuerei.** 540
Aber die Arbeiterklasse kann nicht die fertige Staatsmaschinerie einfach in Besitz nehmen und diese für ihre eignen Zwecke in Bewegung setzen.
Die zentralisierte Staatsmacht, mit ihren allgegenwärtigen Organen – stehende Armee, Polizei, Bürokratie, Geistlichkeit, Richterstand, Organe, geschaffen
nach dem Plan einer systematischen und hierarchischen Teilung der Arbeit –
stammen her aus den Zeiten der absoluten Monarchie, wo sie der entstehenden
Bourgeoisgesellschaft als eine mächtige Waffe in ihren Kämpfen gegen den Feudalismus diente ... In dem Maße, wie der Fortschritt der modernen Industrie
den Klassengegensatz zwischen Kapital und Arbeit entwickelte, erweiterte, ver-
tiefte, in demselben Maß erhielt die Staatsmacht mehr und mehr den Charakter einer öffentlichen Gewalt zur Unterdrückung der Arbeiterklasse, einer Maschine der Klassenherrschaft. Nach jeder Revolution, die einen Fortschritt des
Klassenkampfes bezeichnet, tritt der rein unterdrückende Charakter der Staatsmacht offner und offner hervor ...
Das Kaisertum, mit dem Staatsstreich als Geburtsschein, dem allgemeinen
Stimmrecht als Beglaubigung und dem Säbel als Szepter, gab vor, sich auf die
Bauern zu stützen, auf jene große Masse der Produzenten, die nicht unmittelbar in den Kampf und Arbeit verwickelt waren. ... Der Imperialismus ist die
prostituierteste und zugleich die schließliche Form jener Staatsmacht, die von

---

* Mit derlei Attacken füllt Engels volle sieben Druckseiten.
** Marx steht Engels nicht nach. Die vollständige Wiedergabe solcher Attacken würde mehrere
Bände füllen!

der entstehenden bürgerlichen Gesellschaft ins Leben gerufen war, als das Werk
zu ihrer eignen Befreiung vom Feudalismus und die die vollentwickelte Bour-
geoisgesellschaft verwandelt hatte in ein Werkzeug zur Knechtung der Arbeit
durch das Kapital.[541]
Im vollen Bewußtsein ihrer geschichtlichen Sendung und mit dem Heldenent-
schluß ihrer würdig zu handeln, kann die Arbeiterklasse sich begnügen, zu
lächeln gegenüber den plumpen Schimpfereien der Lakaien von der Presse wie
gegenüber der lehrhaften Protektion wohlmeinender Bourgeoisdoktrinäre, die
ihre unwissenden Gemeinplätze und Sektierermarotten im Orakelton wissen-
schaftlicher Unfehlbarkeit abpredigen.[542]
Aber die Hinrichtung der 64 Geiseln, voran der Erzbischof von Paris, durch die
Kommune! – die Bourgeoisie und ihre Armee hatten im Juni 1848 eine längst
aus der Kriegführung verschwundene Sitte wieder eingeführt – das Erschießen
ihrer wehrlosen Gefangenen. Diese brutale Sitte ist seitdem mehr oder weniger
angewandt worden bei jeder Unterdrückung eines Volksaufstandes in Europa
und Indien, womit bewiesen ist, daß sie ein wirklicher »Fortschritt der Zivili-
sation« war! Anderseits hatten die Preußen in Frankreich die Sitte wieder ins
Leben gerufen, Geiseln zu nehmen – unschuldige Leute, die ihnen mit ihrem
Leben für die Handlungen andrer hafteten. Als Thiers, wie wir sahn, schon vom
Anfang des Kampfes an die menschliche Sitte des Erschießens der kommunali-
stischen Gefangenen in Kraft setzte, blieb der Kommune nichts übrig, zum
Schutze des Lebens dieser Gefangenen, als zur preußischen Sitte des Geiseln-
greifens ihre Zuflucht zu nehmen. Das Leben der Geiseln war aber und aber-
mals verwirkt durch das anhaltende Erschießen von Gefangnen durch die Ver-
sailler[543]

Marx: *Rede auf der Feier zum 7. Jahrestag der Internationalen Arbeiterasso-*
ziation [Aufzeichnung eines Korrespondenten]
Wenn die bestehenden Verhältnisse der Unterdrückung durch die Übergabe der
Produktionsmittel an die produzierenden Arbeiter beseitigt würden, wodurch
jeder arbeitsfähige Mensch gezwungen wäre, für seinen Lebensunterhalt zu ar-
beiten, werde auch die einzige Basis der Klassenherrschaft und der Unter-
drückung beseitigt. Aber bevor eine solche Veränderung vollzogen werden
könne, sei eine Diktatur des Proletariats notwendig, und ihre erste Vorausset-
zung sei eine Armee des Proletariats. Die arbeitenden Klassen müßten sich das
Recht auf ihre Emanzipation auf dem Schlachtfeld erkämpfen. Aufgabe der In-
ternationale sei es, die Kräfte der Arbeiter für den kommenden Kampf zu orga-
nisieren und zu vereinen.[544]

---

* Im Gegensatz zu den Geiseln der Rebellen waren die Geiseln »der Versailler« als kämpfende
Aufständische festgenommen worden.

——— 1872 ———

Engels an Carlo Terzaghi   6. Januar
Mir scheint, daß man mit dem Terminus »Autorität« großen Mißbrauch treibt. Ich kenne nichts Autoritäreres als eine Revolution, und wenn man mit Bomben und Gewehrkugeln gegen seine Feinde kämpft, scheint mir das ein Akt der Autorität zu sein. Hätte es in der Pariser Kommune ein wenig mehr Autorität und Zentralisation gegeben, so hätte sie über die Bourgeois gesiegt. ... Und wenn man mir sagt, das sei nicht möglich ohne Autorität und Zentralisation, und das seien zwei absolut verdammenswerte Dinge, dann scheint mir, daß diejenigen, die so sprechen, entweder nicht wissen, was eine Revolution ist, oder daß sie Revolutionäre nur mit Worten sind.[*] [545]

Engels an Wilhelm Liebknecht   18. Januar
Mit den Belgiern ist es so: De Paepe ist der einzige Tüchtige, aber tut nicht viel, Steens ist ein Esel und Klüngler und vielleicht noch mehr, und Hins ein Proudhonist, der schon hierdurch, noch mehr aber durch seine russische Frau zu Bakunin neigt. Die andern sind Marionetten.[546]

Engels an Theodor Cuno   24. Januar
In Berlin tutet der von Bismarck bezahlte »Neue Social-Demokrat« [ein SPD-Blatt!] Horn. Wieweit die russische Polizei ihre Hand darin hat, will ich vorderhand dahingestellt sein lassen ...[**] [547]

Engels an Laura Lafargue   11. März
In Italien haben sich die Journalisten, Advokaten und Doktoren so sehr vorgedrängt, daß wir bisher nie mit den Arbeitern direkt in Verbindung kommen konnten;[***] *das fängt jetzt an anders zu werden, und wir finden, daß die Arbeiter, wie überall, ganz anders sind als ihre Wortführer.*[****] *Es ist lächerlich: diese Leute schreien, wir wollen vollständige Autonomie, wir wollen keine Führer, dabei lassen sie sich von einer Handvoll doktrinärer Bourgeois an der Nase herumführen wie sonst nirgendwo. In dieser Beziehung sind die Spanier weit besser, sind überhaupt viel weiter als diese Italiener.*[548]

---

[*] Wer bedenkt, daß Marx und Engels stets fanatische Revolutionäre waren, weiß, daß sie »Bomben und Gewehrkugel« gegen die Feinde bedenkenlos bejahten.
[**] Das alles waren üble Nachreden, wenn nicht sogar Verleumdungen.
[***] In welchem Lande war das anders?
[****] Wenn sie ganz anders sind, warum suchen sie sich dann nicht gleichgeartete »Führer«?

Marx an Johann Georg Eccarius   3. Mai

Du scheinst närrisch geworden zu sein, und da ich diesen Anfall einstweilen noch für vorübergehend halte, wirst Du mir erlauben, Dich einstweilen weder Sir, noch Herr, noch Domine zu betiteln, und Dir ditto deutsch statt englisch zu schreiben.

Wenn Du mit der deutschen Sprache nicht auch das Gedächtnis verloren hast – und in diesem Fall kann durch die Minutes [Protokollbücher] des General-rats nachgeholfen werden –, wirst Du Dich erinnern, daß aller Krakeel, den ich mit den Engländern seit Stiftung der Internationalen bis zur letzten Konferenz hatte, einfach daraus entsprang, daß ich stets Deine Partei nahm ... [*] [549]

Engels an Wilhelm Liebknecht   7. Mai

Was Büchner *angeht, so brauchst Du nur sein letztes angeblich sozialistisches Machwerk anzusehn, um den Neid und Haß zu sehn, den* dieser kleine Krüp-pel *gegen Marx hat, den er bestiehlt und verdreht, ohne ihn je zu nennen. Und ich bleibe dabei,* er *hat dem Stefanoni den ganzen Kram eingeblasen. Daß er mit* Dir *gut steht, teilt er mit Malon und vielen andern, die uns auf den Tod hassen.* [**] [550]

Engels an Theodor Cuno   7. Mai

Überall haben sich diese verfluchten bakunistischen doktrinären Advokaten, *Doktoren etc. dazwischengedrängt und gerieren sich als die gebornen Vertreter der Arbeiter.* [***] *Wo immer wir dahin kommen, diese Tirailleurkette über den Haufen zu rennen und mit den Massen selbst in Berührung zu kommen, da ist alles gut und bald in Ordnung, aber das ist aus Mangel an Adressen fast nir-gends möglich.* [****] [551]

Engels an Wilhelm Liebknecht   27. Mai

Sorge und Co. haben formell auch Böcke geschossen, aber wenn die Internatio-nale in Amerika nicht in eine reine Bourgeoisschwindelgesellschaft umschlagen soll, so müssen sie unbedingt unterstützt werden. Die guten Deutschen (fast alle Deutsche), die besten Franzosen und alle Irländer stehn zu ihnen ...
Kurz, Eccarius hat sich in seinem Umgang mit den englischen Agitatoren und trading politicians *and Trades-Unions paid secretaries [politischen Schache-rern und bezahlten Sekretären der Trade-Unions], die hier jetzt* alle *von der*

---

[*] Eccarius diente bis zu diesem Zeitpunkt als stets zuverlässiger Ausführungsgehilfe von Marx in London. Nun aber war es zum Bruch gekommen, da Eccarius gegen die Spaltertätigkeit von Marx in der IAA opponierte.
[**] Der Text spricht für Liebknecht und gegen die gehaßten »Hasser«.
[***] Das ist unbewußte Selbstkritik.
[****] Nirgendwo hatten sie Kontakt zu den »Massen«.

Mittelklasse gekauft sind oder sie anbetteln, man möge sie doch kaufen, in der
in der Tat großen, teilweise aber selbstverschuldeten Misere, die er durchge-
macht, und schließlich in seinem Literatentum so total demoralisiert, daß ich
ihn aufgegeben habe.[552]

Engels an Theodor Cuno   10. Juni
Daß es in Belgien lausig genug aussieht, wissen wir. Die Schlappheit dieser neutralen Nation (sit venia verbo [mit Verlaub]) liegt der Tatsache zugrunde, daß
ein Intrigant und ein Esel dort das große Wort führen können. Die Internationale in Belgien verfällt täglich mehr, dank der Trägheit der intelligenten und
zuverlässigen unter den Führern ...
Der eigentliche Urheber des belgischen Statutenentwurfs ist natürlich wieder
Bakunin. Der Entwurf ist von Hins, und dieser ist durch Seelenverwandtschaft
und durch seine russische Frau Werkzeug Bakunins.* [553]

Engels an Johann Philipp Becker   14. Juni
Dem Utin, der bei alledem ein kreuzbraver Kerl ist (wenn auch ein Russe natür-
licherweise kein Deutscher oder Franzose ist) wird die Abwesenheit vom Genfer Lokalklüngel auch guttun ...
Was die Russen im allgemeinen angeht, so ist ein ungeheurer Unterschied zwischen den früher nach Europa gekommenen, adligen, aristokratischen Russen,
wozu Herzen und Bakunin gehören und die alle Schwindler sind, und den jetzt
kommenden, aus dem Volk hervorgegangnen Russen. Unter diesen sind Leute,
die nach Talent und Charakter unbedingt mit zu den Allerbesten gehören, die
unsre Partei hat, Kerls von einem Stoizismus, einer Charakterfestigkeit und zugleich von einem theoretischen Verständnis, die wunderbar sind.** [554]

Engels an Adolf Hepner   2. Juli
Aber er [Marx] würde sich sicher auch nie dazu hergeben, einen schnitzerbe-
richtigenden Anhang zu einem so gänzlich unwissenschaftlichen Buch wie das
Lassallsche zu schreiben, man müßte ja den größten Teil des Buches berichti-
gen. Entre nous [Unter uns]: Wenn Marx einmal den Lassalle berichtigt, so
wird wenig von Lassalle übrigbleiben ...[555]

Engels an Adolf Hepner   30. Dezember
Die sämtlichen dort aufgezählten Reformgesellschaften sind total bedeutungs-
los und bestehen sogar meist aus denselben Personen. Und welchen? Grade, mit

---

* Das soll offenbar ein Beweis sein!
** Wer sind sie? Engels nennt keine Namen. Nach längerer Bekanntschaft hieße es nur: »Ruß
bleibt Ruß.«

wenigen Ausnahmen, aus den von Marx im Haag <u>als verkauft gebrandmarkten Arbeiterführern</u>! ... [in]* Wirklichkeit ist die Bewegung hier lausiger als je, wie das infolge der Prosperität der Industrie auch nicht anders zu erwarten ist.** 556

Engels: *Der Kongreß von Sonville und die Internationale*
*Ja keine Parteidisziplin, keine Zentralisation der Kräfte auf einen Punkt, keine Waffen des Kampfs! Wo bliebe da das Vorbild der künftigen Gesellschaft? Kurz, wohin kämen wir mit dieser neuen Organisation? <u>Zu der feigen, kriechenden Organisation der ersten Christen, jener Sklaven, die jeden Fußtritt mit Dank hinnahmen</u> und die nach 300 Jahren allerdings ihrer Religion durch Kriechen den Sieg verschafften – eine Methode der Revolution, die das Proletariat wahrlich nicht nachahmen wird. Grade wie die ersten Christen sich ihren vorgestellten Himmel zum Vorbild ihrer Organisation nahmen, so sollten wir uns den gesellschaftlichen Zukunftshimmel des Herrn Bakunin zum Vorbild nehmen und statt zu kämpfen – beten und hoffen. Und die Leute, die uns diesen Unsinn predigen, geben sich für die einzigen wahren Revolutionäre aus!*557

Marx: *Erster Entwurf zum »Bürgerkrieg in Frankreich«*
Noch ehe er »Staatsmann« wurde, hatte <u>Thiers</u> schon <u>seine Stärke im Lügen</u> als Geschichtsschreiber bewiesen. Aber die Eitelkeit, die für zwerghafte Leute so bezeichnend ist, hat ihn diesmal zum Gipfel des Lächerlichen verleitet. Seine Ordnungsarmee, der Abschaum der bonapartistischen Soldateska, von Bismarcks Gnaden aus preußischen Gefängnissen frisch rückimportiert, die päpstlichen Zuaven ... diesen buntscheckigen, häßlichen Haufen von Galgenvögeln nennt Herr Thiers »die schönste Armee, die Frankreich je gehabt«!
... Ein professioneller »Revolutionist« in dem Sinne, daß er in seiner Gier nach Pose, nach Macht und Bereicherung auf Kosten der Staatskasse, niemals Bedenken trug, wenn er in die Reihen der Opposition verbannt war die Leidenschaften des Volkes zu erregen und eine Katastrophe zu provozieren, um einen Rivalen zu stürzen; gleichzeitig ist er ein äußerst flacher Routinier usw.*** 558
... Daher war die Kommune nicht eine Revolution gegen diese oder jene legitimistische, konstitutionelle, republikanische oder kaiserliche – Form der Staatsmacht. Die <u>Kommune</u> war <u>eine Revolution gegen den Staat selbst</u>, gegen diese übernatürliche Fehlgeburt der Gesellschaft; sie war eine Wiederbelebung durch das Volk und des eignen gesellschaftlichen Lebens des Volkes. Sie war nicht eine Revolution, um die Staatsmacht von einer Fraktion der herrschenden Klassen

---

* Papier beschädigt.
** Die Prosperität ist für die Freunde nach wie vor ein Ärgernis, da sie doch der ersehnten Revolution im Wege steht.
*** So geht es weiter über Seiten in mehreren Entwürfen.

*an die andre zu übertragen, sondern eine Revolution, um diese abscheuliche
Maschine der Klassenherrschaft selbst zu zerbrechen.*[559]
*Nur die Proletarier, von der neuen sozialen Aufgabe entflammt, die sie für die
gesamte Gesellschaft zu vollbringen haben, nämlich die Abschaffung aller Klassen und der Klassenherrschaft, waren imstande, das Werkzeug dieser Klassenherrschaft – den* Staat *–, diese zentralisierte und organisierte Regierungsgewalt
zu* zerbrechen, *der sich anmaßt, Herr statt Diener der Gesellschaft zu sein. ...
Der Parlamentarismus in Frankreich war also tot, und die Arbeiterrevolution
war sicher nicht darauf aus, ihn von den Toten zu erwecken.*[560]
*Die Arbeiterklasse weiß, daß sie durch verschiedene Phasen des Klassenkamp-
fes hindurch muß.*[*] *Sie weiß, daß die Ersetzung der ökonomischen Bedingungen der* Sklaverei der Arbeit *durch die Bedingungen der freien und assoziierten
Arbeit nur das progressive Werk der Zeit sein kann ... daß sie nicht nur eine
Veränderung der Verteilung erfordern, sondern auch eine neue Organisation
der Produktion, oder besser die Befreiung (Freisetzung) der gesellschaftlichen
Formen der Produktion in der gegenwärtigen organisierten Arbeit ... von den
Fesseln der Sklaverei, von ihrem gegenwärtigen Klassencharakter ...*[561]

Marx/Engels: *Die angeblichen Spaltungen in der Internationale*
Die erste Phase in dem Kampfe des Proletariats gegen die Bourgeoisie ist durch
die Sektenbewegung bezeichnet. *Diese ist berechtigt zu einer Zeit, in der das
Proletariat sich noch nicht hinreichend entwickelt hat, um als Klasse zu handeln. Vereinzelte Denker unterwerfen die sozialen Gegensätze einer Kritik und
geben zugleich eine phantastische Lösung derselben, welche die Masse der Arbeiter nur anzunehmen, zu verbreiten und praktisch ins Werk zu setzen
braucht. Es liegt schon in der Natur dieser durch die Initiative einzelner gebildeten Sekten, daß sie sich jeder wirklichen Tätigkeit der Politik, den Streiks, Ge-
werksgenossenschaften, mit einem Worte, jeder Gesamtbewegung gegenüber
fremd und abgeschlossen verhalten ... Die Sekten, im Anfange Hebel der Bewegung, werden ein Hindernis, sowie diese sie überholt;* sie werden dann reaktionär; Beweis *dafür sind die Sekten in Frankreich und England und letzthin*
die Lassalleaner in Deutschland, *welche, nachdem sie jahrelang die Organisation des Proletariats gehemmt, schließlich* einfache Polizeiwerkzeuge geworden
sind.[**] [562]

---

[*] Marx identifiziert sein »Wissen« mit dem Wissen der Arbeiterklasse. Wer anderes zu wissen
glaubt, kann kein Repräsentant der Arbeiterklasse sein.
[**] Mit anderen Worten: Die junge SPD war nichts anderes als ein »Polizeiwerkzeug«.

Marx: *Resolution der Feier zu Ehren des Jahrestags der Pariser Kommune*
Die Versammlung zu Ehren des Jahrestags des 18. März 1871 hat folgende Resolutionen angenommen:
I.
Sie betrachtet die ruhmreiche Bewegung des 18. März als Morgenröte der großen sozialen Revolution, die die Menschen für immer vom Klassenregime befreien wird.
II.
Sie erklärt, daß die Torheiten und die Verbrechen der bürgerlichen Klassen, die sich in ganz Europa in ihrem Haß gegen die Arbeiter verbündet haben, die alte Gesellschaft, welches auch immer ihre Regierungsformen sein mögen, ob monarchische oder republikanische, zum Tode verurteilt haben.[563]

Marx: *Über die Nationalisierung des Grund und Bodens*
Ich hingegen sage: Die Zukunft wird entscheiden, daß der Boden nur nationales Eigentum sein kann. Das Land an assoziierte Landarbeiter zu übergeben, würde heißen, die ganze Gesellschaft einer besonderen Klasse von Produzenten auszuliefern. Die Nationalisierung des Grund und Bodens wird eine vollkommene Änderung in den Beziehungen zwischen Arbeit und Kapital mit sich bringen und schließlich die gesamte kapitalistische Produktion beseitigen …[564]

Engels: *Die Internationale in Amerika*
Der Unfug wurde jetzt zu arg. Statt Arbeitersektionen bildeten sich Sektionen aller möglichen bürgerlichen Schwindler, freier Liebenden, Geisterklopfer, geisterklopfender Shakers usw., und so erließ Sektion Nr. 1, die erste in Amerika gebildete Sektion der Internationalen (Deutsche), endlich einen Aufruf, worin der wesentlich proletarische Charakter der Assoziation, gegenüber diesem Schwindel, hervorgehoben wurde. …
Der Krieg kam endlich zum Ausbruch zwischen den Staatsausbeutern, Stellenjägern, Freiliebenden, Geisterklopfern und andern bürgerlichen Schwindlern auf der einen Seite, und auf der andern den Arbeitern, die in ihrer Einfalt sich in der Tat eingebildet hatten, die Internationale Arbeiter-Assoziation sei, auch in Amerika, eine Organisation nicht der Bourgeois, sondern der Arbeiterklasse.* [565]

Engels: *Der Generalrat an alle Mitglieder der IAA*
Die Internationale fordert von ihren Anhängern, daß sie Wahrheit, Gerechtigkeit und Moral als die Grundlagen ihres Verhaltens anerkennen; die Allianz

---

* Überall in Europa und Nordamerika erwiesen sich die Arbeiter – nach dem Urteil der Freunde – ihrer historischen Mission unwürdig.

[Bakunins] auferlegt ihren Adepten als ihre erste Pflicht Verlogenheit, Heuchelei und Betrug. ... * 566

Marx: *Rede über den Haager Kongreß*
Wir wissen, daß man die Institutionen, die Sitten und die Traditionen der verschiedenen Länder berücksichtigen muß, und wir leugnen nicht, daß es Länder gibt, wie Amerika, England, und wenn mir eure Institutionen besser bekannt wären, würde ich vielleicht noch Holland hinzufügen, wo die Arbeiter auf friedlichem Wege zu ihrem Ziel gelangen können. ** *Wenn das wahr ist, müssen wir auch anerkennen, daß in den meisten Ländern des Kontinents der <u>Hebel unserer Revolutionen die Gewalt</u> sein muß; die Gewalt ist es, an die man eines Tages appellieren muß, um die Herrschaft der Arbeit zu errichten. ...*
Was mich angeht, so werde ich mein Werk fortsetzen und beständig daran arbeiten, unter allen Arbeitern diese für die Zukunft so fruchtbringende Solidarität zu begründen. Nein, ich ziehe mich von der Internationale nicht zurück, *** *und der ganze Rest meines Lebens wird, wie alle meine Bemühungen der Vergangenheit, dem Triumph der sozialen Ideen geweiht sein, die einst − seid davon überzeugt! − die <u>Weltherrschaft des Proletariats</u> herbeiführen werden.*567

Engels: *Zur Wohnungsfrage*
Sobald die Produktionskraft der menschlichen Arbeit sich bis auf diesen Höhegrad [des Jahres 1872] entwickelt hat, verschwindet jeder <u>Vorwand für den Bestand einer herrschenden Klasse</u>. War doch der letzte Grund, womit der Klassenunterschied verteidigt wurde, stets: Es muß eine Klasse geben, die sich nicht mit der Produktion ihres täglichen Lebensunterhalts abzuplacken hat, damit sie Zeit behält, die geistige Arbeit der Gesellschaft zu besorgen. <u>Diesem Gerede, das bisher seine große geschichtliche Berechtigung hatte, ist durch die industrielle Revolution der letzten hundert Jahre ein für allemal die Wurzel abgeschnitten.</u> Das Bestehn einer herrschenden Klasse wird täglich mehr ein Hindernis für die Entwicklung der industriellen Produktivkraft und ebensosehr für die der Wissenschaft, der Kunst und namentlich der gebildeten Umgangsformen. Größere Knoten als unsere modernen Bourgeois hat es nie gegeben. **** 568

---

* Dieser Text entlarvt Engels als Heuchler. Ihm hatte Marx − ohne Widerspruch auszulösen − gebeichtet, daß für ihn die erwähnten Tugenden bloße Phrasen seien (MEW a.a.O. 31, 15 f.).
** Dieser Text wird gerne bemüht, um zu beweisen, daß Gewalt für Marx keine conditio sine qua non gewesen sei. Spätestens nach der Lehre, die Deutschland im Januar 1933 erteilt wurde, muß diese Argumentation als historisch widerlegt gelten. Auch Hitler kam legal und unblutig an die Macht.
*** In Wirklichkeit hatte er sich bereits zurückgezogen.
**** Dieser Text ist sehr bemerkenswert, da er zumindest bis in die Mitte des 19. Jahrhunderts hinein den Kapitalismus rechtfertigt.
Aber »Knoten«, d.h. grobe, ungebildete Menschen, sind den Freunden alle, auch die Proletarier, wie vorausgegangene Zitate belegen.

Es ist schlimm genug, daß die romanisch redenden Arbeiter seit 25 Jahren fast gar keine andre sozialistische Geistesnahrung gehabt haben, als die Schriften dieses »Sozialisten des zweiten Kaisertums«; es wäre ein doppeltes Unglück, wenn die *proudhonistische Theorie* jetzt auch noch Deutschland überfluten sollte.* 569

Das Kapitalistentum unsres Arbeiters hat aber noch eine andre Seite. Nehmen wir an, in einer gegebenen Industriegegend sei es die Regel geworden, daß jeder Arbeiter sein eignes Häuschen besitzt. In diesem Fall **wohnt die Arbeiterklasse jener Gegend frei;** Unkosten für Wohnung gehn nicht mehr ein in den Wert ihrer Arbeitskraft. Jede Verringerung der Erzeugungskosten der Arbeitskraft, d.h. jede dauernde Preiserniedrigung der Lebensbedürfnisse des Arbeiters kommt aber »auf Grund der *ehernen Gesetzes der Volkswirtschaftslehre*« einer Herabdrückung des Werts der Arbeitskraft gleich und hat daher schließlich einen entsprechenden Fall im Arbeitslohn zur Folge.** 570

Daß der heutige Staat der Wohnungsplage weder abhelfen kann noch will, ist sonnenklar. Der Staat ist nichts als die organisierte Gesamtmacht der besitzenden Klassen, der Grundbesitzer und Kapitalisten gegenüber den ausgebeuteten Klassen, den Bauern und Arbeitern. *Was die einzelnen Kapitalisten ... nicht wollen, das will auch der Staat nicht.**** 571

Und dieser Staat, dessen nichtbürgerliche Elemente sich täglich mehr verbürgern, soll »die soziale Frage« lösen oder auch nur die Wohnungsfrage?**** Im Gegenteil. In allen ökonomischen Fragen verfällt *der preußische Staat* mehr und mehr der Bourgeoisie; und wenn die Gesetzgebung seit 1866 auf ökonomischem Gebiet nicht noch mehr den Interessen der Bourgeoisie angepaßt worden ist, als dies geschehen, an wem liegt die Schuld? Hauptsächlich an der Bourgeoisie selbst, die erstens zu feig ist, um ihre Forderungen energisch zu vertreten ...***** 572

Ebenso haben die sogenannten Blanquisten ... nicht die »Prinzipien« des proudhonschen Plans der Gesellschaftsrettung proklamiert, wohl aber, und

---

* Diese »Verirrungen« konterkarieren den »Kommunistenstolz der Unfehlbarkeit«, von dem im »Manifest der Kommunistischen Partei« die Rede ist.
** Diese Annahme basiert aber nicht auf dem »ehernen Gesetz der Volkswirtschaftslehre«, sondern dem ehernen Gesetz der Freunde, wonach die Lage der arbeitenden Klasse nur durch Revolution verbessert werden kann, nicht durch Werkswohnungen oder gar ein eigenes Haus.
*** Auch diese Feststellung offenbart den demokratiefeindlichen Standpunkt der Freunde, wonach die Parlamentarier stets die Lakaien der Kapitalisten sind und dieser Verpflichtung gemäß handeln.
**** Zu den »nichtbürgerlichen Elementen« zählen doch auch die Proletarier? Die Freunde fürchten offenbar, auf diese Weise könnte sich ihre Armee verringern.
***** Mal herrscht die Bourgeoisie, mal ist sie zu feige, »ihre Forderungen energisch zu vertreten«. Der Widerspruch liegt auf der Hand. Doch Widersprüche gehören zur Dialektik. Je nach Bedarf wird mal die eine Behauptung, mal die andere aktiviert.

zwar fast buchstäblich, die Anschauungen des deutschen wissenschaftlichen Sozialismus von der Notwendigkeit der politischen Aktion des Proletariats und seiner <u>Diktatur</u> als Übergang zur Abschaffung der Klassen und, mit ihnen, des Staates – <u>wie solche bereits im »Kommunistischen Manifest« und seitdem unzählige Male ausgesprochen</u> worden.[573]

Übrigens hat jede wirkliche proletarische Partei, von den englischen Chartisten an, immer die Klassenpolitik, die Organisation des Proletariats als selbständige politische Partei, als erste Bedingung und die <u>Diktatur des Proletariats</u> als nächstes Ziel des Kampfes hingestellt. Indem Mülberger dies für »lächerlich« erklärt, stellt er sich außerhalb der proletarischen Bewegung und innerhalb des kleinbürgerlichen Sozialismus.[574]

7. »Aus allen Poren blut- und schmutztriefend« – Das Kapital (1867)

Vorbemerkung: Marx hat viel geschrieben: Briefe, Aufsätze, Bücher. Die Bücher sind polemische Auseinandersetzungen mit den Ansichten und mit den Charakteren einzelner Personen, sei es *Die Heilige Familie oder Kritik der kritischen Kritik. Gegen Bruno Bauer und Konsorten,* sei es *Die deutsche Ideologie. Kritik der neuesten deutschen Philosophie in ihren Repräsentanten Feuerbach, B. Bauer und Stirner, und des deutschen Sozialismus in seinen verschiedenen Propheten,* sei es *Das Elend der Philosophie. Antwort auf Proudhons »Philosophie des Elends«,* sei es *Herr Vogt.* Sie wurden jeweils im Verlaufe weniger Monate verfaßt. Eine Ausnahme bildet *Das Kapital. Kritik der politischen Ökonomie.* An ihm arbeitete Marx über Jahrzehnte hinweg, bis dann 1867 der erste Band erscheinen konnte. Das Werk hat ein streng wissenschaftliches Gepräge. Polemik springt nicht ins Auge.

Der Inhalt läßt sich mit wenigen Sätzen skizzieren:

Je mehr Arbeitszeit in einer Ware steckt, um so größer ist ihr Wert (objektive Wertlehre, Arbeitswerttheorie). Auch die Arbeitskraft ist eine Ware. Daher bestimmt sich ihr Wert nach der Arbeitszeit, die zur Reproduktion der Arbeitskraft erforderlich ist. Zur Reproduktion der Arbeitskraft ist nicht so viel Arbeitszeit erforderlich, wie der Mensch leisten kann.

Die vom Kapitalisten gekaufte Arbeitskraft muß jedoch so viele Stunden produzieren, bis die physische Leistungsgrenze erreicht ist. Der Eigentümer der Produkte, der Kapitalist, verkauft die Ware nicht zu den Gestehungskosten, sondern zu ihrem wahren Wert. Die Differenz zwischen den Gestehungskosten und dem Erlös des Kapitalisten für seine Ware ist der Mehrwert. Die Aneignung des Mehrwerts durch den Kapitalisten ist die wesentlichste Form der Ausbeutung.

Da ein Teil des Mehrwerts nicht konsumiert, sondern investiert wird, wächst das Kapital. Mit der Akkumulation geht die Zentralisation Hand in Hand. Akkumulation und Zentralisation bewirken, daß immer weniger immer reicher, immer mehr immer ärmer werden.

Die Herausgeber der Marx-Engels-Werke (MEW), die KPdSU und die SED, bejubelten *Das Kapital:* »Im ›Kapital‹ erhielt der wissenschaftliche Kommunismus seine tiefste und allseitige Begründung. Dieses unsterbliche Werk bedeutete einen gewaltigen Schritt in der Weiterentwicklung aller Bestandteile des Marxismus – der politischen Ökonomie, der Philosophie, der Lehre von der sozialistischen Revolution und von der Diktatur des Proletariats. Das ›Kapital‹ wurde zu einer mächtigen und unbesiegbaren theoretischen Waffe des Proletariats im Kampf gegen die kapitalistische Sklaverei.« (Für Hitler sollen ebenfalls »wirtschaftwissenschaftliche« Einsichten wegweisend gewesen sein.[*]) [575]

Auch im folgenden ist die einschlägige Korrespondenz den für die Öffentlichkeit bestimmten Texten vorangestellt, insbesondere dem *Kapital.*

Marx an Pawel Annenkow   28. Dezember 1846

… Ich hätten Ihnen gern mit diesem Brief mein Buch über die politische Ökonomie geschickt, aber bisher ist es mir nicht möglich gewesen, dieses Werk und die Kritik an den deutschen Philosophen und Sozialisten, von der ich Ihnen in Brüssel erzählte, drucken zu lassen. Sie können sich nicht vorstellen, auf welche Schwierigkeiten eine solche Veröffentlichung in Deutschland stößt, einesteils von Seiten der Polizei, anderenteils von Seiten der Verleger, die ja selbst die interessierten Vertreter all der Richtungen sind, die ich angreife.[**] [576]

Marx an Engels   2. April 1851

Ich bin so weit, daß ich in 5 Wochen mit der ganzen <u>ökonomischen Scheiße</u> fertig bin. Et cela fait [Wenn das erledigt ist], werde ich zu Haus die Ökonomie ausarbeiten und im Museum mich auf eine andre Wissenschaft werfen. Ça

---

[*] David Clay Large schildert in seinem Buch »Hitlers München« (München 1998, S. 166 f.) diesen Prozeß: Von Gottfried Feder erhielt Hitler zum ersten Mal eine Art »systematische« Einführung in die Volkswirtschaftslehre, unter besonderer Betonung des Unterschiedes zwischen einem Kapital, das auf produktiver Arbeit beruhte, und einem lediglich spekulativ und zinstragend investierten Kapital; letzteres sei Domäne der Juden.

[**] Die Wirklichkeit sah ganz anders aus. Der Verleger, Leske, der bereits eine Anzahlung geleistet hatte, drängte Marx. Doch der hatte kein Manuskript (s. Löw a.a.O. 1989 S. 180 f.). Dies ist eine der zahlreichen Stellen, wo Marx ganz bewußt die Unwahrheit sagt. Es sollte noch mehr als zwei Jahrzehnte dauern, bis das Buch erschien.

commence à m'ennuyer. Au fond [Das fängt an, mich zu langweilen. Im Grunde] hat diese Wissenschaft seit A. Smith und D. Ricardo keine Fortschritte mehr gemacht, so viel auch in einzelnen Untersuchungen, oft supradelikaten, geschehn ist.[577]

Engels an Marx   27. November 1851
Die Hauptsache ist, daß Du erst wieder mit einem dicken Buch vor dem Publikum debütierst, und am besten mit dem unverfänglichsten, der Historia. Die mittelmäßigen und lausigen Literaten Deutschlands wissen sehr gut, daß sie ruiniert wären, wenn sie nicht 2-3mal des Jahrs mit irgendeinem Schund vor dem Publikum erschienen.[578]

Engels an Marx   31. Januar 1860
Sei endlich einmal etwas weniger gewissenhaft Deinen eignen Sachen gegenüber; es ist immer noch viel zu gut für das Lausepublikum. Daß das Ding geschrieben wird und erscheint, ist die Hauptsache; die Schwächen, die Dir auffallen, finden die Esel doch nicht heraus ...[579]

Marx an Ferdinand Lassalle   15. September 1860
Dein Lob über mein Buch hat mich gefreut, da es von einem kompetenten Richter kömmt ... * Keineswegs aus innerem Drange meinerseits, aber einmal hat dieser 2te Teil eine direkt revolutionäre Aufgabe ...* ** [580]

Marx an Engels   18. Juni 1862
Es ist mir höchst ekelhaft, Dich wieder von meiner misère [Misere] zu unterhalten, aber que faire [was tun]? Meine Frau sagt mir jeden Tag, sie wünschte, sie läge mit den Kindern im Grab, und ich kann es wahrlich nicht verdenken, denn die Demütigungen, Qualen und Schrecken, die in dieser Situation durchzumachen sind, sind in der Tat unbeschreiblich. Die 50 £ sind, wie Du weißt, für Schulden ausgegeben worden, von denen nicht die Hälfte damit bezahlt werden konnte ...
Ich dehne diesen Band (des Kapitals) mehr aus, da die deutschen Hunde den Wert der Bücher nach dem Kubikinhalt schätzen. *** [581]

---

* Engels gegenüber beurteilte er Lassalle ganz anders, z.B. MEW a.a.O. 33, 495.
** Hier ist von *Zur Kritik der Politischen Ökonomie* die Rede, einer Ausarbeitung, die kapitelweise veröffentlicht wurde und den wesentlichen Inhalt von *Das Kapital* vorwegnimmt. Auch *Das Kapital* hatte eine »direkt revolutionäre Aufgabe«, wenngleich sie nicht auf Anhieb erkennbar ist.
*** Der Text ist schier umwerfend. Statt den Versuch zu unternehmen, den Lebensunterhalt für seine Familie zu verdienen, bläht er seine Texte auf, damit die Masse imponiert.

Marx an Engels   22. Juni 1863
Sobald Ruhe hergestellt, gebe ich mich an die Reinschrift des Sau-Buchs*, das ich selbst nach Deutschland hausieren gehn will.[582]

Marx an Engels   31. Juli 1865
Was nun meine Arbeit [am Kapital] betrifft, so will ich Dir darüber reinen Wein einschenken. Es sind noch 3 Kapitel zu schreiben, um den theoretischen Teil (die 3 ersten Bücher) fertig zu machen. Ich kann mich aber nicht entschließen, irgendetwas wegzuschicken, bevor das Ganze vor mir liegt.** [583]

Marx an Engels   20. Februar 1866
Du verstehst, my dear fellow, daß in einem Werke wie meinem, manche shortcomings [Unzulänglichkeiten] im Détail existieren müssen. Aber die Komposition, der Zusammenhang, ist ein Triumph der deutschen Wissenschaft, den ein einzelner Deutscher eingestehn kann, da es in no way sein Verdienst ist, vielmehr der Nation gehört. Dies um so erfreulicher, da es sonst die silliest nation unter dem Sonnenlicht! ...
I feel proud of the Germans. It is our duty to emancipate this »deep« people.*** [584]

Marx an Johann Philipp Becker   17. April 1867
Der erste Band umfaßt das erste Buch:»Der Produktionsprozeß des Kapitals«.Es ist sicher das furchtbarste Missile [Geschoß], das den Bürgern (Grundeigentümer eingeschlossen) noch an den Kopf geschleudert worden ist.[585]

Engels an Marx   27. April 1867
Es ist mir immer so gewesen, als wenn dies verdammte Buch, an dem Du so lange getragen hast, der Grundkern von allem Deinem Pech war und Du nie herauskommen würdest und könntest, solange dies nicht abgeschüttelt. Dies ewig unfertige Ding drückte Dich körperlich, geistig und finanziell zu Boden, und ich kann sehr gut begreifen, daß Du jetzt, nach Abschüttelung dieses Alps, Dir wie ein ganz andrer Kerl vorkommst ...[586]

---

* So oder so ähnlich spricht Marx häufiger von seinem Lebenswerk (Löw a.a.O. 1989 S. 179).
** Nicht einmal dem Freunde gegenüber war Marx aufrichtig. Das erste Buch erschien zwei Jahre später, das zweite und dritte erst posthum, wobei nach Engels Band 3 nur teilweise ausformuliert war, was Engels sehr enttäuschte.
*** Größenwahn pur: Der »einzelne« aus der »silliest nation« vollbringt Wunderwerke.

Engels an Marx   1. September 1867
Es ist ein Glück, daß das Buch sozusagen fast nur in England »spielt«, sonst
würde § 100 des Preußischen Strafgesetzbuchs eintreten: »Wer ... die An-
gehörigen des Staats zum <u>Hasse</u> oder zur <u>Verachtung</u> gegeneinander aufreizt«
usw. – und Konfiskation nach sich ziehen.* 587

Marx an Engels   12. September 1867
Dein Plan, <u>das Buch **vom bürgerlichen Standpunkt** zu attackieren, ist das
beste Kriegsmittel.</u> ... Andrerseits mußt Du dem **Kugelmann,** der zurück ist,
ein paar Instruktionen schreiben über die positiven Seiten, die er zu betonen
hat ... Ich selbst kann natürlich das nicht so ungeniert tun wie Du.588

Marx an Engels   7. Dezember 1867
Was das schwäbische Blättchen betrifft, so wäre es ein amüsanter Coups, Vogts
Freund, den Schwabenmayer, zu prellen. Die Sache wäre einfach so zu bewerk-
stelligen. D'abord [zunächst] damit anzufangen, daß, was man auch von der
Tendenz des Buches denken möge, es <u>dem **»deutschen** Geist« Ehre</u> mache und
deswegen auch von einem Preußen im Exil und nicht in Preußen geschrieben
sei ...
Wenn Herr Lassalle die Kapitalisten ausschimpfte und dem preußischen Krautjunkertum schmeichelte, so zeigt Herr Marx dagegen die **historische** »Notwendigkeit« der kapitalistischen Produktion nach und geißelt den bloß konsumie-
renden aristokratischen Grundjunker ...
Dies ist meiner Ansicht nach die Manier, den Schwabenmayer ... zu prellen,
und so klein <u>sein Saublättchen,</u> ist es doch das populäre Organ aller Föderalisten in Deutschland und wird auch im Ausland gelesen.** 589

Engels an Marx   12. Dezember 1867
Ich spreche darin ganz naiv von dem Faktum, daß man die Sozialdemokratische Partei nicht mehr mit Stillschweigen behandeln dürfe, seit sie im Reichstag vertreten sei, und daß <u>diese Herren dies Buch [**Das Kapital**] zu ihrer Bibel
machen</u> würden.590

---

* Auch wenn das Buch nur im England des 19. Jahrhunderts spielt, hat es in Deutschland im
20. Jahrhundert die terroristische Rote Armee Fraktion (RAF) inspiriert (s. Löw a.a.O. 1991
S. 13 ff.).
** Wieder Marx über Marx auf typische Weise.

Marx an Engel   16. März 1868
Auch unvermeidlich die Frage: Was nun? Die Kerls wollen alle Rezepte für Wunderkuren, und die ziemlich greiflich schon angedeuteten Feuer- und Eisenkuren *sehn sie nicht.*[591]

Marx an Engels   23. Mai 1868
Du scheinst auf dem Holzweg zu sein mit Deiner Scheu, so einfache Figuren wie G-W-G etc. dem englischen Revuephilister vorzuführen. Umgekehrt. Wenn Du, wie ich, gezwungen gewesen wärst, die ökonomischen Artikel der Herren ... zu lesen, so würdest Du sehn, daß alle die ökonomischen Trivialitäten so zum Hals dick haben ..., daß sie durch pseudophilosophical oder pseudoscientific slang die Schmiere zu würzen suchen. Der Pseudocharakter macht die Sache (die an sich = 0) keineswegs leicht verständlich. Umgekehrt. Die Kunst besteht darin, den Leser so zu mystifizieren und ihm Kopfbrechen zu verursachen, damit er schließlich zu seiner Beruhigung entdeckt, daß diese hard words *[gewichtigen Worte]* nur Maskeraden von loci communes *[Gemeinplätzen]* sind.*[*] [592]

Marx an Ludwig Kugelmann   11. Juli 1868
Das Geschwatz über die Notwendigkeit, den Wertbegriff zu beweisen, beruht nur auf vollständigster Unwissenheit, sowohl über die Sache, um die es sich handelt, als die Methode der Wissenschaft. *... Naturgesetze können überhaupt nicht aufgehoben werden. Was sich in historisch verschiednen Zuständen ändern kann, ist nur die* **Form,** *worin jene Gesetze sich durchsetzen ...*[**] [593]

Marx an Pjotr Lawrow   7. Oktober 1876
Die»Revue des deux Monts« *vom letzten September enthält eine sogenannte Kritik des*»Capitals« *von Herrn Laveleye. Man muß das gelesen haben, um sich eine Vorstellung von der* Idiotie unserer bürgerlichen »Denker« *zu machen. Herr L. ist dennoch naiv genug einzugestehen, daß, die Lehren von Adam Smith oder von Ricardo, ... anerkannt, es kein Mittel gibt, den umstürzlerischen Schlußfolgerungen des*»Capitals« *zu entgehen.*[594]

---

[*] Hinter vorgehaltener Hand verrät der Hexenmeister seine Methode.
[**] Mit schier unendlichen Tautologien hat Marx den Umfang von *Das Kapital* stattlich gemacht, die tragenden Behauptungen werden jedoch dogmengleich in den Raum gestellt, damit jede kritische Frage sich von selbst verbietet. Das gilt insbesondere für die »objektive Wertlehre«, die Basis des Buches. Diese Lehre ist so falsch, daß sie heute nirgendwo auf der Welt im akademischen Raum vertreten wird.

Engels an Nikolai Danielson   9. November 1886

Die Besprechung über Bd. II in der deutschen Presse war außerordentlich stupide. Eine, von einem Dr. Groß in Wien, war ganz anständig, aber der Mann selbst ist ein Idiot.595

Engels an Nikolai Danielson   5. Januar 1888

Dann hat ein miserabler abtrünniger Jude, Georg Adler, Privatdozent in Breslau, einen dicken Wälzer geschrieben – den Titel habe ich vergessen –, um Marx zu widerlegen, aber es ist einfach ein gemeines und lächerliches Pamphlet, durch das der Verfasser die Aufmerksamkeit – des Ministeriums und der Bourgeoisie – auf sich und seine Bedeutung lenken will. Ich habe alle meine Freunde gebeten, davon keine Notiz zu nehmen. So ist es nun mal, wenn irgendein miserabler, unfähiger Kerl für sich faire de la réclame [Reklame machen] will, so greift er unseren Autor an.596

Vorwort zur ersten Auflage von *Das Kapital*

Jedes Urteil wissenschaftlicher Kritik ist mir willkommen.* Gegenüber den Vorurteilen der sog. öffentlichen Meinung, der ich nie Konzessionen gemacht habe, gilt mir nach wie vor der Wahlspruch des großen Florentiners:
Segui il tuo corso, e lascia dir le genti! [Geh Deinen Weg, und laß die Leute reden!]597

Marx: *Das Kapital. Kritik der politischen Ökonomie* 1. Bd.

Der Kapitalist weiß, daß alle Waren, wie lumpig sie immer aussehn oder wie schlecht sie immer riechen, im Glauben und in der Wahrheit Geld, innerlich beschnittne Juden sind, und zudem wundertätige Mittel, um aus Geld mehr Geld zu machen.598

Der Umstand, daß die tägliche Erhaltung der Arbeitskraft nur einen halben Arbeitstag kostet, obgleich die Arbeitskraft einen ganzen Tag wirken, arbeiten kann, daß daher der Wert, den ihr Gebrauch während eines Tages schafft, doppelt so groß ist als ihr eigner Tageswert, ist ein besondres Glück für den Käufer, aber durchaus kein Unrecht gegen den Verkäufer.

... Äquivalent wurde gegen Äquivalent ausgetauscht. Der Kapitalist zahlte als Käufer jede Ware zu ihrem Wert, Baumwolle, Spindelmasse, Arbeitskraft.**
599

---

* In Wirklichkeit hat er sich mit keiner einzigen Kritik ernsthaft auseinandergesetzt. Typisch sind Äußerungen wie (MEW a.a.O. 23, 22): »Die breitmäuligen Faselhänse der deutschen Vulgärökonomie schelten Stil und Darstellung meiner Schrift. Niemand kann die literarischen Mängel des *Kapital* strenger beurteilen als ich selbst.«
** Diese Sätze sind die Quintessenz der Marxschen Kapitalismuskritik. Indem er nämlich feststellt, daß der Arbeiter in der kapitalistischen Gesellschaft den gerechten Lohn erhält, raubt er

Das <u>Kapital</u> ist <u>verstorbne Arbeit, die sich</u> nur <u>vampirmäßig belebt</u> durch Einsaugung lebendiger Arbeit, und um so mehr lebt, je mehr sie davon einsaugt. Die Zeit, während deren der Arbeiter arbeitet, ist die Zeit, während deren der Kapitalist die von ihm gekaufte Arbeitskraft konsumiert. Konsumiert der Arbeiter seine disponieble Zeit für sich selbst, so bestiehlt er den Kapitalisten.* 600 Der Kapitalist behauptet sein Recht als Käufer, wenn er den Arbeitstag so lang als möglich und womöglich aus einem Arbeitstag zwei zu machen sucht.** 601 Ein einzelner Violinspieler dirigiert sich selbst, ein Orchester bedarf des Musikdirektors.*** 602 Der Wert der Arbeitskraft ist bestimmt durch den Wert der gewohnheitsmäßig notwendigen Lebensmittel des Durchschnittsarbeiters. Die Masse dieser Lebensmittel, obgleich ihre Form wechseln mag, ist in einer bestimmten Epoche einer bestimmten Gesellschaft gegeben und daher als konstante Größe zu behandeln.**** 603 Je größer der gesellschaftliche Reichtum, das funktionierende Kapital, Umfang und Energie seines Wachstums, also auch die absolute Größe des Proletariats und die Produktivkraft seiner Arbeit, desto größer die industrielle Reservearmee. ... Die verhältnismäßige Größe der industriellen Reservearmee wächst also mit den Potenzen des Reichtums. Je größer aber diese Reservearmee im Ver-

---

ihm die Hoffnung, daß seine Lage durch das Wirken der Gewerkschaften und ähnlicher Kräfte verbessert werden könne. Wer also mit den Gegebenheiten unzufrieden ist, dem bleibt nur ein Ausweg, die Revolution. Sehr treffend heißt es im Vorspann zu: Guy Kirsch »Fürchtet euch nicht, und seid nicht gierig«, Frankfurter Allgemeine Zeitung 24. 12. 98: »Man braucht nicht reich zu sein, um glücklich zu sein – aber um unglücklich zu sein, ängstlich und gierig, reicht es, daß man den Zugang zum Reichtum versperrt weiß.«
* Das ist die Marxsche Dialektik: Einerseits gibt er dem Kapitalisten recht, andererseits nennt er ihn einen Vampir.
** Allen Tatsachen zum Trotz tut Marx so, als bestimme allein der Kapitalist, wie lange der Arbeiter ihm täglich dienen muß.
*** Wer daraus die Schlußfolgerung zieht, daß der Unternehmer Anteil habe an der Schaffung Mehrwert, verkennt die Marxsche Dialektik. Er spottet (MEW a.a.O. 23, 385): »Der gemütliche Glaube an das Erfindungsgenie, das der einzelne Kapitalist in der Teilung der Arbeit a priori ausübe, findet nur noch bei deutschen Professoren, wie Herrn Rocher z.B., der dem Kapitalisten, aus dessen Jupiterhaupt die Teilung der Arbeit fertig hervorspringe, zum Dank ›diverse Arbeitslöhne‹ widmet.« Andererseits würdigt Marx die Tätigkeit der Kapitalisten (MEW a.a.O. 23, 350): »Der Befehl des Kapitalisten auf dem Produktionsfeld wird jetzt so unentbehrlich wie der Befehl des Generals auf dem Schlachtfeld. Alle unmittelbar gesellschaftliche oder gemeinschaftliche Arbeit auf größerem Maßstab bedarf mehr oder minder einer Direktion, welche die Harmonie der individuellen Tätigkeiten vermittelt und die allgemeinen Funktionen vollzieht, die aus der Bewegung des produktiven Gesamtkörpers im Unterschied von der Bewegung seiner selbständigen Organe entspringen.«
**** Dieses immer wieder aufgetischte »Gesetz« soll verdeutlichen, daß sich die Lage der arbeitenden Klasse im Kapitalismus nicht verbessern kann, sobald der Arbeiter den vollen Gegenwert erhält, was meist der Fall sei. Daher müsse der Kapitalismus durch eine andere Produktionsweise ersetzt werden.

hältnis zur aktiven Arbeiterarmee, desto massenhafter die konsolidierte Über-
bevölkerung, deren Elend im umgekehrten Verhältnis zu ihrer Arbeitsqual
steht. Je größer endlich die Lazarusschicht der Arbeiterklasse und die industrielle Reservearmee, desto größer der offizielle Pauperismus. Dies ist das absolute, allgemeine Gesetz der kapitalistischen Akkumulation. Es wird gleich allen
andren Gesetzen in seiner Verwirklichung durch mannigfache Umstände modifiziert, deren Analyse nicht hierher gehört.* [604]
Die Legende vom theologischen Sündenfall erzählt uns allerdings, wie der
Mensch dazu verdammt worden sei, sein Brot im Schweiß seines Angesichts zu
essen; die Historie vom ökonomischen Sündenfall aber enthüllt uns, wieso es
Leute gibt, die das keineswegs nötig haben. Einerlei. So kam es, daß die ersten
Reichtum akkumulierten und die letztren schließlich nichts zu verkaufen hatten als ihre eigne Haut. Und von diesem Sündenfall datiert die Armut der
großen Masse, die immer noch, aller Arbeit zum Trotz, nichts zu verkaufen hat
als sich selbst und der Reichtum der wenigen, der fortwährend wächst, obgleich
sie längst aufgehört haben zu arbeiten.[605]
Wenn das Geld nach Augier, »mit natürlichen Blutflecken auf einer Backe zur
Welt kommt«, so das _Kapital von Kopf bis Zeh, aus allen Poren, blut- und
schmutztriefend._[606]
Worauf kommt die ursprüngliche Akkumulation des Kapitals, d.h. seine historische Genesis, hinaus? Soweit sie nicht unmittelbare Verwandlung von Sklaven
und Leibeignen in Lohnarbeiter, also bloßer Formwechsel ist, bedeutet sie nur
die Expropriation der unmittelbaren Produzenten, d.h. die Auflösung des auf
eigner Arbeit beruhenden Privateigentums ...
Auf einem gewissen Höhegrad bringt sie [die kapitalistische Produktionsweise]
die materiellen Mittel ihrer eignen Vernichtung zur Welt. Von diesem Augenblick regen sich Kräfte und Leidenschaften im Gesellschaftsschoße, welche sich
von ihr gefesselt fühlen. Sie _muß vernichtet werden,_ sie _wird vernichtet._ Ihre
Vernichtung, die Verwandlung der individuellen und zersplitterten Produktionsmittel in gesellschaftlich konzentrierte, daher des zwerghaften Eigentums
vieler in das massenhafte Eigentum weniger, daher die Expropriation der
großen Volksmasse von Grund und Boden und Lebensmitteln und Arbeitsin-
strumenten, diese furchtbare und schwierige Expropriation der Volksmasse bildet die Vorgeschichte des Kapitals. Sie umfaßt eine Reihe gewaltsamer Methoden, wovon wir nur die epochemachenden als Methoden der ursprünglichen

---

* Das ist idealtypischer Dogmatismus. Bei anderer Gelegenheit räumt Marx ein, daß die Löhne
der englischen Arbeiter weit höher seien als auf dem Kontinent. Also hatte er den Prozeß der
Verbesserung dank der Tätigkeit des Unterhauses und der Trade-Unions wahrgenommen,
doch die Wahrnehmung im _Kapital_ nicht verwertet, da kontraproduktiv im Rahmen seiner
Theorie.

Akkumulation des Kapitals Revue passieren ließen. Die Expropriation der unmittelbaren Produzenten wird mit schonungslosestem Vandalismus und unter dem Trieb der infamsten, schmutzigsten, kleinlichst gehässigsten Leidenschaften vollbracht. Das selbsterarbeitete, sozusagen auf Verwachsung des einzelnen, unabhängigen Arbeitsindividuums mit seinen Arbeitsbedingungen beruhende Privateigentum wird verdrängt durch das kapitalistische Privateigentum, welches auf Exploitation fremder, aber formell freier Arbeit beruht ...
Diese Expropriation vollzieht sich durch das Spiel der immanenten Gesetze der kapitalistischen Produktion selbst, durch die Zentralisation der Kapitale. Je ein Kapitalist schlägt viele tot. Hand in Hand mit dieser Zentralisation oder der Expropriation vieler Kapitalisten durch wenige entwickelt sich die kooperative Form des Arbeitsprozesses auf stets wachsender Stufenleiter, die bewußte technische Anwendung der Wissenschaft, die planmäßige Ausbeutung der Erde, die Verwandlung der Arbeitsmittel in nur gemeinsam verwendbare Arbeitsmittel, die Ökonomisierung aller Produktionsmittel durch ihren Gebrauch als Produktionsmittel kombinierter, gesellschaftlicher Arbeit, die Verschlingung aller Völker in das Netz des Weltmarkts und damit der internationale Charakter des kapitalistischen Regimes. Mit der beständig abnehmenden Zahl der Kapitalmagnaten, welche alle Vorteile dieses Umwandlungsprozesses usurpieren und monopolisieren, wächst die Masse des Elends, des Drucks, der Knechtschaft, der Entartung, der Ausbeutung, aber auch die Empörung der stets anschwellenden und durch den Mechanismus des kapitalistischen Produktionsprozesses selbst geschulten, vereinten und organisierten Arbeiterklasse. Das Kapitalmonopol wird zur Fessel der Produktionsweise, die mit und unter ihm aufgeblüht ist. Die Zentralisation der Produktionsmittel und die Vergesellschaftung der Arbeit erreichen einen Punkt, wo sie unverträglich werden mit ihrer kapitalistischen Hülle. Sie wird gesprengt. Die Stunde des kapitalistischen Privateigentums schlägt. Die Expropriateurs werden expropriiert.
Die aus der kapitalistischen Produktionsweise hervorgehende kapitalistische Aneignungsweise, daher das kapitalistische Privateigentum, ist die erste Negation des individuellen, auf eigne Arbeit gegründeten Privateigentums. Aber die kapitalistische Produktion erzeugt mit der Notwendigkeit eines Naturprozesses ihre eigne Negation. Es ist Negation der Negation. Diese stellt nicht das Privateigentum wieder her, wohl aber das individuelle Eigentum auf Grundlage der Errungenschaft der kapitalistischen Ära: der Kooperation und des Gemeinbesitzes der Erde und der durch die Arbeit selbst produzierten Produktionsmittel. Die Verwandlung des auf eigner Arbeit der Individuen beruhenden, zersplitterten Privateigentums in kapitalistisches ist natürlich ein Prozeß, ungleich mehr langwierig, hart und schwierig als die Verwandlung des tatsächlich bereits auf gesellschaftlichem Produktionsbetrieb beruhenden kapitalistischen Eigen-

tums in gesellschaftliches. Dort handelte es sich um die Expropriation der Volks-
masse durch wenige Usurpatoren, hier handelt es sich um die Expropriation
weniger Usurpatoren durch die Volksmasse.[607]

Engels: Rezension des Ersten Bandes *Das Kapital* für die *Zukunft*
Es ist eine *für jeden Deutschen* *betrübende Tatsache, daß* *wir, das Volk der Den-*
ker, *auf dem Gebiete der politischen Ökonomie bisher so wenig geleistet haben.*
Unsre Berühmtheiten auf diesem Fach sind günstigenfalls Kompilatoren wie
Rau und Roscher.
Wir sagen nicht, daß sich gegen die Deduktionen dieses Buches nichts einwen-
den ließe, daß Marx seine Beweise vollständig erbracht habe; wir sagen bloß:
Wir glauben nicht, daß sich unter unsern sämtlichen Ökonomen einer finden
werde, der imstande ist, sie zu widerlegen.
Es ist leider nicht zu leugnen, daß der besonders herbe Ton, den der Verfasser
gegen *die offiziellen* *deutschen* *Ökonomen* *anschlägt, nicht ungerechtfertigt ist.*
Sie *alle gehören* *mehr oder weniger* *zur »Vulgärökonomie«,* *sie haben der Po-*
pularität des Tages zuliebe ihre Wissenschaft prostituiert und deren klassische
Koryphäen verleugnet. ... Möge die harte Lektion, die ihnen dies Buch erteilt,
dazu dienen, sie aus ihrer Lethargie zu wecken, ihnen in Erinnerung zu brin-
gen, daß die Ökonomie nicht bloß eine nährende Kuh ist, die uns mit Butter ver-
sorgt, sondern eine Wissenschaft, die einen ernsten und eifrigen Kultus ver-
langt.[608]

Engels: Rezension des Ersten Bandes *Das Kapital* für die *Rheinische Zeitung*
So sehr nun auch *die sozialdemokratischen* *wenigen* *Parlamentler* *unter sich*
zerfallen und zerfahren sein mögen, so ist doch mit Sicherheit anzunehmen,
daß alle Fraktionen dieser Partei das vorliegende Buch als *ihre theoretische*
Bibel, *als die Rüstkammer begrüßen werden, woraus sie ihre wesentlichsten Ar-*
gumente schöpfen.[609]

Engels: Rezension des Ersten Bandes *Das Kapital* für die *Elberfelder Zeitung*
50 Bogen gelehrter Abhandlung, um uns zu beweisen, daß das gesamte Kapital
unserer Bankiers, Kaufleute, Fabrikanten und großen Grundbesitzern nichts
weiter ist als angesammelte und unbezahlte Arbeit der Arbeiterklasse! Wir er-
innern uns, daß im Jahre 1849 die »Neue Rheinische Zeitung«, im Namen der
schlesischen Bauern, die Forderung einer »schlesischen Milliarde« aufstellte.
Tausend Millionen Taler, so wurde behauptet, sei der Betrag, der bei der Auf-
hebung der Leibeigenschaft und der Feudaldienste allein den schlesischen Bau-
ern unrechtmäßig entzogen und in die Tasche der großen Grundbesitzer geflos-
sen sei, und dieser Betrag wurde zurückgefordert. Aber die Herren von der wei-

land »Neuen Rheinischen Zeitung« sind wie die selige Sybille mit ihren Büchern; je weniger man ihnen bietet, desto mehr fordern sie.* [610]

Engels: Rezension des Ersten Bandes *Das Kapital* für den *Beobachter*
Was man auch von der Tendenz des vorliegenden Buchs denken möge, so glauben wir sagen zu dürfen, daß es zu denjenigen Leistungen gehört, welche <u>dem deutschen Geist Ehre</u> machen. Es ist bezeichnend, daß der Verfasser zwar ein Preuße ist, aber ein Rheinpreuße ... Preußen selbst hat längst aufgehört, das Land irgendwelcher wissenschaftlichen Initiative zu sein, speziell im historischen, politischen oder sozialen Fach wäre eine solche dort unmöglich.[611]

Engels: Rezension des Ersten Bandes *Das Kapital* für *Demokratische Wochenblatt*
<u>Solange es Kapitalisten und Arbeiter in der Welt gibt, ist kein Buch erschienen, welches für die Arbeiter von solcher Wichtigkeit wäre, wie das vorliegende.</u> Das Verhältnis von Kapital und Arbeit, die Angel, um die sich unser ganzes heutiges gesellschaftliches System dreht, ist hier zum ersten Mal wissenschaftlich entwickelt und das <u>mit einer Gründlichkeit und Schärfe, wie sie nur einem Deutschen möglich war.</u> Wertvoll wie die Schriften eines Owen, Saint-Simon, Fourier sind und bleiben werden – <u>erst einem Deutschen war es vorbehalten,</u> die Höhe zu erklimmen, von der aus das ganze Gebiet der modernen sozialen Verhältnisse klar und übersichtlich darliegt, wie die niederen Berglandschaften vor dem Zuschauer, der auf der höchsten Kuppe steht.[612]

8. »Diktatur des Proletariats« (1873–1883)

Vorbemerkung: Mit der Verlagerung der Internationalen Arbeiterassoziation von London nach New York verloren die Freunde weitgehend ihre praktische Wirkmöglichkeit. Da sie beide jetzt in der britischen Hauptstadt wohnten, versiegte ihre Korrespondenz als Erkenntnisquelle nahezu total. Doch aus den Briefen an Dritte, Veröffentlichungen und sonstigen Verlautbarungen geht hervor, daß sie ganz die alten geblieben sind. Noch häufiger als zuvor betonen sie die Notwendigkeit einer Diktatur des Proletariats. Die Vereinigung der beiden sozialistischen Parteien, des Allgemeinen Deutschen Arbeitervereins (ADAV) und der Sozialdemokratischen Deutschen

---

* Bemerkenswert, wie sich Engels total verstellt und so tut, als habe es sich bei den Redakteuren der »Neuen Rheinischen Zeitung« um fremde Dritte gehandelt.

Arbeiterpartei (SDAP) zur Sozialistischen Arbeiterpartei Deutschlands lehnten sie entschieden ab und distanzierten sich energisch vom ersten gemeinsamen Programm. Als aber entgegen den Vorhersagen die SPD florierte und bei den Reichstagswahlen an Stimmen gewann, sprachen sie von »unserer Partei«. Doch beigetreten sind sie ihr nicht, haben sie aber mehrmals bezuschußt. Mit aller Kraft versuchen sie, »ihrer Partei« ihren radikalen Geist einzuimpfen, wie insbesondere die Briefe an Bebel zeigen.

Marxens Schaffenskraft verringerte sich zusehends. Der 59jährige nannte sein Leiden »Nervenderangement«[613]. Sechs Jahre später starb er.

──── **1873** ────

Marx an Engels   31. Mai

Die französische <u>Katastrophe</u> *war mir* <u>angenehm,</u> *soweit sie Blamage von Thiers und seiner Schwanzwedler einschließt, unangenehm, weil bei umgekehrtem Ausgang ich hoffen durfte, verschiedne Individuen bald aus London entfernt zu sehn, daneben aber auch ich sowohl im Interesse Frankreichs als unsrem* <u>jede gewaltsame Katastrophe</u>* <u>jetzt</u> *als* <u>untimely</u> *betrachte.*[614]

Engels an Marx   30. August

*<u>Je jammervoller</u> unter den Umständen unser Kongreß** ausfällt, <u>desto besser</u> ist es natürlich* [615] *...*

Marx an Friedrich Bolte   12. Februar

<u>Jungs Rede</u> auf dem Kongreß [der Internationalen Arbeiter-Assoziation] <u>übertrifft alles an Albernheit und Infamie.</u> Es ist ein alt-klatschweiberhaftes Gewebe an <u>Lügen, Verdrehungen</u> und <u>Blödsinn</u>. Dieser eitle Bursche scheint an Gehirnerweichung zu leiden. Es geht einmal nicht anders; man muß sich daran gewöhnen; die Bewegung nutzt die Leute ab, und sobald sie fühlen, daß sie außerhalb derselben stehen, fallen sie in Gemeinheiten und suchen sich einzureden, es sei die Schuld von diesem oder jenem, daß sie Lumpen geworden sind ...

Ändert also der New-Yorker Generalrat nicht sein Verfahren, was wird das Resultat sein?

Er wird nach dem Jura – die sezessionistischen Föderationen in Spanien, Italien, Belgien und England suspendieren; Resultat: <u>Alles Lumpengesindel er-</u>

---

* Die monarchistische Mehrheit der französischen Nationalversammlung hatte den Präsidenten Thiers zum Rücktritt gezwungen.
** Der 6. Kongreß der Internationalen Arbeiter-Assoziation in Genf.

scheint wieder in Genf und paralysiert dort jede ernsthafte Arbeit, wie es solches in Haag getan, und kompromittiert wieder den allgemeinen Kongreß zu Nutz und Frommen der Bourgeoisie.[616]

Engels an Friedrich Adolph Sorge   3. Mai
Die Allianzisten [Anhänger Bakunins] bieten alles auf, massenweise auf dem Kongreß zu erscheinen, während bei uns alles einschläft. Französische Delegierte können nach der Sprengung keine kommen. Die Deutschen, obwohl sie ihren eignen Krakeel mit den Lassalleanern haben, sind durch den Haager Kongreß, wo sie im Gegensatz zu ihrem eignen Gezänk lauter Brüderlichkeit und Harmonie erwarteten, sehr enttäuscht und schlaff geworden; dazu kommt, daß die Parteibehörden der sozialdemokratischen Arbeiterpartei augenblicklich aus lauter eingefleischten Lassalleanern … bestehn … Der Sieg dieser Kerle wäre gleichbedeutend mit dem Verlust der Partei für uns – wenigstens für den Augenblick.[617]

Engels an August Bebel   20. Juni
Man muß sich durch das Geschrei nach »Einigkeit« nicht beirren lassen. Die dies Wort am meisten im Munde führen, sind die größten Zwietrachtstifter, wie ja grade jetzt die Schweizer Jurabakunisten, die Anstifter aller Spaltung, nach nichts mehr schreien als Einigung. Diese Einigungsfanatiker sind entweder beschränkte Köpfe, die alles in einen unbestimmten Brei zusammenrühren wollen, der sich bloß zu setzen braucht, um die Unterschiede in weit schärferem Gegensatz wieder herzustellen …, oder aber Leute, die die Bewegung unbewußt … oder bewußt verfälschen wollen. Deswegen sind die größten Sektierer und die größten Krakeeler und Schurken in gewissen Momenten die lautesten Einigungsschreier …
Jedenfalls glaube ich, daß die tüchtigen Elemente unter den Lassalleanern Ihnen mit der Zeit von selbst zufallen werden und daß es deshalb unklug wäre, die Frucht vor der Reife zu brechen, wie die Einigungsleute wollen.* [618]

Marx: Der politische Indifferentismus
Wenn der politische Kampf der Arbeiterklasse gewaltsame Formen annimmt, wenn die Arbeiter anstelle der Diktatur der Bourgeoisie ihre revolutionäre Diktatur setzen, dann begehen sie das schreckliche Verbrechen der Prinzipienverletzung, weil sie um der Befriedigung ihrer kläglichen profanen Tagesbedürfnisse willen, um der Brechung des Widerstandes der Bourgeoisie willen, dem

---

* Mit Leidenschaft argumentieren die Freunde gegen die Fusion der beiden sozialistischen Parteien.

*Staate eine revolutionäre und vorübergehende Form geben, statt die Waffe nie-
derzulegen ...** 619

Engels: *Von der Autorität*
Haben diese Herren nie eine Revolution gesehen? Eine Revolution ist gewiß das
autoritärste Ding, das es gibt; sie ist der Akt, durch ein Teil der Bevölkerung dem
anderen Teil seinen Willen vermittels Gewehren, Bajonetten und Kanonen, also
mit denkbar autoritärsten Mitteln aufzwingt; *und die siegreiche Partei muß,
wenn sie nicht umsonst gekämpft haben will, dieser Herrschaft Dauer verleihen
durch den Schrecken, den ihre Waffen den Reaktionären einflößen. Hätte die
Pariser Kommune nur einen einzigen Tag Bestand gehabt, wenn sie sich gegenüber den Bourgeois nicht dieser Autorität des bewaffneten Volks bedient
hätte? Kann man sie nicht, im Gegenteil, dafür tadeln, daß sie sich ihrer nicht
umfassend genug bedient hat?*** 620

Marx/Engels: *Ein Komplott gegen die Internationale Arbeiter-Assoziation*
*Ihre Gründer [die Gründer der Internationalen Arbeiter-Assoziation] und die
Vertreter der Arbeiterorganisation beider Welten, die auf den internationalen
Kongressen die Allgemeinen Statuten der Assoziation sanktionierten, vergaßen,
daß gerade die Weite ihres Programms selbst den Deklassierten**** *erlauben
würde, sich einzuschleichen ...*621
*Von der Minderheit eines Bourgeois-Kongresses gegründet, schleicht sie sich
[die Allianz der sozialistischen Demokratie] in die Reihen der Internationalen
Organisation der Arbeiterklasse ein, versucht zuerst, sich ihrer Leitung zu
bemächtigen, und arbeitet auf ihre Desorganisation hin, sobald sie diesen Plan
scheitern sieht.* In schamlosester Weise sucht sie ihr sektiererisches Programm
und ihre beschränkten Ideen dem umfassenden Programm, den großen Anstre-
bungen unserer Assoziation unterzuschieben; *sie organisiert in den öffentlichen
Sektionen der Internationalen ihre geheimen Sektiönchen, welche, derselben*

---

* Nach Einführung des allgemeinen Wahlrechts ist die »Diktatur der Bourgeoisie« Demokratie, der Kampf der »Arbeiter« gegen sie Hochverrat. Diesen fundamentalen Unterschied wollte Marx nicht wahrhaben.
** Wer sich vergegenwärtigt, daß Marx und Engels zeitlebens Revolution gepredigt haben und
keine andere Entwicklungsmöglichkeit gelten lassen wollten, weiß, daß sich jeder kommuni-
sche Gewalttäter auf sie berufen konnte.
*** Die Autoren haben selbst definiert, was damit gesagt sein soll (MEW a.a.O. 18, 331): »De-
klassierte, déclassés, heißen im Französischen diejenigen aus den besitzenden Klassen hervorgegangenen Leute, die von ihrer Klasse ausgestoßen oder aus ihr ausgetreten sind, ohne damit
Proletarier zu werden; z.B. Industrieritter, Pickelheringe, gewerbsmäßige Spieler, die meisten
Literaten und Politiker von Profession usw. Auch das Proletariat hat seine Deklassierten; sie
bilden das Lumpenproletariat.« Diese Unterscheidung ermöglicht eine säuberliche Zweitei-
lung in die positiven Proletarier und die negativen déclassés oder Lumpenproletarier. Wer in
welche Kategorie gehört, darüber befinden die Freunde.

*Parole gehorchend, durch vorher abgekartetes gemeinsames Vorgehen in vielen
Fällen zur Herrschaft über jene gelangen; sie greifen öffentlich in ihren Blättern
alle Elemente an, welche sich weigern, sich ihrer Herrschaft zu fügen ... Um zu
ihrem Zweck zu gelangen, weicht sie vor keinem Mittel, vor keiner Unredlich-
keit zurück; Lüge, Verleumdung, Einschüchterung, Gewalt aus feigem Hinterhalt sind ihr in gleicher Weise recht.** 622

——— 1874 ———

Engels an Wilhelm Blos   21. Februar
*Der Mann [ein gewisser Jacoby] ist zu weise. Und dabei so ganz platte, vulgär-
demokratische Gründe! Auf die Gewalt zu schimpfen als etwas Verwerfliches an
sich, wo wir doch alle wissen, daß schließlich ohne Gewalt nichts durchzusetzen
ist!*623

Marx an Friedrich Adolph Sorge   4. August
*Die wenigen Franzosen (ich meine von denen, die mit uns im Haag noch zu-
sammenhielten) haben sich meist später als Lumpen herausgestellt,*** *namentlich Herr Le Moussu, der mich und andre um bedeutende Gelder geprellt hat
und sich dann durch infame Verleumdungen als verkannte schöne Seele weiß-
zuwaschen suchte.
In England ist die Internationale einstweilen so gut wie tot, der Föderalrat in
London existiert als solcher nur noch nominell, obgleich einzelne Mitglieder
desselben individuell tätig sind ... Was die städtischen Arbeiter betrifft, so ist
nur zu bedauern, daß das ganze Führerpack nicht ins Parlament kam. Es ist der
sicherste Weg, sich des Gesindels zu entledigen ...
Spanien, Italien, Belgien beweisen durch ihre praktische Ohnmacht den Gehalt
ihres Suprasozialismus. ...
Die allgemeinen europäischen Zustände sind derart, daß sie mehr und mehr zu
einem **allgemeinen europäischen Krieg** drängen. Wir müssen da durchgehn,
bevor an irgendeine entscheidende äußere Wirksamkeit der europäischen Arbeiterklasse zu denken ist.**** 624

---

* Ähnliche Anschuldigungen hätten die Bakunisten gegen Marx und Engels erheben können.
** Das waren die von Marx so gepriesenen Helden der Kommune, denen nach der Niederlage
die Flucht gelang. Wo Marx hinschaute, nur »Lumpen« und »Gesindel«.
*** Es dauerte noch 40 Jahre! Auch dieser Krieg wäre nicht notwendig gewesen. Nirgendwo
hatte er eine »Diktatur des Proletariats« zufolge. Ob Rußland insofern eine Ausnahme bildete, ist strittig.

Engels: Ergänzung der Vorbemerkung von 1870 zu *Der deutsche Bauern-krieg.*

In ihrem Kampf mit den Behörden wie mit den einzelnen Bourgeois zeigten sich die Arbeiter überall als die intellektuell und moralisch Überlegenen und bewie-sen namentlich in ihren Konflikten mit den sogenannten »Arbeitgebern«, daß sie, die Arbeiter, jetzt die Gebildeten und die Kapitalisten die Knoten sind. Und dabei führen sie den Kampf vorwiegend mit einem Humor, der der beste Beweis ist, wie sehr sie ihrer Sache sicher und ihrer Überlegenheit sich bewußt sind. ... <u>*Die deutschen Arbeiter haben vor denen des übrigen Europas zwei wesentliche Vorteile voraus.*</u> *Erstens,* <u>*daß sie dem theoretischsten Volk Europas angehören und daß sie sich den theoretischen Sinn bewahrt haben,*</u> *der den sogenannten »Gebildeten« Deutschlands so gänzlich abhanden gekommen ist. ... Man muß den deutschen Arbeitern nachsagen, daß sie die Vorteile ihrer Lage mit seltnem Verständnis ausgebeutet haben. Zum ersten Mal, seit eine Arbeiterbewegung besteht, wird der Kampf nach seinen drei Seiten hin – nach der theoretischen, nach der politischen und der praktisch-ökonomischen (Widerstand gegen die Kapitalisten) – im Einklang und Zusammenhang und planmäßig geführt. In diesem sozusagen konzentrischen Angriffe liegt gerade die Stärke und Unbe-siegbarkeit der deutschen Bewegung.* * [625]

— 1875 —

Marx an Engels   21. August
In London stieg in unsren waggon in großer Hast <u>*ein pfiffig aussehendes Jüdel,*</u> *mit einem kleinen Koffer unter dem Arm. ... Auf dem Schiff eröffnet mir das Jüdel sein Herz.* *»So eine Betriegerei ist noch nicht in der Welt gewesen«, rief er aber und abermals ... Unser Jüdel, den außer den 1700 £ noch vor allem är-gerte, daß man einen so geriebnen Handelsmann übers Ohr gehaun, ... Wol-len Sie, fragte ich, den Mann gerichtlich packen?* *»Bei Laibe nicht. 'S Geld will ich ihm abnehmen.«* *Ich: Das wird er verjubelt haben. Er:* *»Bei Laibe nicht! Hat er doch in der City ... die Lait um 12 000 £ beschwindelt.* <u>*Mich muß er zahle.*</u> <u>*Die andre kenne sehn, wo sie ihn fasse.«*</u> [626]

---

* Dieser Text könnte unschwer chauvinistisch gedeutet werden. Weit wichtiger, daß er nicht übereinstimmt mit der harschen Kritik, die Marx und Engels an den deutschen Arbeiterfüh-rern, insbesondere Liebknecht, üben. Wie kommt es, daß so tüchtige Leute sich – nach dem Urteil der Freunde – »hirnlosen Eseln« unterordnen?

Engels an August Bebel   18./28. März

Unsere Partei hatte so oft den Lassalleanern die Hand zur Versöhnung oder doch wenigstens zum Kartell geboten und war von dem Hasenclever, Hasselmann und Tölckes so oft und so schnöde zurückgewiesen worden, daß daraus jedes Kind den Schluß ziehen mußte: Wenn diese Herren jetzt selbst kommen und Versöhnung bieten, so müssen sie in einer verdammten Klemme sein. Bei dem wohlbekannten Charakter dieser Leute ist es aber unsere Schuldigkeit, diese Klemme zu benutzen, um uns alle und jede mögliche Garantien auszubedingen, damit nicht jene Leute auf Kosten unserer Partei in der öffentlichen Arbeitermeinung ihre erschütterte Stellung wieder befestigen. Man mußte sie äußerst kühl und mißtrauisch empfangen, die Vereinigung abhängig machen von dem Grade ihrer Bereitwilligkeit, ihre Sektenstichworte und ihre Staatshilfe fallenzulassen ...*[627]
*Tiefer konnte unsere Partei sich nicht demütigen** ...*
Das alles haben unsere Leute den Lassalleanern zu Gefallen getan. Und was haben die anderen nachgegeben? Daß ein Haufen ziemlich verworrener rein demokratischer Forderungen *im Programm figurieren, von denen manche reine Modesache sind, wie z.B. die »Gesetzgebung durch das Volk« ...*[628]
Da nun der Staat doch nur eine vorübergehende Einrichtung ist, deren man sich im Kampf, in der Revolution bedient, um seine Gegner gewaltsam niederzuhalten, so ist es purer Unsinn, vom freien Volksstaat zu sprechen: solange das Proletariat den Staat noch **gebraucht,** gebraucht es ihn nicht im Interesse der Freiheit, sondern der Niederhaltung seiner Gegner, *und sobald von Freiheit die Rede sein kann, hört der Staat als solcher auf zu bestehen.*[629]
Dabei bin ich überzeugt, daß eine Einigung auf **dieser** *Basis kein Jahr dauern wird.**** [630]

Marx an Wilhelm Bracke   5. Mai

Nachstehende kritische Randglossen zu dem Koalitionsprogramm sind Sie wohl so gut, nach Durchlesung, zur Einsicht an Geib und Auer, Bebel und Liebknecht mitzuteilen. ... Es war mir daher keineswegs ein »Genuß«, solch langen Wisch zu schreiben. Doch war es notwendig, damit später meinerseits zu tuende Schritte von den Parteifreunden, für welche diese Mitteilung bestimmt ist, nicht mißdeutet werden.

---

* Marx und Engels haben stets gegen die Lassalleaner agiert; auch dieser Text zeigt das.
** Diese Betrachtungsweise korrespondiert mit der Devise: »Keine Kompromisse!«
*** Die »Einigung auf *dieser* Basis« dauert nun schon weit über 100 Jahre. Der Bruch des Jahres 1918 hat nicht die »Eisenacher« von den »Lassalleanern« getrennt, sondern die Marxisten von den Demokraten.

Nach abgehaltnem Koalitionskongreß werden Engels und ich nämlich eine
kurze Erklärung veröffentlichen, des Inhalts, daß wir besagtem Prinzipienpro-
gramm durchaus fernstehn und nichts damit zu tun haben. ...
Abgesehn davon ist es meine Pflicht, ein nach meiner Überzeugung durchaus
verwerfliches und die Partei demoralisierendes Programm auch nicht durch di-
plomatisches Stillschweigen anzuerkennen. ...
Übrigens taugt das Programm* nichts, auch abgesehn von der Heiligsprechung
der Lassalle'schen Glaubensartikel.[631]

Engels an Wilhelm Bracke   11. Oktober
Wir sind ganz ihrer Ansicht, daß Liebknecht durch seinen Eifer, die Einigung zu
erreichen, jeden Preis für sie zu zahlen, die ganze Sache verfahren hat. ... Sie
haben ganz recht: diese Einigung trägt den Keim der Spaltung in sich, und ich
will froh sein, wenn dann nur die unheilbaren Fanatiker abfallen ...[632]

Engels an August Bebel   12. Oktober
Ihr Brief bestätigt ganz unsere Ansicht, daß die Einigung unsererseits überstürzt
ist und den Keim künftigen Zwiespalts in sich trägt. Wenn es gelingt, diesen
Zwiespalt bis über die nächsten Reichstagswahlen hinauszuschieben, wäre es
schon gut ...
Das Ganze [gemeint ist die Einigung] ist im höchsten Grad unordentlich, kon-
fus, unzusammenhängend, unlogisch und blamabel.[633]

Engels an Pjotr Lawrowitsch Lawrow   12. November
Für Deutschland, wo die falsche Sentimentalität so unerhörten Schaden ange-
richtet hat und noch anrichtet, würde sie nicht passen, sie würde mißverstan-
den, sentimental verdreht werden. Bei uns ist eher Haß nötig als Liebe – we-
nigstens zunächst – und vor allen Dingen Abstreifung der letzten Reste des deut-
schen Idealismus, Einsetzung der materiellen Tatsachen in ihr historisches
Recht.[634]

Engels: *Soziales aus Rußland*
Die vom modernen Sozialismus erstrebte Umwälzung ist, kurz ausgedrückt, der
Sieg des Proletariats über die Bourgeoisie und die Neuorganisation der Gesell-
schaft durch Vernichtung aller Klassenunterschiede. Dazu gehört nicht nur ein
Proletariat, das diese Umwälzung durchführt, sondern auch eine Bourgeoisie,
in deren Händen sich die gesellschaftlichen Produktionskräfte so weit ent-

---

* Gemeint ist das Gothaer Programm der SPD des Jahres 1875.

*wickelt haben, daß sie die endgültige Vernichtung der Klassenunterschiede ge-
statten. ... Die Bourgeoisie ist demnach auch nach dieser Seite hin eine ebenso
notwendige Vorbedingung der sozialistischen Revolution wie das Proletariat
selbst. Ein Mann also, der sagen kann, daß diese Revolution in einem Lande
leichter durchzuführen sei, weil dasselbe zwar kein Proletariat, aber auch keine
Bourgeoisie besitze, beweist damit nur, daß er vom Sozialismus noch das Abc zu
lernen hat.*[635]

Marx: Randglossen zum Programm der deutschen Arbeiterpartei
Was ist »gerechte« Verteilung?
*Behaupten die Bourgeois nicht, daß die heutige Verteilung »gerecht« ist? Und
ist sie in der Tat nicht die einzige »gerechte« Verteilung auf Grundlage der heutigen Produktionsweise?*[* 636]
*Lassalle wußte das »Kommunistische Manifest« auswendig wie seine Gläubi-
gen die von ihm verfaßten Heilsschriften. Wenn er es also so grob verfälschte,
geschah es nur, um seine Allianz mit den absolutistischen und feudalen Gegnern wider die Bourgeoisie zu beschönigen.*[** 637]
*Erstens besteht »das arbeitende Volk« in Deutschland zur Majorität aus Bau-
ern und nicht aus Proletariern.*[*** 638]
*Zwischen der kapitalistischen und der kommunistischen Gesellschaft liegt die
Periode der revolutionären Umwandlung der einen in die andre. Der entspricht
auch eine politische Übergangsperiode, deren Staat nichts andres sein kann als*
die revolutionäre Diktatur des Proletariats.
*Das Programm nun hat es weder mit letzterer zu tun, noch mit dem zukünfti-
gen Staatswesen der kommunistischen Gesellschaft.*
*Seine politischen Forderungen enthalten nichts außer der aller Welt bekannten
demokratischen Litanei: allgemeines Wahlrecht, direkte Gesetzgebung, Volks-
recht, Volkswehr etc. Sie sind bloßes Echo der bürgerlichen Volkspartei, des Frie-
dens- und Freiheitsbundes. Es sind lauter Forderungen, die, soweit nicht in
phantastischer Vorstellung übertrieben, bereits realisiert sind.*[639]
*Doch das ganze Programm, trotz alles demokratischen Geklingels, ist durch und
durch vom Untertanenglauben der Lassalleschen Sekte an den Staat verpestet
oder, was nicht besser, vom demokratischen Wunderglauben, oder vielmehr ist*

---

[*] Marx bejaht diese Frage mit der Konsequenz, daß jeder Unzufriedene auf die Revolution verwiesen wird, da es keine Steigerung von gerecht gibt.
[**] Dem Gründer der SPD wurde von Marx immer wieder jedwede Gemeinheit in die Schuhe
geschoben.
[***] Trotzdem forderte er schon 27 Jahre früher die Machtübernahme durch das Proletariat,
ein klarer Beweis, daß er dabei nicht an Demokratie dachte. Das zeigt auch das folgende Zitat.

es ein Kompromiß zwischen diesen zwei Sorten, dem Sozialismus gleich fernen, Wunderglauben ...
Dixi et salvavi animam meam [ich habe gesprochen und meine Seele gerettet]. * 640

——— 1876 ———

Engels an Marx   24. Mai
Der Fluch der bezahlten Agitatoren, der Halbgebildeten, fällt schwer auf unsre Partei in Deutschland. Wenn das so fortgeht, so werden bald die Lassalleaner die klarsten Köpfe sein, weil sie am wenigsten Unsinn aufnehmen und Lassalles Schriften die am wenigsten schädlichen Agitationsmittel. ... All dergleichen <u>Blödsinn</u> *wäre* <u>unmöglich</u>, <u>wenn statt</u> *Wilhelms [Liebknecht]* <u>ein Mann von nur</u> <u>einiger theoretischer Einsicht</u> *an der Spitze stände, jemand, der nicht* <u>jeden nur</u> <u>möglichen Blödsinn</u> *– je toller, desto besser – mit Wollust drucken ließe ...*
<u>Für den dummen Wilhelm</u> *ist das alles nur ein erwünschter Vorwand auf Manuskripte zu pressen. Welch ein Parteiführer!*** 641

Marx an Leo Frankel   13. Oktober
Was den sogenannten Schweizer internationalen Kongreß betrifft, so ist das ein Werk der <u>Allianzisten</u> *Guillaume und Konsorten. Da sie wissen, daß sie selbst* <u>absolut nichts wert</u> *sind, erachten sie es für notwendig, unter der Fahne der »Vereinigung« wieder die Bühne der Öffentlichkeit zu betreten, was sie allein nicht tun könnten. ... Wie Du als altes Mitglied des Generalrats und des Haager Kongresses vorgegangen bist, versteht sich völlig von selbst. Du darfst dem Versöhnungsrausch, in dem die* <u>anständigen Narren</u> *von den* <u>intriganten</u> <u>Schurken</u> *immer betrogen werden, nicht die geringste Konzessione machen. ... Diese* <u>Arbeiterführer,</u> *Mottershead usw., sind dieselben* <u>Hunde,</u> *mit denen es unmöglich war, eine Versammlung gegen die Henker der Kommune zustande zu bringen. ...*
Trotz der <u>Narrheiten Urquharts</u> *...*642

---

* Trotz der vernichtenden Kritik am Zusammenschluß, die fast so umfangreich ist wie das *Kommunistische Manifest* und in Kommunistenkreisen ähnliches Ansehen genießt, mußte Marx schließlich auf diese »Mißgeburt« einschwenken, um nicht jeglichen Rückhalt, auch in Deutschland, zu verlieren. Demgemäß schrieb Engels (MEW a.a.O. 19, 113): »Die sozialistische Bewegung in Deutschland geht bewundernswert voran. Es gibt gegenwärtig 62 sozialistische Periodica ...«
** Das war ihr Mann, einen besseren hatten sie nicht. Und doch mußten sie, um ihr Scheitern zu kaschieren, mit seiner Partei vorliebnehmen.

Engels an Johann Philipp Becker   21. Dezember
Eine Korrespondenz konnte ich Dir nicht schicken, weil ich nicht lügen will und <u>von der hiesigen Arbeiterbewegung nur zu sagen</u> wäre, daß sie <u>im kleinlichsten Trades'-Union-Kram verkommen</u> ist und die sogenannten Führer, Eccarius inklusive, der liberalen Bourgeoisie nachlaufen, <u>um als Agitatoren</u> gegen die sog. türkischen Grausamkeiten von ihr <u>sich kaufen zu lassen</u> …
<u>In Italien ist nichts zu machen, alles Bakunisten,</u> und in Spanien habe ich keine Adresse mehr, erhalte aber vielleicht bald ein.[643]

———— 1877 ————

Engels an Marx   6. März
Das ist mehr, als ich brauche, um <u>den Kerl</u> [Dühring] auf diesem Gebiete vollständig <u>abzumurksen.</u> In der Tat hat Lawrow gewissermaßen recht, daß <u>der Kerl bisher</u> noch <u>zu anständig behandelt</u> worden. Wenn ich jetzt den »Kursus der Nationalökonomie« wieder durchlese, jetzt, wo ich den Kerl und seine Manier kenne, und wo ich nicht mehr zu fürchten brauche, es stecke irgendein Kniff hinter dem Gekohl, und die ganze gespreizte Fadaise unverholen hervortritt, so finde ich allerdings, daß <u>noch etwas mehr Verachtung</u> am Platz ist.[*][644]

Engels an Marx   19. Juli
Das Elend ist nur, daß <u>unsre Leute</u> in Deutschland so jammervolle Gegner haben. Wäre auf der Bourgeoisseite nur ein einziger fähiger und ökonomisch gebildeter Kopf, er würde die Herren bald auf den Pott setzen und ihnen Klarheit über ihre eigne <u>Konfusion</u> verschaffen. Aber was kann bei einem Kampf herauskommen, wo <u>hüben und drüben nur Gemeinplätze und Philisterkohl die Waffen</u> sind![645]

Engels an Marx   24. Juli
<u>Der dumme Wilhelm</u> [Liebknecht] hat das natürlich alles selbst so weise gemacht und merkt in seiner Kinderfreude gar nicht einmal, wie sehr sich »die Partei« dabei blamiert hat. Was soll man mit solchen Leuten anfangen? Dabei ist der Mann noch ganz stolz auf seine Artikel über Frankreich, worin er <u>Hasenclevers Blödsinn</u> einfach endossiert.[646]

---

[*] *Verachtung wird nicht nur praktiziert, sie ist fester Bestandteil ihres Methodenkatalogs.*

Marx an Engels   1. August
*Als nämlich das Kerlchen (Wedde) das erstemal in London war, bediente ich
mich des Ausdrucks »moderne Mythologie« zur Bezeichnung der wieder gras-
sierenden Göttinnen der »Gerechtigkeit, Freiheit, Gleichheit etc.«, was tiefen
Eindruck auf ihn gemacht hatte, da er selbst viel im Dienst dieser höheren
Wesen gemacht.*[647]

Engels an Wilhelm Liebknecht   31. Juli
Ich habe nie gesagt, die **Masse** *eurer Leute wolle keine wirkliche Wissenschaft.
Ich sprach von der* **Partei***, und die ist, als was sie vor der Öffentlichkeit, in Presse und Kongressen, sich gibt. Und da herrscht jetzt die Halbbildung und der sich
zum Literaten aufblähende Ex-Arbeiter vor. ... Der moralische und intellektuelle Verfall der Partei [SPD] datiert von der Einigung ...*[648]

Marx an Friedrich Adolph Sorge   27. September
*Was Du über die Deutschen [in den USA] schreibst, verwundert mich in keiner
Weise. Hier [in England] ganz ebenso. Engels und ich haben uns daher ganz von
dem Pack zurückgezogen (ebenso Leßner). Ausnahme macht nur ein mir be-
freundeter deutscher Arbeiter, dessen Name mir augenblicklich nicht ein-
fällt ...*[649]

Marx an Friedrich Adolph Sorge   19. Oktober
*In Deutschland macht sich in unsrer Partei, nicht so sehr in der Masse, als unter
den Führern (höherklassigen und »Arbeitern«), ein fauler Geist geltend. Der
Kompromiß mit den Lassallianern hat zu Kompromiß auch mit andern Halb-
heiten geführt, ... außerdem aber mit einer ganzen Bande halbreifer Studiosen
und überweiser Doctores, die dem Sozialismus eine »höhere, ideale« Wendung
geben wollen, d.h. die materialistische Basis (die ernstes, objektives Studium er-
scheischt, wenn man auf ihr operieren will) zu ersetzen durch moderne Mythologie mit ihren Göttinnen der Gerechtigkeit, Freiheit, Gleichheit und fraternité ...
Die Arbeiter selbst, wenn sie wie Herr Most et Cons. das Arbeiten aufgeben und*
Literaten von Profession *werden, stiften stets »theoretisch« Unheil an und sind
stets bereit, sich an Wirrköpfe aus der angeblich »gelehrten« Kaste anzuschließen. Namentlich, was wir seit Jahrzehnten mit so viel Arbeit und Mühe
aus den Köpfen der deutschen Arbeiter gefegt und was selben das theoretische
Übergewicht (daher auch das praktische) über Franzosen und Engländer gab –
der* **utopische** *Sozialismus ... – grassiert wieder und in einer viel nichtigeren
Form ...*«[650]

—— 1878 ——

Marx an Engels   17. September
Diese Burschen [Moskauer Studenten] zeichnen sich durch denseness [Be-
schränktheit] und Bejahrtheit aus, wie weiland bei uns auf dem trierischen
Gymnasium die Bauernlümmel, die sich zum Seminarium (katholischen) vorbereiten ...[651]

Engels an Marx   18. September
Bismarck kann sehr bald in den Fall kommen, in einem neuen Krieg mit Frankreich die einzige Rettung zu suchen und damit einen europäischen Krieg des
Ostens gegen den Westen zu entzünden, in dem niemand sicherer untergeht als
er. Jedenfalls hat der Türkenkrieg bewiesen, wie faul ganz Europa ist, und daß
der Einbruch näher ist, als wir erwarten konnten. Einerlei, was auch geschieht,
schlägt zu unseren Gunsten aus.[652]

Marx an Wilhelm Liebknecht   4. Februar
... Wir nehmen die entschiedenste Partei für die Türken, aus 2 Gründen:
1. weil wir den türkischen Bauer – also die türkische Volksmasse – studiert
   und ihn daher als unbedingt einen der tüchtigsten und sittlichsten Repräsentanten des Bauerntums in Europa kennengelernt haben.
2. Weil die Niederlage der Russen die soziale Umwälzung in Rußland, deren
   Elemente massenhaft vorhanden, sehr beschleunigt haben würde und damit
   den Umschwung in ganz Europa.
Die Sachen sind anders gegangen. Warum? Infolge des Verrats von England
und Österreich.* [653]

Engels an Wilhelm Bracke   30. April
Wir sind aber in Deutschland erst eben aus dem Mittelalter herausgekrochen
und stehn erst in diesem Augenblick im Begriff, vermittelst der großen Industrie
und des Krachs in die moderne bürgerliche Gesellschaft einzutreten. Was bei
uns der höchstmöglichen Entwicklung bedarf, ist grade das bürgerliche wirt-
schaftliche Regime, das die Kapitale konzentriert und die Gegensätze auf die
Spitze treibt, namentlich in Nordosten.** [654]

---

* Mit Hilfe des Dialektischen Materialismus und Historischen Materialismus weiß man
immer, wie alles werden wird. Kommt es dann anders, weiß man auch, warum. Wäre die Prognose von Marx richtig gewesen, wäre der »Verrat« nichts weiter als die kluge Wahrung der eigenen Interessen.
** 30 Jahre zuvor, im Manifest der Kommunistischen Partei behaupteten die Freunde, der Kapitalismus in Deutschland sei bereits so weit gediehen, daß die sozialistische Revolution unmittelbar bevorstehe.

Interview der *Tribüne* mit Karl Marx   18. Dezember

Frage: »*Halten die Sozialisten Mord und Blutvergießen für notwendig zur Durchführung ihrer Grundsätze?*«

Marx: »<u>*Keine einzige große Bewegung ist ohne Blutvergießung geboren worden.*</u> *Die Vereinigten Staaten von Nordamerika errangen ihre Unabhängigkeit durch Blutvergießen, Napoleon hat Frankreich durch blutige Geschehen erobert, und er ist auf die gleiche Weise überwunden worden. Italien, England, Deutschland und jedes andere Land liefern weitere Beispiele derselben Art. Was den Meuchelmord betrifft, so ist er bekanntlich nichts Neues.* <u>*Orsini hat versucht, Napoleon umzubringen, aber die Könige haben mehr Menschen getötet*</u> *als jemand anders ... Der Tod des deutschen Kaisers würde von den Sozialisten gerade jetzt besonders bedauert werden: er ist auf seinem Posten sehr nützlich, und Bismarck hat für unsere Bewegung mehr als irgendein anderer Staatsmann getan, weil er die Dinge auf die Spitze treibt.*«*[655]

Engels: *Karl Marx*
*Hiermit war aber nachgewiesen, daß die Reichtumserwerbung der heutigen Kapitalisten ebensogut in der Aneignung von fremder, unbezahlter Arbeit besteht, wie die der Sklavenbesitzer oder der die Fronarbeit ausbeutenden Feudalherren, daß sich alle diese Formen der Ausbeutung nur unterscheiden durch die verschiedene Art und Weise, in der die unbezahlte Arbeit angeeignet wird.*** *Damit war aber auch allen heuchlerischen Redensarten der besitzenden Klassen, als herrsche in der jetzigen Gesellschaftsordnung Recht und Gerechtigkeit, Gleichheit der Rechte und Pflichten und allgemeine Harmonie der Interessen, der letzte Boden unter den Füßen weggezogen ...****[656]

Engels: *Herrn Eugen Dührings Umwälzung der Wissenschaft*
Freiheit der Wissenschaft heißt, daß man über alles schreibt, was man nicht gelernt hat, und dies für die einzige streng wissenschaftliche Methode ausgibt. <u>*Herr Dühring*</u> *aber ist einer der bezeichnendsten Typen dieser vorlauten Pseudowissenschaft, die sich heutzutage in Deutschland überall in den Vordergrund drängt und* <u>*alles übertönt mit*</u> *ihrem* <u>*dröhnenden – höhern Blech*</u>**** *... Sogar*

---

* Marx vermeidet es konsequent, »Mord und Blutvergießen« zu mißbilligen.
** Demnach haben beide nahezu ausschließlich von der Aneignung unbezahlter Arbeit gelebt. – An anderen Stellen heißt es bei Marx (z.B. MEW a.a.O. 23, 208 f.): Den Arbeitern geschehe durchaus kein Unrecht. Über »Gerechtigkeit« machen sie sich, wie gezeigt, untereinander nur lustig.
*** Wer hat je derlei behauptet?
**** Dühring hatte es gewagt, Marx zu kritisieren. Zugleich gab es Bestrebungen, ihn zum geistigen Oberhaupt der jungen Sozialdemokratie zu machen. Zwei Gründe, die die Freunde in Rage versetzten. Also schrieb Engels ein Buch von mehreren hundert Seiten, das, wie frühere Veröffentlichungen, fast ausschließlich aus Polemik besteht.

der deutsche Sozialismus, namentlich seit dem guten Beispiel des Herrn Dühring, macht neuerdings recht erklecklich in höherm Blech und produziert diesen und jenen, der sich mit »Wissenschaft« brüstet, von der er »wirklich auch nichts gelernt hat«. Es ist dies eine Kinderkrankheit, die die beginnende Bekehrung des deutschen Studiosus zur Sozialdemokratie anzeigt, und von ihr unzertrennlich ist, die aber bei der merkwürdig gesunden Natur unsrer Arbeiter schon überwunden werden wird.

Es war nicht meine Schuld, wenn ich Herrn Dühring auf Gebiete folgen mußte, auf denen ich mich höchstens mit den Ansprüchen eines Dilettanten bewegen kann.[657]

Diese beiden großen Entdeckungen: die materialistische Geschichtsauffassung und die Enthüllung des Geheimnisses der kapitalistischen Produktion vermittelst des Mehrwerts, verdanken wir **Marx.** *Mit ihnen wurde der Sozialismus eine Wissenschaft, die es sich nun zunächst darum handelt, in allen ihren Einzelheiten und Zusammenhängen weiter auszuarbeiten.*

So etwa standen die Sachen auf dem Gebiete des theoretischen Sozialismus und der verstorbenen Philosophie, als Herr Eugen Dühring nicht ohne beträchtliches Gepolter auf die Bühne sprang und eine durch ihn vollzogene totale Umwälzung der Philosophie, der politischen Ökonomie und des Sozialismus ankündigte.[658]

Von den Dühringschen Urteilen über die spätern Sozialisten nehmen wir der Kürze halber nur noch die über Lassalle und Marx heraus:

Lassalle: »*Pedantisch-klaubende Popularisierungsversuche ... überwuchernde Scholastik ... ungeheuerliches Gemisch von allgemeiner Theorie und kleinlichem Quark ... sinn- und formlose Hegel-Superstition ... abschreckendes Beispiel ... eigne Beschränktheit ... Wichtigtuerei mit dem gleichgültigsten Kleinkram ... unser jüdischer Held ...*«[*]

Marx: »*Beengtheit der Auffassung ... seine Arbeiten und Leistungen sind an und für sich, d.h. rein theoretisch betrachtet, für unser Gebiet«* (*die kritische Geschichte des Sozialismus*) »*ohne dauernde Bedeutung und für die allgemeine Geschichte der geistigen Strömungen höchstens als Symptome der Einwirkung eines Zweiges der neueren Sektenscholastik anzuführen ...*«[**] [659]

Das ist alles, was Herr Dühring zu sagen hat. Und in der Tat, wir müßten nicht nur in der Selbstverstümmelung der Zeugungskraft, sondern auch im blinden Köhlerglauben den Gipfel der Weisheit sehn, wollten wir uns mit diesen wahrhaft jammervollen faulen Ausflüchten und Redensarten abspeisen lassen.[660]

---

[*] Welche Heuchelei! Engels und Freund Marx hatten sich doch noch weit abschätziger über Lassalle geäußert.

[**] Derlei zu äußern war ein Sakrileg und mußte wie im Falle des *Herr Vogt* literarisch gerächt werden.

Mit andern Worten: es kommt daher, daß sowohl die von der modernen kapitalistischen Produktionsweise erzeugten Produktivkräfte wie auch das von ihr geschaffne System der Güterverteilung in brennenden Widerspruch geraten sind mit jener Produktionsweise selbst, und zwar in solchem Grad, daß eine <u>Umwälzung der</u> Produktions- und <u>Verteilungsweise stattfinden muß</u>, die alle Klassenunterschiede beseitigt, falls nicht die ganze moderne Gesellschaft untergehn soll. In dieser handgreiflichen, materiellen Tatsache, die sich den Köpfen der ausgebeuteten Proletarier mit unwiderstehlicher Notwendigkeit in mehr oder weniger klarer Gestalt aufdrängt – in ihr, nicht aber in den Vorstellungen dieses oder jenes Stubenhockers von Recht und Unrecht, begründet sich die Siegesgewißheit des modernen Sozialismus.[661]

<u>Für Herrn Dühring</u> ist <u>die Gewalt das</u> absolut <u>Böse</u>, der erste Gewaltakt ist ihm der Sündenfall, seine ganze Darstellung ist eine Jammerpredigt über die hiermit vollzogne Ansteckung der ganzen bisherigen Geschichte mit der Erbsünde, über die schmähliche Fälschung aller natürlichen und gesellschaftlichen Gesetze durch diese Teufelsmacht, die Gewalt. ... Nur unter Seufzen und Stöhnen gibt er die Möglichkeit zu, daß zum Sturz der Ausbeutungswirtschaft vielleicht Gewalt nötig sein werde – leider! <u>denn jede Gewaltanwendung demoralisiere den, der sie anwendet.</u>[662]

Es ist die treibende Kraft der gesellschaftlichen Anarchie der Produktion, die <u>die große Mehrzahl der Menschen mehr und mehr in Proletarier verwandelt</u>, und es sind wieder die Proletariermassen, die schließlich der Produktionsanarchie ein Ende machen werden.[663]

*Indem die kapitalistische Produktionsweise mehr und mehr die große Mehrzahl der Bevölkerung in Proletarier verwandelt, schafft sie die Macht, die diese Umwälzung, bei Strafe des Untergangs, zu vollziehen genötigt ist. Indem sie mehr und mehr auf Verwandlung der großen, <u>vergesellschafteten Produktionsmittel in Staatseigentum</u> drängt, zeigt sie selbst den Weg an zur Vollziehung dieser Umwälzung. **Das Proletariat ergreift die Staatsgewalt und verwandelt die Produktionsmittel zunächst in Staatseigentum.** Aber damit hebt es sich selbst als Proletariat, damit hebt es alle Klassenunterschiede und Klassengegensätze auf, und damit auch den Staat als Staat.** [664]

Mit der Besitzergreifung der Produktionsmittel durch die Gesellschaft ist die Warenproduktions beseitigt und damit die Herrschaft des Produkts über die Produzenten. Die <u>Anarchie innerhalb der gesellschaftlichen Produktion</u> wird ersetzt durch planmäßige bewußte Organisation. Der Kampf ums Einzeldasein hört auf. Damit erst scheidet der Mensch, in gewissem Sinn, endgültig aus dem

---

* Das ist reine Utopie, wie die Geschichte so eindrucksvoll bestätigt hat. Ob die Freunde wirklich so blauäugig waren, derlei Verheißung für bare Münze zu nehmen?

Tierreich, tritt aus tierischen Daseinsbedingungen in wirklich menschliche ...
Es ist der Sprung der Menschheit aus dem Reiche der Notwendigkeit in das
Reich der Freiheit. * 665

1879

Marx an Engels   14. August
Als wir heut morgen im Hôtel de l'Europe anfrugen, traf es sich glücklich so, daß
grade 60 Franzosen sich auf die Abreise vorbereiteten, während andrerseits die
<u>*mit frischem Menschenkehricht belasteten steamers*</u> *noch nicht eingetroffen.* 666

Marx an Engels   25. August
<u>*Viel Juden und Flöhe hier*</u> *selbst.* 667

Marx an Engels   27. August
<u>*Liebknecht*</u> *ist derselbst »*<u>*Esel*</u>*«, den er* <u>*mit seiner gewöhnlichen Knotenhöflich-*</u>
<u>*keit*</u> *dem Hirsch anheften will, wie er stets tut, wenn »ertappt« in flagranti.* 668

Marx an Engels   10. September
Ich teile ganz Deine Ansicht, daß keine Zeit weiter zu verlieren ist, um <u>*un-*</u>
<u>*sere Ansicht schroff und rücksichtslos*</u> *dem Jahrbuchsgefasel*** *gegenüber* <u>*kund-*</u>
<u>*zutun*</u>*, i.e. pro nunc [für jetzt] den Leipzigern schwarz auf weiß »zuzustel-*
len«.*** 669

Engels an Johann Philipp Becker   30. Januar
Übrigens geht's in Deutschland rasch abwärts auf der schiefen Ebene. <u>*Arsch-*</u>
<u>*prügel für den Reichstag*</u> *– das ist* <u>*das Neueste und Beste.*</u> *Nur so voran, und*
dazu immer mehr Steuern, und der brave Bismarck kann noch was erleben an
seinen <u>*Kleinbürgern, die*</u> *ohnehin* <u>*rasch genug zum Teufel gehn.*</u> 670

---

* Wer es glaubt, wird selig, zumindest ein begeisterter Anhänger, bis ihn die Wirklichkeit belehrt.
** Im August 1879 erschien in Zürich das *Jahrbuch für Sozialwissenschaften und Sozialpolitik*.
Darin vertreten Karl Höchberg, Eduard Bernstein u.a. revolutionsfeindliche Ansichten. Evolution sei geboten.
*** Gemeint sind Ansichten wie (MEW a.a.O. 34, 104): » ... die Deutschen hätten einen Fehler
begangen, indem sie sozialistische Bewegung in eine bloße *Arbeiter*bewegung und durch
unnötiges Herausfordern der Bourgeoisie sich das Sozialistengesetz selbst zugezogen! Die Bewegung soll ... einen durchaus friedlichen Reformcharakter tragen ...«

Engels an Johann Philipp Becker   1. Juli
Wie auch der jetzige Zustand sein Ende erreichen möge, die <u>neue Bewegung be-</u>
<u>ginnt auf</u> mehr oder weniger <u>revolutionärer Grundlage</u> und muß daher auch
einen viel resoluteren Charakter haben als die verflossene erste Bewegungspe-
riode. Man wird die <u>Phrase von der friedlichen Erreichung des Ziels</u> entweder
nicht mehr nötig haben oder doch nicht mehr ernsthaft nehmen.* 671

Engels an Johann Philipp Becker   8. September
Überhaupt wird es bald einmal Zeit, aufzutreten <u>gegen die philanthropischen</u>
<u>Groß- und Kleinbürger</u>, Studenten und Doktoren, die sich in die deutsche Par-
tei eindrängen und den Klassenkampf des Proletariats <u>gegen</u> seine Unter-
drücker in eine allgemeine <u>Menschheitsverbrüderungsanstalt</u> verwässern wol-
*len ...*672

Engels an Johann Philipp Becker   15. September
Glücklicherweise kam vorgestern plötzlich Höchberg mir hier auf die Bude ge-
stiegen. Da hab' ich ihm denn reinen Wein eingeschenkt. Der arme Junge, au
fond [im Grunde] ein guter Kerl, aber erschrecklich naiv, fiel wie aus den Wol-
ken, als ich ihm auseinandersetze, daß wir nicht dran denken könnten, die pro-
letarische Fahne fallenzulassen, die wir seit fast 40 Jahren hochgehalten, und
ebensowenig in den allgemeinen <u>kleinbürgerlichen Verbrüderungsdusel</u> einzu-
*stimmen, den wir nun ebenfalls <u>seit beinah 40 Jahren bekämpfen</u>.*673

Marx/Engels an Bebel, Liebknecht, Bracke u.a.   17./18. September
Die sozialdemokratische Partei soll also nach Ansicht dieser Herren keine ein-
seitige Arbeiterpartei sein, sondern eine allseitige Partei »aller von wahrer
Menschenliebe erfüllten Männer«. Vor allem soll sie dies beweisen, indem sie
die rohen Proletarierleidenschaften ablegt und sich »zur Bildung eines guten
Geschmacks« und »zur Erlernung des guten Tons« unter die Leitung von gebil-
deten philanthropischen Bourgeois stellt ...
Um der Bourgeoisie die letzte Spur von Angst zu nehmen, soll ihr klar und bün-
dig bewiesen werden, daß das rote Gespenst wirklich nur ein Gespenst ist, nicht
existiert. Was aber ist <u>das Geheimnis des roten Gespensts</u>, wenn nicht die <u>Angst</u>
<u>der Bourgeoisie vor dem unausbleiblichen Kampf auf Leben und Tod zwischen</u>
*<u>ihr und dem Proletariat</u>.*674

---

* Immer und immer wieder die gleiche Erwartung, die sich nicht erfüllen wollte.

Marx an Friedrich Adolph Sorge   *19. September*
Jüdel Bernstein von Zürich aus hatte Engels geschrieben, Most habe nach Schweiz und Deutschland geschrieben, daß wir hinter ihm stünden ...
Die 5 Männer Dr. Höchberg ..., Jüdel Bernstein ... Diese Burschen, theoretisch null, praktisch unbrauchbar, wollen dem Sozialismus (den sie sich nach den Universitätsrezepten zurechtgemanscht) und namentlich der sozialdemokratischen Partei die Zähne ausbrechen, die Arbeiter aufklären oder, wie sie sagen, ihnen »Bildungselemente« durch ihre konfuse Halbwisserei zuführen und vor allem die Partei in den Augen des Spießbürgers respektabel machen. Es sind arme konterrevolutionäre Zungendrescher.* 675

Engels: *Das Ausnahmegesetz gegen die Sozialisten in Deutschland ...*
Freund Bismarck mag ruhig sein, die Revolution, die er so gut vorbereitet hat, werden die deutschen Arbeiter schon machen. Wenn das Signal von Rußland gegeben werden wird, werden sie bereit sein.
... Die Agenten der Regierung begehen dort unglaubliche Grausamkeiten. Gegen solche wilden Bestien muß man sich verteidigen, so gut es geht, mit Pulver und Blei. In Rußland ist der politische Mord das einzige Mittel, das intelligente, anständige und charakterfeste Menschen haben, um sich gegen die Agenten eines unerhörten Despotismus zu verteidigen.676

───── 1880 ─────

Engels an Wilhelm Liebknecht   *10. Januar*
Ich gratuliere Dir und Euch allen ebenfalls zum neuen Jahr und zur darin wohl sicher in Fluß kommenden russischen Revolution, die sofort ganz Europa einen andern Charakter aufdrücken wird. Auch dies haben wir wieder großenteils unserm Freund Bismarck zu danken, der durch seine demonstrative österreichische Reise und Allianz die russische Regierung grade im richtigen Moment (für uns!) vor die Alternative stellte: Krieg oder Revolution.677

Engels an Johann Philipp Becker   *1. April*
Dabei machen die Leute lauter Sachen, die ganz geeignet sind, die Partei zu sprengen. Erstens soll die Partei die alten Agitatoren und Redakteure fortdauernd unterhalten, indem sie eine ganze Menge Zeitungen aufgehalst bekommt, in denen gar nichts steht, als was in jedem bürgerlichen Käseblatt zu lesen. Und

---

* Der Vorwurf »konterrevolutionärer Tätigkeit« gehörte zum Arsenal todbringender Anklagen während der stalinistischen »Säuberungen«.

das sollen die Arbeiter auf die Dauer so mitmachen! Zweitens treten sie im Reichstag und im sächsischen Landtag meist so zahm auf, daß sie sich und die Partei vor der ganzen Welt blamieren, machen der bestehenden Regierung »positive« Vorschläge, wie sie's besser machen kann in kleinen Detailfragen usw.[678]

Engels: *Die Entwicklung des Sozialismus von der Utopie zur Wissenschaft*
Indem die kapitalistische Produktionsweise mehr und mehr die große Mehrzahl der Bevölkerung in Proletarier verwandelt, schafft sie die Macht, die diese Umwälzung, bei Strafe des Untergangs, zu vollziehn genötigt ist. Indem sie mehr und mehr auf Verwandlung der großen vergesellschafteten Produktionsmittel in Staatseigentum drängt, zeigt sie selbst den Weg an zur Vollziehung der Umwälzung. Das Proletariat ergreift die Staatsgewalt und verwandelt die Produktionsmittel zunächst in Staatseigentum. Aber damit hebt es sich selbst als Proletariat, damit hebt es alle Klassenunterschiede und Klassengegensätze auf und damit auch den Staat als Staat.[679]
Mit der Besitzergreifung der Produktionsmittel durch die Gesellschaft ist die Warenproduktion beseitigt und damit die Herrschaft des Produkts über die Produzenten. Die Anarchie innerhalb der gesellschaftlichen Produktion wird ersetzt durch planmäßige bewußte Organisation ... Die objektiven, fremden Mächte, die bisher die Geschichte beherrschten, treten unter die Kontrolle der Menschen selbst. Erst von da an werden die Menschen ihre Geschichte mit vollem Bewußtsein selbst machen, erst von da an werden die von ihnen in Bewegung gesetzten gesellschaftlichen Ursachen vorwiegend und in stets steigendem Maße auch die von ihnen gewollten Wirkungen haben. Es ist der Sprung der Menschheit aus dem Reich der Notwendigkeit in das Reich der Freiheit.[*][680]
Die Menschen, endlich Herren ihrer eignen Art der Vergesellschaftung, werden damit zugleich Herren der Natur, Herren ihrer selbst – frei.
Diese weltbefreiende Tat durchzuführen, ist der geschichtliche Beruf des modernen Proletariats.[**][681]

Marx: *Über »Misère de la philosophie«*
»Misère de la philosophie« von Karl Marx erschien 1847 kurz nach den »Contradictions économiques« von Proudhon, die den Untertitel »Philosophie de la misère« trugen. Was uns bestimmt hat, dieses Buch wieder abzudrucken, des-

---

[*] Eine faszinierende Lehre. Doch diese Vorhersagen wurden gemacht, ohne jedwede Erfahrungen, ohne die geringsten Zweifel anklingen zu lassen. Der »Sprung in die Freiheit« wurde im Verlauf der Geschichte des »realexistierenden Sozialismus« zum Sprung in den Abgrund der Sklaverei.
[**] Diese »historische Mission« heiligt jedes Mittel.

sen Originalausgabe vergriffen, ist die Tatsache, daß es die Keime der nach zwanzigjähriger Arbeit im »Kapital« entwickelten Theorie enthält. Folglich kann die Lektüre der »Misère de la philosophie« und des 1848 von Marx und Engels veröffentlichten »Manifests der Kommunistischen Partei« zur Einführung dienen in das Studium des »Kapitals« und der Werke anderer zeitgenössischer Sozialisten, die, wie Lassalle, daraus ihre Ideen geschöpft haben. Mit der Zustimmung zu dieser Wiederveröffentlichung in unserem Organ wollte Marx uns einen Beweis seiner Sympathie geben.* [682]

———— 1881 ————

Engels an Karl Kautsky   1. Februar
Die abstrakte Möglichkeit, daß die Menschenzahl so groß wird, daß ihrer Vermehrung Schranken gesetzt werden müssen, ist ja da. Sollte aber einmal die kommunistische Gesellschaft sich genötigt sehn, die Produktion von Menschen ebenso zu regeln, wie sie die Produktion von Dingen schon geregelt hat, so wird gerade sie und allein [sie] es sein, die dies ohne Schwierigkeiten ausführt.** [683]

Engels an Eduard Bernstein   2. Februar
Es war grade die Verachtung und der Spott, mit dem wir die Gegner behandelten, die uns in den 6 Monaten bis zum Belagerungszustand fast 6000 Abonnenten einbrachte …*** [684]

Marx an Ferdinand Domela Nieuwenhuis   22. Februar
Der Traum vom nah bevorstehenden Untergang der Welt feuerte die primitiven Christen an in ihrem Kampf gegen das römische Weltreich und gab ihnen Siegesgewißheit. Die wissenschaftliche Einsicht in die unvermeidbare und stetig unter unseren Augen vorgehende Zersetzung der herrschenden Gesellschaftsordnung und die durch die alten Regierungsgespenster selbst mehr und mehr in Leidenschaft gegeißelten Massen, die gleichzeitig riesenhaft fortschreitende positive Entwicklung der Produktionsmittel – dies reicht hin als Bürgschaft, daß mit dem Moment des Ausbruchs einer wirklich proletarischen Revolu-

---

* Marx über Marx! Er stellt sich selbst in jeder Hinsicht das beste Zeugnis aus!
** Wie das geschehen soll ohne Zwang und hoheitliche Gewalt, der Staat ist ja dann abgestorben, bleibt gänzlich im Dunkeln.
*** »Verachtung und Spott« waren demnach nicht nur Praktiken, sondern geradezu ideologische Vorgaben, denen sie über Jahrzehnte anhingen und die sie an die nächste Generation tradieren wollten.

tion auch die Bedingungen ihres (wenn auch sicher nicht idyllischen) unmittelbaren, nächsten Modus operandi [Handelns] gegeben sein werden.[*] [685]

Engels an Eduard Bernstein   12. März
Darum kann man nie und nimmermehr eine Bankerutterklärung der modernen Gesellschaft herauslesen aus irgend etwas, das ein theoretisch so unvernünftiges und praktisch so wechselndes Tier tut wie Bismarck. Ebensowenig aus den geistigen Veitstänzen eines Narren wie Stoecker.[**] [686]
Diese freie Luft muß das Blatt nach Deutschland hineintragen, und dazu dient vor allem, daß der Gegner mit Verachtung behandelt, verhöhnt wird.[687]

Engels an August Bebel   30. März
Wie er [Wendell Phillips] sprach nur eine Probe: »So weit, wie ich vom Kampfplatz ab bin, erlaube ich mir nicht, die Kampfweise zu kritisieren. Ich schaue auf Rußland, 4000 Meilen entfernt, und sehe, welch ein Alp auf dem Volk dort lastet. Ich hoffe nur, daß sich jemand findet, der ihn von den Schultern des Volkes wegnimmt. Und wenn das nur der Dolch kann, dann, sage ich: *Willkommen der Dolch!* ...« *Das war am 7. März, am 13. tat die Bombe, was der Dolch nicht konnte.*
... Um zu unsern amerikanischen Freunden zurückzukehren, so ist das Eintreten von Wendell Phillips ... von der höchsten Bedeutung. Der Erfolg übertrifft überhaupt meine Erwartungen ... es ist ein wahrer Genuß, so eine lang vorhergesehne revolutionäre Weltlage der allgemeinen Krisis entgegenreifen, die blinden Gegner unsre Arbeit für uns tun, die Gesetzmäßigkeit der dem Weltkrach zutreibenden Entwicklung in und durch die allgemeine Verwirrung sich durchsetzen zu sehn.[688]

Engels an Johann Philipp Becker   4. April
Aber Bismarck hatte diesen Coup für seine Sozialisten-Debatte im Reichstag nötig, und da Gladstone, unser Premier, für den abgemurksten Alexander[***] *schwärmt, fand die Sache keine Schwierigkeit.*[689]

Marx an Jenny Longuet[****]   11. April
He looks well, cross [Er sieht gut aus, eine Kreuzung] zwischen Irving und Lassalle selig (doch nichts gemein mit der zynisch schmierzudringlichen

---

[*] Nur munter zerstören, das Neue ergibt sich zwangsläufig und ist selbstverständlich besser.
[**] Adolf Stoecker (1835 – 1909) war Berliner Hofprediger und als Führer der Christlich-Sozialen Partei Mitglied des Reichstags.
[***] Zar Alexander II. wurde am 1. März 1881 ermordet.
[****] Älteste Tochter von Marx.

Marquis-Judenmanier des letzteren), an intelligent and somewhat promising boy ...
Hast Du die gerichtlichen Verhandlungen in St. Petersburg gegen die Attentä-
ter verfolgt? Es sind durch und durch tüchtige Leute, sans pose mélodramatique
[ohne melodramatische Pose], einfach, sachlich, heroisch. ... sie bestreben
sich umgekehrt, Europa zu belehren, daß ihr modus operandi [Vorgehenswei-
se] eine spezifisch-russische, historisch unvermeidliche Aktionsweise ist, wor-
über ebensowenig zu moralisieren ist – für oder gegen – als über das Erdbeben
in Chios. [690]

Engels an Eduard Bernstein   14. April
*Wenn wir noch nicht direkt und **namentlich** im »Sozialdemokrat« aufgetreten,*
so liegt das, dessen können Sie sicher sein, nicht an Ihrer bisherigen Art der Re-
*daktion. Im Gegenteil. Es liegt eben an den eingangs erwähnten, in **Deutsch-***
***land** gefallnen Äußerungen. Wir haben zwar Versprechungen, daß das nicht*
mehr vorkommen soll und auch der revolutionäre Charakter der Partei unum-
wunden ausgesprochen und festgehalten werden soll. Aber wir möchten das erst
sehn und haben von dem Revolutionarismus verschiedner der Herren zu wenig
*Sicherheit ...** [691]

Marx an Jenny Longuet   29. April
*... ich ziehe meinerseits das »**männliche**« Geschlecht bei Kindern vor, die*
an diesem Wendepunkt der Geschichte geboren werden. Sie haben die re-
volutionärste Periode vor sich, die Menschen jemals zu bestehen hatten.
Schlecht ist es jetzt, so »alt« zu sein, daß man nur voraussehen kann, statt zu
*sehen.*** [692]

Engels an August Bebel   25. August
Vergeßt nur keine Euch und allen unsern Leuten getane Niedertracht, die Zeit
der Rache kommt und muß redlich ausgenutzt werden. [693]

Engels an Eduard Bernstein   25. Oktober
Was aber Malon und Brousse mit diesem Käseblättchen verbindet, ist die ge-
meinsame Eifersucht gegen Marx. Es ist der Masse der französischen Sozialisten

---

* Die Insel Chios wurde im April 1881 von schweren Erdbeben heimgesucht, bei denen Hunderte von Menschen den Tod fanden.
** Engels drängt die SPD in den »Revolutionarismus«, doch ohne nachhaltigen Erfolg.
*** Dieser Text verrät die ganze revolutionäre Leidenschaft. Was würde er angesichts der Leichenberge des Kommunismus sagen?

ein Greuel, daß die Nation, die die Welt mit den idées françaises beglückt, die das Monopol der Ideen hat, daß Paris, centre des lumières [Herz der Aufklärung], jetzt auf einmal ihre sozialistischen Ideen fix und fertig beziehen soll von dem Deutschen Marx. Aber das ist nun einmal so, und zudem ist <u>Marx uns allen durch sein Genie, seine fast übertriebne wissenschaftliche Gewissenhaftigkeit und sein fabelhafte Gelehrsamkeit</u> so <u>weit überlegen</u>, daß, wenn sich einer aufs Kritisieren dieser Entdeckungen verlegen wollte, er sich zunächst nur die Finger verbrennen kann.[694]

Marx an Jenny Longuet   7. Dezember

Soeben erhalte ich die »Justice« vom 7 Décembre und finde darin unter der Rubrik »Gazette du jour« eine nekrologische Notiz, worin es u.a. heißt: ...
»On devine que son« (il s'agit de votre mère) »mariage avec Karl Marx, fils d'un avocat de Trèves, ne se fit pas sans peine. Il y avait à vaincre bien des préjugés, le plus fort de tous était encore le préjugé de race. On sait que l'illustre socialiste est d'origine israélite.«
Toute cette histoire is a simple invention; there was no préjugés à vaincre. I suppose, I am not mistaken in crediting Mr. Ch. Languet's inventive genius with this literary »enjolivement«. The same writer when speaking of the limitation of the working day and the factory acts, mentioned in another number of the »Justice« – »Lassalle and Karl Marx«, the former having never printed or spoken a syllable on the matter in question. Longuet would greatly oblige me in never mentioning my name in his writings.[*] [695]

Marx/Engels: An den Vorsitzenden des Slawischen Meeting, einberufen am 21. März 1881 zum Jahrestag der Pariser Kommune.
So führt die Kommune, die die Mächte der alten Welt glaubten, ausgerottet zu

---

[*] Der Text, adressiert an die eigene Tochter, betreffend den Schwiegersohn, lautet auf deutsch: »›Man kann sich denken, daß ihre Heirat (es ist von Eurer Mutter die Rede) mit Karl Marx, dem Sohn des Advokaten aus Trier, nicht ohne Schwierigkeiten vor sich ging. Es gab *sehr viele Vorurteile* zu überwinden, *das Stärkste von allen war wohl das Rassenvorurteil.* Man weiß, daß der berühmte Sozialist jüdischer Abstammung ist.‹
Diese ganze Geschichte ist eine *glatte Erfindung,* es gab *keine Vorurteile zu überwinden.* Ich gehe wohl nicht fehl, wenn ich Herrn Ch. Longuets erfindungsreichem Genie diese literarische ›Ausschmückung‹ zuschreibe. Derselbe Autor erwähnte, als er von der Beschränkung des Arbeitstages und von den Fabrikgesetzen in einer anderen Nummer der ›Justice‹ sprach, ›Lassalle und Karl Marx‹, ersterer hat jedoch niemals eine Silbe zur fraglichen Angelegenheit gesagt oder drucken lassen. Longuet würde mich sehr verpflichten, wenn er in *seinen* Schriften nie meinen Namen erwähnte.«
Der Text ist in mehrfacher Hinsicht äußerst bemerkenswert: Marx, der zahlreiche andere wegen ihrer jüdischen Rasse verspottet hatte, wurde offenbar nie aus diesem Grund gehänselt. Ganz schlimm, daß der eigene Schwiegersohn Lassalle und Marx in einem Atemzug erwähnt und noch dazu den jüngeren Lassalle vor Marx.

haben, ein kraftvolleres Leben denn je, und so können wir mit Ihnen in den Ruf einstimmen: »Vive la commune!«* 696

Engels: *Ein gerechter Tagelohn für ein gerechtes Tagewerk*
Ein gerechter Tagelohn ist unter normalen Bedingungen die Summe, die erfor-
derlich ist, dem Arbeiter die Existenzmittel zu verschaffen, die er entsprechend
dem Lebensstandard seiner Stellung und seines Landes benötigt, um sich ar-
beitsfähig zu erhalten und sein Geschlecht fortzuplanzen. Die wirkliche Lohn-
höhe mag, je nach den Schwankungen des Geschäftsganges, manchmal über,
manchmal unter diesem Satze liegen; unter normalen Bedingungen sollte dieser Satz jedoch den Durchschnitt aller Lohnschwankungen bilden.** 697

Engels: *Das Lohnsystem*
Das Lohngesetz wird durch den gewerkschaftlichen Kampf nicht verletzt; im
Gegenteil, er bringt es voll zur Geltung. Ohne den Widerstand durch die Trade-
Unions erhält der Arbeiter nicht einmal das, was ihm nach den Regeln des
Lohnsystems zusteht. Nur die Furcht vor den Trade-Unions kann den Kapita-
listen zwingen, dem Arbeiter den vollen Marktwert seiner Arbeitskraft zu zah-
len.*** 698

Engels: *Notwendige und überflüssige Gesellschaftsklassen*
Was die Direktoren und Aktionäre anbetrifft, so wissen beide, daß es für das Ge-
schäft um so besser ist, je weniger sich die ersteren in die Leitung und die Letz-
teren in die Kontrolle einmischen. **** ...
Weil sie nichts Besseres zu tun haben, spekulieren unsere Kapitalisten, die sich
»zurückgezogen« haben, in Wirklichkeit aber überflüssig geworden sind, nach
Herzenslust in diesem Mammonstempel. ***** 699

---

* Die Kommune hat mit allen Mitteln die demokratisch legitimierte Regierung bekämpft. Man ließ die Kommune hochleben, obgleich sie mausetot war. Das nennt man Unverfrorenheit.
** Hier wiederholt Engels die eigentümliche Logik von *Das Kapital*, wonach der Arbeiter im Kapitalismus den gerechten Lohn erhält. Da es von »gerecht« keine Steigerung gibt, kann der Unzufriedene nur über totale Veränderung der Produktionsweise eine Verbesserung der arbeitenden Klasse herbeiführen.
*** Die Tätigkeit der Gewerkschaften war den Freunden ein Dorn im Auge, da so Zündstoff abgetragen wurde. Sie konnten es aber nicht offen sagen, daher schreckt Engels nicht davor zurück, zu behaupten, das eherne Äquivalenzprinzip des Karl Marx, wonach Gleichwert gegen Gleichwert getauscht wird, komme nur dank den Gewerkschaften zur Geltung. Der innere Widerspruch wird übergangen.
**** Der Kundige weiß, daß Engels damit seine eigene Tätigkeit als Unternehmer entwertet. Das Papier ist geduldig.
***** Welche Heuchelei! Er selbst klagt zunächst über den (MEW a.a.O. 31, 293) »hündischen Commerce« und legt später einen Großteil der Erlöse aus seiner Beteiligung an der Firma Ermen & Engels in Aktien an.

─────── **1882** ───────

Marx an Engels   11. November
Lafargue [Schwiegersohn] hat die üble Narbe von dem Negerstamm: **kein Ge-**
fühl der Scham, *ich meine damit der Schamhaftigkeit, sich lächerlich zu ma-*
chen.
… Und das von Lafargue Geschriebne und von ihm selbst »Zitierte« – ist in der
Tat nur Reminiszenz eines Bakuninschen Rezepts. Lafargue ist in der Tat der
letzte Schüler Bakunins, der ernstlich an ihn glaubt. …
Longuet [anderer Schwiegersohn] als letzter Proudhonist und Lafargue als letz-
*ter Bakunist! que le diable les emporte [der Teufel soll sie holen]!*⁷⁰⁰

Marx an Laura Lafargue   4. Januar
Die Heftigkeit, womit die Bourgeoisblätter in Deutschland entweder meinen
Tod, oder doch den unvermeidlich nahen Eintritt desselben, verkündet haben,
hat mich sehr amüsiert, und ihnen zulieb muß sich »der mit der Welt zerfahre-
*ne Mann« notwendig wieder aktionsfähig machen.*⁷⁰¹

Engels an Eduard Bernstein   6. Januar
Die Eilfertigkeit, womit die Bourgeoispresse die Nachricht von seinem sicher be-
vorstehenden Tod verbreitete, hat ihm sehr gutgetan: »jetzt muß ich den ver-
*dammten Hunden zum Trotz erst recht lange leben«.*⁷⁰²

Engels an Eduard Bernstein   25.-31. Januar
Daß die Krisen einer der mächtigsten Hebel der politischen Umwälzung * sind,
liegt schon im »Kommunistischen Manifest« und ist in der »Revue« der »Neuen
Rheinischen Zeitung« bis inkl. 1848 ausgeführt, daneben aber auch, daß die
rückkehrende Prosperität dann auch die Revolutionen knickt, und den Sieg der
*Reaktionen begründet.*⁷⁰³

Engels an Karl Kautsky   7. Februar
Nun können Sie mich fragen, ob ich denn gar keine Sympathien habe für die
kleinen slawischen Völker und Volkstrümmer, die von den drei ins Slawentum
eingetriebnen Keilen: dem deutschen, magyarischen und türkischen auseinan-
dergesprengt sind? In der Tat, verdammt wenig. [Genannt werden dann: die
Tschechen, die Slowaken, die Serben, die Bulgaren u.a.] … Erst wenn durch den
Zusammenbruch des Zarentums die nationalen Bestrebungen dieser Völker-

───────────

* Daher die unersättliche Krisensehnsucht.

knirpse von der Verquickung mit panslawistischen Weltherrschaftstendenzen befreit sind, erst dann können wir sie frei gewähren lassen, und ich bin sicher, sechs Monate Unabhängigkeit reichen hin bei den meisten östreich-ungarischen Slawen, um sie dahin zu bringen, wieder um Aufnahme zu flehen.[704]

Engels an Eduard Bernstein   22./25. Februar
Ich bin autoritär genug, die Existenz solcher Naturvölkchen mitten in Europa für einen Anachronismus zu halten. Und wenn die Leutchen so hoch ständen wie die von Walter Scott gefeierten Hochschotten, die ja auch die ärgsten Viehdiebe waren, so können wir doch höchstens die Art und Weise verurteilen, mit der die heutige Gesellschaft sie behandelt. Wären wir am Ruder, auch wir würden dem altererbten Renaldo-Renaldini- und Schinderhannestum dieser Burschen ein Ende machen müssen. ... Und wenn aus dem Aufstand dieser Burschen ein Weltkrieg zu entbrennen droht, der uns unsre ganze revolutionäre Situation verdirbt, so müssen sie und ihr Recht auf Viehraub den Interessen des europäischen Proletariats ohne Gnade geopfert werden.[705]
Wir haben in Deutschland eine Situation, die mit steigender Geschwindigkeit der Revolution zutreibt und in kurzem unsre Partei in den Vordergrund drängen muß. Wir selbst brauchen dazu gar nichts zu tun, nur unsre Gegner für uns arbeiten lassen ... Was uns fehlt, ist einzig ein rechtzeitiger Anstoß von außen. Diesen bietet die Lage Rußlands, wo der Beginn der Revolution nur noch Frage von Monaten ist.[706]

Marx an Eleanor Marx-Aveling   21. Mai
Bevor ich ami (Freund) Fermé verließ, sagte ich ihm: Sobald ich an der Südküste Frankreichs lande, wird das Wetter umschlagen. Und tatsächlich – ich bin nun mal so ein »schicksalhafter« Mensch und bin sogar stolz auf diese meine Eigenschaft – hat sich die Prophezeiung zum Teil erfüllt. ... Als ich am 4. Mai in Marseille ankam, fing es zu regnen an ...[707]

Engels an Friedrich Adolph Sorge   20. Juni
Diese Leute möchten um jeden Preis das Sozialistengesetz durch Milde und Sanftmut, Kriecherei und Zahmheit wegbetteln, weil es mit ihrem literarischen Erwerb kurzen Prozeß macht. Sobald das Gesetz beseitigt ..., wird die Spaltung wahrscheinlich offen werden, und die Vierecks Höchbergs, Geisers, Blos & Co., einen separaten rechten Flügel bilden, wo man dann von Fall zu Fall mit ihnen verhandeln kann, bis sie endlich definitiv auf den Arsch fallen. *[708]

---

* Auch hier war der Wunsch der Vater der Vorhersage.

Engels an Eduard Bernstein   26. Juni
Ich glaube, der »Sozialdemokrat« würde guttun, alte vorwiegend verhöhnende
*Schreibweise überall, wo es angeht, anzuwenden ...*709

Engels: *Über die Konzentration des Kapitals in den USA*
Für den Konflikt: Riesenhafte Konzentration des Kapitals einerseits und wach-
sendes Massenelend andererseits, gibt es nur eine Lösung: **die soziale Revolu-**
tion!* 710

──── **1883** ────

Engels an Eduard Bernstein   18. Januar
Nicht sich drehen und winden unter den Schlägen des Gegner, heulen, winseln
und Entschuldigungen stammeln: so böse war's nicht gemeint; – wie noch so
viele tun. Wiederhauen muß man, für jeden feindlichen Hieb zwei, drei zurück.
Das war unsre Taktik von jeher, und wir haben bis jetzt, glaub' ich noch so ziem-
*lich jeden Gegner untergekriegt.*711

Engels an Laura Lafargue   10. März
Diese **Ex-Bakunisten** *Malon und Brousse sind* **ein niederträchtiges dreckiges**
Pack. *Solch schamlose Fälschung würde überall außerhalb Paris genügen, um*
*sie für immer mundtod zu machen.*712

Mit seinem Tode, 14. März 1883, endet die eigentliche Ära Marx. Es folgt Ne-
krologisches:

Engels an Wilhelm Liebknecht   14. März
Trotzdem ich ihn [Marx] heut abend in seinem Bett ausgestreckt gesehn, die
Leichenstarre im Gesicht, kann ich mir doch gar nicht denken, daß dieser
geniale Kopf aufgehört haben soll, mit seinen gewaltigen Gedanken die prole-
tarische Bewegung beider Welten zu befruchten. **Was wir alle sind, wir sind es**
durch ihn; *und was die heutige Bewegung ist, sie ist es durch seine theoretische*
und praktische Tätigkeit; ohne ihn säßen wir immer noch im Unrat der Kon-
fusion.** 713

---

* An anderer Stelle belehrt uns Engels, daß jede Revolution eine soziale Revolution ist (MEW
a.a.O. 18, 560):»Jede wirkliche Revolution ist eine soziale, indem sie eine neue Klasse zur Herrschaft bringt, und dieser gestattet, die Gesellschaft nach ihrem Bilde umzugestalten.«
** Und ohne Engels wäre Marx, von dem hier die Rede ist, im Strudel seiner eigenen, insbe-
sondere persönlichen und familiären Konfusionen längst untergegangen.

Engels an Friedrich Adolph Sorge 15. März

Und diesen gewaltigen genialen Mann als Ruine fortvegetieren zu sehn, zum größeren Ruhm der Medizin und zum Spott für die <u>Philister,</u> die er in seiner Vollkraft so oft <u>zusammengeschmettert</u> – nein, tausendmal besser wie es ist, tausendmal besser, wir tragen ihn übermorgen in das Grab …
<u>Die Menschheit ist um einen Kopf kürzer gemacht, und zwar um den bedeu-</u><u>tendsten Kopf, den sie heutzutage hatte.</u> * 714*

Engels: Das Begräbnis von Karl Marx

Dann sprach F. Engels ungefähr folgendes in **englischer** *Sprache: »Am 14. März, nachmittags ein Viertel vor drei, hat <u>der größte lebende Denker</u> aufgehört zu denken …*
<u>Wie Darwin das Gesetz der Entwicklung der organischen Natur, so entdeckte</u>
<u>Marx das Entwicklungsgesetz der menschlichen Geschichte</u>: die bisher unter ideologischen Überwucherungen verdeckte einfache Tatsache, daß die Menschen vor allen Dingen zunächst essen, trinken, wohnen und sich kleiden müssen, ehe sie Politik, Wissenschaft, Kunst, Religion usw. treiben können.** *…*
Damit nicht genug. Marx entdeckte auch das spezielle Bewegungsgesetz der heutigen kapitalistischen Produktionsweise und der von ihr erzeugten bürgerlichen Gesellschaft. Mit der Entdeckung des Mehrwerts war hier plötzlich Licht geschaffen …
Zwei solche Entdeckungen sollten für ein Leben genügen. Glücklich schon der, dem es vergönnt ist, nur eine solche zu machen …
So war der Mann der Wissenschaft. Aber das war noch lange nicht der halbe Mann. Die Wissenschaft war für Marx eine geschichtlich bewegende, eine revolutionäre Kraft. …
Denn <u>Marx war vor allem Revolutionär</u>. Mitzuwirken, in dieser oder jener Weise, am Sturz der kapitalistischen Gesellschaft und der durch sie geschaffenen Staatseinrichtungen, mitzuwirken an der Befreiung des modernen Proletariats, dem **er** *zuerst das Bewußtsein seiner eigenen Lage und seiner Bedürfnisse, das Bewußtsein der Bedingungen seiner Emanzipation gegeben hatte – das war sein wirklicher Lebensberuf.«715*

---

* Engels ist es, der auf vielfältige Weise den Mythos Marx zu errichten begann.
** Längst vorher kursierte der Satz: »primum edere, deinde philosophari [zuerst essen, dann philosophieren]!«

Anmerkungen

[1] Besançon a.a.O. S 73.
[2] Michael Scharang »Verirrte Debatte. Ist Stalin die Inkarnation des absoluten Geistes?«, DIE ZEIT 18. 6. 98.
[3] MEW a.a.O. 27, 410.
[4] MEW a.a.O. 21, 271.
[5] MEW a.a.O. Ergbd. 1, 591.
[6] MEW a.a.O. Ergbd. 1, 593.
[7] MEGA² I 1 640 f.
[8] MEGA² I 1 681.
[9] MEGA² I 1 679.
[10] MEGA² I 1 680.
[11] MEGA² I 1 488 f.
[12] MEGA² I 1 661.
[13] Marx »Texte« a.a.O. S. 129.
[14] Marx a.a.O. S. 130 f.
[15] MEW a.a.O. Ergbd. 2, 130.
[16] MEW a.a.O. Ergbd. 2, 177.
[17] MEW a.a.O. Ergbd. 2, 220 f.
[18] MEW a.a.O. Ergbd. 2, 300 f.
[19] MEW a.a.O. 1, 460.
[20] MEW a.a.O. 27, 415.
[21] MEW a.a.O. 27, 418.
[22] MEW a.a.O. 1, 338.
[23] MEW a.a.O. 1, 344 f.
[24] MEW a.a.O. 1, 359.
[25] MEW a.a.O. 1, 364.
[26] MEW a.a.O. 1, 366.
[27] MEW a.a.O. 1, 370, im Original französisch.
[28] MEW a.a.O. 1, 370.
[29] MEW a.a.O. 1, 372.
[30] MEW a.a.O. 1, 372 f.
[31] MEW a.a.O. 1, 378 f.
[32] MEW a.a.O. 1, 380.
[33] MEW a.a.O. 1, 381.
[34] MEW a.a.O. 1, 385.
[35] MEW a.a.O. 1, 388.
[36] MEW a.a.O. 1, 401 f.
[37] MEW a.a.O. 1, 480 f.
[38] MEW a.a.O. 1, 481.
[39] MEW a.a.O. 27, 12.
[40] MEW a.a.O. 1, 526.
[41] MEW a.a.O. 1, 592.
[42] MEW a.a.O. Ergbd. 1, 471.
[43] MEW a.a.O. Ergbd. 1, 473.
[44] MEW a.a.O. Ergbd. 1, 474.
[45] MEW a.a.O. Ergbd. 1, 475.
[46] MEW a.a.O. Ergbd. 1, 510 f.
[47] MEW a.a.O. Ergbd. 1, 534 f.
[48] MEW a.a.O. Ergbd. 1, 536.
[49] MEW a.a.O. Ergbd. 1, 546.
[50] MEW a.a.O. 2, 20.
[51] MEW a.a.O. 2, 38.
[52] MEW a.a.O. 2, 119 f.
[53] MEW a.a.O. 2, 123.
[54] MEW a.a.O. 2, 434; sinngemäße Wiederholung bereits auf der folgenden Seite.
[55] MEW a.a.O. 2, 441.
[56] MEW a.a.O. 2, 472.
[57] MEW a.a.O. 2, 504.
[58] MEW a.a.O. 2, 505.
[59] MEW a.a.O. 2, 517.
[60] MEW a.a.O. 2, 555.
[61] MEW a.a.O. 2, 569.
[62] MEW a.a.O. 2, 570.
[63] MEW a.a.O. 3, 6.
[64] MEW a.a.O. 3, 6.
[65] MEW a.a.O. 27, 59.
[66] MEW a.a.O. 27, 70 f.
[67] MEW a.a.O. 27, 61.
[68] MEW a.a.O. 3, 31 f. Siehe dazu die Fußnote im Text!
[69] MEW a.a.O. 3, 34.
[70] MEW a.a.O. 3, 38 f.
[71] MEW a.a.O. 3, 42.
[72] MEW a.a.O. 3, 69 f.
[73] MEW a.a.O. 3, 70 f.
[74] MEW a.a.O. 3, 229.
[75] MEW a.a.O. 3, 364.
[76] MEW a.a.O. 3, 424.
[77] MEW a.a.O. 3, 457.
[78] MEW a.a.O. 4, 7.
[79] MEW a.a.O. 4, 15.
[80] MEW a.a.O. 4, 22.
[81] MEW a.a.O. 4, 40.
[82] MEW a.a.O. 4, 182.
[83] MEW a.a.O. 4, 308.
[84] MEW a.a.O. 4, 317.
[85] MEW a.a.O. 4, 339.
[86] MEW a.a.O. 4, 365.
[87] MEW a.a.O. 4, 379 f.
[88] MEW a.a.O. 4, 391 ff.
[89] MEW a.a.O. 4, 395.
[90] Kuczynski a.a.O. S. IX.
[91] Ebenda.
[92] Hobsbawm a.a.O. S. 13.
[93] Stadtarchiv Chemnitz »Marxmonument« 5. 2.
[94] Schreiben des Leiters von Bibliothek und Archiv des Karl-Marx-Hauses vom 9. 10. 1997 an den Autor.

95 Von einer Hetzjagd aller Mächte des
alten Europa kann schon deshalb nicht
die Rede sein, weil die Freunde gänzlich
unbehindert über Jahrzehnte hinweg in
England und von England aus agieren
konnten.
96 MEW a.a.O. 4, 474.
97 MEW a.a.O. 4, 475.
98 MEW a.a.O. 4, 478.
99 MEW a.a.O. 4, 481 f.
100 MEW a.a.O. 4, 493.
101 MEW a.a.O. 29, 428.
102 MEW a.a.O. 30, 163.
103 MEW a.a.O. 30, 565.
104 MEW a.a.O. 21, 19.
105 MEW a.a.O. 27, 485.
106 MEW a.a.O. 21, 20.
107 MEW a.a.O. 27, 114.
108 MEW a.a.O. 27, 124.
109 MEW a.a.O. 27, 130.
110 MEW a.a.O. 27, 131.
111 MEW a.a.O. 5, 80 ff.
112 MEW a.a.O. 5, 116.
113 MEW a.a.O. 5, 132.
114 MEW a.a.O. 5, 133.
115 MEW a.a.O. 5, 136 f.
116 MEW a.a.O. 5, 186 f.
117 MEW a.a.O. 5, 193 ff.
118 MEW a.a.O. 5, 202.
119 MEW a.a.O. 5, 315 f.
120 Neue Rheinische Zeitung a.a.O. S. 392.
121 MEW a.a.O. 5, 334 f.
122 MEW a.a.O. 5, 395.
123 Neue Rheinische Zeitung S. 506.
124 MEW a.a.O. 5, 401 f.
125 Neue Rheinische Zeitung S. 523.
126 Ebenda S. 542.
127 Ebenda S. 568.
128 Ebenda S. 569.
129 Ebenda S. 583.
130 MEW a.a.O. 5, 429.
131 MEW a.a.O. 5, 457.
132 MEW a.a.O. 6, 25.
133 Neue Rheinische Zeitung S. 788.
134 Ebenda S. 799.
135 Ebenda S. 838.
136 MEW a.a.O. 6, 102.
137 MEW a.a.O. 6, 139.
138 MEW a.a.O. 6, 124.
139 MEW a.a.O. 5, 474 f.
140 MEW a.a.O. 27, 506.
141 MEW a.a.O. 6, 149.
142 MEW a.a.O. 6, 150.
143 MEW a.a.O. 6, 168.
144 MEW a.a.O. 6, 172 f.
145 MEW a.a.O. 6, 173 f.
146 MEW a.a.O. 6, 176.
147 MEW a.a.O. 6, 211.
148 MEW a.a.O. 6, 260.
149 MEW a.a.O. 6, 234.
150 MEW a.a.O. 6, 270 f.
151 MEW a.a.O. 6, 273 f.
152 MEW a.a.O. 6, 275.
153 MEW a.a.O. 6, 276.
154 MEW a.a.O. 6, 277 f.
155 MEW a.a.O. 6, 278 f.
156 MEW a.a.O. 6, 279.
157 MEW a.a.O. 6, 282 f.
158 MEW a.a.O. 6, 283.
159 MEW a.a.O. 6, 286.
160 MEW a.a.O. 6, 298.
161 Neue Rheinische Zeitung a.a.O. S. 1254.
162 Ebenda S. 1263.
163 MEW a.a.O. 6, 245.
164 Neue Rheinische Zeitung S. 1278.
165 Ebenda S. 1306.
166 Ebenda S. 1344.
167 MEW a.a.O. 6, 337.
168 MEW a.a.O. 6, 386 f.
169 MEW a.a.O. 6, 423.
170 MEW a.a.O. 6, 448 f.
171 MEW a.a.O. 6, 491.
172 MEW a.a.O. 6, 504 ff.
173 MEW a.a.O. 29, 401.
174 MEW a.a.O. 31, 346.
175 MEW a.a.O. 7, 11.
176 MEW a.a.O. 7, 15.
177 MEW a.a.O. 7, 21.
178 MEW a.a.O. 7, 29.
179 MEW a.a.O. 7, 31.
180 MEW a.a.O. 7, 31 f.
181 MEW a.a.O. 7, 33.
182 MEW a.a.O. 7, 34.
183 MEW a.a.O. 7, 43.
184 MEW a.a.O. 7, 79.
185 MEW a.a.O. 7, 85.
186 MEW a.a.O. 7, 89.
187 MEW a.a.O. 7, 228.
188 MEW a.a.O. 7, 230.
189 MEW a.a.O. 7, 248.
190 MEW a.a.O. 7, 249 f.
191 MEW a.a.O. 7, 253 f.
192 MEW a.a.O. 7, 329.
193 MEW a.a.O. 7, 440.
194 MEW a.a.O. 7, 448.
195 MEW a.a.O. 7, 461.
196 MEW a.a.O. 7, 553.

197 MEW a.a.O. 7, 565 f.
198 MEW a.a.O. 7, 568.
199 MEW a.a.O. 27, 190.
200 MEW a.a.O. 27, 204.
201 MEW a.a.O. 27, 226 f.
202 MEW a.a.O. 27, 254.
203 MEW a.a.O. 27, 266 f.
204 MEW a.a.O. 27, 278.
205 MEW a.a.O. 27, 344.
206 MEW a.a.O. 27, 390.
207 MEW a.a.O. 27, 392.
208 MEW a.a.O. 27, 558 ff.
209 MEW a.a.O. 27, 563.
210 MEW a.a.O. 7, 480 f.
211 MEW a.a.O. 8, 14 f.
212 MEW a.a.O. 8, 45 f.
213 MEW a.a.O. 8, 51.
214 MEW a.a.O. 8, 53.
215 MEW a.a.O. 8, 80 ff.
216 MEW a.a.O. 8, 84.
217 MEW a.a.O. 8, 87 f.
218 MEW a.a.O. 28, 7.
219 MEW a.a.O. 28, 11.
220 MEW a.a.O. 28, 19.
221 MEW a.a.O. 28, 30.
222 MEW a.a.O. 28, 34 f.
223 MEW a.a.O. 8, 86.
224 MEW a.a.O. 28, 96.
225 MEW a.a.O. 28, 110.
226 MEW a.a.O. 28, 118.
227 MEW a.a.O. 28, 145.
228 MEW a.a.O. 28, 167.
229 MEW a.a.O. 28, 180.
230 MEW a.a.O. 28, 490.
231 MEW a.a.O. 28, 508.
232 MEW a.a.O. 28, 521.
233 MEW a.a.O. 28, 533.
234 MEW a.a.O. 28, 537.
235 MEW a.a.O. 28, 564.
236 MEW a.a.O. 8, 122.
237 MEW a.a.O. 8, 126 f.
238 MEW a.a.O. 8, 173.
239 MEW a.a.O. 8, 190 f.
240 MEW a.a.O. 8, 204.
241 MEW a.a.O. 8, 224.
242 MEW a.a.O. 8, 228.
243 MEW a.a.O. 8, 267.
244 MEW a.a.O. 8, 268 f.
245 MEW a.a.O. 8, 278.
246 MEW a.a.O. 8, 370 ff.
247 MEW a.a.O. 8, 399 f.
248 MEW a.a.O. 28, 207.
249 MEW a.a.O. 28, 209.
250 MEW a.a.O. 28, 270 f.

251 MEW a.a.O. 28, 294.
252 MEW a.a.O. 28, 580.
253 MEW a.a.O. 28, 596.
254 MEW a.a.O. 28, 597.
255 MEW a.a.O. 8, 527 ff.
256 MEW a.a.O. 8, 544.
257 MEW a.a.O. 9, 88 f.
258 MEW a.a.O. 9, 94.
259 MEW a.a.O. 9, 108.
260 MEW a.a.O. 9, 175.
261 MEW a.a.O. 9, 215 f.
262 MEW a.a.O. 9, 220 f.
263 MEW a.a.O. 9, 248.
264 MEW a.a.O. 9, 320.
265 MEW a.a.O. 9, 396.
266 MEW a.a.O. 9, 426.
267 MEW a.a.O. 9, 533.
268 MEW a.a.O. 28, 391.
269 MEW a.a.O. 28, 393.
270 MEW a.a.O. 10, 104.
271 MEW a.a.O. 10, 109.
272 MEW a.a.O. 10, 118.
273 MEW a.a.O. 10, 245 f.
274 MEW a.a.O. 10, 366.
275 MEW a.a.O. 10, 379.
276 MEW a.a.O. 10, 541.
277 MEW a.a.O. 28, 438.
278 MEW a.a.O. 28, 625.
279 MEW a.a.O. 11, 76.
280 MEW a.a.O. 11, 193 f.
281 MEW a.a.O. 11, 197.
282 MEW a.a.O. 11, 198 f.
283 MEW a.a.O. 11, 414.
284 MEW a.a.O. 11, 427.
285 MEW a.a.O. 11, 452.
286 MEW a.a.O. 11, 559 f.
287 MEW a.a.O. 29, 31.
288 MEW a.a.O. 29, 38 f.
289 MEW a.a.O. 29, 43.
290 MEW a.a.O. 29, 78.
291 Eleanor Marx a.a.O. S. 600. Dieses Zitat findet sich auch in:»Karl Marx – Chronik seines Lebens in Einzeldaten« a.a.O. S. 156, ferner bei Neubauer a.a.O. S. 125. Das Zitat fehlt in: Marx/Engels 1980 a.a.O. ferner in MEW und in MEGA1.
292 MEW a.a.O. 12, 3 f.
293 MEW a.a.O. 12, 52.
294 MEW a.a.O. 29, 104 ff.
295 MEW a.a.O. 29, 134.
296 MEW a.a.O. 29, 161.
297 MEW a.a.O. 29, 168 f.
298 MEW a.a.O. 29, 194.
299 MEW a.a.O. 29, 198.

300 MEW a.a.O. 29, 204.
301 MEW a.a.O. 29, 210 ff.
302 MEW a.a.O. 29, 220 f.
303 MEW a.a.O. 29, 227.
304 MEW a.a.O. 29, 231.
305 MEW a.a.O. 29, 232 f.
306 MEW a.a.O. 12, 235.
307 MEW a.a.O. 29, 274.
308 MEW a.a.O. 29, 303 f.
309 MEW a.a.O. 29, 333.
310 MEW a.a.O. 29, 357 f.
311 MEW a.a.O. 29, 359 f.
312 MEW a.a.O. 29, 369 f.
313 MEW a.a.O. 29, 373.
314 MEW a.a.O. 29, 376.
315 MEW a.a.O. 29, 551 f.
316 MEW a.a.O. 29, 561.
317 MEW a.a.O. 12, 506.
318 MEW a.a.O. 12, 533.
319 MEW a.a.O. 12, 630.
320 MEW a.a.O. 12, 677.
321 MEW a.a.O. 29, 401.
322 MEW a.a.O. 29, 402.
323 MEW a.a.O. 29, 405.
324 MEW a.a.O. 29, 417.
325 MEW a.a.O. 29, 427.
326 MEW a.a.O. 29, 432.
327 MEW a.a.O. 29, 436.
328 MEW a.a.O. 29, 440.
329 MEW a.a.O. 29, 442 f.
330 MEW a.a.O. 29, 448 f.
331 MEW a.a.O. 29, 453.
332 MEW a.a.O. 29, 454.
333 MEW a.a.O. 29, 481.
334 MEW a.a.O. 29, 483.
335 MEW a.a.O. 29, 512.
336 MEW a.a.O. 29, 524.
337 MEW a.a.O. 29 571 f.
338 MEW a.a.O. 29, 573.
339 MEW a.a.O. 29, 587 f.
340 MEW a.a.O. 29, 590.
341 MEW a.a.O. 29, 598.
342 MEW a.a.O. 29, 604 f.
343 MEW a.a.O. 29, 635.
344 MEW a.a.O. 12, 686 f.
345 MEW a.a.O. 13, 9.
346 MEW a.a.O. 13, 267 f.
347 MEW a.a.O. 13, 353.
348 MEW a.a.O. 13, 404.
349 MEW a.a.O. 13, 468.
350 MEW a.a.O. 13, 470 f.
351 MEW a.a.O. 13, 476.
352 MEW a.a.O. 13, 487 f.
353 MEW a.a.O. 30, 6.

354 MEW a.a.O. 30, 13.
355 MEW a.a.O. 30, 14.
356 MEW a.a.O. 30, 15.
357 MEW a.a.O. 30, 19.
358 MEW a.a.O. 30, 20.
359 MEW a.a.O. 30, 26.
360 MEW a.a.O. 30, 29 ff.
361 MEW a.a.O. 30, 39.
362 MEW a.a.O. 30, 45.
363 MEW a.a.O. 30, 68.
364 MEW a.a.O. 30, 96.
365 MEW a.a.O. 30, 123 f.
366 MEW a.a.O. 30, 547 ff.
367 MEW a.a.O. 30, 565.
368 MEW a.a.O. 14, 389.
369 MEW a.a.O. 14, 395.
370 MEW a.a.O. 14, 449 f.
371 MEW a.a.O. 14, 599 ff.
372 MEW a.a.O. 30, 161 ff.
373 MEW a.a.O. 30, 198.
374 MEW a.a.O. 30, 202.
375 MEW a.a.O. 30, 578.
376 MEW a.a.O. 30, 584.
377 MEW a.a.O. 30, 588.
378 MEW a.a.O. 30, 591.
379 MEW a.a.O. 15, 234 ff.
380 MEW a.a.O. 30, 228 f.
381 MEW a.a.O. 30, 239.
382 MEW a.a.O. 30, 248 f.
383 MEW a.a.O. 30, 257 ff.
384 MEW a.a.O. 30, 273.
385 MEW a.a.O. 30. 285.
386 MEW a.a.O. 30, 298.
387 MEW a.a.O. 30, 301.
388 MEW a.a.O. 30, 619.
389 MEW a.a.O. 30, 624.
390 MEW a.a.O. 30, 310 f.
391 MEW a.a.O. 30, 312.
392 MEW a.a.O. 30, 324.
393 MEW a.a.O. 30, 333.
394 MEW a.a.O. 30, 338.
395 MEW a.a.O. 30, 343.
396 MEW a.a.O. 30, 345 f.
397 MEW a.a.O. 30, 353 ff.
398 MEW a.a.O. 30, 360.
399 MEW a.a.O. 30, 368 f.
400 MEW a.a.O. 30, 370.
401 MEW a.a.O. 30, 371 ff.
402 MEW a.a.O. 30, 374.
403 MEW a.a.O. 30, 376.
404 MEW a.a.O. 30, 377.
405 MEW a.a.O. 30, 382 f.
406 MEW a.a.O. 31, 10 ff.
407 MEW a.a.O. 33, 238.

[408] MEW a.a.O. 30, 387.
[409] MEW a.a.O. 30, 402 f.
[410] MEW a.a.O. 30, 426.
[411] MEW a.a.O. 30, 429.
[412] MEW a.a.O. 30, 432 f.
[413] MEW a.a.O. 31, 6 f.
[414] MEW a.a.O. 31, 15 f.
[415] MEW a.a.O. 31, 17.
[416] MEW a.a.O. 31, 37 f.
[417] MEW a.a.O. 31, 417.
[418] MEW a.a.O. 31, 424.
[419] MEW a.a.O. 31, 428.
[420] MEW a.a.O. 31, 432.
[421] MEW a.a.O. 31, 434.
[422] MEW a.a.O. 16, 9 f.
[423] MEW a.a.O. 16, 15.
[424] MEW a.a.O. 31, 45 f.
[425] MEW a.a.O. 31, 52 ff.
[426] MEW a.a.O. 31, 56.
[427] MEW a.a.O. 31, 59.
[428] MEW a.a.O. 31, 63.
[429] MEW a.a.O. 31, 69.
[430] MEW a.a.O. 31, 71.
[431] MEW a.a.O. 31, 77.
[432] MEW a.a.O. 31, 95.
[433] MEW a.a.O. 31, 96.
[434] MEW a.a.O. 31, 99 f.
[435] MEW a.a.O. 31, 102.
[436] MEW a.a.O. 31, 111.
[437] MEW a.a.O. 31, 124.
[438] MEW a.a.O. 31, 135.
[439] MEW a.a.O. 31, 156.
[440] MEW a.a.O. 31, 159.
[441] MEW a.a.O. 31, 446.
[442] MEW a.a.O. 31, 451 f.
[443] MEW a.a.O. 31, 473.
[444] MEW a.a.O. 16, 29 ff.
[445] MEW a.a.O. 16, 73 f.
[446] MEW a.a.O. 16, 77 f.
[447] MEW a.a.O. 16, 152.
[448] MEW a.a.O. 31, 175.
[449] MEW a.a.O. 31, 183.
[450] MEW a.a.O. 31, 190.
[451] MEW a.a.O. 31, 191.
[452] MEW a.a.O. 31, 220 f.
[453] MEW a.a.O. 31, 222.
[454] MEW a.a.O. 31, 227.
[455] MEW a.a.O. 31, 236.
[456] MEW a.a.O. 31, 267.
[457] MEW a.a.O. 31, 530.
[458] MEW a.a.O. 31, 533.
[459] MEW a.a.O. 16, 153 ff.
[460] MEW a.a.O. 31, 342 f.
[461] MEW a.a.O. 31, 354 f.
[462] MEW a.a.O. 31, 361.
[463] MEW a.a.O. 31, 364.
[464] MEW a.a.O. 31, 378.
[465] MEW a.a.O. 31, 380.
[466] MEW a.a.O. 31, 542.
[467] MEW a.a.O. 31, 549.
[468] MEW a.a.O. 31, 568.
[469] MEW a.a.O. 32, 14.
[470] MEW a.a.O. 32, 15.
[471] MEW a.a.O. 32, 18 f.
[472] MEW a.a.O. 32, 32.
[473] MEW a.a.O. 32, 43.
[474] MEW a.a.O. 32, 81.
[475] MEW a.a.O. 32, 130.
[476] MEW a.a.O. 32, 139.
[477] MEW a.a.O. 32, 160.
[478] MEW a.a.O. 32, 161.
[479] MEW a.a.O. 32, 169.
[480] MEW a.a.O. 32, 177 f.
[481] MEW a.a.O. 32, 207.
[482] MEW a.a.O. 32, 219.
[483] MEW a.a.O. 32, 233.
[484] MEW a.a.O. 32, 533.
[485] MEW a.a.O. 32, 541.
[486] MEW a.a.O. 32, 545.
[487] MEW a.a.O. 32, 579 ff.
[488] MEW a.a.O. 16, 330.
[489] MEW a.a.O. 32, 243.
[490] MEW a.a.O. 32, 252.
[491] MEW a.a.O. 32, 262.
[492] MEW a.a.O. 32, 278.
[493] MEW a.a.O. 32, 331 f.
[494] MEW a.a.O. 32, 343.
[495] MEW a.a.O. 32, 346.
[496] MEW a.a.O. 32, 348.
[497] MEW a.a.O. 32, 354.
[498] MEW a.a.O. 32, 358.
[499] MEW a.a.O. 32, 360.
[500] MEW a.a.O. 32, 369 f.
[501] MEW a.a.O. 32, 371.
[502] MEW a.a.O. 32, 416.
[503] MEW a.a.O. 32, 421 ff.
[504] MEW a.a.O. 32, 599.
[505] MEW a.a.O. 32, 614.
[506] MEW a.a.O. 32, 623.
[507] MEW a.a.O. 16, 348 f.
[508] MEW a.a.O. 32, 437 f.
[509] MEW a.a.O. 32, 442.
[510] MEW a.a.O. 32, 472.
[511] MEW a.a.O. 32, 478.
[512] MEW a.a.O. 32, 482.
[513] MEW a.a.O. 32, 501.
[514] MEW a.a.O. 32, 503.
[515] MEW a.a.O. 32, 511.

516 MEW a.a.O. 32, 512.
517 MEW a.a.O. 33, 5.
518 MEW a.a.O. 32, 650.
519 MEW a.a.O. 32, 656 ff.
520 MEW a.a.O. 32, 669.
521 MEW a.a.O. 33, 126.
522 MEW a.a.O. 33, 154 f.
523 MEW a.a.O. 16, 386 f. Wenig später wiederholt Marx diesen Gedankengang fast wortgleich (MEW a.a.O. 16, 414 f.).
524 MEW a.a.O. 16, 398.
525 MEW a.a.O. 16, 428 f.
526 MEW a.a.O. 17, 5.
527 MEW a.a.O. 17, 131.
528 MEW a.a.O. 33, 200.
529 MEW a.a.O. 33, 205 f.
530 MEW a.a.O. 33, 209.
531 MEW a.a.O. 33, 229.
532 MEW a.a.O. 33, 238.
533 MEW a.a.O. 33, 280 f.
534 MEW a.a.O. 33, 314.
535 MEW a.a.O. 33, 328 ff.
536 MEW a.a.O. 33, 343 ff.
537 MEW a.a.O. 17, 298.
538 MEW a.a.O. 17, 301.
539 MEW a.a.O. 17, 307.
540 MEW a.a.O. 17, 326.
541 MEW a.a.O. 17, 336 ff.
542 MEW a.a.O. 17, 343.
543 MEW a.a.O. 17, 359.
544 MEW a.a.O. 17, 433.
545 MEW a.a.O. 33, 372 f.
546 MEW a.a.O. 33, 376.
547 MEW a.a.O. 33, 392.
548 MEW a.a.O. 33, 426. f.
549 MEW a.a.O. 33, 453.
550 MEW a.a.O. 33, 456.
551 MEW a.a.O. 33, 459 f.
552 MEW a.a.O. 33, 475.
553 MEW a.a.O. 33, 484.
554 MEW a.a.O. 33, 487.
555 MEW a.a.O. 33, 495.
556 MEW a.a.O. 33, 553.
557 MEW a.a.O. 17, 378.
558 MEW a.a.O. 17, 508 f.
559 MEW a.a.O. 17, 541.
560 MEW a.a.O. 17, 542 f.
561 MEW a.a.O. 17, 546.
562 MEW a.a.O. 18, 32 ff.
563 MKW a.a.O. 18, 56.
564 MEW a.a.O. 18, 62.
565 MEW a.a.O. 18, 99 f.
566 MEW a.a.O. 18, 118.
567 MEW a.a.O. 18, 160 f.

568 MEW a.a.O. 18, 221.
569 MEW a.a.O. 18, 232.
570 MEW a.a.O. 18, 240 f.
571 MEW a.a.O. 18, 257 f.
572 MEW a.a.O. 18, 259 f.
573 MEW a.a.O. 18, 266.
574 MEW a.a.O. 18, 268.
575 MEW a.a.O. 16, VII.
576 MEW a.a.O. 28, 462.
577 MEW a.a.O. 27, 228.
578 MEW a.a.O. 27, 374.
579 MEW a.a.O. 30, 15.
580 MEW a.a.O. 30, 565.
581 MEW a.a.O. 30, 248.
582 MEW a.a.O. 30, 359.
583 MEW a.a.O. 31, 132.
584 MEW a.a.O. 31, 183.
585 MEW a.a.O. 31, 541.
586 MEW a.a.O. 31, 292.
587 MEW a.a.O. 31, 334.
588 MEW a.a.O. 31, 346.
589 MEW a.a.O. 31, 403 ff.
590 MEW a.a.O. 31, 407.
591 MEW a.a.O. 32, 45.
592 MEW a.a.O. 32, 91.
593 MEW a.a.O. 32, 552.
594 MEW a.a.O. 34, 208.
595 MEW a.a.O. 36, 566.
596 MEW a.a.O. 37, 8 f.
597 MEW a.a.O. 23, 17.
598 MEW a.a.O. 23, 169.
599 MEW a.a.O. 23, 208 f.
600 MEW a.a.O. 23, 247.
601 MEW a.a.O. 23, 249.
602 MEW a.a.O. 27, 350.
603 MEW a.a.O. 23, 542.
604 MEW a.a.O. 23, 673 f.
605 MEW a.a.O. 23, 741 f.
606 MEW a.a.O. 23, 788.
607 MEW a.a.O. 23, 789 ff.
608 MEW a.a.O. 16. 207 ff.
609 MEW a.a.O. 16, 210.
610 MEW a.a.O. 16, 214.
611 MEW a.a.O. 16, 226.
612 MEW a.a.O. 16, 235.
613 MEW a.a.O. 34, 53.
614 MEW a.a.O. 33, 82.
615 MEW a.a.O. 33, 87.
616 MEW a.a.O. 33, 564 ff.
617 MEW a.a.O. 33, 582 f.
618 MEW a.a.O. 33, 590 f.
619 MEW a.a.O. 18, 300.
620 MEW a.a.O. 18, 308.
621 MEW a.a.O. 18, 331

622 MEW a.a.O. 18, 333.
623 MEW a.a.O. 33, 617.
624 MEW a.a.O. 33, 635.
625 MEW a.a.O. 18, 515 ff.
626 MEW a.a.O. 34, 7 f.
627 MEW a.a.O. 34, 125.
628 MEW a.a.O. 34, 127 f.
629 MEW a.a.O. 34, 129.
630 MEW a.a.O. 34, 130.
631 MEW a.a.O. 34, 137 f.
632 MEW a.a.O. 34, 155.
633 MEW a.a.O. 34, 158 f.
634 MEW a.a.O. 34, 170.
635 MEW a.a.O. 18, 556 f.
636 MEW a.a.O. 19, 18.
637 MEW a.a.O. 19, 23.
638 MEW a.a.O. 19, 27.
639 MEW a.a.O. 19, 27 ff.
640 MEW a.a.O. 19, 31 f.
641 MEW a.a.O. 34, 12 f.
642 MEW a.a.O. 34, 212 f.
643 MEW a.a.O. 34, 236.
644 MEW a.a.O. 34, 37.
645 MEW a.a.O. 34, 50.
646 MEW a.a.O. 34, 57.
647 MEW a.a.O. 34, 66.
648 MEW a.a.O. 34, 285.
649 MEW a.a.O. 34, 295.
650 MEW a.a.O. 34, 302 f.
651 MEW a.a.O. 34, 78.
652 MEW a.a.O. 34, 81.
653 MEW a.a.o. 34, 317.
654 MEW a.a.O. 34, 328.
655 MEW a.a.O. 34, 515.
656 MEW a.a.O. 19, 105 f.
657 MEW a.a.O. 20, 6 f.
658 MEW a.a.O. 20, 26.
659 MEW a.a.O. 20, 30.
660 MEW a.a.O. 20, 50 f.
661 MEW a.a.O. 20, 146 f.
662 MEW a.a.O. 20, 171.
663 MEW a.a.O. 20, 255.
664 MEW a.a.O. 20, 261.
665 MEW a.a.O. 20, 264.
666 MEW a.a.O. 34, 89.
667 MEW a.a.O. 34, 96.
668 MEW a.a.O. 34, 100.

669 MEW a.a.O. 34, 107.
670 MEW a.a.O. 34, 368.
671 MEW a.a.O. 34, 382.
672 MEW a.a.O. 34, 391.
673 MEW a.a.O. 34, 392 f.
674 MEW a.a.O. 34, 402 ff.
675 MEW a.a.O. 34, 410 ff.
676 MEW a.a.O. 19, 149.
677 MEW a.a.O. 34, 437.
678 MEW a.a.O. 34, 441.
679 MEW a.a.O. 19, 223.
680 MEW a.a.O. 19, 226.
681 MEW a.a.O. 19, 228.
682 MEW a.a.O. 19, 229.
683 MEW a.a.O. 35, 151.
684 MEW a.a.O. 35, 153.
685 MEW a.a.O. 35, 161.
686 MEW a.a.O. 35, 170.
687 MEW a.a.O. 35, 171.
688 MEW a.a.O. 35, 174 f.
689 MEW a.a.O. 35, 176.
690 MEW a.a.O. 35, 178 f.
691 MEW a.a.O. 35, 182 f.
692 MEW a.a.O. 35, 186.
693 MEW a.a.O. 35, 222.
694 MEW a.a.O. 35, 229 f.
695 MEW a.a.O. 35, 241 f.
696 MEW a.a.O. 35, 245.
697 MEW a.a.O. 19, 248.
698 MEW a.a.O. 19, 253.
699 MEW a.a.O. 19, 288 f.
700 MEW a.a.O. 35, 109 f.
701 MEW a.a.O. 35, 256.
702 MEW a.a.O. 35, 258.
703 MEW a.a.O. 35, 268.
704 MEW a.a.O. 35, 272.
705 MEW a.a.O. 35, 281 f.
706 MEW a.a.O. 35, 283.
707 MEW a.a.O. 35, 325.
708 MEW a.a.O. 35, 333.
709 MEW a.a.O. 35, 340.
710 MEW a.a.O. 19, 308.
711 MEW a.a.O. 35, 425.
712 MEW a.a.O. 35, 453.
713 MEW a.a.O. 35, 457.
714 MEW a.a.O. 35, 460.
715 MEW a.a.O. 19, 335 f.

III

Die Antwort –
Die Täter der im »Schwarzbuch«
aufgeführten Verbrechen
waren Marxisten

»Es ist in der Tat nicht zufällig, daß die
sozialistischen Ideen trotz ihrer Diskreditierung
durch eine totalitäre Realität wieder eine Chance
haben, und es ist frappierend, wie die Werbe-
wirtschaft zur Zeit kommunistische Ikonografie
einsetzt. Selbst bei schärfster Distanzierung wäre
Gleiches mit Hitler oder Hakenkreuz offen-
kundig undenkbar.«

André Brie[1]

»… das zwanzigste war ein besonders törichtes,
wenn man will, blödes Jahrhundert, ein Jahrhundert des zunehmenden Versagens der
politischen Urteilskraft.«

Wilhelm Hennis[2]

1. »Vernichter« und »Selbstgott« – Ein Leben ohne Brüche

> »Der Narziß, der Phänotyp unserer Zeit, ist sich
> selber Gott und Referenz-System, süchtige Monade, die
> sich selber segnet, sich selbst erlöst.«
>
> Alexander Schuller[3]

Den kommunistischen Götterhimmel zierten über Jahrzehnte hinweg vier Fixsterne: Marx, Engels, Lenin, Stalin. 1956, gleichsam über Nacht, wurde Stalin geächtet. Seit dem Fall der Mauer ist auch Lenin in den ehemaligen Ostblockstaaten Gegenstand heftiger Kritik, hat er doch blutigen Terror nicht bloß geduldet, sondern ausdrücklich gerechtfertigt und befohlen. (Doch ihn aus seinem Mausoleum zu entfernen, dazu fehlt den Anklägern die Kraft. Im Gegenteil: Zumindest in Rußland erschreckt sein Name den sensiblen Touristen in jeder Stadt, ähnlich wie in Georgien die Monumente zu Ehren Stalins.)
War Lenin ein Marxist? Unbestritten ist, daß er sich immer und immer wieder als treuer Marxist präsentierte. Freilich, er setzte etwas andere Akzente. Durch Erfahrung gewitzt wußte er, daß die industrielle Revolution nicht mit der Notwendigkeit eines Naturgesetzes die proletarische Revolution zur Folge hat, letztere vielmehr durch eine straff organisierte Kaderpartei erkämpft werden muß, wie das dann 1917 unter seiner Führung tatsächlich geschah. Doch davon abgesehen, gibt es wirklich nennenswerte Differenzen? Die große Masse derer, für die der Inhalt des *Schwarzbuchs* Anlaß zur Ursachenforschung ist, tabuisiert Marx und Engels. Andere unterscheiden zwischen einem humanistischen jungen und einem materialistischen alten Marx. Wieder andere glauben, die literarische Hinterlassenschaft der Freunde ebenso wie ihr Leben steckten voller Widersprüche, und schließlich werden mitunter auch die Freunde auseinanderdividiert.
Dementgegen ergeben die in Teil II zusammengestellten Zitate in den wesentlichen Punkten ein klares Bild. Sie beweisen, daß die Marxisten des *Schwarzbuchs* die in ihm aufgelisteten Verbrechen prinzipiell im Geiste ihres Namenspatrons begingen und sich zu Recht als Marxisten ausgaben.
Damit soll nicht gesagt sein, die Verbrechen seien die notwendige Folge des originären Marxismus gewesen. Man kann sich mit Marx beschäftigen und ihn dann ganz oder teilweise in der Praxis unbeachtet lassen, wofür die Sozialdemokratische Partei Deutschland sowohl im 19. wie im 20. Jahrhundert als Beweis dient. Insofern ist Gerd Koenen zuzustimmen, der dem Satz widerspricht: »Marx zeugte Lenin, Lenin zeugte Stalin, Stalin zeugte Mao.«[4]

Doch wenn er fortfährt: »Lenin enteignete Marx, Stalin mumifizierte Lenin, Mao verdrängte Stalin«, so hat er die Fakten nicht auf seiner Seite. Mit Blick auf Hitler bezweifelt niemand die Macht des Wortes, seine Verführungskraft. Er und Joseph Goebbels haben so die Massen begeistert, mitgerissen, für sich gewonnen, Deutschland erobert. Marx und Marxismus haben jedoch nicht minder fasziniert und inspiriert! Taten sind lauter als Worte. Sie werden besonders leicht wahrgenommen. Doch den Taten gehen in aller Regel Gedanken und Worte voraus. Mit Worten hat Lenin dem Terror den Weg geebnet. Da er an der Macht war, ist jeder vernünftige Zweifel ausgeschlossen, daß ihm zumindest die Massenverbrechen seiner Tage anzulasten sind, so wegen Äußerungen wie: »Meiner Ansicht nach ist es notwendig, die Todesstrafe durch Erschießen für alle Phasen der Umtriebe der Menschewiken, Sozialrevolutionäre und ähnliche auszudehnen. Es muß eine Formel gefunden werden, die diese Umtriebe in Verbindung bringt mit der internationalen Bourgeoisie und deren Kampf gegen uns (Bestechung der Presse und Agenten. Kriegsvorbereitungen und ähnliches).«[5]

Das Neue Testament ist Evangelium, frohe Botschaft. Viel ist da von Liebe und Friede die Rede. Gewalt spielt keine Rolle. Doch in *einem* Gleichnis taucht sie am Rande auf. Als die Geladenen der Hochzeit fernblieben, sandte der Herr seine Knechte aus, um die Passanten zu zwingen, am Mahl teilzunehmen. Die Worte »compellite eos intrare [zwingt sie einzutreten]« bildete die Rechtfertigung für gewaltsame Bekehrungen, für die Bestrafung von Ketzern, für die Inquisition und die Unterjochung der Indianer im 16. Jahrhundert.[6] Ohne diese Worte hätte die Kirchengeschichte wohl einen erheblich anderen Verlauf genommen.[*]

Bei Marx und Engels sind es Tausende von Worten, die den Weg in den Archipel Gulag weisen. Der Teil II liefert eine schier endlose Kette von Belegen für Verachtung, Haß, Krisensehnsucht, Revolutionserwartung, Gewaltbereitschaft und Vernichtungsdrang. Diese Kette ist eng verschlungen mit einer anderen, deren Glieder die Namen Egoismus, Despotismus, Größenwahn und Selbstvergottung tragen. Die Elemente beider Ketten finden wir bereits in den frühesten uns überlieferten Marxtexten, im deutschen Abituraufsatz, in den Jugendgedichten, in der Dissertation. Hand in Hand damit geht das Verächtlichmachen dessen, was wir als Humanität im Sinne Goethes verstehen: »Edel sei der Mensch, hilfreich und gut«. Bei Marx und Engels hingegen stoßen wir auf die ausdrückliche Absage an die »moderne Mythologie mit ihren Göttinnen Gerechtigkeit, Freiheit, Gleichheit und fraternité«.[7]

---

[*] Heute ist diese Gefahr entschärft, da die Theologen einmütig die Auffassung vertreten, daß den Gleichnissen keine Handlungsanleitungen entnommen werden dürfen.

Schon oben (II 1, 1835) wurde der auffallend häufige Gebrauch des Wortes »vernichten« durch den Abiturienten und Studenten Marx nachgewiesen. Der »Vernichter«, wie ihn ein Zeitgenosse charakterisierte[8], hatte zunächst noch kein klares Ziel, bis er gewahrte, daß »alles im Staate Dänemark faul« sei (s. o. II 2, insbes. 1843). Auch im Freundeskreis habe Marx mit vor königlichem Vergnügen boshaft funkelnden Augen die Runde abgeschätzt. Jäh fuhr dann ein Finger auf einen der schockierten Kumpanen: »Dich werde ich vernichten.«[9] Bakunin erinnert sich, wie Marx zu imponieren und einzuschüchtern versuchte: *Weißt Du, daß ich jetzt an der Spitze einer so gut disziplinierten geheimen kommunistischen Gesellschaft stehe, daß, wenn ich einem Mitglied derselben gesagt hätte: geh und töte Bakunin, er Dich töten würde?*[10] Der italienische Freiheitsheld Giuseppe Mazzini nannte, wie Engels berichtet, Marx einen »begabten Kopf, … zerstörend, eine Herrschernatur«[11].

»Vernichten« war nicht nur ein häufig gebrauchtes Wort – wie später von Lenin[12] – es könnte auch die Aufschrift über Marxens Leben sein. Nichts hat er geschaffen, was auch nur die üblichen Jahre überdauerte. »Haß« und »Vernichtung« sind eineiige Zwillinge. »Die Juden gingen an dem eingefleischten, schließlich mordlüsternen Rassenhaß zugrunde, dem Hitler und die Seinigen frönten.«[13]

Jede Vereinigung, der Marx beitrat, zerfiel meist schon nach kurzer Zeit an inneren Zerwürfnissen. Nur die Internationale Arbeiter-Assoziation brachte es in Europa auf acht Jahre (s. o. II 6). Den deutschen sozialistischen Parteien gereichte es zum Segen, daß sich die in England lebenden Freunde zu gut dünkten, um sich mit »Krethi und Plethi« gemein zu machen, daß sie nicht beitraten. Dem Allgemeinen Deutschen Arbeiterverein wünschten sie rasche Auflösung. Liebknecht, der namhafte Gründer der Sozialdemokratischen Deutschen Arbeiterpartei, war für sie nur ein nützlicher Esel. Der Fusion beider Vereinigungen im Jahre 1875 prophezeiten sie einen raschen Zerfall (s. o. II 8, 1875 ff.).[*]

Und im häuslichen Bereich? Tieftraurig klagt der todkranke Vater: »Ich will und muß Dir sagen, daß Du Deinen Eltern vielen Verdruß gemacht und wenig oder keine Freude.«[14] Die »heilige Familie«: Karl, Jenny, Kinder, lebte, da der Vater seine familiären Pflichten vernachlässigte, im Tal der Tränen: In einem Brief an Engels bekennt Marx: *Ich wäre längst auf der Bibliothek fertig. Aber die Unterbrechungen und Störungen sind zu groß, und zu Haus, wo alles immer im Belagerungszustand sitzt und Tränenbäche mich ganze Nächte ennuyieren und wütend machen, kann ich natürlich nicht viel tun.*[15] Nicht minder aufschlußreich auch die folgenden Zeilen: *Es gibt keine größre Eselei*

---

[*] 125 Jahre später ist sie immer noch quicklebendig.

für Leute von allgemeinen Strebungen, als überhaupt zu heiraten und sich so zu verraten an die petites misères de la vie domestique et privée.[16] Besonders erschütternd die Klage: *Lieber Engels, es ist mir höchst ekelhaft, Dich wieder von meiner misère zu unterhalten, aber que faire? Meine Frau sagt mir jeden Tag, sie wünschte, sie läge mit den Kindern im Grab, und ich kann es ihr wahrlich nicht verdenken ...*[17] Mit Blick auf seine eigene Person spricht er von einem *status animi [Geisteszustand], in dem ich mir am liebsten eine Kugel durch den Kopf geschossen*[18] hätte.

Von den insgesamt sieben ehelichen Kindern wurden nur drei Töchter erwachsen. Zwei davon schieden durch Selbstmord aus dem Leben, von der dritten, Jenny Longuet, wird angenommen, sie hätte denselben Ausweg gewählt, wäre sie nicht bereits mit 39 Jahren eines natürlichen Todes gestorben.

Der Zerfall der Sowjetunion und all ihrer Satelliten ist wohl auch in erster Linie auf den Versuch zurückzuführen, die Wirtschaft nach Maßgabe der Marxschen Lehre zu gestalten.

Typisch für die Freunde, insbesondere für Marx, ist ferner: Das schier *maßlose Selbstbewußtsein*, die *Selbstvergötzung*, worüber sich schon Heinrich Heine mokierte, als er ihn in die Schaar der »gottlosen Selbstgötter«[19] einreihte. Sie durchzieht wie ein roter Faden das ganze Leben, begegnet uns geradezu auf jeder Seite, in jedem Jahr ihres Lebens, aus dem uns Aufzeichnungen erhalten geblieben sind, nachweisbar beginnend wieder mit dem Abituraufsatz 1835, wonach es erstrebenswert sei, »von der Menge bewundert und über sie erhaben dastehen«. Marx dient nicht, er ist zum Herrschen berufen. Wie selbstverständlich drückt er sich um den obligatorischen Wehrdienst. Wie selbstverständlich tritt er auch sonst nirgendwo in Dienste, mag die große Familie bittere Not leiden, wie selbstverständlich erwartet er von den Freunden, daß sie ihm den höchst eigenwilligen Lebensstil finanzieren. Er weiß, daß er bei den ersten ist, »die lebendig ins neue Leben eingehen«.[20] Ein Buch wie *Das Kapital* »ist ein Triumph der deutschen Wissenschaft, den ein einzelner Deutscher eingestehen kann«[21].

Diese *krankhafte Egozentrik* und Selbstbeweihräucherung, die keinerlei auffällige Leistungen begünstigten – in der Schule war er nur guter Durchschnitt[22], als Student drückte er sich um jedes Examen, bis er dann unter ganz außergewöhnlich günstigen Umständen dort, wo die Promotion am »billigsten« zu haben war, den Doktor phil. erwarb – ging geradezu notwendig einher mit der *Verachtung aller anderen*, beschränkt eben nicht nur auf die Aristokraten und die Bourgeois, vielmehr mitumfassend die Demokraten, die konkurrierenden Sozialisten und Kommunisten, das eigene Volk und praktisch alle anderen Völker, Menschen aller Klassen, Rassen und

Schichten. Der alte Engels preist und empfiehlt den jungen Genossen jenen *Hohn und Spott*, mit dem er und Marx stets ihre Gegner behandelt haben. Kann auf diesem mentalen Substrat eine Ideologie gedeihen, die der Menschheit, auch nur dem eigenen Umfeld nützt? Das erklärte *Ziel* ist der Kommunismus, der auf wundersame Weise alle Welträtsel löst, die Menschheit beglückt und die eigentliche Menschheitsgeschichte einleitet. Und wie lauten die *Etappenziele*? *Revolution, Despotismus, »Diktatur des Proletariats«.*

Noch gegen Ende seiner Tage betont Engels, daß ihm »als Revolutionär *jedes Mittel* recht [ist], das zum Ziel führt, das gewaltsamste, aber auch das scheinbar zahmste.«23 *»Jedes Mittel«: »Verachtung«, »Lüge«, »Gewalt«, »Terror«, »Krieg, »Dolch«.*

Und welches sind die *Motive*? Die Antwort darauf ist besonders schwierig. Mitunter belügt der Täter nicht nur die anderen, sondern auch sich selbst. Wenn wir nicht Rätsel raten, sondern die Freunde beim Wort nehmen, so lauten die Antriebskräfte: »Bei uns ist eher **Haß** nötig als Liebe«24, »*Rache*«, »*eherne Rücksichtslosigkeit*«. Diese Rücksichtslosigkeit, die die eigene Mutter nicht verschont, kennt nur eine Ausnahme, das liebe Ego. Die Klagen über die eigenen gesundheitlichen Gebrechen und die »häusliche Misère« füllen Hunderte von Seiten. Auch die eigene Frau und die Kinder als Bestandteile seines Ego, als seine Geschöpfe, umfaßt das Mitleid, das bei Marx aber nicht bis zur Suche nach einer geregelten Erwerbstätigkeit reicht.

Wer von der Wertordnung des Grundgesetzes aus die Phänomene Marx und Marxismus betrachtet, kommt geradezu zwingend zu folgendem Ergebnis: Die »Tugendlehre« der Freunde stellt eine Kampfansage an jenen Geist dar, dem der erste Artikel der Verfassung entspringt: »Die Würde des Menschen ist unantastbar.« Die Anerkennung der Würde verbietet Haß, Rachsucht, Verachtung, eherne Rücksichtslosigkeit. Die Freunde hingegen waren Meister in der »Kunst«, andere zu schmähen, zu verhöhnen, »die Feinde zu beißen«. »Menschenrechte«, zu denen der zweite Absatz des 1. Artikels ein Bekenntnis ablegt, haben im Denken der Freunde keinen Platz. Der angepeilte Despotismus negiert alle politischen Freiheitsrechte der Gegner. Die angemaßte »historische Mission« der eigenen Person, »der Partei Marx«, der eigenen Gruppe steht in unversöhnlichem Widerspruch zur politischen Gleichberechtigung des Artikels 3. Neutralität einem Phänomen gegenüber, das als »Opium des Volkes« abgewertet wird und das zum Absterben verurteilt ist, der Religion, kann auch nicht ansatzweise erwartet werden. Die »Religionsfreiheit« sollte auf die Freiheit von religiöser Bindung zusammenschrumpfen.

Die politischen Freiheiten, die in der geistigen Auseinandersetzung von besonderem Gewicht sind – Meinungsfreiheit, Pressefreiheit, Informationsfreiheit, Versammlungsfreiheit, Vereinigungsfreiheit – würden gemäß der unzweideutigen Absichtserklärung sofort suspendiert: *Solange das Proletariat den Staat noch **gebraucht**, gebraucht es ihn nicht im Interesse der Freiheit, sondern der Niederhaltung seiner Gegner.*[25] Schon das *Manifest der Kommunistischen Partei* denunziert jene Institute, die Artikel 6 garantiert: Ehe und Familie. Sie sollen abgeschafft werden. Gleiches gilt für das Eigentum durch Aufhebung des Erbrechts, des Eigentums an Grund und Boden, des Eigentums an Produktionsmitteln.

Daß die »Diktatur des Proletariats«, die Diktatur einer kleinen Minderheit, die denkbar schärfste Kampfansage an das Bekenntnis des Grundgesetzes zur Demokratie bildet, liegt auf der Hand. Der Spott über die »wurmstichige Montesquieu-Delolmesche Teilung der Gewalten, mit abgetragenen Phrasen und längst durchschauten Fiktionen!«[26] gilt einem Essentiale der Rechtsstaatlichkeit. Auch das Bekenntnis zur »Gesetzlichkeit solange und soweit sie uns paßt«, schlägt jedem rechtsstaatlichem Denken ins Gesicht. Kann es einen Verfassungsentwurf geben, der stärker mit der freiheitlichen demokratischen Ordnung des Grundgesetzes kontrastiert als der Staat, den die Freunde zu verwirklichen trachteten? Daß dieser Staat entgegen den Vorhersagen nirgendwo im »realexistierenden Sozialismus« schrittchenweise abgebaut wurde, sondern alle demokratischen Gemeinwesen an Kompetenzen weit übertraf, beweist die Gefährlichkeit der Marxschen Utopien.

2. »Ein Glas auf Karl Marx« – Was blieb unberücksichtigt?

> »Die Methode ist nicht neu: Man instrumentalisiert ins Konzept ›passende‹ Marx-Engels-Texte und verschweigt die unbequemen Texte und Tatsachen (ein leider auch von uns marxistischen Historikern im ›Realsozialismus‹ allzuoft strapaziertes Verfahren).«
>
> Prof. Dr. Heinrich Gemkow
> SED-Marxexperte[27]

Rund 1000 Zitate auf 300 Seiten abgedruckt, insbesondere aus 42 Bänden Marx-Engels-Werke mit durchschnittlich pro Band mehr als 500 Seiten, insgesamt mehr als 20 000 Seiten – das sind knapp 2 Prozent des Ganzen. Können diese 2 Prozent zwei Menschen richten, ihre Lehre mitverantwortlich machen für das, was später im Namen des Kommunismus geschah? Es geht, um es nochmals zu betonen, um Ursachenforschung, noch konkreter: um die Frage, ob der Marxist, der illegitime Aktionen geplant, Menschen in Verfolgung seiner kommunistischen Ziele gemordet hat, sich auf den Geist und die Texte der kommunistischen Klassiker berufen kann. Wie oft muß ein Anstifter zum Töten ermuntern, um als Anstifter bestraft werden zu können? Vor Gericht genügt dafür ein einziger Satz, einmal gesprochen. Hier sind es Hunderte! Die Kausalität der Marxschen Lehre für die kommunistischen Massenmorde über Jahrzehnte hinweg in vier Erdteilen, praktisch überall dort, wo Kommunisten die Macht ausübten, kann zwar nicht naturwissenschaftlich exakt, aber mit einer an Sicherheit grenzenden Wahrscheinlichkeit bewiesen werden, wobei immer zu bedenken bleibt, daß es Terror vor Marx und unabhängig von Marx gegeben hat, daß auch Marxisten in großer Zahl Terroropfer geworden sind – freilich nicht selten aus den eigenen Reihen verübt.[28]

Der namhafte Sozialtheoretiker Oswald von Nell-Breuning (SJ) verteidigte seinen Verzicht, in seinen einschlägigen Veröffentlichungen Marx zu zitieren, mit der folgenden Behauptung: »Wenn man sich für irgendeine Aussage auf Marx beruft und einen Beleg aus Marx dafür beibringt, muß man darauf gefaßt sein, daß einem ein anderer Marxtext entgegengehalten wird, der tatsächlich oder angeblich das Gegenteil besagt ... Diese Gefahr ist hier vermieden; den vorstehenden Ausführungen liegen keine Texte oder Meinungsäußerungen von Marx zugrunde, sondern nur heute allgemein verbreitete Erkenntnisse und Denkweisen ...«[29]

Die Richtigkeit unterstellt, steckt »Marx« voller Widersprüche, kann mit ihm alles »bewiesen« und widerlegt werden. Im Klappentext zu Fritz J. Raddatz' Buch *Karl Marx* heißt es zustimmend: »Eine überraschend und spannend erzählte Karl-Marx-Biographie, Konterfei eines zutiefst widersprüchlichen und gefährdeten Menschen.«[30] Ähnlich äußern sich die Herausgeber der »Anekdoten« von Karl Marx, nämlich: »ein zutiefst widersprüchlicher Mensch«.[31]

Dementgegen wird hier die Auffassung vertreten, daß es im Leben von Marx keine Brüche gibt, daß er sich selbst treu geblieben ist, daß er seine Grundüberzeugung seit seinem 25. Lebensjahr nie korrigiert hat, daß die meisten der vermeintlichen Widersprüche taktischer Natur gewesen sind, so wenn er, der Revolutionshungrige, andere belehrt, die Zeit sei jetzt nicht reif, um illegitime Gewalt anzuwenden. Man muß nur alle Themen von seinem Fixpunkt aus betrachten, der da lautet: »gewaltsamer Umsturz aller bisherigen Gesellschaftsordnung«, »Revolution«. Dann kann ein Krieg positiv zu werten sein (gegen Rußland) oder eben auch negativ (gegen Frankreich in der Endphase 1870), ein Volksaufstand positiv (Iren) oder auch negativ (Slawen), eine Eroberung positiv (Schleswig-Holstein) oder auch negativ

(Elsaß-Lothringen), ein Maulkorb positiv (wenn er den Gegnern umgehängt wird) oder negativ (wenn man ihn selbst tragen soll).

Aber gibt es nicht doch eine Vielzahl von Zitaten, die Marx in ein besseres Licht rücken, ihn als Humanisten erscheinen lassen und dergleichen mehr? Wer diese Zitate ausblendet, liefert ein verzerrtes Bild, ist ein negativer Marx-Verfälscher, minderwertiger als der positive!

In meinem Buch *Der Mythos Marx und seine Macher. Wie aus Geschichten Geschichte wird,* schreibe ich abschließend: »Jene, die sich zum Thema Marx äußern, tranchieren nach Laune und Bedarf Sätze und finden so ein halbes Dutzend griffiger Formulierungen, die gebetsmühlenartig wiederholt werden: ›Ich bin kein Marxist‹, ›Das gesellschaftliche Sein bestimmt das Bewußtsein‹, ›Alle Verhältnisse umzuwerfen, in denen der Mensch ein erniedrigtes, ein geknechtetes, ein verlassenes, ein verächtliches Wesen ist‹, ›An die Stelle der alten bürgerlichen Gesellschaft … tritt eine Assoziation, worin die freie Entwicklung eines jeden die Bedingung für die freie Entwicklung aller ist‹, ›Man muß an allem zweifeln‹. Weit weniger als ein Promille wird für das Ganze genommen.«[32] Das Buch kam 1996 auf den Markt.

Zwei Jahre später, am 8. Mai 1998, erschien in einer Wochenzeitung[33] eine kuriose Anzeige, betitelt »Ein Glas auf Karl Marx«. Eine Karikatur ziert den Text. Sie zeigt Marx, der dem Betrachter die Zunge herausstreckt. Der Begleittext verdient eine nähere Erörterung. Er enthält drei Marxzitate, die alle geeignet sind, uns Marx sympathisch zu machen. Was aber wichtiger ist: Sie bestätigen die oben zitierte Behauptung, daß bestimmte Zitate gebetsmühlenartig wiederholt werden, da es offenbar kaum Zitierfähiges gibt. Die drei befinden sich auch in meiner Auflistung. Sie lauten:

1. »*Alle Verhältnisse umzuwerfen, in denen der Mensch ein erniedrigtes, ein geknechtetes, ein verlassenes, ein verächtliches Wesen ist*«
2. »*de omnibus dubitandum*«
3. »*worin die freie Entwicklung eines jeden die Bedingung für die freie Entwicklung aller ist*«

Dann heißt es: »Mehr als 180 Marxistinnen und Marxisten gratulieren Karl Marx zu seinem 180. Geburtstag.« Die Reihe der Gratulanten beginnt mit Hans-Henning Adler und endet mit Gerhard Zwerenz. Weiter im Text: »Die 262 Unterzeichnerinnen und Unterzeichner aus allen Bundesländern sind Gewerkschafterinnen und Gewerkschafter, Wissenschaftlerinnen und Wissenschaftler, Künstlerinnen und Künstler, parteilos oder Mitglied von PDS, Bündnis 90/Die Grünen, SPD, DKP, unter ihnen sind Abgeordnete des Bundestages, aus Landtagen und Kommunalparlamenten.«
Betrachten wir die drei Sätze:

Ein Glas auf Karl Marx

»Alle Verhältnisse umzuwerfen, in denen der Mensch ein
erniedrigtes, ein geknechtetes, ein verlassenes,
ein verächtliches Wesen ist« – dieser Anspruch
hätte gereicht, um seinen Geburtstag zu feiern.
Wir haben noch mehr Gründe: Marx' radikale,
an die Wurzeln gehende Analyse und Kritik des
Kapitalismus, seine dialektische Methode, seine
Praxis, die Welt nicht nur neu zu interpretieren, sondern
zu verändern.

Bitteren Spott hat Karl Marx ausgegossen über
Beliebigkeiten in der Politik und Anpassungen an den
Zeitgeist, den übernehmen wir. Sympathisch ist uns
sein Lebensmotto »de omnibus dubitandum«, an allem ist zu
zweifeln. Eine Alternative sehen wir in einem Sozialismus,
»worin die freie Entwicklung eines jeden die Bedingung für
die freie Entwicklung aller ist«.

Mehr als 180 Marxistinnen und Marxisten gratulieren Karl Marx
zu seinem 180. Geburtstag.

V.i.S.d.P.
und für Nachfragen:
Wolfgang Gehrcke,
Winsstraße 58,
10405 Berlin

Hans-Henning Adler, Dr. Marie Luise Allendorf, Wolfram Altekrüger, Prof. Elmar Altvater, Uwe Arndamczyk, Elfi Andrack, Arno Armgort, Norbert Arndt, Martin Bahr, Manfred Balder, Joachim Barloschky, Thomas Barthel, Klaus Bartl, Dr. Dietmar Bartsch, Klaus Baumer-Versock, Heinz Behling, Christel Behling, Dr. Manfred Behrend, Dr. habil. Hanna Behrend, Prof. Dr. Günter Benser, Heike Berg, Prof. Dr. Theodor Bergmann, Wolfgang Bierstedt, Prof. Lothar Bisky, Rosemarie Blaschke, Renate Bonow, Manfred Borowiak, Maritta Böttcher, Elke Brosow, Prof. Dr. Reinhard Brühl, Eva Bußing-Schröter, Klaus Busch, Jürgen Danneberg, Dr. Diether Dehm, Dr. Judith Dellheim, Judith Demba, Manfred Demmer, Wolfgang Denecke, Christine Detamble-Voss, Prof. Dr. em. Stefan Doernberg, Rudolf Dötsch, Werner Eberlein, Yousaf Eblahaim, Walter Eckleben, Hossein Elahi, Prof. Dr. Ludwig Elm, Gisela Engel, Bruno Engelhardt, Walter Fenn, Klaus D. Fischer, Carola Freundl, Helga Fritz, Dr. Ruth Fuchs, Heike Garbe, Sieglinde Gärtner, Fred Gebhardt, Anja Gehrcke, Wolfgang Gehrcke, Rolf Gensert, Peter Gingold, Prof. Dr. Werner Goldschmidt, Annemarie Görne, Dietmar Görtz, Edith Graw, Gerhard Graw, Manfred Groteke, Walter Grünber, Harri Grönberg, Rainer Haag, Frank-Burkhard Habel, Heiner Halberstadt, Dr. Heinrich Hannover, Harald Hauenstein, Prof. Dr. Wolfgang Fritz Haug, Prof. Dr. Frigga Haug, Ludwig Hechler, Rudi Hechler, Hans-Jörg Hennecke, Dr. Hella Hertzfeld, Dr. Lothar Hertzfeld, Jenni Hertzfeldt, Prof. Dr. Uwe-Jens Heuer, Annemarie Hildebrandt, Klaus Hildebrandt, Axel Hildebrandt, Jürgen Hinzer, Uwe Hobler, Benjamin-Immanuel Hoff, Joachim Hoffmann, Marianne Hoffmann, Willi Hoffmeister, Steffen Hohaus, Helmut Holter, Dieter Holtz, Prof. Ute Holzkamp-Osterkamp, Dietmar Hönle, Klaus Höpcke, Karin Hopfmann, Dr. Jörg Huffschmidt, Jörg Hufverscheidt, Heinz Humbach, Malle Humbach, Günter Judick, Bernt Kamin, Sabine Kebir, Gerald Kemski, Dr. Klaus Kinner, Prof. Dr. Klein, Prof. Dr. Hermann Klenner, Bernd Kloss, Christian Klötzer, Arno Klundt, Dr. Heidi Knake-Werner, Anne Knaut, Lorenz Knorr, Rolf Köhne, Ralf Krämer, Dieter Krause, Hartmut Krauss, Marian Krüger, Wolfgang Krüger, Egon Kuhn, Reinhold Kühvich, Dr. Hans Küstner, Rolf Kutzmutz, Lothar Laabs, Harald Laabs, Kurt Laabs, Dr. Eberhard Langer, Steffen Lehndorff, Sabine Leidig, Dr. André Leisewitz, Ewald Leppin, Martin Lesch, Prof. Ekkehardt Lieberam, Thorsten Lieder, Dieter Lindig, Wolfgang Lindweiler, Axel Lochner, Prof. Dr. Christa Luft, Rüdiger Lohr, Dr. Günther Maleuda, Lutz Manke, Karin May, Prof. Dr. Sonja Mebel, Prof. Dr. Moritz Mebel, Fritz Meinicke, Ursula Mende, Meinhard Meuche-Mäker, Dr. Hans Modrow, Cornelia Möhring, Jakob Moneta, Sigi Moneta, Stefan Müller, Rita Müller, Gerd Müller, Hanne-Lore Munter, Arnold Munter, Michael Nacken, Heinz-Joachim Nagel, Gerd Nagel, Kerstin Nedoma, Michail Nelken, Reinhard Neudorfer, Ralf Neuendorf, Dr. Klaus Kinner, Prof. Dr. Waltraud Opitz, Prof. Dr. Heinrich Opitz, Dr. Ellen Richter, Hartmut Ritzheimer, Herbert Romund, Manfred Rosenblock, Dr. Uwe Rotfuss, Bertram Rühl, Rainer Rupp, Klaus-Rainer Rupp, Peter Sand, Günter Sanné, Dr. Heinz Schäfer, Dr. Ursula Schäfer, Helmut Schaper, Christina Schenk, Lutz Scherling, Hans Schimpf, Prof. Dr. Gregor Schirmer, Renate Schneider, Peter Schöder, Hans-Peter Schömmel, Volkmar Schöneburg, Sabine Schöneburg, Wilhelm Schönfeld, Axel Schröder, Jürgen Schuh, Christian Schöler, Gerd Schulmeyer, Regina Schulz, Katharina Schulze, Dr. Sigurd Schulze, Sebastian Schulze-Wittmann, Prof. Dr. Michael Schumann, Dr. Klaus-Peter Schwarz, Dr. Friedrich Sendelbeck, Gerd Siebert, Jörg Simon, Ingeborg Simon, Sima Soraya, Dieter Springhorn, Marina Stahmann, Dr. Volker Steinke, Hansgeorg Stengel, Wolfgang Thiel, Hannelore Tölke, Edith Udhardt, Horst Vergin, Heinz Vietze, Karin Vogelpohl, Jochen Vogler, Manfred Voigt, Günter Volz, Alexandra Wagner, Hans Walde, Claudia Walther, Hans-Dieter Warda, Halina Wawzyniak, Wolfgang Weber, Doris Wegener, Andreas Wehr, Karin Wenk, Dr. Harald Werner, Michael Wiese, Karsten Wildauer, Dr. Evelin Wittich, Jürgen Wittmann, Prof. em. Herbert Wolf, Harald Wolf, Dr. Winfried Wolf, Udo Wolf, Frieder Otto Wolf, Dr. Friedrich Wolff, Hans Wunderlich, Gabriele Zimmer, Dr. Peter Rudolf Zotl, Gerhard Zwerenz

Die 262 Unterzeichnerinnen und Unterzeichner aus allen Bundesländern sind Gewerkschafterinnen und Gewerkschafter, Wissenschaftlerinnen und Wissenschaftler, Künstlerinnen und Künstler, parteilos oder Mitglied in PDS, Bündnis '90/Die Grünen, SPD, DKP; unter ihnen sind Abgeordnete des Bundestages, aus Landtagen und Kommunalparlamenten.

Karikatur: Stefan Siegert

Die Worte *alle Verhältnisse umzuwerfen, in denen der Mensch ein erniedrigtes, ein geknechtetes, ein verlassenes, ein verächtliches Wesen ist* werden immer
wieder als Beleg für Marxens humanitäre Motivation angeführt. Jüngstes
Beispiel das 1999 erschienene Buch »Ein Gespenst verschwand in Europa«,
das mit ebendiesem Satz endet.[34] Die in »Selbstauflösung des Humanismus«[35] zitierten marxfreundlichen Philosophen kauen alle vorzüglich den
einen »Knochen«, der die Aufschrift trägt »kategorischer Imperativ«. Er
steht aber nicht allein, ist vielmehr eingebettet in den Essay *Zur Kritik der
Hegelschen Rechtsphilosophie* und Teil eines längeren Satzes. Sein Anfang lautet: *Die Kritik der Religion endet mit der Lehre, daß der* **Mensch das höchste**

Wesen für den Menschen sei, also mit dem kategorischen Imperativ, alle Ver-
hältnisse umzuwerfen ...[36] Daraus folgt wohl, daß mit den Worten: »der
Mensch das höchste Wesen für den Menschen« primär der Tod Gottes und
nicht das Gebot der Brüderlichkeit verkündet werden sollte. Gegen »Brüderlichkeit«, »fraternité«, haben sich die Freunde mehrmals ausdrücklich
ausgesprochen (s. Register).
Es ist aufschlußreich, daß Marx die Worte »alle Verhältnisse umzuwerfen«
unterstrichen hat, während die Klage über die Erniedrigung des Menschen
ohne diese Betonung geblieben ist, ein Indiz dafür, daß es dem »Vernichter«[37] vor allem darum ging, ohne Ausnahme »alle Verhältnisse umzuwerfen«, Revolution zu machen, und die Berufung auf die Notlage weiter Kreise der Bevölkerung der Beschönigung dienen sollte. Dafür sprechen auch
zahlreiche andere Passagen des Marxschen Artikels, beispielsweise: *Krieg den*
deutschen Zuständen! Allerdings! Sie stehn unter dem Niveau der Geschichte,
sie sind unter aller Kritik, aber sie bleiben ein Gegenstand der Kritik, wie der
Verbrecher, der unter dem Niveau der Humanität steht, ein Gegenstand des
Scharfrichters bleibt ... Ihr Gegenstand ist ihr Feind, den sie nicht widerlegen,
sondern vernichten will.[38]
Den Aufsatz: *Zur Kritik der Hegelschen Rechtsphilosophie* ... verfaßte Marx
unmittelbar im Anschluß an *Zur Judenfrage.* Obwohl selbst Jude unter Juden
mit sicherlich gutem Einblick in das jüdische Leben seiner Vaterstadt, über-
schüttet er sie mit haltlosen, in ihrer Heftigkeit unüberbietbaren Pauschal-
urteilen, die oben ausführlich zitiert worden sind.[39] Engels und Freund
Marx haben sich, wie sie selbstbewußt bekennen, die »rücksichtslose Kritik
alles Bestehenden«[40], die »unbarmherzige Kritik für alle«[41] zum Vorsatz gemacht und mit den unterschiedlichsten Redewendungen mehrmals schriftlich bekräftigt: Ihren Kommunismus nennen sie den »totalen Gegensatz ...
gegen die bestehende Weltordnung«[42]. »Die erste Pflicht der Presse ist nun,
alle Grundlagen des bestehenden politischen Zustandes zu unterwühlen.«[43]
Für Marx ist eben »alles im Staate Dänemark faul«[44].
Wer diese Zitate nüchtern zur Kenntnis nimmt, weiß so gut wie sicher, daß
der Relativsatz des »kategorischen Imperativs« die Absicht, »alle Verhältnisse umzuwerfen«, nicht relativiert. Alles, ohne Ausnahme, ist – nach ihrer
Auffassung – faul. Daher, so wörtlich im *Manifest der Kommunistischen Par-*
tei: »Umsturz aller bisherigen Gesellschaftsordnung.«[45] In diesem Geist
schmierte ein Student »Alles Scheiße« an eine Mauer der Universität Bayreuth und erfüllte damit eine der Aufnahmebedingungen in die »Partei
Marx«.
Zweiter Satz: »De omnibus dubitandum [Man muß an allem zweifeln]« –
paßt zu einem Skeptiker, der nichts von Dogmen, nichts von »erkannten hi-

storischen Gesetzmäßigkeiten« wissen will, ganz und gar nicht aber zu den Apparatschiks der kommunistischen Parteien, offenbar ein Beleg, wie fern Marx den orthodoxen Marxisten gestanden hat. Doch näheres Zusehen entkräftet diesen Beweis. Das Motto schrieb Marx am 18. April 1865 seiner Cousine Nannette Philips in den »Fragebogen«, der damals in der Gesellschaft als Herausforderung an Geist und Witz beliebt war.[46] Ihr Vater, Lion Philips, ein bürgerlich gesinnter, zum Christentum übergetretener Bankier, fungierte als Nachlaßverwalter von Karls Vater. Um ihn, den Onkel, zu Zahlungen zu bewegen, mußte Karl den Revolutionär in sich verleugnen und dem Onkel gegenüber als seinesgleichen auftreten, der an der Börse spekuliert[47] und sich zugleich zum Judentum bekennt.[48] Das ist übrigens Marx' einziges derartiges Bekenntnis in allen seinen schriftlichen Aufzeichnungen. Zugleich nennt Marx mit Nachdruck den weithin bekannten Ferdinand Lassalle »mein[en] Freund«[49]. Dieser »Freund« wird nun instrumentalisiert, damit Karl dem Onkel mit fingierten Federn imponiert. Marx bittet Lassalle: *Du weißt, daß ich hier mit meinem Onkel (der das Vermögen meiner Mutter verwaltet und in frühren Zeiten mir öfter bedeutende Vorschüsse auf mein Erbteil gemacht) schwierige Geldverhältnisse in Ordnung bringen will. Der Mann ist zäh, hat aber viel Eitelkeit auf mein Schriftstellertum. Du mußt daher in Deinem Brief an mich von dem Erfolg (lucus a non lucendo [obwohl das Gegenteil der Fall ist]) meiner letzten Schrift gegen Vogt, von gemeinschaftlichen Zeitungsplänen usf. sprechen, überhaupt Deinen Brief so einrichten, daß ich dem Herrn Onkel ›das Vertrauen‹ schenken kann, ihm den Brief mitzuteilen.*[50] – Herr Vogt, so der Buchtitel, war ein totaler Mißerfolg; gemeinsame Zeitungspläne gab es nicht. Damit sind wir mitten im Persönlichen, das aber bei der Frage nach der Glaubwürdigkeit nicht umgangen werden kann. Wer weiß, wie Marx – praktisch zeitgleich – den »Freund« in Briefen an Engels mit Häme und Spott übergossen hat,[51] findet kaum noch passende Worte für diese skrupellose Irreführung.

Nie hat er sich gegenüber Engels oder einem der zahlreichen anderen Kampfgefährten so geäußert wie gegenüber der Cousine. Nur in diesem Fragebogen begegnen wir auch der Maxime: »Nihil humanum alienum a me puto – [Nichts Menschliches ist mir fremd]«. Für diese einschmeichelnde Offenbarung gilt das oben Gesagte ebenso.

Wissen die eingangs zitierten Marxverehrer nicht, daß schon der eigene Vater Veranlassung sah, über Karls Verstellungskünste Klage zu führen, die auch noch Jahrzehnte später seine Frau offen eingesteht? Jenny Marx in einem Brief: »… was doch der Erfolg tut, oder bei uns der **Schein** des Erfolgs, den ich mit der feinsten Taktik zu behaupten weiß.«[52]

Auch das dritte Zitat soll freiheitlichen Geist unter Beweis stellen. Es ist dem

Manifest der Kommunistischen Partei entnommen. Wiederum trügt der erste Schein. Das Manifest enthält die geradezu logische Schlußfolgerung aus der rücksichtslosen Kritik der Freunde an allem und an allen, von der oben die Rede ist. Es kulminiert in den Worten: *Die Kommunisten verschmähen es, ihre Ansichten und Absichten zu verheimlichen. Sie erklären es offen, daß ihre Zwecke nur erreicht werden können, durch den gewaltsamen Umsturz aller bisherigen Gesellschaftsordnung.*[53]

Vorab werden die Details der Umsturzpläne benannt und beschrieben. Sie lauten: *Erhebung des Proletariats zur herrschenden Klasse.*[54] *Der nächste Zweck der Kommunisten ist derselbe wie der aller übrigen proletarischen Parteien: Bildung des Proletariats zur Klasse, Sturz der Bourgeoisieherrschaft, Eroberung der politischen Macht durch das Proletariat.*[55]

Nun könnte man versucht sein anzunehmen, mit der Einführung demokratischer Zustände hätten die Proletarier ohnehin die Macht erlangt. Doch Proletarier gemäß der Begriffsbestimmung durch das *Manifest*, nämlich Fabrikarbeiter ohne bürgerliche Familie und ohne Nationalbewußtsein,[56] gab es kaum. Selbst die gewöhnlichen Fabrikarbeiter bildeten noch lange eine fast verschwindende Minderheit. Daher haben sich die Freunde nicht für, sondern gegen das allgemeine Wahlrecht ausgesprochen: *... solange das Landproletariat nicht in die Bewegung mit hineingerissen wird, solange kann und wird das städtische Proletariat in Deutschland nicht das Geringste ausrichten, so lange ist das allgemeine, direkte Wahlrecht für das Proletariat keine Waffe, sondern ein Fallstrick.*[57] Der Anteil der Fabrikarbeiter an der Gesamtbevölkerung betrug Mitte des letzten Jahrhunderts weniger als fünf Prozent. Marx wußte das ganz genau. 27 Jahre nach der Erstveröffentlichung des *Manifests* hatte sich die Situation immer noch nicht wesentlich in seinem Sinne gebessert, so daß er einräumen mußte: »Erstens besteht das ›arbeitende Volk‹ in Deutschland zur Majorität aus Bauern und nicht aus Proletariern.«[58] Selbst die Demokraten hätten also gegen die Kommunisten zu den Waffen greifen müssen, um die Demokratie zu retten, was dann zu Beginn des Jahres 1919 in Deutschland, insbesondere Berlin, Wirklichkeit wurde. Auch die nächste Devise der Freunde mußte zu Blutvergießen führen, nämlich »das radikalste Brechen mit den überlieferten Eigentumsverhältnissen«.[59] Man denke nur an den Widerstand der ukrainischen Bauern und den von Stalin anbefohlenen Massenmord durch Verhungernlassen. Doch die Freunde gehen noch weiter und fordern ausdrücklich: »Aufhebung der Familie!« Was sie über Ehe und Familie zu wissen vorgeben und verändern wollen, trägt pathologische Züge: *Aufhebung der Familie! Selbst die Radikalsten ereifern sich über diese schändliche Absicht der Kommunisten. Worauf beruht die gegenwärtige, die bürgerliche Familie? Auf dem Kapital, auf dem Pri-*

vaterwerb. Vollständig entwickelt existiert sie nur für die Bourgeoisie; aber sie findet ihre Ergänzung in der erzwungenen Familienlosigkeit der Proletarier und der öffentlichen Prostitution.[60] Ein Kommentar erübrigt sich. Zunächst also »Gewalt«, »eherne Rücksichtslosigkeit«, »Despotismus«. Irgendwo in weiter Ferne, jenseits der Ströme von Blut, jenseits der Leichenberge, nach der Urzeugung des sozialistischen Menschen beginnt der *Zustand,* »worin die freie Entwicklung eines jeden die Bedingung für die freie Entwicklung aller ist«.

Gute Gründe sprechen dafür, daß sie diese blumigen Worte auf Drängen des Auftraggebers, des Bundes der Kommunisten, einfügen mußten. Denn im Entwurf des *Kommunistischen Glaubensbekenntnisses* vom Sommer 1847, das Marx und Engels mit als Arbeitsgrundlage diente, heißt es auf die Frage *Was ist der Zweck des Kommunismus?: Die Gesellschaft ist so einzurichten, daß jedes Mitglied derselben seine sämtlichen Anlagen und Kräfte in vollständiger Freiheit und ohne dadurch die Grundbedingungen anzutasten, entwickeln und betätigen kann.*[61]

Die Anzeige der 262 Marxisten ist der beste Beweis für die Richtigkeit der Feststellung, daß es von Marx nichts Zitierfähiges gibt, das als humanistisch, freiheitlich, demokratisch empfunden werden könnte und einer näheren Prüfung standhält. Das erinnert an die Jugendgedichte des »größten Sohnes des deutschen Volkes«, von denen die marxistische DDR ihren Schülern kein einziges zur Lektüre vorsetzen konnte. Die drei in der Annonce zitierten Sätze sind nicht drei Beispiele, die für viele stehen, sondern Unikate, die deshalb immer und immer wieder ins Scheinwerferlicht gerückt werden und dem so geblendeten Betrachter eine Scheinwirklichkeit vorgaukeln, während die Textstellen, die die Überheblichkeit, die Verachtung aller anderen, die zügellose revolutionäre Passion, den Vernichtungsdrang, die Krisensehnsucht belegen und den roten Terror sowie die Diktatur des Proletariats bejahen, hunderte Seiten füllen. Doch sie bleiben ausgeblendet, unerwähnt, weithin unbekannt. Nimmt es da Wunder, daß die Gralshüter des Marxismus jeden offenen Dialog vermeiden? Sie wissen um das Lügengebäude und auch, wie leicht die Potemkinschen Dörfer zum Einsturz gebracht werden könnten.

In der Annonce ist ferner von »Marx' radikaler, an die Wurzeln gehender Analyse und Kritik des Kapitalismus« die Rede, seiner »dialektischen Methode«, seiner »Praxis, die Welt nicht nur neu zu interpretieren, sondern zu verändern«.

Ja, es war, wie gezeigt (II 7), die denkbar radikalste Kritik an jener Wirtschaftsordnung, die seit Jahrzehnten die kommunistischen und die ehemals kommunistischen Staaten (insbesondere Rußland!) unterstützt, die, wie ein

Magnet, Hunderte von Millionen Menschen veranlaßt hat und veranlaßt
auszuwandern, um dort, »wo die Ausbeutung wütet«, ein besseres Leben zu
führen. Man denke nur an die DDR, wo gemäß Artikel 2 der Verfassung von
1968 angeblich »die Ausbeutung des Menschen durch den Menschen … für
immer beseitigt« war, obgleich die Löhne und Renten nicht einmal 50 % des
Westniveaus betrugen.[62] Millionen flohen von dort in die »Fänge der Ausbeuter«. Nur Mauer, Stacheldraht und Schießbefehl konnten verhindern,
daß weitere Millionen das sogenannte Paradies mit der kapitalistischen
Hölle vertauschten.

Doch wie Marx nur jene Fakten zur Kenntnis nahm, die ihm gelegen kamen,
so auch seine Epigonen. Sie schwören auf die Dialektik ihres Meisters, die sie
in die Lage versetzt, stets Recht zu behalten, gemäß seinem Eingeständnis gegenüber dem Freunde: *Es ist möglich, daß ich mich blamiere. Indes ist dann
immer mit einiger Dialektik zu helfen. Ich habe natürlich meine Aufstellung
so gehalten, daß ich im umgekehrten Fall auch Recht habe.*[63] Die Veränderungen, die der Marxsche Kommunismus über die Welt gebracht hat, be-
schreibt das *Schwarzbuch des Kommunismus.* Das sind seine blutroten Seiten. Doch wo können wir seine völkerbeglückenden Großtaten nachlesen?
Die Arbeiterbewegung entstand vor Marx und entwickelte sich weitestgehend unabhängig von ihm. Die schrittweise Verbesserung der Lage der arbeitenden Klasse war ihm, dem leidenschaftlichen Revolutionär, ein Greuel.
In seiner *Ethik* nennt Dietrich Bonhoeffer die notwendige Schlußfolgerung:
»Daß das Böse in der Gestalt des Lichtes, der Wohltat, der Treue, der Er-
neuerung, daß es in der Gestalt des geschichtlich Notwendigen, des sozial
Gerechten erscheint, ist für den schlicht Erkennenden eine klare Bestätigung
seiner abgründigen Bosheit. Den ethischen Theoretiker dagegen macht es
blind.«[64]

3. »Schwachheit, Verzärtelung, Eigenliebe, Dünkel« – Die Frühdiagnose des Vaters

»Die Welt soll aus mir selbst entsteigen« – so lautet der anschaulich formu-
lierte Wahn des Egomanen Karl Marx. Dieser schon in jungen Jahren manifeste Narzissmus nimmt in der Revolutionsphantasie Gestalt an. Entgegen
allen Erfahrungen des Alltags und der Jahre bleibt Marx ihr treu; der »Selbstgott« irrt nicht.

Der Egomane ist herrschsüchtig und kaltherzig. Er läßt nur sich selbst gelten, spricht am liebsten von sich selbst. Er läßt sich bedenkenlos bedienen
und kann nie genug bekommen. Für erwähnenswert hält er nur das eigene

Weh. Alle, die sich ihm nicht unterwerfen, sind seine Feinde, soweit er sie überhaupt für beachtenswert hält. Zu diesem Urteil kommt der Leser, der die Fülle der dokumentierten Äußerungen Marx' zur Kenntnis nimmt. Wie sehr diese Eigenheiten schon in der Jugend alle Lebensregungen bestimmten, spiegeln auf geradezu sensationelle Weise die insgesamt 15 Briefe des Vaters an den Studiosus. Der Vater liebt Karl und ist rührend um ihn besorgt – ebenso die Mutter. Doch es kommt zu einer fortschreitenden Entfremdung, die mit schweren Vorwürfen endet:

Heinrich Marx an Sohn Karl   8. November 1835
»Über drei Wochen sind verflossen, daß Du weg bist und keine Spur von Dir! Du kennst Deine Mutter und ihre Ängstlichkeit, und dennoch <u>diese grenzenlose Nachlässigkeit</u>!* Das bestätigt mir leider nur zu sehr die Meinung, welche ich trotz Deiner mancher guten Eigenschaften hege, daß der <u>Egoismus</u>** <u>in Deinem Herzen vorherrschend</u> ist.
Die Mutter weiß nichts von diesem Schreiben. Ich will ihre Ängstlichkeit nicht noch vergrößern, aber ich wiederhole es, es ist von Dir <u>unverantwortlich</u>.«[65]

Heinrich Marx an Sohn Karl   18. November 1835
»<u>Dein Gedicht habe ich buchstabierend gelesen</u>. Ich gestehe Dir ganz unumwunden, lieber Karl, <u>ich verstehe es nicht</u>, <u>weder dessen wahren Sinn</u>, <u>noch dessen Tendenz</u> ... Willst du nur im abstrakten Idealisieren (etwas analogisch mit <u>Schwärmerei</u>) Glückseligkeit finden? Kurz, gib mir den Schlüssel, ich gestehe meine Beschränktheit.***
Wunderbar, daß wir nicht einmal Deine Adresse genau kennen.«[66]

Heinrich Marx an Sohn Karl   Anfang des Jahres 1836
»Deine Rechnung, lieber Karl, ist à la Carl, ohne Zusammenhang, ohne Resultat. Kürzer und bündiger und nur die Ziffern regelmäßig in Kolonnen gesetzt, wäre die Operation sehr einfach gewesen, und man fordert auch von einem Gelehrten **Ordnung**, besonders aber von einem praktischen Juristen ...
Noch, und trotz Deiner **beiden** Schreiben (Du siehst, sie sind zu zählen), kenne ich Deinen Studienplan nicht, was mir doch allerdings von großem Interesse sein muß ...

---

* Statt von »Nachlässigkeit« hätte der Vater auch von »Rücksichtslosigkeit« sprechen können.
** Schon der erste Brief nennt eines der Charakteristika des Menschen Marx beim Namen.
*** Offenbar sträubt sich der Vater, das wahrzunehmen, was die Verse befürchten lassen (s. o. II 1, 1837).

Wie kömmt es, lieber Karl, daß Deine Reise nicht in Ausgaben figuriert? Du hast Dich doch hoffentlich nicht mit Fechten* durchgeschlagen? Ich lege einen Kassenschein von 50 Talern bei und kann Dir nur bei dieser Gelegenheit sagen, daß Du für Deine Studien allein Sorge tragen sollst und, indem Du nicht mehr als nötig brauchst, Dich jeder weitern Grille zu enthalten.«[67]

Heinrich Marx an Sohn Karl   19. März 1836

»Dein Schreiben empfange ich soeben, und muß ich gestehn, daß ich etwas verwundert darüber bin.

Was Dein[en] Brief mit der Rechnung betrifft, so sagte ich Dir schon damals, daß ich nicht drauskommen konnte. Soviel sah ich, daß Du Geld brauchst,** und deswegen habe ich Dir 50 Taler geschickt. Das macht mit dem, was Du mitgenommen, immerhin 160 Taler***. Du bist im Ganzen fünf Monate weg, und jetzt sagst Du nicht einmal, was Du brauchst. Das ist jedenfalls sonderbar. Lieber Karl, ich wiederhole Dir, daß ich alles recht gern tue, daß ich aber als Vater von vielen Kindern**** – und Du weißt recht gut, ich bin nicht reich – nichts mehr tun will, als zu Deinem Wohl und Fortkommen notwendig ist. Wenn Du daher etwas über die Schnur gehauen hast, so mag es, weil es <u>muß,</u> <u>verschleiert werden</u>. Aber ich versichere Dich, »das nec plus ultra« ist das Ausgeworfene. Nach meiner Überzeugung kann es mit weniger durchgesetzt werden, und Herr Notar Müller von hier gibt weniger und kann es vielleicht besser tun, aber mehr unter keiner Bedingung, ich müßte denn besondere Glückszufälle haben, die aber nicht zur Zeit existieren, im Gegenteil ist meine Einnahme vermindert ...

Ich bitte Dich, lieber Karl, schreibe auf der Stelle, aber <u>schreibe offen, unverhohlen und wahr</u>. Beruhige mich und die liebe gute Mutter, und wir wollen das kleine Geldopfer bald vergessen.«[68]

Heinrich Marx an Sohn Karl   28. Dezember 1836

»Hätte ich nicht eine hohe Meinung von Deinem guten Herzen, ich würde Dir überhaupt nicht so anhängen und bei Verirrungen weniger leiden, denn Du weißt, daß, so hoch ich Deine intellektuellen Anlagen stellen mag, sie mir ohne gutem Herzen ohne alles Interesse sein würden. Aber Du selbst gestehst, daß Du mir früher einige <u>Veranlassung</u> gegeben, <u>gegen Deine</u>

---

* Das »Fechten« nimmt von da an im Leben von Marx einen breiten Raum ein. Mit den Belegen ließe sich eine stattliche Broschüre füllen.
** »Geld«, und zwar geschenkt, war lebenslänglich eines seiner Hauptanliegen.
*** Das jährliche Durchschnittseinkommen eines Kölner Spinners betrug, wie oben angemerkt, um diese Zeit 105–130 Taler.
**** Damals lebten sieben Geschwister von Karl, alle ohne eigene Einnahmen.

Selbstverleugnung einige Zweifel zu hegen. Und in Berücksichtigung alles dessen, hättest Du wohl etwas weniger empfindlich gegen Deinen Papa sein dürfen …

Aber ich wiederhole es, Du hast große Pflichten übernommen, und, lieber Karl, mit der Gefahr, Deine Empfindlichkeit zu reizen, spreche ich meine Meinung in meiner Weise etwas prosaisch aus, mit allen Exaggerationen und Exaltationen der Liebe in einem dichterischen Gemüte kannst Du die Ruhe des Wesens, dem Du Dich ganz hingegeben [Jenny, seine Verlobte] nicht herstellen, im Gegenteil, Du läufst Gefahr, sie zu zerstören …

Ich bitte und beschwöre Dich nunmehr, da Du im Grunde den Fonds für Dich hast, nur die Form noch nicht geebnet ist, werde ruhig, mäßige diese Stürme, errege sie ebensowenig in dem Busen eines Wesens, das Ruhe verdient und bedarf. Deine Mutter, ich, Sophie [eine Schwester Karls], das gute Kind, das im hohen Grade sich selbst verleugnet, wachen für Dich, soviel es die Lage erlaubt, und für Deine Anstrengungen lächelt Dir in der Zukunft ein Glück, welches zu verdienen jede Mühseligkeit ebnet …

Ich hoffe, daß Du den Wein nunmehr empfangen haben wirst. Trinke daraus Munterkeit und lasse alle Nebensprünge, alle Verzweiflung – und lasse im Leben die Poesie, wenn sie nicht verschönert, wenn sie nicht beglückt.«* [69]

Heinrich Marx an Sohn Karl   2. März 1837

»Ich will und kann meine Schwäche gegen Dich nicht verbergen. Mein Herz schwelgt zuweilen in Gedanken an Dich und Deine Zukunft. Und dennoch zuweilen kann ich mich trauriger, ahnender, Furcht erregender Ideen nicht entschlagen, wenn sich wie ein Blitz der Gedanke einschleicht: Ob Dein Herz Deinem Kopfe, Deinen Anlagen entspricht? – Ob es Raum hat für die irdischen, aber sanftern Gefühle, die in diesem Jammertale dem fühlenden Menschen so wesentlich trostreich sind? Ob, da dasselbe offenbar durch einen nicht allen Menschen verliehenen Dämon belebt und beherrscht wird, dieser Dämon himmlischer oder faustischer Natur ist? Ob Du je – und das ist für mein Herz nicht der wenigst peinigende Zweifel – je für wahrhaft menschliches – häusliches Glück – empfänglich sein wirst? Ob du je – und dieser Zweifel ist seit kurzer Zeit mir nicht weniger marternd, seit ich eine gewisse Person wie mein eignes Kind liebe, das Glück auf die nächste Umgebung zu verbreiten imstande sein wirst? – …

Dein hohes Emporkommen, die schmeichelnde Hoffnung, Deinen Namen einst in hohem Rufe zu sehen, sowie Dein irdisches Wohl, liegen mir gar nicht

---

* Es lag nicht an der Poesie, sondern an den Grillen des Poeten.

allein am Herzen, es sind langgenährte Illusionen, die sich tief eingenistet haben. Doch im Grunde gehören diese Gefühle großenteils dem schwachen Menschen und sind rein von allen Schlacken, als da sind: Stolz, Eitelkeit, Egoismus etc. etc. etc. Aber ich kann Dich versichern, daß die Verwirklichung dieser Illusionen mich nicht glücklich zu machen vermöchte. Nur wenn Dein Herz rein bleibt und rein menschlich schlägt und kein dämonisches Genie imstande sein wird, Dein Herz den besseren Gefühlen zu entfremden – nur alsdann würde ich das Glück finden, das ich mir seit langen Jahren durch Dich träume ...«[70]

Heinrich Marx an Sohn Karl   12. August 1837

»Mein Schreiben*, in einer großen Aufregung entstanden, mag Dich etwas hart getroffen haben, und ich bedaure es herzlich, wenn dies in der Tat der Fall war. Nicht als hätte ich dabei ein Unrecht begangen, ich lasse Dir selbst die Beurteilung über die Frage, ob ich begründete Ursache hatte, aufbrausend zu sein. Du weißt es, Du mußt es wissen, mit welcher Liebe ich Dich umfasse. Deine Briefe (insofern ich nur nicht darin nicht <u>Spuren</u> jener <u>kränkelnden Empfindlichkeit und phantastischer schwarzer Gedanken finde</u>) sind ein wahres Bedürfnis, sie waren es mir und Deiner seelenvollen Mutter vorzüglich in diesem Sommer gewesen ...

So sehr ich Dich über alles – die Mutter ausgenommen – liebe, so wenig bin ich blind und noch weniger will ich es sein. Ich lasse Dir viele Gerechtigkeit widerfahren, <u>aber ich kann mich nicht ganz des Gedankens entschlagen</u>, daß Du nicht frei von <u>Egoismus</u> bist, etwas <u>mehr, als zur Selbsterhaltung nötig</u>. Ich kann nicht immer den Gedanken verscheuchen, daß ich in Deiner Lage mit größerer Schonung, mit aufopfernderer Liebe den Eltern entgegengekommen sein würde ...

Entschuldige Dich nicht mit Deinem <u>Charakter</u>. Klage die Natur nicht an. Sie hat Dich gewiß mütterlich behandelt. Sie hat Dir Stärke genug verliehen, das Wollen ist dem Menschen hingegeben. Aber <u>bei dem kleinsten Sturm sich dem Schmerz zu überlassen, bei jedem Leiden ein zerrissenes Herz offenzulegen</u> und das unserer Lieben mitzuzerreißen, soll das Poesie heißen? <u>Gott bewahre uns für die schönste aller Naturgaben, wenn das ihre nächste Wirkung ist. Nein. Schwachheit, Verzärtelung, Eigenliebe und Dünkel allein reduzieren so alles auf sich und lassen auch die teuersten Gebilde in den Hintergrund treten!</u>
<u>Die erste aller menschlichen Tugenden ist die Kraft und der Wille, sich zu opfern, sein Ich hintanzusetzen</u>, wenn Pflicht, wenn Liebe es gebeut, und

---

* Es ist nicht erhalten geblieben.

zwar nicht jene glänzenden, romantischen oder heldenmütigen Aufopfe-
rungen, das Werk eines schwärmerischen oder heroischen Augenblicks.
Dazu ist selbst der größte Egoist fähig, denn grade das Ich glänzt alsdann
hoch …

Lebe wohl, mein guter Karl, und behalte mich immer so lieb, wie Du es sagst,
doch mache mich mit Deinen Schmeicheleien nicht rot.«[71]

Heinrich Marx an Sohn Karl   17. November 1837

»Ob Du wohl noch Dein Hauptquartier in Stralow hast? Bei dieser Jahres-
zeit und in dem Lande, wo keine Zitronen blühen, mag dies kaum denkbar
sein? Aber wo denn? Das ist die Frage, und für einen praktischen Menschen
ist das erste Erfordernis zur Korrespondenz: daß man eine Adresse kenne –
ich muß die Güte anderer deshalb in Anspruch nehmen.

Doch Adresse ist Form, und das scheint grade Deine schwache Seite zu sein.
Anderst mag es sich wohl mit dem Materiellen verhalten? Das sollte man wenigstens vermuten, wenn man bedenkt, 1) daß es Dir an Stoff nicht fehlt, 2)
daß Deine Lage ernsthaft genug ist, um hohes Interesse zu erwecken, 3) daß
Dein Vater vielleicht etwas parteiisch Dir anhängt etc. etc. etc., und noch
nach einem Zeitraum von zwei Monat, wovon der zweite mir unangenehme
Stunden voller Besorgnis brachte, erhalte ich ein Schreiben ohne Form und
Inhalt, ein abgerissenes, nichtssagendes Fragment, was mit dem Vorhergegangenen nicht in Berührung stand und sich nicht an die Zukunft knüpfte!
Wenn Korrespondenz Interesse und Wert haben soll, so muß Konsequenz
darin liegen, und der Schreibende muß notwendig sein vorletztes Schreiben
vor Augen haben, sowie die letzte Antwort. Dein vorletztes Schreiben hatte
so manches, was meine Erwartung spannte. Ich hatte mehrere Briefe geschrieben, die manche Auskunft verlangten. Und statt alles dessen ein frag-
mentarisch abgerissener, und was noch viel schlimmer ist, ein **zerrissener**
Brief. -

Offenherzig gesprochen, mein lieber Karl, ich liebe dies moderne Wort
nicht, worin sich alle Schwächlinge hüllen, wenn sie mit der Welt hadern,
daß sie nicht ohne alle Arbeit und Mühe wohlmöblierte Paläste mit Millionen und Equipagen besitzen. Diese Zerrissenheit ist mir ekelhaft, und von
Dir erwarte ich sie am allerwenigsten.«[72]

Heinrich Marx an Sohn Karl   9. Dezember 1837

»Wenn man seine Schwäche kennt, so muß man Maßregeln dagegen ergreifen. Wollte ich nun, wie gewöhnlich, zusammenhängend schreiben, so
würde mich am Ende meine Liebe zu Dir in den sentimentalen Ton verlei-
ten und um so mehr wär' alles Frühere verloren, als Du – so scheint es we-

nigstens – einen Brief nie zum zweiten Mal zur Hand nimmst und zwar ganz folgerecht, denn wozu wieder lesen, wenn das Rückschreiben nie eine Antwort ist? ...

Hatten Deine Eltern einiges Recht zu fordern, daß Dein Betragen, Deine Lebensweise Ihnen Freude, wenigstens freudige Augenblicke bringe und trübe Momente möglichst verscheuche?

... Welches waren bis heran die Früchte Deiner herrlichen Naturgabe in Beziehung auf Deine Eltern?

... Welches waren diese Früchte in Beziehung auf Dich selbst? ...

Das sei Gott geklagt!!! Ordnungslosigkeit, dumpfes Herumschweben in allen Teilen des Wissens, dumpfes Brüten bei der düsteren Öllampe; Verwildrung im gelehrten Schlafrock und ungekämmter Haare statt Verwildrung bei dem Bierglase; zurückscheuchende Ungeselligkeit mit Hintansetzung alles Anstandes und selbst aller Rücksicht gegen den Vater. – Die Kunst, mit der Welt zu verkehren, auf die schmutzige Stube beschränkt, wo vielleicht in der klassischen Unordnung die Liebesbriefe einer Jenny und die wohlgemeinten und vielleicht mit Tränen geschriebenen Ermahnungen des Vaters zum fidibus, was übrigens besser wäre, als wenn sie durch noch unverantwortlichere Unordnung in die Hände Dritter kämen. –

... Es geht mir zwar trotz meines Vorsatzes sehr tief, es erdrückt mich beinah das Gefühl, Dir weh zu tun, und schon weht mich wieder meine Schwäche an, aber, um mir zu helfen – ganz wörtlich – nehme ich die mir vorgeschriebnen reellen Pillen, schlucke alles herunter, denn ich will einmal hart sein und meine Klagen ganz aushauchen. Ich will nicht weich werden, denn ich fühle es, daß ich zu nachsichtig war, zu wenig mich in Beschwerden ergoß und dadurch gewissermaßen Dein Mitschuldiger geworden bin. Ich will und muß Dir sagen, daß Du Deinen Eltern vielen Verdruß gemacht und wenig oder keine Freude.

Kaum war das wilde Treiben in Bonn, kaum war Dein Schuldbuch vernichtet ... als zu unserer Bestürzung die Liebesleiden eintraten ... So jung noch warst Du Deiner Familie entfremdet ...

Nie haben wir den Genuß einer vernünftigen Korrespondenz gehabt, in der Regel der Trost der Abwesenheit. Denn Korrespondenz unterstellt folgerechte und fortgesetzte Verhandlung, ineinandergreifend und harmonisch von beiden Teilen betrieben. Nie erhielten wir Antwort auf unsere Schreiben; nie enthielt Dein folgender Brief eine Anhettung weder an Deinen vorhergehenden noch an den unsrigen ...

Mehrere Malen waren wir monatelang ohne Brief und zum letzten Male, als Du wußtest, daß Eduard [Bruder von Karl] krank, die Mutter duldend und ich leidend war, und dazu die Colera in Berlin herrschte: Und als erheische dies nicht einmal eine Entschuldigung, erwähnte der nächste Brief kein Wort hiervon, sondern enthielt kaum einige schlecht geschriebene Zeilen und einen Auszug aus dem Tagebuch, betitelt ›Besuch‹, dem ich ganz offen lieber die Türe weise als aufnehme, ein tolles Machwerk, das bloß bekundet, wie Du Deine Gaben verschwendest und Nächte durchwachst, um Ungetüme zu gebären; daß Du in den Fußstapfen der neuen Unholde trittst, die ihre Worte schrauben, bis sie selbst sie nicht hören; die einen Schwall von Worten, weil sie keine oder verwirrte Gedanken darstellen, als eine Geburt des Genies taufen. –

Ja, etwas enthielt das Schreiben, Klagen, daß Jenny nicht schreibe …

Als wären wir Goldmännchen, verfügt der Herr Sohn in einem Jahre für beinahe 700 Taler gegen alle Abrede, gegen alle Gebräuche, während die Reichsten keine 500 ausgeben. …

Auch Klagen Deiner Geschwister habe ich nachzutragen. Kaum sieht man in Deinen Briefen, daß Du deren hast; und die gute Sophie [Schwester von Karl], die für Dich und Jenny so viel gelitten und die so überschwänglich ergeben ist, Du denkst ihrer nicht, wenn Du sie nicht bedarfst.«[73]

Heinrich Marx an Sohn Karl   10. Februar 1838
»… ich leugne nicht, daß ich mir zuweilen Vorwürfe mache, allzu schwach Dir den Zügel gelassen zu haben. So sind wir jetzt im vierten Monat des Justizjahres, und schon hast Du 280 Taler gezogen. So viel hab' ich diesen Winter noch nicht verdient. …
Ich bin erschöpft, lieber Karl, und muß schließen.«[74]

Dies waren die letzten Zeilen des todkranken Mannes an seinen ältesten Sohn. Am 10. Mai 1838 starb er. Das Porträt, das uns die Briefe skizzieren, zeigt einen »zerrissenen«, von »Dämonen« beherrschten Menschen, der in seine eigenen finsteren Gedanken eingesponnen lebt, der Welt, auch der eigenen Familie »entfremdet«. Um die schier maßlosen Bedürfnisse des Egoisten zu befriedigen, wird sie ausgebeutet. Gerade noch rechtzeitig hatte der sorgenvolle Vater letztwillig eine Art »Pflichtteilsbeschränkung in guter Absicht« verfügt, wie sie das Bürgerliche Gesetzbuch in § 2338 für den Fall kennt, daß »sich ein Abkömmling in solchem Maße der Verschwendung ergeben« hat, »daß sein späterer Erwerb erheblich gefährdet wird …« Für diesen Fall kann die Verwaltung für die Lebenszeit des Abkömmlings einem Testamentsvollstrecker übertragen werden. Dieses Amt hatte Onkel Lion Philips inne, den, wie schon dargelegt (III 2), Karl mit allen Mitteln umschmeichelte, um so rasch wie möglich an die Hinterlassenschaft des Vaters heranzukommen.

Wie berechtigt die Sorgen des Vaters in finanzieller Hinsicht gewesen sind, beweist das ganze fernere Leben seines Sohnes Karl. Allein 1838, als der Vater starb und die Witwe für sechs Kinder zu sorgen hatte, wurde das damals zuständige Universitätsgericht Berlin viermal wegen unbeglichener Rechnungen ihres Sohnes Karl eingeschaltet.[75]

Weit wichtiger aber: Ob bewußt oder unbewußt – Marx exkulpiert sich von den eigenen Charaktermängeln und Unzulänglichkeiten, indem er diese seine Eigenheiten, nämlich Entfremdung, Zerrissenheit, Egoismus, Ausbeutung, als die notwendigen Gebrechen der kapitalistischen Umwelt ausgibt. Die Sozialisierung seiner Privatneurosen ist seine Patentlösung.

Abschließend noch ein aufschlußreicher Brief von Friedrich Engels (Vater), datiert 27. August 1835, Karls späteren Sozius betreffend:

»Friedrich hat mittelmäßige Zeugnisse in voriger Woche gebracht. Im Äußern ist er, wie Du weißt, manierlicher geworden, aber trotz der frühern strengen Züchtigungen scheint er, selbst aus Furcht vor Strafe keinen unbedingten Gehorsam zu lernen. So hatte ich heute wieder den Kummer, ein schmieriges Buch aus einer Leihbibliothek, eine Rittergeschichte aus dem 13. Jahrhundert, in seinem Sekretär zu finden. Merkwürdig ist seine Sorglosigkeit, mit welcher er solche Bücher in seinem Schranke läßt. Gott wolle sein Gemüt bewahren, oft wird mir bange um den übrigens trefflichen Jungen ...

Noch einmal, der liebe Gott wolle den Knaben in seinen Schutz nehmen, damit sein Gemüt nicht verderbt werde. Bis jetzt entwickelt er eine beunruhigende Gedanken- und Charakterlosigkeit bei seinen übrigens erfreulichen Eigenschaften.«[76]

4. »Jedes Mittel recht, das zum Ziele führt« – Der späte Engels

Welche Auswirkungen hatte Marx' Tod (14. März 1883) auf Engels? Stand Engels im Banne von Marx, oder hat Engels Marx verführt. Jede dieser Möglichkeiten wurde (und wird) vertreten, worüber sich schon Engels amüsierte: »Das Stückchen vom bösen Engels, der den guten Marx verführt hat, spielt seit 1844 unzählige Male abwechselnd mit dem andern Stückchen von Ahriman-Marx, der den Ormuzd-Engels vom Wege der Tugend abgebracht.«[77]

Es bleibt auch die Möglichkeit, daß sie – trotz aller Temperamentsunterschiede – seit ihrer ersten Begegnung gleich fühlten, gleich dachten, auf das gleiche Ziel fixiert waren. Veränderte Engels seine Position, sobald sich sein

Umgang änderte, da der erste Geiger, dem er assistieren durfte, abgetreten war? Manche Texte sprechen zumindest beim ersten Lesen dafür, daß sich Engels emanzipiert hatte, Selbstkritik wagte und innerparteiliche Freiheit einforderte: ... *ich war in jüngeren Jahren genau so gern frech am unrechten Ort und zur unrechten Zeit wie er [Richard Fischer, Sekretär im Parteivorstand der SPD], wie ich denn überhaupt bei den jüngeren selten irgendeinen Fehler entdecke, den ich nicht mehr oder weniger selbst gehabt.*[78]

Auch Marx wird nicht geschont: *Die Geschichte hat aber auch uns unrecht gegeben, hat unsere damalige Ansicht als eine Illusion enthüllt. Sie ist noch weitergegangen: Sie hat nicht nur unseren damaligen Irrtum zerstört, sie hat auch die Bedingungen total umgewälzt, unter denen das Proletariat zu kämpfen hat ...*

Die Geschichte hat uns und allen, die ähnlich dachten, unrecht gegeben. Sie hat klar gemacht, daß der Stand der ökonomischen Entwicklung auf dem Kontinent damals noch bei weitem nicht reif war für die Beseitigung der kapitalistischen Produktion ...[79]

Besonders ansprechend lesen sich die folgenden Passagen: *Daß in der [SPD-] Fraktion Stimmen laut geworden, man solle die ›Neue Zeit‹ unter Zensur stellen, ist ja sehr schön. Spukt die sozialistengesetzliche Fraktionsdiktatur (die ja notwendig war und vortrefflich geführt wurde) noch nach, oder sind es Erinnerungen an die weiland stramme Organisation v. Schweitzers? Es ist in der Tat ein brillanter Gedanke, die deutsche sozialistische Wissenschaft nach ihrer Befreiung vom Bismarckschen Sozialistengesetz unter ein neues, von den sozialdemokratischen Parteibehörden selbst zu fabrizierendes und auszuführendes Sozialistengesetz zu stellen.*[80] Wer so schreibt, kann doch nicht auf die Unterdrückung der geistigen Freiheit anderer hinwirken?

Doch auch hier hat ein Endurteil die Kenntnis der näheren Umstände zur Voraussetzung. Engels macht sich stark für die Freiheit derer, die – auf sein Betreiben hin – den Abdruck von Marx' maßloser, gehässiger, gefährlicher *Kritik des Gothaer Programms* ermöglicht hatten.

Ändert sich das »Ziel« mit dem Tode von Marx? Die Mittel bleiben dieselben. Ganz unumwunden bekennt Engels gut sechs Jahre später in einem Brief an Gerson Trier: *Abgesehn von der Frage der Moralität – um diesen Punkt handelt es sich hier nicht, ich lasse ihn also beiseite – ist* <u>*mir als Revolutionär jedes Mittel recht, das zum Ziel führt, das gewaltsamste, aber auch das scheinbar zahmste ...*</u>[81]

Wer weiß, daß die Freunde über »Moral« nur gespottet haben,[82] weiß zugleich, daß der Vorbehalt: »abgesehen von der Frage der Moralität« – nur der Optik und im Bedarfsfall als »Fluchtweg« dienen sollte. In demselben Schreiben bekundet Engels seine alte, feste Überzeugung: *Daß das Proletari-*

at seine politische Herrschaft, die einzige Tür in die neue Gesellschaft, nicht erobern kann ohne gewaltsame Revolution, darüber sind wir einig.[83] Damit nennt er das Ziel: die Revolution und den »Umsturz aller bisherigen Gesellschaftsordnung«, wie das schon 40 Jahre früher im Kommunistischen Manifest kundgetan wurde. Sehr klar und anschaulich auch sein Schreiben an Heinrich Nonne: Nur soviel kann ich sagen, daß ich mich mit Leuten, die nicht ganz und gar auf revolutionär-kommunistischem Standpunkt stehn, unter Umständen und wenn sie der Mühe wert sind, zwar auf ein Cartell einlassen könnte, keineswegs aber auf eine Allianz.[84]

1891 bewirkte Engels unter der Androhung, den Text anderweitig veröffentlichen zu lassen, den Abdruck der Kritik des Gothaer Programms in der Neuen Zeit. Diese Kritik enthält scharfe Angriffe auf die Lassalleaner, ihren »Untertanengeist« und ihren »demokratischen Wunderglauben«. Dem wird der Wille zur gewaltsamen Machtergreifung und die Notwendigkeit einer »Diktatur des Proletariats« entgegengestellt.[85] Die Verabschiedung eines neuen Programms steht an, und Engels will, daß sich die Marxsche Kritik durchsetzt. In seinem Vorwort führt er aus: Die rücksichtslose Schärfe, mit der hier der Programmentwurf zergliedert, die Unerbittlichkeit, womit die gewonnenen Resultate ausgesprochen, die Blößen des Entwurfs aufgedeckt werden, alles das kann heute, nach 15 Jahren, nicht mehr verletzten. Spezifische Lassalleaner existieren nur noch im Ausland als vereinzelte Ruinen …[86]

Auch hier war der Wunsch der Vater des Gedankens. Engels Versuch, die Partei durch diese Machenschaften zu radikalisieren, wurde von den führenden Köpfen mißbilligt, wie er bald verbittert einsehen mußte: Der Artikel von Marx hat im Parteivorstand großen Zorn und in der Partei selbst viel Beifall hervorgerufen. Man hat versucht, die ganze Ausgabe der »Neuen Zeit« zu unterdrücken …[87]

Liebknecht natürlich ist wütend, da die ganze Kritik speziell auf ihn gemünzt war und er der Vater, der mit dem Arschficker Hasselmann zusammen das faule Programm gezeugt hat. Ich begreife das anfängliche Entsetzen der Leute, die bisher darauf bestanden, von den »Genossen« nur äußerst zart angefaßt zu werden, als sie jetzt so sans façon [ohne Rücksicht] behandelt und ihr Programm [Gothaer Programm der SPD] als reiner Blödsinn enthüllt wurde.[88] Sonderbar! Jetzt schreibt Schippel von den vielen alten Lassalleanern, die auf ihre Lassallerei stolz sind – und als sie hier waren, hieß es einstimmig: es gibt keine Lassalleaner mehr in Deutschland! Das war eben ein Hauptgrund, der bei mir manche Bedenken schwinden ließ. Und da kommt auch Bebel und findet, daß eine große Anzahl der besten Genossen schwer verletzt werden.[89]

Alle für unsere Fragestellung relevanten Stichworte tauchen in den nach dem Tode Marx' abgefaßten Veröffentlichungen und Briefen Engels' wieder auf, mitunter im Ton etwas abgeschwächt, in der Sache aber kaum modifiziert, sieht man einmal davon ab, daß sich Engels nun in einem Artikel dezidiert gegen den Antisemitismus als einer reaktionären Haltung wendet.[90] Doch mehrere Briefe verraten, daß er selbst nicht ganz von derlei Vorbehalten und Vorurteilen losgekommen war. In einem Schreiben an Bebel rät er: *Was Du mir von der Sorte »neuer Genossen« schreibst, die sich jetzt meldet, ist sehr interessant und bezeichnend für die Lage. Man merkt, daß wir ein »Faktor« im Staat werden, um mich reptilistisch auszudrücken, und da die Juden mehr Verstand haben als die übrigen Bourgeois, merken sie's zuerst – besonders unter dem Druck des Antisemitismus – und kommen uns zuerst. Kann uns nur angenehm sein, aber weil die Leute gescheuter sind und durch den jahrhundertelangen Druck aufs Strebertum sozusagen angewiesen und dressiert, muß man auch mehr aufpassen.*[91]

Marx' Schwiegersohn Paul Lafargue teilt er mit: *Ich fange an, den französischen Antisemitismus zu verstehen, wenn ich sehe, wie diese Juden polnischen Ursprungs und mit deutschen Namen sich überall einschleichen, sich alles herausnehmen und sich überall vordrängen, bis sie die öffentliche Meinung der Stadt des Lichts bestimmen ...*[92]

Dessen Frau schreibt er: *Selbst wenn Fortin ein Geschäftsmann ist, so ist es ihm doch gelungen, mit Hilfe eines Rumänen (dessen Geschäftsgebaren teils dem eines polnischen Juden, teils dem eines verschwenderischen Bojaren gleicht), einen ganz schönen Wirrwar anzurichten.*[93]

Noch im letzten Jahr seines Lebens gibt er zu bedenken: *Der Mann ist sehr grüner Junge in England mit galizisch-talmudistischer Brille.*[94]

Auch Veröffentlichungen aus dieser Zeit sind nicht ganz koscher: *Die kleinlichen Schlaumeiereien des polnischen Juden, des Repräsentanten des europäischen Handels auf seiner niedrigsten Stufe, diese selben Kniffe, die ihn in seiner eignen Heimat so vortreffliche Dienste leisten und dort allgemein angewandt werden, lassen ihn im Stich, sobald er nach Hamburg oder Berlin kommt.*[95]

Die »Diktatur des Proletariats« findet in Engels einen lebenslänglichen Befürworter. In einem Schreiben vom 11./12. Dezember 1884 an August Bebel reflektiert der selbsternannte »Repräsentant des großen Generalstabs der Partei«: *... geht der Anstoß von Deutschland aus, so kann die Revolution nur von der Armee ausgehn. Ein unbewaffnetes Volk gegen eine heutige Armee ist militärisch eine rein verschwindende Größe. In diesem Fall – wo unsre Reserve von 20 – 25 Jahren, die nicht [ab]stimmt, aber exerziert, in Aktion träte, könnte die reine Demokratie übersprungen werden. Die Frage ist aber gegenwärtig ebenfalls noch akademisch, obgleich ich als sozusagen Repräsentant des großen Generalstabs der Partei verpflichtet bin, sie ins Auge zu fassen.*[96]

Zwei Jahre später ruft er aus: *Oh, wenn Marx dies noch hätte erleben können,*

wie sich sein Satz in Frankreich und Amerika bewährt, daß die demokratische Republik heute weiter nichts ist als der Kampfplatz, worauf die entscheidende Schlacht zwischen Bourgeoisie und Proletariat geschlagen wird.[97]
Knapp vier Jahre danach operiert er wieder mit der Wortkombination »Diktatur des Proletariats«: Oder warum kämpfen wir denn um die politische Diktatur des Proletariats, wenn die politische Macht ökonomisch ohnmächtig ist?[98]
Unter diesen Umständen nimmt es nicht wunder, daß er sowohl den 15. als auch den 20. Jahrestag der Pariser Kommune, eines Aufstandes gegen die demokratisch legitimierte Regierung Frankreichs, zum Anlaß nimmt, um die blutbefleckten Kommunarden zu verherrlichen: Heute abend feiern die Arbeiter der ganzen Welt gemeinsam mit Euch den Jahrestag der glorreichsten und tragischsten Etappe in der Entwicklung des Proletariats. Im Jahre 1871 ergriff die Arbeiterklasse zum ersten Male in ihrer Geschichte in einer großen Hauptstadt die politische Macht. Aber leider ging alles vorüber wie ein Traum![99]
1891 wiederholt er das Gesagte mit ähnlichen Worten und fügt noch hinzu: Seit nunmehr 20 Jahren sind die Arbeiter von Paris ohne Waffen, und so ist es überall; in allen großen zivilisierten Ländern ist das Proletariat der materiellen Verteidigungsmittel beraubt. Überall sind es die Feinde und Ausbeuter der Arbeiterklasse, die über die gesamte bewaffnete Streitmacht verfügen.[100]
Diese Anschuldigung erlangt besonderes Gewicht, wenn man bedenkt, daß in mehreren großen zivilisierten Ländern bereits das allgemeine Wahlrecht galt mit der Verantwortlichkeit der Regierung gegenüber dem Parlament, so in England, Frankreich und den USA.
Die demokratischen Tugenden der Kompromißbereitschaft und Fairneß sind ihm ein Greuel: Das ist das, was die Franzosen immer besser und klarer erkennen als unsere Deutschen, daß man, um eine Scharte auszuwetzen, an einem anderen Punkt angreifen muß, doch immer angreifen, niemals die Waffen strecken, niemals nachgeben.[101]
Gleichzeitig war es immer unsere Ansicht, daß, um zu diesem und den anderen weit wichtigeren Zielen der künftigen sozialen Revolution zu gelangen, die Arbeiterklasse zuerst die organisierte politische Gewalt des Staates in Besitz nehmen und mit ihrer Hilfe den Widerstand der Kapitalisten niederstampfen ... muß.[102]
Besonders aussagekräftig der folgende Text, der zwar keinen Mentalitätswandel bekundet, aber die Einsicht, daß unter Umständen der Stimmzettel weiterhelfen kann: Sehen Sie jetzt, welche großartige Waffe man seit 40 Jahren in Frankreich mit dem allgemeinen Wahlrecht in der Hand hat, wenn man nur immer verstanden hätte, davon Gebrauch zu machen! Das ist langsamer und langweiliger als der Aufruf zur Revolution, aber zehnmal sicherer, und, was mehr wert ist, es zeigt Ihnen mit absoluter Genauigkeit den Tag, an dem man

für die Revolution zu den Waffen greifen muß; es steht sogar zehn zu eins, daß das allgemeine Wahlrecht, von den Arbeitern geschickt genutzt, die herrschenden Kreise zwingen wird, die Gesetzlichkeit umzustoßen, d.h. uns in die günstige Lage zu versetzen, die Revolution durchzuführen.[103] Doch auch hier hätte Engels die angebotene Wette verloren. Weder in Frankreich noch in England noch in Deutschland haben die Bürgerlichen wegen der Gefahr einer sozialistisch/kommunistischen Regierung, die mit dem allgemeinen Wahlrecht verbunden war, die demokratischen Konzessionen und Errungenschaften eingeschränkt. (Nirgendwo sind Kommunisten mit Hilfe des Stimmzettels an die Macht gekommen.) Wie wenig Engels' Lob des allgemeinen Wahlrechts seine Gesinnung beeinflußte, beweisen die folgenden Sätze, geschrieben wenige Wochen vor seinem Tod: *Im »Vorwärts« wird die Revolution allerdings manchmal mit ebensoviel Kraftaufwand verleugnet, wie früher – vielleicht auch nächstens wieder – gepredigt. Aber das kann ich doch nicht für maßgebend halten.*[104]

Die generelle Kriegsbegeisterung macht nun einer differenzierteren Betrachtung Platz: *Und das kann man vorhersagen, kommt dieser Krieg, so ist er der letzte; er ist der vollständige Zusammenbruch des Klassenstaats, politisch, militärisch, ökonomisch (auch finanziell) und moralisch. Er kann dahin führen, daß die Kriegsmaschine rebellisch wird und sich weigert, wegen der lausigen Balkanvölker fernerhin sich untereinander abzuschlachten. Es ist der Ruf des Klassenstaats: Après nous le deluge [nach uns die Sintflut]; aber nach der Sintflut kommen wir und nur wir.*[105]

Wird Deutschland von Ost und West angegriffen, so ist jedes Mittel der Verteidigung gut. Es geht um die nationale Existenz und auch für uns um die Behauptung der Position und der Zukunftschancen, die wir uns erkämpft. Je revolutionärer der Krieg geführt wird, desto mehr in unserm Sinn wird er geführt. Und es kann kommen, daß gegenüber der Feigheit der Bourgeois und Junker, die ihr Eigentum retten wollen, wir die einzige wirkliche energische Kriegspartei sind.[106]

Also druf, wenn Rußland Krieg anfängt, druf auf die Russen und ihre Bundesgenossen, wer sie auch seien. Dann haben wir dafür zu sorgen, daß der Krieg mit allen revolutionären Mitteln geführt und jede Regierung unmöglich gemacht wird, die sich weigert, diese Mittel anzuwenden ...[107]

Aber es wäre ein großer Irrtum, aus diesen Texten zu schlußfolgern, der Angriffskrieg sei nun aus seinem Denken verbannt. Wenn der Krieg »dem Fortschritt dient«, ist er unbedenklich, ja geboten. Moralische Skrupel spielen keine Rolle: *Es ist das Verdienst von Karl Marx, zuerst und wiederholt seit 1848 betont zu haben, daß die westeuropäische Arbeiterpartei aus diesem letzten Grunde genötigt sei, mit dem russischen Zarentum einen Krieg auf Leben und*

Tod zu führen. Wenn ich in demselben Sinn auftrete, bin ich auch hier nur der Fortsetzer meines verstorbenen Freundes, hole nach, was ihm zu tun nicht vergönnt war.[108]

Nicht nur das reaktionäre Rußland darf mit Krieg überzogen werden, auch das unschuldige Kanada ist »zur Annexion« reif: *Es zeigt sich hier, wie notwendig zur raschen Entwicklung eines neuen Landes der fieberhafte Spekulationsgeist der Amerikaner ist (kapitalistische Produktion als Basis vorausgesetzt), und in zehn Jahren wird dies schläfrige <u>Kanada zur Annexion</u> reif sein – die Farmer in Manitoba etc. werden sie dann selbst verlangen. Das Land ist ohnehin schon halb annektiert in sozialer Beziehung – Hotels, Zeitungen, Reklame etc., alles nach amerikanischem Muster. Und sie mögen sich zerren und sträuben, <u>die ökonomische Notwendigkeit der Infusion von Yankeeblut wird sich durchsetzen und diese lächerliche Grenzlinie abschaffen</u> – und wenn die Zeit gekommen, wird John Bull Ja und Amen dazu sagen.*[109]

Schließlich wird, wie nach dem Gesagten geradezu selbstverständlich, der Terror weiter ausdrücklich bejaht: *Die Dynamiter haben jetzt endlich das Richtige entdeckt. Es handelt sich darum, <u>die alte Gesellschaft bei der Wurzel auszurotten</u> und da findet sich, daß diese Wurzel eigentlich der Schwanz ist. Voll dieser tiefen Wahrheit, haben sie endlich dadurch entdeckt, wo die Sache am rechten Ende anzufassen ist und – einen Schiffwinkel in die Luft gesprengt.*[*] [110]

Auch die Motive sind dieselben geblieben: Verneinung der Nächstenliebe, Haß, Verachtung, Rache, Krisensehnsucht: *Daher erfordert schon die monatliche Füllung einer solchen Revue eine gewaltige Nachsicht und bringt mit sich ein allmähliches <u>Überwuchern von Philanthropie, Humanismus, Sentimentalität</u> und wie die <u>antirevolutionären Untugenden</u> der Freiwald, Quark ... alle heißen.*[111]

In seiner Zeitung [La Voix] gibt es bei allen Ansätzen eines Radikalismus einen Ton der Schwäche, halber Verzagtheit und vor allem <u>so viel von der Milch der Menschenliebe (so abgestanden sie ist</u>, hat sie doch nicht das Zeug in sich, um sauer zu werden), daß sie selbst bei einem Vergleich mit »La Justice«, wie ich diese Zeitung einmal gekannt habe, Mitleid erregt, vermischt mit einem Schuß Verachtung.[112]

Haß und Verachtung sprechen aus Engels' Charakterisierung des Edelkommunisten Dr. Andreas Gottschalk (s. IV 1): *... Über den Propheten <u>Gottschalk</u> kann ich Dir nur sehr wenig sagen, ich habe das Tier längst vergessen ... War ein für **damalige** Verhältnisse perfekter Demagoge, der den eben erst aufdämmernden Massen schmeichelte, auf alle ihre traditionellen Vorurteile einging –*

---

[*] Am 30. Mai 1884 war es in London zu einer Reihe von Dynamitanschlägen gekommen, die Anarchisten organisiert hatten. Dabei wurde eine Ecke des Gebäudes von Scottland Yard stark beschädigt.

sonst ein totaler Hohlkopf, wie es zum Propheten gehört, und sah sich deshalb auch für einen Propheten an; dabei war er, als echter Prophet, über alle Skrupel erhaben und somit jeder Gemeinheit fähig. ... da er sich seine frühere Popularität aufgrund seiner Praxis als Armenarzt erworben, ging er bei Ausbruch der Cholera wieder stark ins Geschirr mit Gratisbehandlung proletarischer Patienten, fing die Cholera selbst und starb.[113]

Versuchen Sie immer, Ihren Gegnern mit Spott zu begegnen – empfiehlt er Paul Lafargue in einem Brief vom 13. Oktober 1891.[114]

Das ist eben das Famose bei unsern Jungens, daß die Massen weit besser sind als fast alle Führer; und jetzt, wo das Sozialistengesetz die Massen zwingt, die Bewegung selbst zu machen, und der Einfluß der Führer auf ein Minimum reduziert ist, jetzt ist sie besser als je.[115]

An Wilhelm Liebknecht am 4. Februar 1885: Wirst Du Dich denn nie überzeugen, daß dies halbgebildete Literatengesindel nur die Partei verfälschen und verhunzen kann? ... Das kleinbürgerliche Element in der Partei bekommt mehr und mehr Oberwasser. Der Name von Marx soll möglichst unterdrückt werden. Wenn das so vorangeht, so gibt es eine Spaltung in der Partei, darauf kannst Du Dich verlassen.[116] Diese Spaltung hätte er gerne erlebt.

Immer wieder bringt er seine Rezepte selbst zur Anwendung, Sozialisten und Bourgeois betreffend: Darum ist es so wichtig, so rasch wie möglich die Social Democratic Federation kaputtzumachen, deren Leiter lauter politische Streber, Abenteurer und Literaten sind. Hyndman, ihr Chef, hilft da mit Macht ... Er ist eine elende Karikatur von Lassalle.[117]

Die Fabians sind hier in London eine Bande von Strebern, die Verstand genug haben, die Unvermeidlichkeit der sozialen Revolution einzusehn, die aber dem rohen Proletariat unmöglich diese Riesenarbeit allein anvertrauen können und deshalb die Gewohnheit haben, sich an die Spitze zu stellen.[118] (Letzteres klingt verdächtig nach unbewußter Selbstkritik!)

Die Massen, obwohl unklarer als einzelne Führer, sind doch viel besser als alle ihre Führer zusammen, nur ist der Prozeß des Bewußtwerdens ein langsamerer als sonstwo, weil ebenso ziemlich alle alten Führer ein Interesse haben, dies empordämmernde Bewußtsein in diese oder jene spezielle Richtung hinüberzuleiten, vulgo zu fälschen.[119]

Daß die »bürgerliche Masse« nicht respektvoller erwähnt wird, ist selbstverständlich: Denn darin besteht ja grade der für uns arbeitende historische Witz, daß die verschiednen Elemente dieser feudalen und Bürgermasse sich zu unsrem Vorteil aneinander abarbeiten, krakeelen, auffressen, also grade das Gegenteil einer einförmigen Masse bilden, von denen der Knote sich einbildet, er sei damit fertig, wenn er sie alle »reaktionär« nennt. Im Gegenteil. Alle diese diversen Lumpenhunde müssen sich erst gegenseitig kaputtmachen, total ruinie-

ren und _blamieren_ und uns dadurch den Boden bereiten, daß sie ihre Unfähigkeit, eine Sorte nach der andern, beweisen. _Das war einer der größten Fehler
von Lassalle, daß er das bißchen Dialektik, das er aus Hegel gelernt, in der Agitation durchaus vergaß._[120] Bemerkenswert auch diese treffliche Beschreibung marxistischer Dialektik.

Die früher so hochgepriesenen Engländer und Amerikaner[121] müssen sich
nun, nachdem sie trotz ihres Erstgeburtsrechts die revolutionären Erwartungen nicht erfüllt haben, sagen lassen: _Die angelsächsische Rasse – diese verdammten Schleswig-Holsteiner, wie Marx sie immer nannte – ist ohnehin
schwerfällig von Gehirn, und ihre Geschichte in Europa wie Amerika (ökono-
mischer Erfolg und politisch vorherrschend friedliche Entwicklung) hat das
noch befördert. Da können nur große Ereignisse helfen._[122]
An den Redakteur der Neuen Rheinischen Zeitung, Friedrich Engels, der
ganze reaktionäre Völker vom Erdboden verschwinden lassen wollte,[123] erinnert der folgende Text, 36 Jahre später von demselben verfaßt: _Diese elenden Trümmerstücke ehemaliger Nationen, Serben, Bulgaren, Griechen und
andres Räubergesindel, für die der liberale Philister im Interessen der Russen
schwärmt, gönnen also einander die Luft nicht, die sie einatmen, und müssen
sich untereinander die gierigen Hälse abschneiden. Das wäre wunderschön und
geschäh dem nationalitätenschwärmenden Philister recht, wenn nicht jeder
dieser Zwergstämme über europäischen Krieg oder Frieden disponierte._[124]
Auch Rachegedanken spuken weiter in seinem Kopf, nicht minder brutal,
kalt, herzlos wie eh und je: _Also den Carnot*_ haben sie totgestochen. _Dies arme,
dumme, langweilige Vieh – den ersten Franzosen, der seine carrièr vermittelst
seiner Langweiligkeit gemacht hat – und das in Frankreich!_[125]
Der Brief war an Karl Kautsky gerichtet. Hätte der Inhalt nicht Anlaß sein
müssen, um jeden Schriftwechsel mit dem Absender einzustellen? Im gleichen Geiste: _Nun, ich hoffe, daß der Volkszorn endlich geweckt und Rache genommen wird. Es wird Zeit._«[126]
Dabei vergißt er nicht, wenn es gerade in den Kontext paßt, das zu wiederholen, was ihm das Alter ego zu glauben hinterlassen hatte: _Marx begreift die
geschichtliche Unvermeidlichkeit, also Berechtigung der antiken Sklavenhalter,
der mittelalterlichen Feudalherrn usw., als Hebel der menschlichen Entwicklung für eine beschränkte Geschichtsperiode. Er erkennt damit auch die zeit-
weilige geschichtliche Berechtigung der Ausbeutung, der Aneignung des Arbeits-
produkts durch andere an; er beweist aber auch gleichzeitig, daß diese historische Berechtigung jetzt ... verschwunden ist ..._«[127] (Wie lange war die

---

* Der französische Präsident Marie-François-Sadi Carnot war am 24. Juni 1894 von einem italienischen Anarchisten getötet worden.

Ausbeutung »berechtigt«? – Ob die Freunde darauf wohl je eine klare Antwort gegeben hätten?) 1886 schrieb Engels ein Vorwort zur englischen Ausgabe von »Das Kapital« und darin die Sätze: *Die ersehnte Periode der Prosperität will nicht kommen; so oft wir die sie ankündigenden Symptome zu erblicken glauben, so oft verschwinden sie wieder in der Luft.*[128] Der gutgläubige Leser entnimmt daraus Engels' Hoffen auf Prosperität, Engels' Ausschauhalten auf ihre Vorzeichen. Doch in den nicht für die Öffentlichkeiten bestimmten Texten zeigt Engels sein wahres Gesicht, das die »Sehnsucht« als Heuchelei demaskiert: *Auch das muß zu einer Krise führen; je länger es sich hinzieht, um so härter wird es sein. Also, in vier oder fünf Jahren spätestens werden wir die <u>Krise</u> haben, <u>die uns, so hoffe ich, zum Siege führen wird</u>. Und ich hoffe es zu erleben, dieses »Ende des Jahrhunderts«!*[129]
Und um die besitzenden Klassen vom Ruder zu verdrängen, brauchen wir zuerst eine <u>Umwälzung in den Köpfen</u> der Arbeitermassen ... Und um diese <u>zuwege zu bringen</u>, brauchen wir ein noch rascheres Tempo in der Umwälzung in den Produktionsmethoden, mehr Maschinerie, <u>mehr Arbeiterverdrängung, mehr Bauern- und Kleinbürgerruin, mehr Handgreiflichkeit und Massenhaftigkeit der unvermeidlichen Resultate der modernen Großindustrie.</u>[130]
Wir kommen in ganz Europa wieder <u>ins revolutionäre Fahrwasser</u> – vive la fin de siècle![131]
Da die Gewerkschaften, die trade-unions, mit ihren kleinen Erfolgen die Lage der arbeitenden Klasse erträglicher machen, beeinträchtigen sie den Volkszorn und verhindern so das Entstehen einer revolutionären Situation. Also verdienen sie scharfe Kritik:
Die anarchistischen Dummheiten in Amerika können nützlich werden; <u>es ist nicht zu wünschen, daß die amerikanischen Arbeiter auf ihrer jetzigen noch ganz bürgerlichen Denkstufe</u> – hoher Lohn und kurze Zeit – <u>zu rasche Erfolge erfechten. Das könnte den einseitigen Trades-Union-Geist stärken mehr als nötig.</u>[132]
Was Sie über die Führer der <u>trade-unions</u> sagen, ist ganz richtig. Seit Gründung der Internationale mußten wir sie <u>bekämpfen</u>. Ihnen entstammten die Macdonalds ..., und <u>ihr</u> Erfolg auf parlamentarischem Gebiet ermutigt die kleineren Führer, ihr Verhalten nachzuahmen.[133]
Fast wie ein Scherz klingt, daß Engels, nachdem er sich im Lande aufgehalten hatte, den Österreichern jene historische Mission zusprach, die zunächst das englische, dann das amerikanische, das französische, das deutsche Proletariat erfüllen sollte. Engels an Victor Adler am 17. Juli 1894: *Ihr habt also in diesem Moment eine sehr bedeutende <u>historische Mission</u>. Ihr sollt die Avantgarde des europäischen Proletariats bilden, die allgemeine Offensive ein-*

leiten, die hoffentlich nicht wieder ins Stocken kommt, bis wir den Sieg auf der ganzen Linie errungen – und Du sollst diese Avantgarde führen –, wenn Du da nicht baldigst aufs Land gehst und Dich ausgiebig mit neuen Kräften versorgst, dann versäumst Du Deine erste Pflicht.[134] Sechs Jahre zuvor urteilte er noch: *Wie vor so nach der Revolution blieb <u>Östreich</u> der reaktionärste, <u>der modernen Strömung am widerwilligsten folgende Staat Deutschlands</u> ...*[135]

Zusammenfassend kann daher festgestellt werden, daß Engels aufs Ganze gesehen im Geiste von Marx weitergewirkt hat. Zwar gibt es widersprüchliche Aussagen in Details, aber der Fixstern, von dem aus die Freunde alles beurteilt haben, der Umsturz aller bisherigen Gesellschaftsordnung, blieb im Zenit seines Denkens: *Marx und ich sind immer Revolutionäre geblieben. Marx und ich wollten uns niemals Sozialdemokraten nennen, da wir die Bezeichnung* **Kommunisten** *vorzogen. Wir trugen nur den Polizeiverhältnissen in Deutschland Rechnung.*[136] Das *Manifest der Kommunistischen Partei* wurde in erster Linie von der KPD vertrieben, nicht von der SPD: »So hatte die Sozialdemokratische Partei Deutschlands mit ihren mehreren Hunderttausend Mitgliedern und ihren Millionen Wählern die Neuausgabe des *Manifests* bis 1905 in einer Auflagenhöhe von gerade mal 2000 bis 3000 Exemplaren gedruckt. Das *Erfurter Programm* von 1891 hatte die Partei in einer Auflage von 120 000 drucken lassen, vom *Manifest* dagegen wohl nicht mehr als 16 000 Exemplare in den elf Jahren von 1895 bis 1905 ...«.[137] Marx und Engels waren die geistigen Väter der KPD, aber nicht der SPD. Es gibt keine stichhaltigen Gründe, die dieses Ergebnis anfechten.

5. »Wir sind bereits der Mythenbildung verfallen« – Warum der Erfolg?

Die Biographie des Karl Marx als eines politischen Publizisten und Agitators weist Fehlschläge über Fehlschläge auf. Anerkannte Leistungen bleiben ihm über Jahrzehnte hinweg versagt. Zwar wird er schon mit 24 Jahren »eigentlicher Redakteur« (Chefredakteur) der *Rheinischen Zeitung*; dieser Bilderbuchstart endet aber bereits nach fünf Monaten. Ende 1843, gut ein halbes Jahr nachdem er das Blatt verlassen hatte, wird er Mitherausgeber der *Deutsch-Französischen Jahrbücher*. Doch auch dieses Unternehmen ist ein Fehlschlag; es erscheint nur eine Doppelausgabe. *Die ökonomisch-philosophischen Manuskripte* des Jahres 1844 werden erst 1932 veröffentlicht. *Die Heilige Familie*, 1845, bleibt unbeachtet. Ähnlich verhält es sich mit *Die deutsche Ideologie*; auch dieses Manuskript, zusammen mit Engels verfaßt

(1846), findet keinen Verleger. Das *Manifest der Kommunistischen Partei,* Ende Februar 1848 in London erschienen, verschwindet sofort bis Anfang der 70er Jahre von der Bildfläche. 1849 wird die *Neue Rheinische Zeitung,* die Marx 1848 ins Leben gerufen hatte, verboten. Im März 1850 bringt Marx eine *Neue Rheinische Zeitung. Politisch-Ökonomische Revue* heraus, die mangels Nachfrage im November desselben Jahres ihr Erscheinen einstellt. Im November 1852 löst sich »Der Bund der Kommunisten«, dem Marx und Engels 1847 beigetreten waren, auf. Im Dezember 1860 erscheint *Herr Vogt,* ein umfangreiches Pamphlet, das Marx finanziell ruiniert. Er hat es vorfinanziert, aber findet keine Abnehmer. Ohne Mitwirkung von Marx wird 1863 der »Allgemeine Deutsche Arbeiterverein« unter Führung Ferdinand Lassalles ins Leben gerufen. 1867 erscheint *Das Kapital* (1. Band), das wenig Leser, in den ersten Jahren auch kaum Käufer findet. 1869 gründen Wilhelm Liebknecht und August Bebel, unabhängig von Marx, der die Einladung zur Teilnahme ablehnt,[138] die Sozialdemokratische Arbeiterpartei Deutschlands. 1872 zerbricht an inneren Streitigkeiten die Internationale Arbeiter-Assoziation, die 1864 ohne Zutun von Marx gegründet worden war, in der er aber wichtige Funktionen bekleidete. Gegen den Protest von Marx kommt es 1875 zur Vereinigung der beiden deutschen sozialistischen Parteien. Er verheißt ihr das nahe Ende. Doch er muß erleben, daß diese Vereinigung, die SPD, während der restlichen Jahre seines Lebens erstarkt. Seine Wahlheimat, England, bleibt ihm gänzlich fremd, erfüllt keine seiner Vorhersagen. So betrachtet könnte man von dem Torso eines Lebens sprechen.

Dazu noch die Charaktermängel, die Verachtung aller, die sich ihm nicht unterwerfen, die anders denken, die ihm nicht huldigen, meist sogar jener, die sich gar nicht zu politischen Fragen äußern, ihm nur irgendwie – und sei es als Touristen – im Wege stehen. Sie alle bildeten den »Menschenkehricht«, den er am liebsten weggefegt hätte. Also denkbar schlechte Voraussetzungen für breite Verehrung.

Und doch, 1890 wird Marx auf dem Parteitag der Sozialistischen Arbeiterpartei Deutschlands zu Halle »unser großer Führer«[139] genannt. Spätestens mit der Oktoberrevolution 1917 in Rußland wird Marx zum bekanntesten politischen Denker aller Zeiten, da sich der siegreiche Bolschewistenführer Wladimir Iljitsch Uljanow, genannt Lenin, immer wieder auf ihn beruft und ihn in den höchsten Tönen preist: »Die Lehre von Marx ist allmächtig, weil sie wahr ist. Sie ist in sich geschlossen und harmonisch, sie gibt den Menschen eine einheitliche Weltanschauung, die sich mit keinerlei Aberglauben, keinerlei Reaktion, keinerlei Verteidigung bürgerlicher Knechtung vereinbaren läßt. Sie ist die rechtmäßige Erbin des Besten, was die Menschheit im 19. Jahrhundert in Gestalt der deutschen Philosophie, der englischen politischen Ökonomie und des französischen Sozialismus hervorgebracht hat.«[140] Daher sein für die ganze kommunistische Welt verbindliches Urteil: Marx ist »der bedeutendste Gelehrte und Lehrer des modernen Proletariats in der ganzen zivilisierten Welt«.[141]

Auch die »freie Welt« huldigte Marx auf vielfältige Weise. Am 25. Mai 1998 brachte eines der führenden deutschen Nachrichtenmagazine eine doppelseitige Annonce. Sie machte Reklame für einen Autovermieter. Als Blickfang diente ein vertrautes Foto von Karl Marx, offenbar ein sehr guter Werbeträger. In der Anzeige werden ihm die Worte in den Mund gelegt: »Freiheit ist ein Luxus, den sich nicht jedermann leisten kann.«[142] Wer weiß schon, daß Marx diesen oder einen ähnlichen Ausspruch nie getan hat, daß das Zitat vielmehr vom ersten Reichskanzler, Otto v. Bismarck, stammt?[143]

Was ist von folgenden Sätzen zu halten? »Vom 18. Jahrhundert bis zum Ersten Weltkrieg gab es ein gemeinsames europäisches Bewußtsein: Montesquieu, Rousseau, Voltaire, Goethe und Diderot, Hegel und Marx hatten es geschaffen. Jeder kannte des anderen Werke. Jeder las jeden.«[144] Richtig müßte es heißen: »Keiner las Marx.« Als die ersten Texte von Marx veröffentlicht wurden, war Montesquieu schon fast 100 Jahre tot. Der 80jährige Geheimrat Goethe hätte nach Trier reisen müssen, um dem 10jährigen Karl Marx zu begegnen.*

Die beiden Beispiele sind weitere Belege für die schon früher gemachte Beobachtung: »Marx ist – einem Joker gleich – nach wie vor überall zur Stelle, wo ein großer Name gesucht wird, wo Assoziationen mit seinem Werk vermutet werden können.«[145] Marx ist gleichsam zum Selbstläufer geworden, und jede Stadt schätzt sich glücklich, die von sich behaupten kann, Marx habe ihren Boden betreten. Auch die meisten anderen Städte erachten es als selbstverständlich, eine Straße, eine Allee, einen Platz nach ihm zu benennen. Millionen werden, wie schon erwähnt, aufgewendet, um tunlichst jedes seiner Worte möglichst originalgetreu aufzubewahren und zugänglich zu machen. Worin liegt das Geheimnis des Erfolgs, die Lösung dieses Paradoxons?

Fünf Gründe dürften dafür in besonderer Weise ausschlaggebend gewesen sein: die rücksichtslose Kritik an allem und an allen; die wunderschöne, zugleich sichere Verheißung; Fälschungen, Mythen und Unterschlagungen, die das Antlitz des Lehrmeisters schönten; »die zweite Geige«, Friedrich Engels; schließlich das liebe Geld.

Je größer und breiter die Unzufriedenheit mit den Gegebenheiten, um so stärker die Neigung, sich dem Manne anzuschließen, der den »Umsturz aller

---

* »Jeder las jeden« stammt nicht von einem Studenten, der mit Pauken und Trompeten durchgefallen ist, sondern von der Mitherausgeberin einer angesehenen Wochenzeitschrift.

bisherigen Gesellschaftsordnung« nicht nur predigt, sondern zugleich verspricht.[146] Ein Mitglied des Deutschen Bundestages, der dort die Partei des
Demokratischen Sozialismus vertritt, Gerhard Zwerenz, belehrt alle Zwei-
felnden:»Nein, Sie verstehen hier immer noch nicht, was Kommunismus
heißt. Sie sehen nicht, daß in Kommunisten der ganze Zorn einer enttäuschten und enttäuschenden Welt aufblitzt. Kommunismus – : das lebt
von Weltenttäuschung.«[147]
Die jüngste Tochter von Marx, Eleanor, genannt Tussy, berichtet:»Meine
Tanten haben mir oft erzählt, daß Mohr als Junge ein schrecklicher Tyrann
war; er zwang sie, im vollen Gallop den Markusberg zu Trier hinunterzu-
kutschieren, und was noch schlimmer war, er bestand darauf, daß sie die Ku-
chen äßen, welche er mit schmutzigen Händen aus noch schmutzigerem
Teige selbst verfertigte. Aber sie ließen sich dies alles ohne Widerrede gefallen, denn Karl erzählte ihnen zur Belohnung so wundervolle Geschichten.«[148] Niemand kann den Wahrheitsgehalt überprüfen. Auch wenn die
Anekdote frei erfunden sein sollte, so ist sie treffend, offenbar ein weiteres
Geheimnis seines Erfolgs.»Karl erzählte ihnen zur Belohnung so wundervolle Geschichten.« Es ist zunächst die Geschichte vom Mehrwert, der allein
auf das variable Kapital, sprich: die Arbeiter, zurückzuführen ist. Demgemäß
gebührt ihnen, so betrachtet, der ganze Mehrwert: *Die arbeitende Klasse allein ist es, die alle Werte produziert.* Und weiter: *Diese von den Arbeitern produzierten Werte gehören aber nicht den Arbeitern. Sie gehören den Eigentümern der Rohstoffe, der Maschinen und Werkzeuge und der Vorschußmittel, die
diesen Eigentümern erlauben, die Arbeitskraft der Arbeiterklasse zu kaufen.*[149]
Hinzu kommt, wie es im *Manifest der Kommunistischen Partei* heißt: *Der moderne Arbeiter ..., statt sich mit dem Fortschritt der Industrie zu heben, sinkt
immer tiefer unter die Bedingungen seiner eigenen Klasse herab. Der Arbeiter
wird zum Pauper und der Pauperismus entwickelt sich noch schneller als Bevölkerung und Reichtum.*[150] Dieser Skandal schreit nach Abhilfe. Ihr seid zur
Herrschaft berufen, um die Klassengesellschaft abzuschaffen und eine von
Grund auf bessere Welt zu gestalten. Erst dann beginne die eigentliche
Menschheitsgeschichte, wie Marx zu fabulieren wußte.
1999 erschien in Berlin das Büchlein *Ich kann nur eins sagen, daß ich kein
Marxist bin. Anekdoten von Karl Marx*[151] Wohl jeder, der sich mit Marx etwas
intensiver beschäftigt, ist schon dem Ausspruch:»Ich kann nur eins sagen,
daß ich kein Marxist bin« begegnet, meist als Beweis dafür ins Spiel gebracht,
daß Marx jedem Dogmatismus und Personenkult abhold gewesen sei. In aller
Regel, so auch hier, fehlt die Fundstelle. Und wenn sie ausnahmsweise ange-
geben ist – wer macht sich schon die Mühe, den Text zu überprüfen? Doch
die Mühe lohnt sich, belehrt sie uns doch im Ergebnis, daß die Schlußfolge-

rungen falsch sind, daß sich Marx nur von jenen »Marxisten« distanzieren wollte, die ihn mißverstanden, mißdeuteten. Vorab erscheint bemerkenswert, daß uns den fraglichen Ausspruch nur Engels überliefert hat, das Diktum also bei Marx selbst nicht auftaucht. In vier Briefen kommt Engels auf diese Äußerung zu sprechen. Jedesmal betont er, daß sich Marx damit von nicht linientreuen Gefolgsleuten distanzieren wollte, so im Brief an Paul Lafargue vom 27. August 1890: *Diese Herren machen alle in Marxismus, aber sie gehören zu der Sorte, die Sie vor zehn Jahren in Frankreich kennengelernt haben und von denen Marx sagt: »Alles, was ich weiß, ist, daß ich kein Marxist bin!«*[152]
Dieses irreführende Zitatfragment bildet nicht die große Ausnahme, vielmehr ist es typisch sowohl für das Anekdotenbüchlein wie auch für die Marx-Biographen. Meist unterbleibt jede kritische Überprüfung der Quellen, jede Abschätzung der Glaubwürdigkeit, jede Analyse der »Kriegslisten«. Dutzende schönfärberischer Behauptungen erweisen sich bei näherem Zusehen als wirklichkeitsfremdes Blendwerk, so: Marx habe innig an seinem Vater gehangen, Jenny und Karl seien ein fröhliches Paar gewesen, der Gatte sei treu bis zum Tode geblieben, zwischen ihm und Heine habe ein freundschaftliches Verhältnis bestanden usw.[153]
Schon Marx und Engels haben bedenkenlos die Unwahrheit gesagt, gemäß ihrer Maxime, daß dem Revolutionär jedes Mittel recht sei, das zum Ziele führe, das gewaltsamste, aber auch das scheinbar zahmste. *Die Neue Rheinische Zeitung – das Organ der Demokratie*, das von Marx 1848 gegründete Blatt, verfolgte keine demokratischen Ziele. Das Bekenntnis zur Demokratie war reine Camouflage. Auch wenn es Engels immer dreister – wider besseres Wissen – behauptete, Marx war nicht der Gründer der Internationalen Arbeiter-Assoziation usw. Schon Engels hat bei Sichtung des schriftlichen Nachlasses von Marx das Unpassende eliminiert, desgleichen Marxens Kinder den Schriftwechsel der Eltern betreffend, damit der Gönner Engels nicht gekränkt werde. Eleanor in einem Brief an ihre Schwester Laura: »Ich brauche Dir nicht zu sagen, daß ich **mit der größten Sorgfalt** darauf achten werde, daß unser guter General [Kosename für Engels] nichts sehen wird, was ihn verletzen könnte. Ich sondere in der Tat **alle** privaten Briefe aus.«[154] Laura soll sie dann vernichtet haben, weil sich die Eltern darin über Engels in verletzender Weise ausließen; und die wenigen erhaltenen Briefe bestätigen die Tatsache.[155]
Ähnlich verhielten sich August Bebel und Eduard Bernstein, als sie vor der Aufgabe standen, die Briefe der Freunde zu veröffentlichen. Viele Episteln schienen dafür ungeeignet und mußten entweder ausgesondert oder abgeändert werden.[156] Nichts anderes gilt für die Herausgeber der MEGA[1] und der Marx-Engels-Werke, wie das Beispiel aus dem Jahre 1846 beweist.[157] Davon, daß einige wenige schönklingende Zitate immer und immer wieder

angeführt werden, die angeblich für viele stehen, war bereits unter III 2 ausführlich die Rede.

Besonders marxdienlich ist es, wenn in dem Organ einer katholischen Universität ein hauptamtliches Mitglied des Lehrkörpers die Überzeugung vertritt: Die Marxisten »sensibilisierten die maßgeblichen politischen, wirtschaftlichen und religiösen Kreise des Kontinents für die Arbeiterfrage. Sogar im Vatikan wurde sie, wenn auch mit erheblicher Verspätung, als eine der dringendsten Fragen der Zeit entdeckt.«[158] Doch längst vor Marx hatte das britische Unterhaus Fabrikinspektoren eingesetzt, um die Befolgung der Schutzgesetze zu überwachen und über Mißstände zu berichten. Diese Berichte zitiert Marx häufig in seinem *Kapital*. Die Sozialgesetzgebung Englands entwickelte sich vor Marx und später völlig unabhängig von Marx. Die gegenteilige Meinung wird offenbar von niemandem vertreten.

Den führenden deutschen Sozialisten stand Marx ablehnend gegenüber. Nur der 22 Jahre jüngere August Bebel bildete eine Ausnahme. Mit Sicherheit wäre Deutschland, hätte Marx nicht gelebt, in die sozialpolitischen Fußstapfen des in industrieller Hinsicht führenden England getreten. Von einem Verdienst Marxens um die Sozialgesetzgebung kann schon deshalb nicht die Rede sein, weil er – wie oben mit zahlreichen Zitaten belegt – diese Konzessionen und Kompromisse gar nicht wollte, da sie die revolutionäre Stimmung drosselten.

Alle Marxbiographen sind sich einig: Ohne Engels kein Marx! Natürlich nicht im Sinne einer Kausalität für die Existenz, aber für die weltweite Bekanntschaft und den Ruhm. Schon oben (II 7) kam zur Darstellung, wie Engels unter eigenem und fremdem Namen, als Bewunderer wie als Kritiker *Das Kapital* für die verschiedensten Zeitungen besprach. Das war für ihn und seine Vasallentreue typisch. Typisch auch die folgenden Zitate: *Ich habe mein Leben lang das getan, wozu ich gemacht war, nämlich zweite Violine spielen, und glaube auch, meine Sache ganz passabel gemacht zu haben. Und ich war froh, so eine famose erste Violine zu haben, wie Marx.*[159] Dazu paßt, wie er sich selbst zurücknimmt, damit das Idol um so größer wird. Freilich, als »zweiter Geiger« neben dem ganz Großen, damit wird er selbst zu einem der Größten.

Zwar albern, doch konsequent, wie er Marx gegen alle Angriffe in Schutz nimmt:

*Dein Schwiegersohn gibt unter Deckung durch Deinen Namen [Liebknecht] als Herausgeber eine Sammlung Schriften heraus. Du, der Du ihn doch kennst, vertraust ihm Auswahl, Redaktion, kurz, die ganze Leitung an. Das Unvermeidliche passiert. Es erscheint, mit **Deinem Namen** gedeckt, eine Schundschrift von einem mehr als zweideutigen Lumpazius, eine wahre Sauerei, worin* dieser unwissende *Lumpazius sich zum Verbesserer von Marx aufwirft. Diese Sauerei wird den deutschen Arbeitern durch **Deinen Namen** als Herausgeber auf dem Titelblatt als bildende Lektüre im Sinn unsrer Partei empfohlen.*[160] (So wütet er weiter eine ganze Druckseite lang!) Dabei stand Engels, was geistige Fähigkeiten anlangt, Marx nicht nach. In manchem übertraf er ihn deutlich, z.B. in der Fähigkeit, sich fremde Sprachen anzueignen. Warum hat er sich gleichwohl geradezu total untergeordnet? Die zwei Jahre Altersunterschied dürften nicht ausschlaggebend gewesen sein, vielmehr die Erkenntnis: Zusammenarbeit mit Marx ist nur möglich, falls er als oberste Autorität anerkannt wird.

Wenn davon die Rede ist, daß man sich Marx ohne Engels nicht vorstellen kann, so betrifft diese Aussage jedoch vor allem die pekuniäre Basis. Nahezu jeder der zahlreichen an Engels adressierten Briefe zwischen 1850 und 1868 ist mit Betteleien angereichert. Immer wieder wird die häusliche Misere geschildert, worauf, wiederum meist, der Bitte umgehend entsprochen wird. 1868 begleicht Engels alle aufgelaufenen Schulden der Familie Marx und zahlt dem Freund ab 1869 eine Jahresrente, um ihm ein ungestörtes Arbeiten zu ermöglichen. (Doch sie hindert Marx nicht, immer wieder um zusätzliche Zahlungen nachzusuchen.)

Aber damit nicht genug. Der unverheiratete, kinderlose, sehr begüterte Engels bedachte auch die führenden deutschen Sozialdemokraten und die SPD. Die höchstwillkommenen Zuwendungen trugen sicher dazu bei, dem Einfluß der Londoner den Weg zu ebnen. Zur Veranschaulichung einige Belege. Engels an Natalie Liebknecht am 19. Dezember 1870:

Wir haben aber auch die Pflicht, nach Kräften dafür zu sorgen, daß unsre verhafteten Freunde und ihre Familien in Deutschland nicht Not leiden, und grade jetzt, wo ihnen das bevorstehende Weihnachtsfest ohnehin so verbittert wird. Wir sind daher so frei, inliegend eine Fünfpfundnote der Bank von England ... beizulegen, in deren Ertrag sie sich gütigst mit Frau Bebel teilen wollen.[161]

Engels an Wilhelm Liebknecht am 9. Januar 1877:

Wir haben schon vor längerer Zeit durch Bracke an Geib £10 als unseren Beitrag zum Wahlfond abgehn lassen ...[162]

Diese Beispiele stehen für viele. Schließlich soll noch Engels Testament Erwähnung finden. Darin vermacht er den Reichstagsabgeordneten August Bebel und Paul Singer als gemeinsamen Treuhändern die Summe von 1000 £, *um die Wahl solcher Personen in den Deutschen Reichstag zu einem solchen Zeitpunkt oder solchen Zeitpunkten und an einem solchen Ort oder Orten zu fördern, welche die genannten August Bebel und Paul Singer oder der Überlebende von ihnen nach ihrem oder seinem freien Ermessen für geeignet halten.*[163]

Kleine Geschenke erhalten die Freundschaft, große können sie begründen. Wer verprellt schon gern einen Wohltäter, der vielleicht auch fernerhin hilft!

6. »Das feine Schweigen und seine Folgen« – Aufklärung bleibt das Gebot der Stunde

Das feine Schweigen und seine Folgen – lautete der Titel eines Vortrags, den der Historiker Fritz Stern, Emeritus der Columbia Universität in New York, Träger des Friedenspreises des Deutschen Buchhandels 1999, am 10. November 1998 an der Universität München hielt. Die *Frankfurter Allgemeine Zeitung* hat die Rede abgedruckt. Im redaktionellen Vorspann heißt es: »So könnte das Motto dieses Jahrhunderts lauten: Man sah das Böse nicht, man wollte es nicht sehen … Die Diskussion über die Verbrechen des Nationalsozialismus zwingt zum Nachdenken über das Wissen und die Schuld der Mitwisserschaft. Wann immer in den letzten Jahren über die moralische Verstrickung der Zeitgenossen des Nazi-Regimes gestritten wurde, ging es nicht nur um die Frage der aktiven Täterschaft, sondern auch um das Verhalten derjenigen, die von den Taten ihrer Landsleute wußten, aber schwiegen und sich nicht empörten. Begann die Mitschuld nicht mit dem Wegsehen, dem Nicht-Wissen-Wollen, dem Mangel an Zivilcourage?«[164]
Diese Sätze lenken den Blick auf die Jahre 1933 bis 1945. Bei Stern aber lesen wir: »Das Martyrium kann nicht erwartet oder verlangt werden, wohl aber vorbeugende Zivilcourage.« Und an anderer Stelle: »Hitler hat aus seinen Absichten kein Hehl gemacht. Er konnte sich zwar verstellen – vor 1933 und nach 1933 –, aber sein mörderischer Haß gegen Feinde, Juden und Marxisten war unmißverständlich. Daß er sich zu Mördern bekannte, und zwar in rückhaltloser Solidarität – nach dem Mord von Potempa* im August 1932 –, minderte nicht die Begeisterung, den Glauben an den ›Führer‹ …« Das heißt doch: Hitlers Worte – und nicht erst seine Taten – hätten den Alarm auslösen, die Augen öffnen, das Schweigen brechen, die Untätigkeit beenden müssen.

---

* In der Nacht vom 9. auf den 10. 8. 1932 überfielen fünf SA-Männer in dem oberschlesischen Potempa (1936 umbenannt in Wüstenrode, heute Potepa) einen kommunistischen Arbeiter und traten ihn vor den Augen seiner Mutter zu Tode. Hitler solidarisierte sich telegraphisch mit den Tätern, die vom Sondergericht Beuthen zum Tode verurteilt wurden, und bezeichnete ihre Befreiung als eine »Frage unserer Ehre«. Mitte Mai 1933 wurden sie unter der Regierung Hitler freigelassen.

Gilt das nur für das Phänomen Hitler, oder will uns Stern eine allgemein-
gültige Lektion erteilen? Die Antwort ist eindeutig. Mit Blick auf Hitler sind
wir, die wir damals Kinder waren oder noch gar nicht lebten, nicht persönlich angesprochen, es sei denn, wir würden neonazistischen Bestrebungen
nicht die nötige Aufmerksamkeit schenken. Doch wie steht es mit Marx und
dem Marxismus? In dem oben zitierten Text kann der Name Hitler durch
Marx, der Begriff Marxismus durch Kapitalismus ersetzt werden, und dann
wird er zur Anklage all jener, die das Böse der Marxschen Lehre: die Selbstvergötzung, die Rachsucht, den Haß, die moralisch enthemmte Gewaltbereitschaft, die Bejahung des revolutionären Terrors, die Sehnsucht nach Umsturz aller bisherigen Gesellschaftsordnung – nicht sahen, nicht sehen wollen. Ist die folgende Textvariante weniger richtig als die Originalfassung?:
Marx hat aus seinen Absichten kein Hehl gemacht. Er konnte sich zwar verstellen – insbesondere 1848–1849 als Herausgeber des *Organs der Demokratie* –, aber sein mörderischer Haß gegen Feinde, Juden und Kapitalisten, war
unmißverständlich. Daß er sich zu Mördern bekannte, und zwar in rückhaltloser Solidarität – nach dem Attentat von St. Petersburg im März 1881 –
minderte nicht die Begeisterung, den Glauben an den »Führer«[*].
NS-Vergangenheitsbewältigung aus der Position des selbstgerechten Richters, den die Gnade der späten Geburt über jeden Verdacht erhaben macht,
mag dem angeschlagenen Gewissen Befriedigung bereiten. Die kritischen
Fragen, die Marx und der Marxismus auch an die Gegenwart stellen, werden
dementgegen verdrängt, da sie eigene Mitschuld offenbaren könnten. »So ist
die Geschichte des Kommunismus nicht nur eine Geschichte von Irrtümern,
sondern auch der Weigerung, sie einzugestehen.«[165] Diese Verweigerung gilt
vor allem mit Blick auf die Abgründe des originären Marxismus.
Die deutsche Ausgabe des *Schwarzbuchs* erschien im ersten Quartal 1998.
Der Inhalt ist hinlänglich bekannt; bereits oben (I 1) habe ich darüber berichtet. Es dokumentiert riesige Leichenberge. Im selben Quartal jährte sich
die Erstauflage des *Manifest der Kommunistischen Partei* zum 150. Male. Es
enthält – selbstredend – ein Bekenntnis zum Kommunismus, ferner zu »des-
potischen Eingriffen«, zur »Aufhebung des Privateigentums«, zur »Aufhebung der Familie«. Der viertletzte Satz des *Manifests* ist der Kulminations-
punkt, an Radikalität – was Ziele und Mittel anlangt – schwerlich zu über-
treffen: »Die Kommunisten ... erklären es offen, daß ihre Zwecke nur
erreicht werden können durch den gewaltsamen Umsturz aller bisherigen
Gesellschaftsordnung.«[166]

---

[*] Auf dem Parteitag der Sozialistischen Arbeiterpartei Deutschlands (später SPD genannt) zu
Halle 1890 wurde Marx »unser großer Führer« genannt (Protokoll des Parteitages zu Halle
1890, Berlin 1890, S. 41).

Wer Ohren hatte zu hören und Augen zu sehen, mußte befürchten, daß die Umsetzung dieser Vorgaben weltweit Millionen Menschenleben vernichtet. Wen der letztzitierte Satz nicht erschreckt, ist moralisch taub und blind. Aus diesem Satz trieft Blut.

Wie hat sich das Bekenntnis zur Gewalt, zum Umsturz, zur Despotie auf die Besprechung des *Manifests* anläßlich des 150. Jahrestages – also 1998 – ausgewirkt? Einige Überschriften und Schlagzeilen – nach den Anfangsbuchstaben der Printmedien sortiert: In der *Frankfurter Allgemeinen Zeitung* (20. 2. 98) stand zu lesen:»Endlich sieht man Freudenthal. Endlich, endlich kommt einmal – Wiedergelesen: Vor 150 Jahren erschien das ›Kommunistische Manifest‹«. Eine der Überschriften in der *Frankfurter Rundschau* lautete (23. 2. 98):»Eine Welt zu gewinnen«. Eine andere (14. 2. 98):»Anhaltende Zukunft eines Totenscheins. Vor 150 Jahren erschien das ›Kommunistische Manifest‹«. *Das Parlament,* das amtliche Organ des Deutschen Bundestages, titelte (16. 1. 98):»Überholt und doch höchst aktuell«. *Der Spiegel* (12/98):»Marx, ganz modern«,»Höchst aktuell ist das kommunistische Manifest, das schon vor 150 Jahren die Globalisierung ankündigte«. Die *Süddeutsche Zeitung* (21./22. 2. 98):»Karl Marx, Ökonom ... Auch fruchtbar, wo er irrte«. Das gleiche Blatt an anderer Stelle (22. 5. 98):»Betriebspsychologe Marx. Von der vielseitigen Verwendbarkeit des Trierer Revoluzzers«. Der *Schweizer Tagesanzeiger* (9. 1. 98):»Ein Untoter kommt zurück. Feiert Karl Marx, der scharfsichtige Analytiker des Kapitalismus, ein Comeback?« *DIE WELT* (21. 2. 98):»Allen Nachahmern zum Trotz: Marx und Engels machten das Pamphlet zum Geniestreich«. In der *Weltwoche* (1. 1. 98) lautete die Überschrift:»Marx, der nächste Vordenker«. Und schließlich *DIE ZEIT* (5. 2. 98):»Das Gespenst geht wieder um. Vor 150 Jahren schrieben Marx und Engels das ›Kommunistische Manifest‹. Globalisierung und Arbeitslosigkeit geben ihm neue Aktualität.«

Betrachten wir in der gebotenen Kürze die Begründungen, die den »Geniestreich« veranschaulichen und glaubhaft machen sollten. Richard Rorty, der amerikanische Philosoph und Theoretiker des Liberalismus, vergleicht in der Frankfurter Allgemeinen Zeitung die enttäuschten Hoffnungen von Christentum und Kommunismus. Christus ist, allen Erwartungen seiner Anhänger zuwider, nicht zurückgekehrt, das Reich des von Marx erträumten Kommunismus nirgends verwirklicht. Aber ist die Geschichte der Inquisition und der Arroganz des Klerus, ist die Erinnerung an die Zellen des KGB und die Lager des GULag Grund genug, die Haupttexte der beiden großen Erneuerungsbewegungen zu vergessen? – so Rorty.[167] Der Vergleich ist absurd. Christus appelliert an den einzelnen Menschen, er solle umdenken, Marx will gewaltsam alle bisherige Gesellschaftsordnung umstürzen und macht sich stark für Despotismus und Diktatur. Christus predigt Liebe bis hin zur Feindesliebe, Marx hingegen Haß. Das Neue Testament ist, von ganz wenigen Stellen abgesehen, ein Hohes Lied auf die Nächstenliebe: »Selig, die keine Gewalt anwenden; denn sie werden das Land erben.

Selig, die hungern und dürsten nach der Gerechtigkeit; denn sie werden satt werden.

Selig die Barmherzigen; denn sie werden Erbarmen finden ...

Selig, die Frieden stiften; denn sie werden Söhne Gottes genannt werden.

Selig, die um der Gerechtigkeit willen verfolgt werden; denn ihnen gehört das Himmelreich.«[168]

»Ihr habt gehört, daß gesagt worden ist: Du sollst Deinen Nächsten lieben und Deinen Feind hassen. Ich aber sage euch: Liebt eure Feinde und betet für die, die euch verfolgen, damit ihr Söhne eures Vaters im Himmel werdet. Wenn ihr nämlich nur die liebt, die euch lieben, welchen Lohn könnt ihr dafür erwarten? Tun das nicht auch die Zöllner? Und wenn ihr nur eure Brüder grüßt, was tut ihr damit besonderes?«[169]

Der Apostel Paulus in seinem Brief an die Kolosser: »Früher seid auch ihr darin gefangen gewesen und habt euer Leben davon beherrschen lassen. Jetzt aber sollt ihr das alles ablegen: Zorn, Wut und Bosheit; auch Lästerungen und Zoten sollen nicht mehr über eure Lippen kommen ... Ihr seid von Gott geliebt, seid seine auserwählten Heiligen. Darum bekleidet euch mit aufrichtigem Erbarmen, mit Güte, Demut, Milde, Geduld! ... Vor allem aber liebt einander, denn die Liebe ist das Band, das alles zusammenhält und vollkommen macht.«[170]

Auf diesen Geist des Christentums schauten Marx und Engels – wie später Friedrich Nietzsche – mit Spott und Verachtung. Verwiesen sei auf das von Marx und Engels verfaßte »Zirkular gegen Kriege«, in dem sie den totalen Gegensatz zwischen der »christlichen Liebesduselei«, den »infamen und ekelhaften Servilismus« einerseits dem auf »Zerstörung« andererseits ausgerichteten Kommunismus gegenüberstellen (siehe z. B. II 2, 1846).

Ist für Rorty die Bibel ein versiegeltes Buch, oder sind ihm die Schriften und Briefe von Marx unbekannt? Wenn im Namen des Christentums Menschenrechte mit Füßen getreten wurden, so geschah es aus Bosheit oder Verblendung, während Marx die begangenen kommunistischen Verbrechen im voraus abgesegnet hat.

Der Artikel in der *Frankfurter Rundschau* »Eine Welt zu gewinnen« beginnt mit: »Zwei Sätze aus dem ›Manifest der Kommunistischen Partei‹ sind allbekannt – der erste und der letzte. ›Ein Gespenst geht um in Europa – das Gespenst des Kommunismus. Und: Proletarier aller Länder, vereinigt euch!‹«[171] Unerwähnt bleibt, daß die Metapher des Gespenstes schon vor Marx umging, es sich insofern um eine Anleihe handelt, und »Proletarier aller Länder ...« bereits vor dem *Manifest* von Dritten verwendet wurde.

Typisch für die meisten Laudationes ist, was Eric Hobsbawm unter der Überschrift »Anhaltende Zukunft eines Totenscheins« ausführt: »Auch der heutige Leser kann sich der leidenschaftlichen Überzeugung, der konzentrierten Kürze, der intellektuellen und stilistischen Kraft dieser erstaunlichen Flugschrift unmöglich entziehen. Sie ist wie in einer einzigen schöpferischen Eruption geschrieben, in lapidaren Sätzen, die sich fast wie von selbst in die unvergeßlichen Aphorismen verwandeln, die weit über die Welt der politischen Debatte hinaus bekanntgeworden sind.«[172]

Sonderbare Argumente! Man stelle sich vor, ähnliche Betrachtungen würden mit Blick auf Goebbels Reichssportpalastrede angestellt. Der Vergleich ist dazu angetan, Protest auszulösen. Und doch: Goebbels ging es um Stimmungsmache für den totalen Krieg. Und Marx? Ist die Aufforderung zum »gewaltsamen Umsturz aller bisherigen Gesellschaftsordnung« nicht auch die Aufforderung zum totalen Krieg gegen das Weltkulturerbe, gegen alle Andersdenkenden, gegen die bestehende Gesellschaft und ihre gewachsene Ordnung?

In der Tat verraten viele Passagen des *Manifests* ein beachtliches journalistisches Geschick. Das schwungvolle Fabulieren fällt besonders leicht, wenn auf die Wirklichkeit und innere Logik nicht Rücksicht genommen wird. Schon der zweite Satz ist sachlich falsch. Er lautet: »Alle Mächte des alten Europa haben sich zu einer heiligen Hetzjagd gegen dies Gespenst verbündet ...«[173] Gehörte etwa England nicht zum alten Europa? Tatsache ist: Die Freunde konnten völlig unbehindert über Jahrzehnte hinweg in und von England aus agieren, Zentral- und Westeuropa bereisen.

Hobsbawm fährt fort: »Entscheidend ist vielmehr, daß die durch den Kapitalismus veränderte Welt, die er 1848 in Passagen einer düsteren, lakonischen Eloquenz beschrieb, unübersehbar die Welt ist, in der wir 150 Jahre später leben.« Und an anderer Stelle: »Marx und Engels beschrieben nicht die Welt, wie der Kapitalismus sie 1848 bereits umgestaltet hatte, sondern prophezeiten, wie sie gemäß seinen eigenen Gesetzen von ihm umgestaltet werden mußte.«[174] Diese Vorausschau wird immer wieder als die Großtat des *Manifests* gefeiert: »Kurz, was 1848 einem unvoreingenommenen Leser als revolutionäre Rhetorik oder bestenfalls als plausible Prognose erscheinen mochte, kann heute als knappe Beschreibung des Kapitalismus am Ende des 20. Jahrhunderts gelesen werden. Von welchem anderen Dokument der 1848er Jahre läßt sich das sagen?«[175] – Doch war es überhaupt eine Vorausschau?

Nein! Marx sprach insofern nicht als Prophet, sondern als Diagnostiker. Über Propheten machten sie sich lustig. Seine Schilderungen des Kapitalismus waren Zustandsbeschreibungen. Wenn sie auf die heutige Zeit zutreffen, so waren sie damals falsch, denn die Zustände haben sich, wie unbestritten, gewaltig verändert. Verdient ein Arzt, der einem jungen Menschen »Krebs« diagnostiziert, Lob, weil der Patient Jahrzehnte später tatsächlich an Krebs erkrankt? Daß Marx keine Vorhersage für das ausgehende 20. Jahrhundert treffen wollte, folgt unzweideutig aus dem Text[176] und aus den Schlußsätzen, in denen es heißt: *Auf Deutschland richten die Kommunisten ihre Hauptaufmerksamkeit, weil Deutschland am Vorabend einer bürgerlichen Revolution steht und weil diese Umwälzung unter fortgeschritteneren Bedingungen der europäischen Zivilisation überhaupt und mit einem viel weiter entwickelten Proletariat vollbringt als England im 17. und Frankreich im 18. Jahrhundert, die deutsche bürgerliche Revolution also nur das unmittelbare Vorspiel einer proletarischen Revolution sein kann.*[177] Mit anderen Worten: Die letzte Stunde des Kapitalismus hat bereits geschlagen, und zwar 1848! Es ist wirklich skandalös, wie hier Marx wider seinen Willen in einen Nostradamus verwandelt wird. Die Freunde blieben der Überzeugung treu, der Kapitalismus sei inzwischen zur Fessel geworden, sei dem Fortschritt abträglich. In all den schmeichelhaften Besprechungen des *Manifests* ist offenbar nichts, was die allgemeine Wertschätzung rechtfertigt. Der Beitrag mit der Überschrift »Marx, der nächste Vordenker« offenbart abschließend heiße Sympathien der Autorin: »Unter Verweis auf das Scheitern des Sozialismus wird gern behauptet, daß Marx sich geirrt habe und wir das Privateigentum brauchten. Indessen muß die Verstaatlichung nicht das einzige Heilmittel für die »Wunde« Privateigentum sein. Es wären andere denkbar, und daß die gesellschaftliche Phantasie auf diese Spur gesetzt und sich hier als fruchtbar erweisen werde, ist vielleicht die größte Furcht derer, die den klugen Analytiker und Prognostiker Marx lieber totschweigen. Denn das Eigentum, es ist die letzte und wahre heilige Kuh unserer Welt.«[178]

Wir schweigen Marx nicht tot. Ganz im Gegenteil: Wir beschränken uns nicht auf einige wenige Sentenzen, sondern nehmen das Ganze als Beurteilungsgrundlage. Wir verwandeln nicht Zustandsbeschreibungen in Prophezeiungen; denn das grenzt an Mogelei.

Die Transformation des Karl Marx in einen Nostradamus durch den Zeitgeist ist aber nicht das Schlimmste, vielmehr folgendes: In keiner der Besprechungen des *Manifests* wurde, wie schon erwähnt, die ungeheuerliche Drohung angemessen thematisiert: »Die Kommunisten ... erklären es offen, daß ihre Zwecke nur erreicht werden können durch den gewaltsamen Umsturz aller bisherigen Gesellschaftsordnung.« In keiner der erwähnten Besprechungen wird die Frage gestellt, wie vielen Millionen die Umsetzung dieses radikalsten aller jemals verfaßten Parteiprogramme das Leben gekostet hat, ob es nicht doch die Blankovollmacht für die Blutorgien des *Schwarzbuchs* gewesen ist. Fanden die Rezensenten nicht die Zeit, die 23 Seiten des *Manifests* zu lesen, oder sind sie taub gegenüber der Stimme, die Terror gebietet? »Das Volk der Dichter und Denker« produziert Bücher en masse, hat aber nicht die Muße, auch nur ein Promille sorgfältig zur Kenntnis zu nehmen.

Wenn Studenten NS-Literatur ausleihen wollen, benötigen sie mitunter die Bescheinigung ihres Professors, daß sie an einer einschlägigen Untersuchung arbeiten. Dementgegen ist die marxistische Literatur geradezu selbstverständlich frei zugänglich. Dabei sind doch die heiligen Bücher beider Totalitarismen in gleicher Weise verfassungsfeindlich und dem Wertekanon des Grundgesetzes zuwider. Zahlreiche Passagen der *Neuen Rheinischen Zeitung* hätte Julius Streicher im NS-Kampfblatt *Der Stürmer* ohne Stilbruch abdrucken können. Wieso diese einäugige Blindheit?

Während also die NS-Literatur in einem Giftschrank verwahrt bleibt – off limits to all unauthorized persons – offenbar glaubt man an eine unsterbliche Verführungskraft des »Führers« –, werden Millionen investiert, damit die geistigen Spuren des Karl Marx und seines Sozius in allen Varianten und Details stets der weiten Welt präsent sind. Dabei wurde der Straftatbestand »Volksverhetzung« (§ 130 StGB) 1994 erneut verschärft. Danach ist mit Freiheitsstrafe bis zu drei Jahren oder mit Geldstrafe bedroht, wer »Schriften ..., die zum Haß gegen Teile der Bevölkerung oder gegen eine nationale, rassische, religiöse oder durch ihr Volkstum bestimmte Gruppe aufstachelt, zu Gewalt- oder Willkürmaßnahmen gegen sie auffordert oder die Menschenwürde anderer dadurch angreift, daß sie Teile der Bevölkerung oder eine vorbezeichnete Gruppe beschimpft, böswillig verächtlich gemacht oder verleumdet werden,

a) verbreitet,

b) ... sonst zugänglich macht,

c) ...

d) herstellt, ... vorrätig hält, anbietet, ankündigt ...«

Der Bund und die nachfolgend genannten Länder als Täter gemäß § 130 StGB?

Das MEGA-Projekt ist gewaltig und sprengt den Rahmen aller vergleichbaren Editionen. Im Prospekt des Akademie Verlags, Berlin, Frühjahr 1999, heißt es: »Auf Initiative des renommierten Internationaal Instituut voor Sociale Geschiedenis (IISG) in Amsterdam, in dessen Besitz sich der größte Teil der Handschriften befindet, wurde 1990 die Internationale Marx-Engels-

Stiftung (IMES) gegründet, die die wissenschaftliche Verantwortung für das Projekt übernahm. Die politisch unabhängige IMES ist ein internationales Netzwerk, dem außer dem IISG die Berlin-Brandenburgische Akademie der Wissenschaften (BBAW), das Trierer Karl-Marx-Haus (KMH), das Russische Zentrum für zeitgeschichtliche Dokumentation (RC) und das Russische Unabhängige Institut (RNI) angehören. Ziel der IMES ist, die MEGA als historisch-kritische Edition sämtlicher Schriften von Karl Marx und Friedrich Engels zu Ende zu führen.«
Das Projekt ist in das Akademieprogramm des Bundes und der Länder aufgenommen worden. Es soll im Jahre 2015 abgeschlossen sein. Finanziert wird es »vom Bund und den Ländern Berlin, Sachsen, Sachsen-Anhalt und Thüringen«.[179] Der Beschluß geht noch auf die alte Bundesregierung zurück, d.h. daß vorwiegend CDU-Regierungen die Finanzierung übernommen haben. Das erinnert an einen ähnlichen Vorgang.* »122 (Teil-)Bände, mehrere laufende Meter in Dunkelblau, werden dann die Regale schmükken. Die Konkurrenz mit dem ›Migne‹ der christlichen Väter brauchen Marx und Engels nicht mehr zu scheuen.«**[180] Dafür werden an die 20 Millionen aufgewendet, während gleichzeitig Direktoren von Universitätsbibliotheken über das Fehlen dringend benötigter Mittel klagen, so der Leiter der Universitätsbibliothek Bayreuth: »Selbst für eine qualitativ und quantitativ bestenfalls noch minimale Literatur- und Informationsversorgung werden die Rahmenbedingungen immer schwieriger. Seit 1996 stagnieren die Mittelzuweisungen beim Normaletat, der ohnehin weit unter dem Existenzminimum liegt ... Die Folge ist, daß viele Titel gar nicht erst beschafft werden können und bisher abonnierte Zeitschriften in nicht mehr vertretbarem

---

* Am 8. Januar 1990 schrieben elf Bürger einer kleinen oberbayerischen Gemeinde dem amtierenden Bundeskanzler folgenden Brief: »Sehr geehrter Herr Bundeskanzler Kohl! Nach einer Pressemeldung vom 04. 01. 1990 beabsichtigt das Auswärtige Amt, auf Ihre Veranlassung, das Grab von Karl Marx auf dem Londoner High Gate-Friedhof zu renovieren. Was mag Sie wohl bewogen haben, diesen Mann auf solche Art und Weise aufzuwerten? Hat nicht die versuchte Verwirklichung seiner Utopien auf der halben Welt eine grausige Spur von Blut und Tränen hinterlassen? ... Es besteht also wahrlich kein Anlaß, den geistigen Urheber solch brutaler Diktaturen irgendwie zu ehren. Mit freundlichen Grüßen ...«
Ausgelöst wurde der Brief durch die Mitteilung des *Traunsteiner Wochenblattes* vom 4.1.90, wonach sich Bundeskanzler Helmut Kohl und Außenminister Genscher um das verblassende Ansehen der letzten Ruhestätte von Karl Marx sorgen. »Die Bundesregierung will Geld zur Verfügung stellen, um das Grab des Begründers der kommunistischen Theorie auf dem Londoner High Gate-Friedhof renovieren zu lassen. Wie die Bundestags-Vizepräsidentin Annemarie Renger (SPD) am Mittwoch in Bonn mitteilte, hat der Kanzler ihr eine entsprechende Zusage gegeben und das Auswärtige Amt veranlaßt, die dringend nötige Graberneuerung durchzuführen.«
** Den neuesten Angaben zufolge werden es 114 Bände in 124 Teilbänden sein.

Umfang dem Rotstift zum Opfer gefallen sind.«[181] Noch im Mai 1999 mußte
der Ankauf neuer Bücher gänzlich eingestellt werden.

Dieser Sieg des Karl Marx über die Kirchenväter dank der vorzüglichen Mit-
hilfe von CDU-Regierungen läßt, wie sollte es anders sein, Spötter auf den
Plan treten: »Unvergessen bleibt das Wort des berühmten Herz-Jesu-Sozia-
listen Norbert Blüm, der im Wendejahr 1989/90 die ebenso schlichte wie
prägnante Formel fand: Marx ist tot, Jesus lebt. Damals im Zeichen der spek-
takulären Implosion des Realsozialismus mochte Blüms populistisches Bon-
mot von vordergründiger Evidenz sein. Zehn Jahre später können einem
freilich Zweifel kommen: Vielleicht ist Marx ... lebendiger, als seine permanenten Totengräber uns weiß machen wollen, und daß Jesus lebt, glauben
wohl nicht einmal mehr eingefleischte Anhänger der C-Parteien.«[182]

Marx hat in seiner *Neuen Rheinischen Zeitung* 1848 mehrmals mit großen
Lettern zum Steuerboykott aufgefordert: »Keine Steuern mehr!!!«[183] Wer
sich als Steuerzahler vergegenwärtigt, für welche Schaumschlägerei, insbesondere für welche mit Strafe bedrohte Volksverhetzung hier Riesensummen
aufgewendet werden, könnte versucht sein, Marxens Aufruf für höchst aktuell zu halten und danach zu handeln. Schon eingangs (s.o. I 1) war davon die
Rede, daß mit einigen weiteren Ergänzungsbänden zu den Marx-Engels-
Werken alles von Marx und Engels Geschriebene veröffentlicht wäre. Wie
kommt man dann auf das Material, das 124 Bände füllt? Die Editoren wollen nicht nur die Briefe der Freunde, sondern auch die an die Freunde ge-
richtete Post bringen. Das ist gewiß sinnvoll. Aber damit kommt man men-
genmäßig kaum weiter. Also sollen alle Notizen, Vorarbeiten und Entwürfe,
ferner unwesentlich veränderte Neuauflagen veröffentlicht werden.

Dieses Vorhaben erscheint aus vielerlei Gründen fragwürdig. Schon jene
Texte, die die Freunde mit dem Imprimatur versehen haben, bilden eine
schier endlose Kette von Tautologien. Ihre Demonstration in Lehrveranstal-
tungen macht selbst glühende Marxadoranten sprachlos. So gut wie niemand, die führenden Sozialisten eingeschlossen, hat sich durch das Dickicht
der – Leserschlafsucht provozierenden – Wiederholungen, z.B. im *Kapital*
hindurchgewühlt, zumal das Ganze, wissenschaftlich betrachtet, schon
immer absurd gewesen ist und daher das ökonomische Chaos in den Ländern seiner dogmatisch fixierten Gefolgsleute ausgelöst hat, an dem heute
ganz Deutschland leidet (ständiger gewaltiger Finanztransfer in die neuen
Bundesländer).

Der Blähleibigkeit seiner Darstellungen war Marx sich bewußt; dazu wurde
er von Freund Engels geradezu animiert: *Die Hauptsache ist, daß Du erst wieder mit einem dicken Buch vor dem Publikum debütierst, und am besten mit
dem unverfänglichsten, der Historia.*[184] In einem anderen Brief macht es En-

gels noch deutlicher, daß es auf den Inhalt gar nicht ankommt: »n'importe quoi«.[185] Auch die Qualität spielt keine Rolle: *Die Schwächen, die Dir auffallen, finden die Esel doch nicht heraus.*[186] Marx selbst bekennt mit einer Offenheit, die einem die Stimme verschlägt, das Mißverhältnis zwischen Umfang und Inhalt: *Ich dehne diesen Band mehr aus, da die deutschen Hunde den Wert der Bücher nach dem Kubikinhalt schätzen.*[187]

Und an anderer Stelle: *Ihr braucht die Bücher nicht zu lesen; schon ihr abenteuerlicher Anblick rührt euer Herz, schlägt eure Sinne, wie etwa ein gotisches Gebäude. Diese naturwüchsigen Riesenwerke wirken materiell auf den Geist; er fühlt sich erdrückt unter der Masse, und das Gefühl der Gedrücktheit ist der Anfang der Ehrfurcht. Ihr habt die Bücher nicht, sie haben euch.*[188] Dieser Eroberung der Gehirne junger Menschen durch Marx leisten die von ihm gehaßten Bürgerlichen nach Kräften Vorschub! Das Portal zum Büchertempel MEGA², das Vorwort, schmücken die Worte:

»Karl Marx und Friedrich Engels gebührt ein hervorragender Platz in der Entwicklung des fortschrittlichen Denkens und des Kampfes um grundlegende soziale Umgestaltung in der Welt. Sie begründeten die revolutionäre Theorie als geistige Waffe der fortschrittlichen gesellschaftlichen Kräfte, die zum Sturz der Ausbeuterordnung berufen sind ...

Marx und Engels waren jedoch nicht nur große Gelehrte, sondern ebenso revolutionäre politische Kämpfer ...

Marx und Engels bewiesen, daß der Klassenkampf in der bürgerlichen Gesellschaft mit Notwendigkeit zur Errichtung der politischen Herrschaft des Proletariats, zur Diktatur des Proletariats führt ...«[189]

1917 hat Deutschland Lenins Revolution mit Golddukaten bezuschußt, heute Marxens Aufruf zur »Diktatur des Proletariats«! Deutschland bleibt sich treu. Seine Staatsdiener haben nichts verlernt. Marxens Wort behält seine Gültigkeit: *Unser Einfluß auf dies Beamtentum ist größer als auf die Knoten.*[190]

Im Januar 1999 berichtete die Presse: »Schokoladen-Marx soll Leckermäuler locken. Und weiter im Text: Natürlich gibt es den ›Nischel‹ wie die Chemnitzer ihr Marx-Monument nennen, auch als Metallguß. Die zwölf Zentimeter große Nachbildung des Wahrzeichens ist in mehreren Läden zu haben. Der Verkauf läuft gut. ›Deshalb haben wir uns gedacht, daß die Pralinen auch gut gehen‹ ...

Böse Erinnerung hin oder her: Schon 1996, lange bevor Karl Marx jetzt auf Pralinen landete, entdeckte die Wirtschaftsförderungsgesellschaft der Stadt den umstrittenen Klotz als Sympathie-Träger und PR-Agenten. Chemnitz läßt seit drei Jahren das Marx-Denkmal wie zu DDR-Zeiten nachts wieder in Scheinwerferlicht tauchen.«[191]

Zur höheren Ehre von Marx werden Millionen Steuergelder in sein Œuvre investiert. Der »große Philosoph« ist in der ehemaligen Karl-Marx-Stadt gegenwärtiger als jede andere historische Persönlichkeit, ausgenommen jener Ort, wo man ihn in erster Linie vermuten sollte, nämlich die Universität. »Nein, speziell mit Marx und Marxismus beschäftigt sich hier niemand«, war die Antwort auf eine entsprechende Frage. Das Vorlesungsverzeichnis der TU Chemnitz bestätigt ihre Richtigkeit. Sachsen verfügt noch über zwei weitere Universitäten. Die in Leipzig trug sogar über Jahrzehnte hinweg den Namen von Marx. Doch auch sie hat ihn offenbar gänzlich marginalisiert. Im Vorlesungsverzeichnis taucht sein Name nicht auf, auch nicht in dem der Uni Dresden.

Ein Papierberg sondersgleichen wird mit Steuermitteln aufgetürmt, doch die akademischen Einrichtungen jener Bundesländer, in denen die Freunde noch ein besonders hohes Ansehen genießen, scheuen offenbar das heiße Eisen. Mit seriösen Ergebnissen könnte man sich leicht die Finger verbrennen, könnte die Fragwürdigkeit jener aufwendigen Frischzellentherapie thematisiert werden. Doch wer soll die MEGA-Bücherberge bezwingen, wenn sich nicht einmal die Professoren und ihre Studenten daran versuchen? Je größer der Bücherberg, um so größer die Ehrfurcht jener, die daran vorbeidefilieren. Kaum auszudenken, wie Marx diesen wahrhaft perplexen Sachverhalt glossieren würde, daß die aus seiner Sicht »dümmste Nation unter dem Sonnenlicht«[192], »die Scheiße an und für sich«[193], ihm Blumen streut.

Anders die Situation an der Humboldt-Universität in Berlin. Dort gab es eine Ringvorlesung zum Thema Marx. Im Vorwort zur schriftlichen Wiedergabe einiger der Texte heißt es vielversprechend: »Dabei könne es keinem Zweifel unterliegen, daß wir in diesem Land, in dieser Stadt und in dieser Universität eine besondere Verpflichtung haben, uns der kritischen Auseinandersetzung mit dem Marxismus zu stellen ... Wenn wir in diesem Land, aus dem Karl Marx stammt, in dieser Stadt, die so lange auch durch den Marxismus geteilt war, und in dieser Universität, in der Marx seine wesentlichen geistigen Impulse erhielt und die später in seinem Namen reglementiert wurden, nicht daran gehen, uns über den Marxismus zu verständigen, dürfen wir hinfort keine kritischen Ansprüche an andere mehr stellen.«[194]

Doch was dabei herauskam und veröffentlicht wurde, kann auch nicht ansatzweise als Antwort auf die Herausforderungen gewertet werden, die Marx, der Mensch, der politische Philosoph und Agitator, der gemeinsame Nenner aller Täter des *Schwarzbuchs* aufwirft. Da geht es um »Das Fetischismus-Konzept von Marx und sein Kontext«, »Die kunsthistorische Metaphorik der politischen Ökonomie«, »Natur, Kultur und Gesellschaft«, »Dialektik. Methode oder Ideologie?«, »Die Entfaltung des Produktionsparadigmas. Ein blinder Fleck in der Feuerbach-Kritik von Marx«.[195] Die Ergebnisse sind denen vergleichbar, die 65 Jahre zuvor, 1932, ein Dozent der Hochschule für Politik, Berlin, über Hitler veröffentlicht hat. Seine Einsichten und Erkenntnisse waren so irrelevant, daß Joseph Goebbels in sein Tagebuch notierte:»Ich lese eine Broschüre, die ein Demokrat über ›Hitlers Weg‹ geschrieben hat. Das ist alles so dumm, daß es kaum einer Beachtung wert erscheint.«[196] Der Name des Dozenten: Theodor Heuss, von 1949 bis 1959 Bundespräsident der Bundesrepublik Deutschland.

Um nochmals auf die Referate der Ringvorlesung zurückzukommen. Gut möglich, daß auch Hitler gelegentlich das Wort »Fetisch« in den Mund genommen oder zu Papier gebracht hat. Dann kann der einfallsreiche Philosoph unschwer daraus einen Aufsatz machen: übliche Bedeutung, Hitlers Fetisch-Begriff, der Begriffswandel usw. Doch wer derlei zum Bestandteil der geistigen Auseinandersetzung mit dem mörderischen NS-Regime machen wollte, würde ganz zu Recht ausgepfiffen. Im Falle Marx nimmt jedoch niemand daran Anstoß.

Jedem Versuch, in gemeinsamen öffentlichen Veranstaltungen die Kernfragen politischer Existenz auf dem Hintergrund der Postulate und Ziele von Marx zu erörtern, weichen die Verantwortlichen beharrlich aus. Noch schlimmer: 1996 erschien eine *Festschrift für Hermann Klenner*[197]. Der so Geehrte war über Jahrzehnte hinweg einer der Chefideologen der DDR, hat als solcher den Terror bejaht und die Idee der Grund- und Menschenrechte verspottet.[198] Ein Hörer erinnert sich:»Als junger Student mußte ich Hermann Klenner im Studienjahr 1952/53 an der Humboldt-Universität Berlin als den – selbst im Vergleich zur damaligen Strafrechtslehrerin Hilde Benjamin – ›schrecklichsten‹ Juristen ertragen. Klenner hielt seine Vorlesung in der blauen Uniform der Freien Deutschen Jugend. Das Recht als Machtmittel des Staates, so Klenner, diene ausschließlich der Festigung der Diktatur des Proletariats durch die radikale Vernichtung des Klassenfeindes.«[199] In Deutschland gibt es zwei repräsentative rechtsphilosophische Publikationsorgane, das *Archiv für Rechts- und Sozialphilosophie* (ARSP) und die *Rechtstheorie*.»Der federführende und der geschäftsführende Redakteur des ARSP sind beide Mitherausgeber der Klenner-Festschrift, Klenner selbst gehört zu den Herausgebern des ARSP. Der nunmehr einzige Herausgeber und zugleich einzige Redakteur der ›Rechtstheorie‹ ist Mitautor der Klenner-Festschrift und diesem außerdem durch die gemeinsame Herausgeberschaft an ARSP verbunden.« Der dies berichtet, fragt besorgt:»Wo kann ein entschlossener Beitrag über Grundfragen der Rechtsphilosophie, der realsozialistische Unterdrückung des Geistes mit klaren Worten bloßstellt ..., überhaupt noch gedruckt werden?«[200]

Ausgerechnet *DER SPIEGEL* thematisiert die Angst: »Wie rot wird die Berliner Republik?« und weiter im Vorspann des Artikels, der mit »Das rote Gespenst« überschrieben ist: »Die Debatte um eine Zusammenarbeit von Sozialdemokraten und Sozialisten ist real und irreal zugleich.«[201] Die SPD ist gespalten. Der Kanzler und auch der rheinland-pfälzische Ministerpräsident, um nur zwei der namhaftesten zu nennen, sind dagegen, andere Landesfürsten und auch der Bundesgeschäftsführer sind dafür. Die CDU, zumindest auf Bundes- und Landesebene, verurteilt jede Kooperation mit der PDS, der ehemaligen SED. Doch diese Kontaktverweigerung und -mißbilligung erscheint inkonsequent, wenn man bedenkt, daß die CDU, wie oben geschildert, das gemeinsame Idol von SPD und PDS nicht nur durch Grabpflege, sondern auch mit dem MEGA-Monument aufwertet. Verglichen mit den Marxschen Vorstellungen sind die Absichten selbst der Kommunistischen Plattform und des Marxistischen Forums innerhalb der PDS harmlos. Es sind nicht nur die deutschen Universitäten, die sich beharrlich weigern, sich mit dem originären Marxismus zu befassen, sondern auch die Bildungseinrichtungen der C-Parteien. Daher ist verbreitete Ignoranz zu unterstellen. Wer Marx kennt und fördert, kann dem Programm der PDS höchstens vorwerfen, daß es zu viel »Lassalleanismus« enthalte. Wer Marx kennt und fördert, kann schwerlich den Thälmann-Kult mißbilligen, der in den neuen Bundesländern vielerorts anzutreffen ist. Er beweist dem auch nur halbwegs Sachkundigen, daß der Totalitarismus in Deutschland längst noch nicht aufgearbeitet wurde, wie ein Briefwechsel mit dem Oberbürgermeister von Weimar veranschaulicht. Auf die Klage eines Besuchers, daß die Kulturstadt Weimar dem Denkmal Ernst Thälmanns gerade eine »Konservierung Bronzeplastik, Natursteinpostament« angedeihen lasse und sich dieses Denkmal zudem unweit vom Standbild Goethes und Schillers befinde, antwortete der Oberbürgermeister: »Ihre Kritik darüber, daß das Thälmann-Denkmal nach wie vor steht, kann ich nicht nachvollziehen. Thälmann hat nie etwas mit dem Honecker-Staat zu tun gehabt, auch die Verbindung zu Stalin ist keinesfalls zu ziehen. Es muß unterschieden werden zwischen den ursprünglichen Ideen des Kommunismus und der Pervertierung der Ideen durch kommunistische Regime. Mit letzterem hatte Ernst Thälmann jedoch nichts zu tun.« Fragt sich nur, warum dann die SPD vor 1933 ebenso nachdrücklich vor Thälmanns KPD wie vor Hitlers NSDAP warnte. Thälmann war der vorbehaltlose Erfüllungsgehilfe Stalins.

In der Gedenkstunde des Deutschen Bundestages 1999 anläßlich der Befreiung von Auschwitz zitierte Bundestagspräsident Wolfgang Thierse aus Theodor Adornos Schrift *Erziehung nach Auschwitz*: Die erste Aufgabe jeder Erziehung müsse sein, Sorge dafür zu tragen, daß sich Auschwitz niemals wiederholen könne. Sowohl Thierse als auch der Bundespräsident thematisierten die nationalsozialistischen Verbrechen. Herzog: »Einübung in Empathie und in Mißtrauen gegen die großen Vereinfacher hätten Lernziele des Unterrichts zu sein neben einer möglichst genauen Kenntnis der Geschehnisse im Dritten Reich«.[202] Dem ist voll zuzustimmen. Doch dürfen wir unser Augenmerk auf die Geschehnisse im Dritten Reich begrenzen? Sicherlich nein! Das Dritte Reich ist tot. Doch Auschwitz ist gegenwärtig trotz aller Dementis, trotz aller »Nie-wieder!«. Mao und Pol Pot begingen ihre MEGA-Verbrechen nach der Befreiung von Auschwitz. 1994 wurde in Ruanda knapp eine Million Menschen abgeschlachtet.

Fragen wir den Mann, der die Liste der Genozid-Hauptverantwortlichen anführt, Joseph Stalin, nach den dämonischen Kräften, die ihn befähigten, sein Werk der Vernichtung durchzustehen. Seine Antwort: »Es ist unmöglich, den Feind zu besiegen, ohne gelernt zu haben, ihn mit ganzer Seele zu hassen.«[203]

Genozid-Hauptverantwortliche im 20. Jahrhundert[204]

Person	Zeitraum	Opfer
Joseph Stalin (Sowjetunion)	1929–1953	42 672 000
Mao Zedong (Volks-China)	1949–1976	37 828 000
Adolf Hitler (Deutschland)	1933–1945	20 946 000
Chiang Kai-shek (Nationalchina)	1921–1948	10 214 000
Wladimir I. Lenin (Sowjetunion)	1917–1924	4 017 000

Im Dritten Reich wurde zum Haß erzogen, in der DDR waren die Lehrer zur Haßerziehung verpflichtet. Marx hat ihn, wie kaum ein anderer, gelebt. Vor 50 Jahren (23. Mai 1949) trat das Grundgesetz für die Bundesrepublik Deutschland in Kraft. Es hat nicht nur die verfassungsrechtlichen Gegebenheiten des Dritten Reiches negiert, sondern auch gegenüber der Weimarer Verfassung des Jahres 1919 ganz andere, geradezu sensationell neue Akzente gesetzt. Der neue Geist begegnet uns schon in den Nachkriegsverfassungen der Länder, so insbesondere der Verfassung des Landes Württemberg-Baden vom 24. November 1946. Ihre Präambel hat folgenden Wortlaut: »In einer Zeit großer äußerer und innerer Not hat das Volk von Württemberg und Baden im Vertrauen auf Gott sich diese Verfassung gegeben als ein Bekenntnis zu der Würde und zu den ewigen Rechten des Menschen als einen Ausdruck des Willens zu Einheit, Gerechtigkeit, Frieden und Freiheit.« Der erste Absatz des 1. Artikels knüpft an das Vorwort an: »Der Mensch ist berufen, in der ihn umgebenden Gemeinschaft seine Gaben in Freiheit und in der Erfüllung des ewigen Sittengesetzes zu seinem und der anderen Wohl zu entfalten.« Diese Töne waren bis dahin in Verfassungen gänzlich neu. Begriffe wie »Gott«, »Würde«, »ewige Rechte des Menschen«, »Sittengesetz« suchen wir in allen früheren Verfassungen Deutschlands, sowohl des Gesamtstaates als auch der Länder, vergebens. Ausgelöst wurden die Neuerungen durch die Barbarei des NS-Regimes.

Das Grundgesetz setzte den neuen Verfassungsweg ohne Einschränkungen und Vorbehalte fort. »Im Bewußtsein seiner Verantwortung vor Gott und den Menschen … hat sich das deutsche Volk kraft seiner verfassunggebenden Gewalt dieses Grundgesetz gegeben«, – heißt es in der Präambel. Und Art 1 Abs. 1 ergänzt: »Die Würde des Menschen ist unantastbar. Sie zu achten und zu schützen, ist Verpflichtung aller staatlichen Gewalt.« Der zweite Absatz des 1. Artikels nennt eine der wichtigsten Konsequenzen: »Das deutsche Volk bekennt sich darum zu unverletzlichen und unveräußerlichen Menschenrechten …« Art. 2 Abs. 1 verdient gleichfalls besondere Erwähnung, da das in ihm angesprochene Sittengesetz mit der Verpflichtung, die Menschenwürde zu achten und zu schützen und mit dem Bekenntnis zu den Menschenrechten korrespondiert. Das alles beweist einen fundamentalen Mentalitätswandel des Grundgesetzes nicht nur gegenüber dem Geist des Dritten Reiches, sondern auch gegenüber der Weimarer Republik.

Diese Einsichten und Neuerungen gilt es, lebendig zu erhalten. Als Gott im Verfassungstext respektvoll der Ehrenplatz eingeräumt wurde, mag manches Mitglied des Parlamentarischen Rates an Dostojewskis Aperçu gedacht haben, daß, wenn Gott nicht existierte, alles erlaubt sei. Und in der Tat: Alle MEGA-Mörder des 20. Jahrhunderts waren Atheisten, auch Hitler, wenngleich er aus taktischen Erwägungen heraus den Austritt aus der katholischen Kirche erst nach dem Endsieg vollziehen wollte. Sie alle leugneten vorgegebene Menschenrechte als Ausfluß eines zeitlosen Sittengesetzes. Ihr Haß trat die Würde der Opfer mit Füßen. Daher ist es äußerst bedauerlich, daß alle diese Neuerungen – vom Bekenntnis zur Menschenwürde abgesehen – in der Rechtsprechung des Bundesverfassungsgerichts kaum eine Rolle spielen.[205]

Das Grundgesetz ist eine antitotalitäre Verfassung, nicht speziell eine antifaschistische. Schon allein die Entstehungsgeschichte läßt diese Feststellung glaubhaft erscheinen. Als der Parlamentarische Rat in Bonn das Grundgesetz erarbeitete, hingen schwere Wolken am politischen Himmel. Die deutsche Hauptstadt Berlin durfte weder ganz noch mit ihren Westsektoren Hauptstadt jenes Deutschland sein, das sich räumlich auf die Trizone beschränken mußte. Die großen politischen Fragen jener Tage lauteten: Wird

Westberlin dem Blockadedruck der Sowjetunion standhalten oder eine weitere Beute Stalins werden? Die Bevölkerung der Sowjetischen Besatzungszone wurde auf brutalste Weise terrorisiert. Derlei Meldungen füllten die Schlagzeilen der Presse.

Daher ist es verfassungsrechtlich sehr bedenklich, wenn immer wieder einseitig der Rechtsextremismus betont und auf die Anklagebank gesetzt wird, während gleichzeitig mit Bundes- und Landesmittel die widerwärtigsten literarischen Entgleisungen – man denke nur an die Texte der *Neuen Rheinischen Zeitung* (s.o. II 4) – gefördert und verbreitet werden. Nicht der Antifaschismus ist das Gebot der Stunde, sondern der Kampf gegen *alle* Verfassungsfeinde. Die Intensität dieses Kampfes muß davon abhängen, wie gefährlich der Gegner ist, insbesondere wie viele Verfassungswerte er negiert. Ernst Nolte darf nicht recht behalten mit dem Satz:»In Deutschland ist dieses Nachdenken [über das 20. Jahrhundert] nämlich von vornherein so gut wie ausschließlich auf den Nationalsozialismus konzentriert.«[206]
In diesen Tagen – während ich das Schlußkapitel schreibe – beginnen alle Nachrichten mit dem Krieg im Kosovo. Ein Journalist titelt:»Kollektive Verblendung. Nur wenige Serben wollen wissen, was sich in Kosovo abspielt.«[207] Dieses Nicht-sehen-Wollen wird bei vielen Lesern ein unverständliches Kopfschütteln auslösen. Doch mit Blick auf Marx und Marxismus sind wir fast alle »Serben«, auch die allermeisten Journalisten. Zbigniew Brzezinski, ein führender amerikanischer Politikwissenschaftler, Leiter des amerikanischen Sicherheitsrates unter Präsident Carter, beklagt die Gleichgültigkeit des Westens. Unser angeblich »aufgeklärtes Denken« setzte sich immer noch nicht mit der moralischen Dimension der totalitären Attacken unseres Jahrhunderts auseinander. Man weigere sich beharrlich, das totalitäre Erbe in seiner Gesamtheit klar und deutlich abzulehnen. Nach wie vor begegne man der schlimmen »Neigung, den Nazismus als das absolut Böse, aber den Kommunismus als das bloß relativ Böse einzuschätzen«.[208] Und der französische Philosoph Alain Besançon in derselben Nummer derselben Zeitschrift:
»In der Debatte über den Grad der Wesensgleichheit zwischen dem Kommunismus bolschewistischer Prägung und dem Nationalsozialismus scheint es unter den Historikern zu einem Konsens gekommen zu sein ... Beide [Ismen] wollten ihr Ziel, die Erschaffung einer vollkommenen Gesellschaft, mit der Beseitigung der schädlichen Elemente erreichen ... Kommunismus und Nationalsozialismus berufen sich, um sich den Anschein von Legitimität zu geben, auf die Wissenschaft. Sie nehmen sich vor, die Menschheit umzuerziehen und einen neuen Menschen zu schaffen. Beide Ideologien behaupten, dem Menschen dienen zu wollen ... Beide Doktrinen bieten höhere Ideale an, die ihren Anhängern begeisterte Aufopferung und Heldentaten

abverlangen, während sie sie gleichzeitig mit dem Recht und der Pflicht zu töten belasten.« Sein Resümee: »Ja, beide sind gleich kriminell.«[209] Solange diese Einsichten nicht Allgemeingut des deutschen Volkes geworden sind, steht unsere freiheitliche Ordnung auf wackligen Beinen, ist die Bundesrepublik nicht antitotalitär, sondern nur »antifaschistisch«. Timothy Ash[210] pflichtet Besançon vorbehaltlos bei: »Waren Kommunismus und Nazismus gleichermaßen verbrecherisch? Das muß man, wie Besançon schreibt, ›einfach und entschlossen mit Ja beantworten‹.«

Auch nach weit über 200 Jahren stehen wir immer noch vor der Aufgabe, den Wahlspruch der Aufklärung »einzulösen«, wie ihn Immanuel Kant in *Was ist Aufklärung* beschrieben hat: »Aufklärung ist der Ausgang des Menschen aus seiner selbstverschuldeten Unmündigkeit. Unmündigkeit ist das Unvermögen, sich seines Verstandes ohne Leitung eines andern zu bedienen. Selbstverschuldet ist diese Unmündigkeit, wenn die Ursache derselben nicht an Mangel des Verstandes, sondern der Entschließung und des Mutes liegt, sich seiner ohne Leitung eines andern zu bedienen. Sapere aude!«[211]

Vor 1200 in Göttingen versammelten Sprach- und Literaturwissenschaftlern äußerte Richard von Weizsäcker 1985: »Buchenwald lag in der Nähe des Ettersberges, von dem Goethe so oft ins thüringische Land geschaut hatte. Seine Sprache, die Sprache von Martin Luther und Friedrich Hölderlin, von Karl Marx und Thomas Mann, von Hugo von Hofmannsthal und Sigmund Freud wurde von Unmenschen und Verbrechern mißbraucht und geschunden.«[212]

Aber war es nicht gerade der vom Bundespräsidenten so liebevoll an Goethes Seite gestellte Marx, der in deutscher Sprache derlei Unmenschlichkeiten und Verbrechen in der Verfolgung eigener Absichten zu legitimieren wußte durch seinen Vernichtungsdrang, durch seine Gewaltbereitschaft, durch seine Bejahung der Diktatur, durch seine Äußerungen über die Juden, über die Slawen, über die konkurrierenden Kommunisten usw., durch seinen Ruf nach einem heiligen Krieg gegen Rußland? Man sollte Marx nicht in den Mund nehmen, ohne ihn gelesen zu haben!

Anmerkungen

1 André Brie »Die Verheißung eines totalen Humanismus«, Frankfurter Allgemeine Zeitung 18. 2. 99.

2 Wilhelm Hennis »Politikwissenschaft als Beruf«, Freiburger Universitätsblätter, Heft 140, Juni 1998 S. 26.

3 Alexander Schuller »Mythos Mord«, Merkur. Deutsche Zeitschrift für europäisches Denken. August 1998 S. 665.

4 Koenen a.a.O. S. 422.

5 Nach David Shub »Lenin – eine Biographie« Wiesbaden 1957 S. 436.

6 Höffner a.a.O. S. 45 f.

7 MEW a.a.O. 34, 66.

8 Enzensberger a.a.O. S. 50.

9 Nach Raddatz a.a.O. S. 47.

10 Bakunin a.a.O. S. 213.

11 MEW a.a.O. 17, 391.

12 Schwarz a.a.O. S. 247.

13 Jörg Friedrich »Die Logik der Vernichtung«, Frankfurter Allgemeine Zeitung 15. 3. 99 S. 11.

14 MEW a.a.O. Ergbd. 1, 638.

15 MEW a.a.O. 27, 293.

16 MEW a.a.O. 29, 285.

17 MEW a.a.o. 30, 248.

18 MEW a.a.O. 30, 637.

19 Heine (»Säkularausgabe« Berlin-Paris Bd. 23 K, 1976 S. 121.): »Wie oft seitdem denke ich an die Geschichte dieses babylonischen Königs, der sich selbst für den lieben Gott hielt, aber von der Höhe seines Dünkels erbärmlich herabstürzte, wie ein Tier am Boden kroch und Gras aß … In dem prachtvoll grandiosen Buch Daniel steht diese Legende, die ich nicht bloß dem guten Ruge, sondern auch meinem noch viel verstocktern Freunde Marx, ja auch den Herren Feuerbach, Daumer, Bruno Bauer, Hengstenberg und wie sie sonst heißen mögen, diese gottlosen Selbstgötter, zur erbaulichen Beherzigung empfehle.«

20 MEW a.a.O. 1, 338.

21 MEW a.a.O. 31, 183.

22 MEGA¹ a.a.O. 1. Abt. Bd. 1, S. 182 ff.

23 MEW a.a.O. 37, 327.

24 MEW a.a.O. 34, 170.

25 MEW a.a.O. 34, 129.

26 MEW a.a.O. 5, 41.

27 Heinrich Gemkow, Leserbrief DIE ZEIT 9. 7. 98.

28 Weber u.a. a.a.O.

29 Oswald von Nell-Breuning »Wir alle stehen auf den Schultern von Karl Marx« in »Stimmen der Zeit« München 1976 S. 621.

30 Raddatz a.a.O. S. 2.

31 Giel a.a.O. Klappentext.

32 Löw a.a.O. 1996 S. 352.

33 »Freitag« Nr. 20, 8. 5. 98.

34 Schöler a.a.O. S. 336.

35 Ignatow a.a.O..

36 MEW a.a.O. 1, 385.

37 S.o. III 1.

38 MEW a.a.O. 1, 380.

39 S. o. 1843, Marx: Zur Judenfrage.

40 MEW a.a.O. 1, 344.

41 MEW a.a.O. 27, 190.

42 MEW a.a.O. 3, 457.

43 MEW a.a.O. 6, 234.

44 MEW a.a.O. 28, 13.

45 MEW a.a.O. 4, 493.

46 Blumenberg a.a.O. S. 108.

47 MEW a.a.O. 30, 665.

48 MEW a.a.O. 31, 432.

49 MEW a.a.O. 30, 591.

50 MEW a.a.O. 30, 588.

51 Z.B. Marx an Engels s. II 31. 1. 1860, 7. 5. 1861, 30. 7. 1862, 15. 8. 1863.

52 MEGA² a.a.O. III, 1 S. 429 f.

53 MEW a.a.O. 4, 493.

54 MEW a.a.O. 4, 481.

55 MEW a.a.O. 4, 474.

56 MEW a.a.O. 4, 472 und 479.

57 MEW a.a.O. 16, 74.

58 MEW a.a.O. 19, 27.

59 MEW a.a.O. 4, 481.

60 MEW a.a.O. 4, 478.

61 Nach Andréas a.a.O. S. 53.

62 Siehe dazu ausführlich Löw 1983 S. 213 ff.

63 MEW a.a.O. 29, 161.

64 Bonhoeffer a.a.O. S. 11 f.

65 MEGA¹ a.a.O. 1. Abt. Bd. 1 2. Halbbd. S. 184 f.

66 MEW a.a.O. Ergbd. 1, 618.f

67 MEW a.a.O. Ergbd. 1, 62O f.

68 MEGA¹ a.a.O. 1. Abt. Bd. 1f 2. Halbbd. S. 190 f.

69 MEGA¹ a.a.O. 1. Abt. Bd 1f 2. Halbbd. S. 198 f.

70 MEW a.a.O. Ergbd. 1, 326 f.

71 MEGA¹ a.a.O. 1. Abt. Bd. 1f 2. Halbbd. S. 205 ff.

[72] MEGA¹ a.a.O. 1. Abt. Bd. 1f 2. Halbbd. S. 222.

[73] MEW a.a.O. Ergbd. 1, S. 635 ff.

[74] MEGA¹ a.a.O. 1. Abt. Bd. 1f 2. Halbbd. S. 228 f.

[75] Löw a.a.O. 1996 S. 125.

[76] Nach Enzensberger a.a.O. S. 1 f.

[77] MEW a.a.O. 36, 15.

[78] MEW a.a.O. 38, 186.

[79] MEW a.a.O. 22, 513 ff.

[80] MEW a.a.O. 38, 41.

[81] MEW a.a.O. 37, 327.

[82] Löw a.a.O. 1988 »Moral«.

[83] MEW a.a.O. 38, 326.

[84] MEW a.a.O. 36, 104.

[85] Siehe oben 1875 »Randglossen …«

[86] MEW a.a.O. 22, 90.

[87] MEW a.a.O. 38, 27 f.

[88] MEW a.a.O. 38, 30 f.

[89] MEW a.a.O. 38, 35.

[90] MEW a.a.O. 22, 50.

[91] MEW a.a.O. 38, 228.

[92] MEW a.a.O. 38, 403.

[93] MEW a.a.O. 39, 157.

[94] MEW a.a.O. 39, 353.

[95] MEW a.a.O. 21, 250.

[96] MEW a.a.O. 36, 253.

[97] MEW a.a.O. 36, 509.

[98] MEW a.a.O. 37, 493.

[99] MEW a.a.O. 21, 257.

[100] MEW a.a.O. 22, 186.

[101] MEW a.a.O. 38, 131.

[102] MEW a.a.O. 36, 11.

[103] MEW a.a.O. 38, 513 f.

[104] MEW a.a.O. 39, 424.

[105] MEW a.a.O. 36, 391.

[106] MEW a.a.O. 38, 176.

[107] MEW a.a.O. 38, 188.

[108] MEW a.a.O. 22, 13.

[109] MEW a.a.O. 37, 93.

[110] MEW a.a.O. 36, 165.

[111] MEW a.a.O. 36, 176.

[112] MEW a.a.O. 37, 269 f.

[113] MEW a.a.O. 37, 298.

[114] MEW a.a.O. 38, 172.

[115] MEW a.a.O. 36, 29.

[116] MEW a.a.O. 36, 279.

[117] MEW a.a.O. 36, 377.

[118] MEW a.a.O. 39, 8.

[119] MEW a.a.O. 39, 364.

[120] MEW a.a.O. 36, 37.

[121] Löw a.a.O. 1988 »Amerika, Amerikaner«, »England, Engländer«.

[122] MEW a.a.O. 38, 560 ff.

[123] Siehe oben II 4, 1849.

[124] MEW a.a.O. 36, 390.

[125] MEW a.a.O. 39, 260.

[126] MEW a.a.O. 39, 32.

[127] MEW a.a.O. 21, 501.

[128] MEW a.a.O. 23, 40.

[129] MEW a.a.O. 37, 514.

[130] MEW a.a.O. 38, 64.

[131] MEW a.a.O. 39, 77.

[132] MEW a.a.O. 36, 487.

[133] MEW a.a.O. 36, 678.

[134] MEW a.a.O. 39, 270 f.

[135] MEW a.a.O. 21, 418.

[136] Charles Rappoport nach Enzensberger a.a.O. S. 665.

[137] Hobsbawm a.a.O. S. 14; siehe auch S. 16.

[138] MEW a.a.O. 32, 332.

[139] Protokoll des Parteitags zu Halle 1890, Berlin 1890, S. 41.

[140] Lenin a.a.O. 19, 3.

[141] Lenin a.a.O. 2, 5.

[142] FOCUS 22/98 vom 25. 5. 98.

[143] So die Fa. Sixt auf Anfrage des Autors.

[144] Marion Gräfin Dönhoff in: Inge von Kruse »115 Portrait-Photographien« München 1992 S. 106.

[145] Löw a.a.O. 1998 S. 129.

[146] Siehe Löw a.a.O. 1998 S. 70 ff.

[147] Zwerenz a.a.O. S. 15.

[148] Enzensberger a.a.O. S. 1.

[149] MEW a.a.O. 22, 208.

[150] MEW a.a.O. 4, 472 f.

[151] Christine und Volker Giel »Ich kann nur eins sagen, daß ich kein Marxist bin« Berlin 1999.

[152] Ausführlich dazu Löw a.a.O. 1996 S. 344 ff.

[153] Dazu ausführlich Löw a.a.O. 1996 passim.

[154] Meier a.a.O. S. 177.

[155] Blumenberg a.a.O. S. 115.

[156] Löw a.a.O. 1996 S. 153.

[157] Siehe oben Marx/Engels: Die deutsche Ideologie … 1846.

[158] Leoni Luks »Die Partei hat immer recht. Vom ›Kommunistischen Manifest‹, zum ›Kurzen Lehrgang …‹«. Forum für osteuropäische Ideen- und Zeitgeschichte, 98/1 S. 222 f.

[159] MEW a.a.O. 36, 218.

[160] MEW a.a.O. 37, 259.

[161] MEW a.a.O. 33, 167.

[162] MEW a.a.O. 34, 239.

163 MEW a.a.O. 39, 505.

164 Fritz Stern »Das feine Schweigen und seine Folgen«, Frankfurter Allgemeine Zeitung 28. 12. 98, S. 36.

165 Günter Müchler »Das Schwarzbuch in der Diskussion«, Die politische Meinung Nr. 352/März 99, S. 15.

166 Siehe II. 3.

167 Richard Rorty »Endlich sieht man Freudenthal«, Frankfurter Allgemeine Zeitung 20. 2. 98 S. 40.

168 Mt. 5, 5 ff.

169 Mt. 5, 43 ff.

170 Kol. 3, 8 ff.

171 NN »Eine Welt zu gewinnen«, Frankfurter Rundschau 23. 2. 98 S. 8.

172 Erich Hobsbawm »Anhaltende Zukunft eines Totenscheins«, Frankfurter Rundschau 14. 2. 98 ZB3.

173 MEW a.a.O. 4, 461.

174 Hobsbawm a.a.O. S. 24.

175 Hobsbawm a.a.O. S. 26.

176 MEW a.a.O. 4, 462 ff., insbes. 463 f.

177 MEW a.a.O. 4, 493.

178 Barbara Sichtermann »Marx, der nächste Vordenker«, Weltwoche Nr. 1, 1. 1. 98, S. 19.

179 Nach Peter Jochen Winters »Der MEGA-Hit«, Frankfurter Allgemeine Zeitung 30. 12. 98.

180 Ulrich Raulff »Unter Klassikern«, Frankfurter Allgemeine Zeitung 7. 10. 98.

181 Universität Bayreuth Universitätsbibliothek. Der Direktor Bayreuth, Mai 1999 az. UG4.

182 Hans-Martin Lohmann »Säkulares Unternehmen«, DIE ZEIT 25. 2. 99.

183 Z.B. NRZ a.a.O. 19. 11. 1848, 21. 11. 1848, 22.11. 1848.

184 MEW a.a.O. 27, 374.

185 MEW a.a.O. 28, 226.

186 MEW a.a.O. 39, 15.

187 MEW a.a.O. 30, 248.

188 MEW a.a.O. 1, 30 f.

189 MEGA² I. 1, 19 ff.

190 MEW a.a.O. 31, 291.

191 Susann Huster »Schokoladen-Marx soll Leckermäuler locken«, Hessisch-Niedersächsische Allgemeine (Kassel) 17. 1. 99.

192 MEW a.a.O. 31, 183.

193 S.o. Fußnote zu »Deutsche Ideologie« 1846.

194 Volker Gerhardt »Zur wissenschaftlichen Kritik einer vorgeblich rein wissenschaftlich begründeten Politik«, Berliner Debatte 1/2 1997, S. 6.

195 Alles abgedruckt in: Berliner Debatte 1/2 1997 unter der Überschrift: »Marx-Deutungen nach dem Funeral« S. 8 ff.

196 Fröhlich/Richter a.a.O. S. 115.

197 Haney u.a. a.a.O.

198 Ausführliche Nachweise in: Klaus Adomeit »Rechtsphilosophie, Marxismus und Menschenrechte. Zum Erscheinen einer Festschrift für Hermann Klenner« Zeitschrift des Forschungsverbundes SED-Staat Nr. 5/1998 S. 100.

199 Hans-Werner Kordes, Frankfurter Allgemeine Zeitung, 12. 9. 96 (Leserbrief).

200 Klaus Adomeit »Rechtsphilosophie, Marxismus und Menschenrechte. Zum Erscheinen einer Festschrift für Hermann Klenner«, Zeitschrift des Forschungsverbundes SED-Staat Nr. 5/1998 S. 114.

201 Stefan Berg u.a. »Das rote Gespenst«, DER SPIEGEL 8. 3. 99 S. 22.

202 Ulrich Raulff »In Würde«, Frankfurter Allgemeine Zeitung 28. 1. 99.

203 Nach G. Waidhausen »Die psychologische Schulung des sowjetischen Offiziers«, Die Orientierung 3. Beiheft 1996, S. 7.

204 Heinsohn a.a.O. S. 56.

205 Dazu ausführlich Konrad Löw »Mentalitätswandel des Grundgesetzes« in: Jesse/Löw a.a.O.

206 Ernst Nolte in Furet/ Nolte a.a.O. S. 18.

207 Dunja Melcic »Kollektive Verblendung«, Frankfurter Allgemeine Zeitung 8. 4. 99.

208 Zbigniew Brzezinski »Eine philosophische Selbstentmannung«, Europäische Rundschau [Wien] 1/99 S. 17.

209 Alain Besançon »Kommunismus: Gedenken und Vergessen – oder Das große Schweigen«, Europäische Rundschau 1/99 S. 5 f.

210 Timothy Garton Ash »Assymetrie der Nachsicht« ebenda S. 13.

211 Immanuel Kant »Was ist Aufklärung?« 1784.

212 Richard von Weizsäcker »Reden und Interviews« Bd. 2 (Hg.) Presse- und Informationsamt der Bundesregierung, Bonn 1986, S. 33 f.

Anhang

»Vielleicht brauchen Zeiten der Unmündigkeit
unmündige, innerlich zerrissene, psychisch
lädierte, geniale Menschen, sie aufzuwühlen und
vorwärtszupeitschen.«

Arnold Künzli[1]

1. Wie Marx gesehen werden wollte und wie ihn frühe Zeitgenossen sahen
Die zehn ersten Charakterskizzen (1841–1859)

Marx-Psychogramme und -Biographien gibt es in großer Zahl. Besonders aussagekräftig erscheinen die taufrischen aus frühen Tagen, da sie am wenigsten durch Gedächtnisschwund oder hagiographische Anwandlungen beeinträchtigt sind. Im Falle Marx bestätigen und ergänzen sie die Feststellungen des Vaters (III 3). Manche Texte sind geradezu sensationell, so der Wilhelm Weitlings aus dem Jahre 1846 (!). Er prophezeit die stalinistischen Säuberungen, die blutige Verfolgung von Kommunisten durch Kommunisten. Andere sprechen von »Säuberungen«, »Parteisäuberungen«, »Hinausschmeißungen«, »unerbittlicher Verfolgung«. Die Texte sind chronologisch geordnet, der autobiographische ist vorangestellt.

Marx über Marx

Vorbemerkung: Als der *Rheinischen Zeitung*, Chefredakteur Marx, 1843 die Lizenz entzogen wurde, wollte er sich nicht heimlich verabschieden, sondern gleichsam die Augen aller auf sich richten und im Bannstrahl als der alleinige Stein des Anstoßes aufleuchten. Marx verfaßte einen Artikel, der dann unter dem Namen Karl Grün in der *Mannheimer Abendzeitung* am 28. Februar 1843 erschien.

Dr. Marx ist wohl derjenige der Redaktoren, welcher dem Blatte die entschiedene Färbung gab … Die Leser … erinnern sich noch gar wohl des scharfen inzisiven Verstandes, der <u>wahrhaft bewunderungswürdigen Dialektik</u>, womit der Verfasser sich in die hohlen <u>Äußerungen der Abgeordneten</u> gleichsam hineinfraß, und sie dann <u>von innen heraus vernichtete</u>; nicht oft ward der kritische Verstand in solcher <u>zerstörungslustigen Virtuosität</u> gesehen, nie hat er glänzender seinen <u>Haß</u> gegen das sogenannte Positive gezeigt, dasselbe so in seinen eigenen Netzen gefangen und erdrückt … Im Ganzen ist gewiß, daß <u>Marx der Polemiker par excellence</u> bei der »Rheinischen Zeitung« war, und man tut ihm wohl nicht Unrecht, wenn man namentlich die Journalpolemik auf seine Rechnung schreibt …[2]

Moses Heß über Marx

Vorbemerkung: Moses Heß (1812–1875) zählte zu den »wahren« Sozialisten, war Mitglied des Bundes der Kommunisten und wurde Anhänger Lassalles. Heß hat sich später als Zionist einen Namen gemacht. Marx und Engels haben sich über ihn meist despektierlich geäußert.[3]

2. September 1841

»Dr. Marx, so heißt mein Abgott, ist noch ein ganz junger Mann (etwa 24 Jahre höchstens alt), der der mittelalterlichen Religion und Politik den letzten Stoß versetzen wird; er verbindet mit dem tiefsten philosophischen Ernst den schneidendsten Witz; denke Dir Rousseau, Voltaire, Holbach, Lessing, Heine und Hegel in einer Person vereinigt, ich sage *vereinigt*, nicht zusammengeschmissen – so hast Du Dr. Marx.«[*][4]

Knapp neun Jahre später (März/April 1850) schreibt derselbe: »Schade, jammerschade, daß das Selbstgefühl dieses unbestreitbar genialsten Mannes unsrer Partei [Marx] sich nicht mit der Anerkennung begnügt, die ihm verdientermaßen von allen denen, welche seine Leistungen kennen und zu würdigen verstehen, gezollt wird, sondern eine persönliche Unterwerfung zu fordern scheint, zu der ich wenigstens mich nie einem Einzelnen gegenüber herablassen werde!«[5]

Arnold Ruge über Marx

Vorbemerkung: Arnold Ruge (1802–1880) war, wie Marx, ein Junghegelianer und bereits als Verleger erfahren, als er sich mit Marx zusammentat, um die *Deutsch-französischen Jahrbücher* herauszubringen. Noch ehe das Projekt scheiterte (bereits nach der ersten Doppelnummer), kam es zum Zerwürfnis. 1848 wurde Ruge Mitglied der Frankfurter Nationalversammlung, wo er dem linken Flügel angehörte.

19. Mai 1844

»Marx ... hat ihn [Herwegh] und die deutschen Handwerker nur an sich gezogen, um eine Partei und Leute zum Knechten zu haben. Mich haßt er so sehr, daß ich ihm fortdauernd im Kopf stecke, obgleich ich auf seinen Absa-

---

[*] Wie ist Marx dem Moses Heß zum »Abgott« geworden? Von unbedeutenden Gedichten abgesehen, hatte Marx bis zum Briefdatum noch nichts veröffentlicht. Es kann also nur am Auftreten, am Erscheinungsbild, an den mündlichen Äußerungen gelegen haben, die auf Heß berauschend wirkten. Andere hatten ganz andere Empfindungen, wie demselben Brief zu entnehmen ist.

gebrief nur geantwortet habe, daß wir uns nicht wie die Puppen in dem Marionettenkasten zu trennen brauchten und daß ich mich freuen würde, wenn er sein Prinzip bewiese und durchsetzte … Seitdem habe ich mich immer mehr überzeugt, daß er <u>vor Hochmut und Galle toll</u> ist. Es ärgert ihn, daß ich auf dem Titel voranstehe. Es ärgert ihn, daß ich mit ihm zusammen genannt werde und daß ich ihn gewissermaßen ins Publikum eingeführt.«[6]

29. August 1844

»<u>Marx hat das Talent, alles zu behaupten und alles zu beweisen, ein wahrer Eulenspiegel in der Dialektik.</u> Kein Mensch vermutet sein Kunststück, denn er hat bis auf den letzten Augenblick noch immer die Freiheit, so gut schwarz als weiß zu sagen. Es war im Anfange eine Bekanntschaft von ihm, die ich noch kultiviere, in seiner Gesellschaft, ein Herr v. Ribbentropp, dem er jedesmal das Wort im Munde herumdrehte. Ich machte ihm Vorwürfe darüber: Das sei unredliches und unrühmliches Verfahren – ›nein, sagte er, so muß man den Kerl behandeln.‹ Er wollte ihn dadurch denken lehren. Nun habe ich diese Schule zu bestehn, und es könnte hübsch werden, wenn ich ins Geschirr zu gehn die Lust hätte. Wir sind hier aber grade genug blamiert, und Marx namentlich ist durch seinen Zynismus und seine rohe Anmaßung den Franzosen ein Horreur. Er hält dafür, diese ganze Bildung des existierenden Frankreichs müsse untergehen, und da die neue Menschheit anfangs nur roh und inhuman sein könne, so nimmt er sogleich diese Tugend an. – Die französischen Ouvriers sind unendlich humaner als dieser Humanist ab inhumanitate. …
Wenn Marx sich nicht durch Wüstheit, Hochmut und tolles Arbeiten umbringt und in kommunistischer Originalität nicht allen Sinn für einfache, noble Form verliert, so ist von seiner großen Belesenheit und selbst von seiner <u>gewissenlosen Dialektik</u> noch etwas zu erwarten …
Noch halte ich es für möglich, daß er ein recht großes und recht abstruses Buch fertigbringt, in das er alles hineinpfropft, was er aufgehäuft hat.«[7]

6. Dezember 1844

»Marx hat, trotz meiner Bemühungen die Differenz in den Schranken des Anstandes zu halten, sie überall zum Exzeß getrieben, er schimpft überall in beliebigen Ausdrücken auf mich, er hat zuletzt seinen <u>Haß</u> und seinen gewissenlosen <u>Ingrimm</u> drucken lassen, und alles das warum? Ich bin ihm die Ursache des gescheiterten Plans, er denkt nicht an die Exzesse, die er auch da zum Prinzipe machen und durchsetzen mußte; er verfolgt mich also eine zeitlang als ›Buchhändler‹ und als ›Bourgeois‹. Endlich ist es dahin gekommen, daß die <u>tödlichste Feindschaft</u> fertig ist, ohne daß ich meinerseits einen

andern Grund weiß als den Haß und die Verrücktheit meines Gegners. Er ist jedesmal von irgendeinem <u>Haß</u> besessen und solange ich ihm im Kopfe spucke, kann er ohne Injurien gegen mich nichts schreiben. ...
<u>Marx</u> bekennt sich zum Kommunismus, er ist aber der Fanatiker des Egoismus und mit mehr heimlichem Bewußtsein als **Bauer** ... <u>Zähnefletschend und grinsend, würde **Marx** alle schlachten</u>, die ihm, dem neuen **Babeuf**, den Weg vertreten.«[8]

Wilhelm Weitling über Marx und Engels

Vorbemerkung: Wilhelm Weitling (1808–1871), Schneider, religiös fundierter »Handwerker«-Kommunist. Seine Vorahnungen, die kommunistischen Parteien betreffend, erfüllten sich unter Stalin und seinesgleichen.

16. Mai 1846

»Lieber Kriege!
Du wirst die hier gegen Dich verfaßte Kritik in Händen haben, in welcher sie Dich als Heuchler, Feigen, hohlen Schädel etc. hinstellen und Deine Gefühlsausströmungen verhöhnen. Ich allein stimmte dagegen. Das sollte ich schriftlich beifügen. Ich erklärte, daß ich das wolle, wenn sie es verlangten. ›Ja‹, hieß es, ›künftig aber darf sich niemand von der Unterschrift ausschließen. Wenn einer auch gegen etwas stimmt, so muß er doch den Namen als dafürstimmend hergeben.‹ Heilberg und ich protestierten. Indes ich erklärte, dies schon jetzt tun zu wollen, falls man den Beschluß dieser mir neuen Methode der Kritik beifügen wolle. Das wollte man nicht. Ich machte wiederholt darauf aufmerksam, welchen schlechten Effekt ein solches Beispiel von Widerspruch haben würde und erklärte, daß es eher in ihrem Interesse sein müsse, meinen Namen ganz wegzulassen. Ich sollte aber nicht allein unterschreiben, sondern auch noch meine Beweggründe beifügen. Ich diktierte: ›... Überhaupt sieht der Unterzeichnete nicht ein, warum das Interesse einer Partei, die, wie die kommunistische, in Europa so zahlreiche und mächtige Feinde zählt, erfordern sollte, ihre Waffen nach Amerika zu richten, noch weniger sieht derselbe ein, welches Interesse sie haben kann, dort ihre Waffen gegen sich selbst zu richten. Wilhelm Weitling.‹
Das nannte der Marx eine erbärmliche und Seiler eine nichtswürdige Erklärung, und es wurde zuerst beschlossen, diese Erklärung nicht beizufügen, dann beschloß man, sie nur nach London, Paris und Deutschland gehen zu lassen, nicht nach Amerika (!) – – –
Ich habe diese Herren Kritiker als <u>ausgefeimte Intriganten</u> kennengelernt, und mein Brief, der über Havre gegangen ist, wird dir zeigen, wie man da

noch Glauben und Vertrauten behalten kann, wo es so zugeht, wie hier. <u>Ich bin ihr ärgster Feind und kriege zuerst den Kopf heruntergeschlagen, dann die andern, zuletzt ihre Freunde</u>, und ganz zuletzt schneiden sie sich selbst den Hals ab. Die Kritik zerfrißt alles Bestehende, und wenn nichts mehr zu zerfressen ist, frißt sie sich selbst auf. Schon hat sie bei der eigenen Partei den Anfang gemacht, besonders seit die andern sich nichts darum scheren. Jeder will allein Kommunist sein und stellt alle andern als Nichtkommunisten hin, sobald er ihre Konkurrenz fürchtet. – Heß ist, wie ich, in die Acht erklärt etc.«

In der gleichen Nummer des *Volkstribuns* heißt es:
»Bescheidene Erwiderung
auf die Beschlüsse der literarischen Repräsentanten des deutschen Kommunismus in Brüssel gegen den Volkstribun, Organ des Jungen Amerika.
Beschlossen:
1. ...
2. ...
3. ...
4. daß die Beschlüsse und Erkärungen der genannten Brüsseler Sieben [Engels, ... Marx, Sebastian Seiler, Edgar von Westphalen, ein Schwager von Marx, Ferdinand Wolf] **antikommunistisch** sind, weil sie voll philosophischer <u>Eitelkeit, Bosheit</u> und Ironie – die heillosen Folgen des Egoismus – unverhohlen die Fackel der <u>Zwietracht</u> unter die einige Masse der amerikanischen Arbeiter zu schleudern beabsichtigen ...
5. die Herren Engels, Gigot etc. etc., die sich selbst für literarische Repräsentanten, also für Vertreter des Kommunismus erklären, aber im Widerspruch mit dieser ihrer selbst gerühmten Würde die Arbeiter, statt sie auf eine ernste, würdige Weise zu belehren, mit einem Strome von Schimpfreden überfluten, – dringend aufzufordern, andre praktische, als von den amerikanischen Arbeitern eingeschlagene Mittel und Wege schriftlich anzugeben, durch welche der Kommunismus in einem freien demokratisch-republikanischen Staate, wie die Vereinigten Staaten Nordamerikas sind, am schnellsten und einfachsten verwirklicht werden kann.«[9]

Andreas Gottschalk über Marx

Vorbemerkung: Andreas Gottschalk (1815–1849), Arzt, war Mitglied der Kölner Gemeinde des »Bundes der Kommunisten«. Von April bis Juni 1848 stand er dem »Kölner Arbeiterverein« vor. Tausende gaben ihm das letzte Geleit, als er sein karitatives Engagement (häufig unentgeltliche Pflege Cholerakranker) mit dem Leben bezahlte.

25. Februar 1849

»An Herrn Karl Marx, Redakteur der Neuen Rheinischen Zeitung

… Sie werden mitleidig lächeln über den Zwerg, der dem Riesen Marx, über das kleine Blättchen, das der großen Rheinischen Zeitung den Handschuh hinzuwerfen wagt; vielleicht bieten wir Ihnen nur die längst ersehnte Gelegenheit, in der Weise Goliaths wieder einmal von Ihren Großtaten zum Lager Ihrer demütigen Philister zu sprechen. Doch daß Sie neben dem Weberbaum der Kritik sich auch noch anderer, nicht eben tournierfähiger Waffen bedienen, gibt uns den Beweis, daß Sie der eigenen Tapferkeit nicht allzusehr vertrauen, und daß auch für Sie ein David sich finden läßt …

Ihnen ist es nicht ernst mit der Befreiung der Unterdrückten. <u>Das Elend des Arbeiters, der Hunger des Armen hat für Sie nur ein wissenschaftliches, ein doktrinäres Interesse.</u> Sie sind erhaben über solche Miseren. Als gelehrter Sonnengott bescheinen Sie bloß die Parteien. Sie sind nicht ergriffen von dem, was die Herzen der Menschen bewegt. Sie glauben nicht an die Sache, die Sie zu vertreten vorgeben.«[10]

Eduard von Müller-Tellering über Marx und Engels

Vorbemerkung: Eduard von Müller-Tellering (ca. 1808–?), Jurist und Publizist. Als Mitarbeiter der *Neuen Rheinischen Zeitung* berichtete er aus Wien (s.o. II 4). In der Londoner Emigration kam es zum Zerwürfnis mit Marx.

Februar/März 1850

»Nach meiner Ankunft in London hatte ich den s.g. Arbeiterverein des Marx zwar mehrmals besucht, mich jedoch durchaus nicht bemüht, ein Mitglied desselben zu werden. **Marx** und **Engels**, die ich erst in London **persönlich** näher kennengelernt hatte, besorgten die Aufnahme **proprio motu** [aus eigenem Antrieb], worauf **Willich** mir unter dem 17. Februar 1850 offiziell anzeigte: ›Sie sind auf Vorschlag von Engels und Marx, unterstützt von mir und mehreren andern, einstimmig aufgenommen worden.‹

Vom 17. Februar, dem offiziellen Datum meiner Aufnahme, bis zum 3. März, dem offiziellen Datum meiner Ausstoßung, sind kaum 14 Tage, während welcher ich also aus der höchsten Gnade in die tiefste Ungnade des Herrn **Marx**, ja zuletzt gar in ›**vollständige Geisteszerrüttung**‹ gefallen bin. Das Hauptmotiv zu dieser wunderbaren Erhebung und zu diesem unbegreiflich raschen Sturz ist dieses: Marx und Engels gewahrten plötzlich, daß ich weder ihr stupider Karrengaul noch subalterner Galoppin, noch weniger aber ein Mensch werden wollte, der ihre eingebildete und darum lächerliche Superiorität, ihre ausschließlich privilegierte Zukunftinhaberschaft und <u>päpstliche Unfehlbarkeit</u>, ihre Flegelei, <u>Malice</u>, Selbst- und <u>Verleumdungssucht</u> ruhig hinnahm

oder gar pries. Allerdings ein unverzeihliches Verbrechen – wie auch Herr Freiligrath meint – wider den künftigen Dalai-Lama Deutschlands und seinen
merkwürdigen Schutzengel, von deren schauderhaften Arroganz- und Inqui-
sitionstoleranz das deutsche Publikum schon so manche Proben erhalten hat
… Das System dieser Herren – das ist bekannt, und auch – ich sehe es seit meinem Aufenthalt täglich mehr ein – besteht darin, alle Demokraten von unabhängiger Gesinnung so oft und so lange zu beschmutzen, zu blamieren, zu verdächtigen, bis sie, die Herren Marx und Engels, zuletzt allein dastehen, um
später ebenso allein als fertige <u>Diktatoren</u> bequem in Deutschland einrücken
zu können. Marx tauft diese Manier mit dem bescheidenen Namen <u>**Kritik**</u>, zu
welcher sie den Lakaiendienst versehen. Die Sache wird dann möglichst durch
die Zeitungen verbreitet – der Konkurrent oder Mißliebige ist beseitigt. – Wo
sich in Deutschland nur einer hervortut, da ist auch die s.g. **Kritik** des Herrn
Marx sofort bei der Hand, aus <u>Neid, Bosheit und Konkurrenzbesorgnis</u>, demokratische Kuren und sog. <u>Parteisäuberungen</u> vorzunehmen. Leider bleibt
nach all diesen <u>Säuberungen</u> das Hauptschwein stets in der Rinne … Schon
aus den vorhergegangenen, offiziellen, immer mit vielem Eklat besorgten
›**Hinausschmeißungen**‹ und sonstigen Operationen des Herrn Marx habe ich
mich überzeugt, daß diese Herren ihre sog. Arbeiter dazu mißbrauchen, sie exploitieren, um nur sich selbst auf deren Schultern ein wohlfeiles Piedestal zu
erbauen. Überall und in jedem Augenblick heißt's, der ›Arbeiterverein‹ hat das
und jenes getan, um die <u>Hetze</u> der Herren Marx und Engels zu verbergen.«[11]

Gustav Adolf Techow über Marx und Engels

Vorbemerkung: Gustav Adolf Techow (1813–1893), preußischer Offizier,
nahm 1848 an den revolutionären Ereignissen in Berlin und 1849 in der
Pfalz teil. Über London emigrierte er nach Australien.

26. August 1850

»Mittwochabend war ich mit Marx, … und … zusammen. Sie wollten mich
mit aller Gewalt haben, ich kann noch immer nicht begreifen warum. Denn
ich sehe nicht ein, was ihnen an uns Soldaten gelegen sein kann …
Was die Personen angehe, so seien sie reine Verstandesmenschen, die keine
Sentimentalität kennen. **Ihnen sei es um die Sache zu tun und um Organi-
sierung einer starken, in sich gegliederten proletarischen Partei. Zu dem
Zweck müsse nicht nur alles Fremdartige ausgeschlossen, sondern** <u>alle irgendwie entgegenstehenden Personen unerbittlich verfolgt</u> werden. Was
die Angriffe auf S. betreffe, so seien sie nötig gewesen, weil sein Renommee
über alles Verdienst und Maß hinausgewachsen sei …
Ich sagte ihnen, ich erkennte, was sie von der Parteibildung gesprochen, als

richtig an, aber die Art ihrer Angriffe sei, abgesehen von allem anderen, jedenfalls unpolitisch. Das persönliche <u>Gift</u>, was sie hineinlegten, die Niederträchtigkeiten, welche sie stets voraussetzten, wo in der Regel doch nur Irrtümer oder Schwachheiten vorlagen; – das alles müsse die Zahl ihrer tödlichen Feinde unnütz vermehren, lasse ihre Partei dem Publikum gegenüber rein unter dem Gesichtspunkt persönlicher Kämpfe erscheinen und schwäche in der Partei selbst das unentbehrliche Vertrauen auf die Uneigennützigkeit ihrer Führer, töte also den inneren Zusammenhalt derselben. Als Beispiel führte ich **Kinkel** an. Darauf antworteten sie: die Art ihrer Taktik, ihre Art zu schreiben stehe seit der *Neuen Rheinischen* bei ihnen fest. Sie hätten sich eben von der langweiligen, dummen, gutmütigen, **deutschen** Phrasenmacherei emanzipiert und **französische** Schärfe und Klarheit für ihre Ausdrucksweise gewählt. Auch hätten sie damit so glänzende Erfolge erreicht, um davon abzustehen. Nach billiger Popularität hätten sie niemals gestrebt, im Gegenteil! Marx sei während des Bestehens der *Rheinischen* stets allen möglichen Insulten, tätlichen Mißhandlungen,* ja selbst ernsten Lebensgefahren ausgesetzt gewesen. Das Publikum, d.h. die Masse der demokratischen Partei habe stets geschrien, sobald an irgendeinen alten Götzen, Menschen oder Vorurteil gerührt worden sei, aber stets hätten sie auch den Triumph erlebt, ihre Meinung sehr bald, oft schon nach Wochen anerkannt, und den von ihnen angegriffenen Götzen gestürzt zu sehen ...
Marx habe sein ganzes Vermögen schon in diesem Kampf geopfert (große Aufzählung aller möglichen Opfer), jetzt würde er und E [vermutlich Engels] nach Amerika gehen. **Am Ende sei es ja auch ganz gleichgültig, ob dieses erbärmliche Europa zugrunde ginge,** was ohne die soziale Revolution binnen kurzem geschehen müsse, und ob dann Amerika das alte System auf Kosten Europas ausbeute. Was aber die Einwirkung ihrer Kämpfe auf die Partei betreffe, *so* **hätten sie ein für allemal darauf verzichtet, den deutschen Spießbürger zu gewinnen.** Je feindseliger und entschiedener sie aber gegen alles Halbe aufgetreten, **um so vollständiger sei ihr Einfluß auf die französischen und englischen entsprechenden Parteien geworden,** die wörtlich ihr Programm angenommen und nach ihrem Vorbild mit gleicher Entschiedenheit den Kampf gegen alles Halbe, d.i. die politischen oder Bourgeois-Revolutionärs begonnen hätten. Louis Blanc schwanke noch, aber in spätestens zehn Tagen müsse auch er kommen usw. ...
Sie für ihre eigene Person wünschten nichts besseres als ewig in der Opposition zu bleiben, ohne welche die Revolution schlafen ginge und die ganze alte ›**Klassen-Scheiße**‹, wie Marx sich euphonisch ausdrückte, bestehen blie-

---

* In Wirklichkeit ist es nie zu Mißhandlungen gekommen.

be. Jeder von ihnen, der vor der Zeit Stellen und Rollen übernehme, müsse notwendig dadurch der Reaktion anheimfallen und damit dem Verrat an ihren Prinzipien ...

Wenn ich hiermit den Hauptinhalt unseres Gesprächs berührt habe, so ist es mir doch unmöglich, Euch den lebhaften Wechsel des Stoffes, die steigende Wärme der Unterhaltung, die Art zu schildern, wie Marx dieselbe beherrschte. Wir tranken zuerst Porto, dann Claret, d.h. roten Bordeaux, dann Champagner. Nach dem Rotwein war er vollständig besoffen. Das war mir sehr erwünscht, denn er wurde offenherziger, als er sonst vielleicht gewesen wäre. Ich erhielt Gewißheit über manches, was mir sonst nur Vermutung geblieben wäre. Trotz diesem Zustande beherrschte er bis ans Ende die Unterhaltung. Er hat mir den Eindruck nicht nur einer seltenen geistigen Überlegenheit, sondern auch einer bedeutenden Persönlichkeit gemacht. Hätte er ebensoviel Herz wie Verstand, ebensoviel Liebe wie Haß, dann würde ich für ihn durchs Feuer gehen, trotzdem daß er mir seine vollständigste Geringachtung nicht nur verschiedentlich angedeutet, sondern zuletzt ganz unumwunden ausgesprochen hat ... **Aber ich habe die Überzeugung, daß** der gefährlichste persönliche Ehrgeiz ihm alles Gute zerfressen hat. Er lacht über die Narren, welche ihm seinen Proletarier-Katechismus nachbeten, so gut wie über die Kommunisten à la Willich, so gut wie über die Bourgeois. **Die einzigen, die er achtet, sind ihm die Aristokraten,** die reinen und die es mit Bewußtsein sind. Um sie von der Herrschaft zu verdrängen, brauche er eine Kraft, die er allein in den Proletariern findet, deshalb hat er sein System auf sie zugeschnitten. Trotz all seinen Versicherungen vom Gegenteil, vielleicht gerade durch sie, hab' ich den Eindruck mitgenommen, daß seine persönliche Herrschaft der Zweck all seines Treibens ist. E [vermutlich Engels] und all seine alten Sozien sind trotz mancher hübschen Talente weit unter und hinter ihm, und wagen sie das einmal zu vergessen, so stuckst er sie in ihr Verhältnis zurück mit einer Unverschämtheit, die eines Napoleon würdig ... Marx: Die Offiziere sind in Revolutionen stets die gefährlichsten. Stets suchen sie persönlichen Einfluß zu gewinnen und auszubeuten. Von Lafayette bis zu Napoleon eine Kette von Verrätern und Verrätereien. **Man muß Dolch und Gift stets für sie bereit halten.**«[12]

August Willich über Marx

Vorbemerkung: August Willich (1810–1878), preußischer Offizier, im Sezessionskrieg General der Nordstaaten, war um das Jahr 1850 Mitglied des Bundes der Kommunisten. Er befehligte 1849 das Freicorps im badisch-pfälzischen Aufstand.

4. November 1853

»Dr. Karl Marx und seine Enthüllungen

… Herr Marx … hat es versucht, die Partei des Proletariats, der wir gemeinsam angehören und deren innerstes Wesen Selbstverwaltung und Selbstregierung sein muß, in der jeder nur eine dienende Stellung einnehmen kann und darf, welche Funktionen ihm auch anvertraut werden, – er hat es versucht, diese Partei zuerst zur Partei der ›Neuen Rheinischen Zeitung‹, dann zur Partei ›Marx‹ zu individualisieren. Die Menschheit zerfällt so für ihn in zwei Parteien: ›<u>Marx und die übrige Menschheit</u>‹. Nachdem wir alle Götter, nachdem wir selbst den christlichen Gott überwunden, sollen wir den abstrakt persönlichen Jehovah anerkennen, der schon vor 2000 Jahren bankrott machte.«[13]

»Was mich betrifft, so habe ich mir das **Recht**, in den Reihen des Proletariats zu stehen, **erworben**; ich habe es mir durch Wort und Tat erkämpft. Die Partei des Proletariats, der ich angehöre, ist aber umfassender als die Partei der ›Neuen Rheinischen Zeitung‹ oder der Partei ›Marx‹.«[14]

Alexander Herzen über Marx

Vorbemerkung: Alexander Herzen (1812–1870), russischer Schriftsteller, vertrat revolutionär-demokratische Ansichten. 1847 verließ er seine Heimat und begab sich nach Frankreich, später England.

1858

»Das internationale Komitee hatte unter einem Dutzend anderer auch mich zu ihrem Mitglied gewählt, mit der Bitte, eine Rede über Rußland zu halten …

Auf der darauffolgenden Sitzung des Komitees erkärte <u>Marx</u>, daß er meine Wahl für unvereinbar mit den Zielen des Komitees halte, und <u>machte den Vorschlag, meine Wahl zu annulieren</u>. Jones bemerkte, daß dies nicht so leicht sei, wie er sich das denke; daß das Komitee, nachdem es einmal eine Person gewählt habe, die keineswegs den Wunsch ausgesprochen habe, Mitglied zu werden, und ihr die Wahl offiziell mitgeteilt habe, den Beschluß auf Wunsch eines einzigen Mitgliedes nicht abändern könne; Marx möge seine Beschuldigungen formulieren, und er (Jones) werde sie unverzüglich dem Komitee zur Beratung unterbreiten.

Darauf erklärte Marx, daß er mich nicht persönlich kenne und mir keinen besonderen Vorwurf mache, <u>ihm genüge es, daß ich Russe</u> sei, zudem ein Russe, der in allem, was er geschrieben habe, auf Seiten Rußlands stehe; daß schließlich, wenn das Komitee mich nicht ausschließe, er, Marx, gezwungen sein würde, mit allen seinen Freunden auszutreten.

Ernest Jones, die Franzosen, Polen und Italiener, an die zwanzig Deutsche und Engländer votierten für mich. Marx blieb in einer außerordentlichen Minderheit. Er erhob sich, verließ mit seinen Getreuen das Komitee und kehrte niemals wieder zurück.

... Viele Jahre vergingen. Der italienische Krieg begann. Der rote Marx erwählte die ›Augsburger Zeitung‹, das Organ mit der kräftigsten schwarz-gelben Farbe in Deutschland, und begann darin (anonym), Karl Vogt für einen Agenten des Prinzen Napoleon auszugeben, Kossuth, S. Teleki, Pulsky und andere – für Männer, die sich Bonaparte verkauft hätten. Darauf behauptete er: ›H. [Herzen] erhält, wie aus allersicherster Quelle bekannt ist, große Geldsummen von Napoleon. Seine guten Beziehungen zum Palais Royal waren auch früher kein Geheimnis ...‹« [15]

Heinrich Beta über Marx

Vorbemerkung: Heinrich Beta (1813–1876), Schriftsteller und Journalist, lebte seit Beginn der 1850er Jahre als deutscher Emigrant in London.

1859

»Er [Ferdinand Freiligrath] beteiligte sich hierauf an der *Neuen* **Rheinischen Zeitung** des Dr. Karl <u>Marx, des Meisters</u> in <u>Erregung und Verbreitung grimmigen Abscheues vor Demokratie</u>, die er in <u>wahnsinnigster kommunistischer Verirrung</u> und giftspritzendem Hasse gegen alle, auch demokratischen Nichtkommunisten, giftig und geistreich zu vertreten suchte. Wir können mit unserer heiligen Verehrung des Dichters keine Abgötterei verbinden. Deshalb muß es hier gesagt werden, daß Freiligrath unter dem Einflusse dieses unglückseligen <u>Virtuosen des Hasses</u>, der viel Geistreiches, aber <u>nie einen edlen Gedanken geschrieben</u>, seine Stimme, seine Freiheit, seine Charakterstärke verlor. Seitdem ihn Karl Marx angehaucht, sang Freiligrath nicht oft mehr.« [16]

2. Paralleles Denken – disparates Gedenken[*]
Zwei Elberfelder spielen zweite Geige

Unsere Zeit ist reich an denkwürdigen Jahrestagen. In wenigen Monaten haben wir besonderen Anlaß, auf das Ende des wohl verlustreichsten Krieges der Menschheitsgeschichte und das Ende der NS-Herrschaft zurückzu-

---

[*] Nachdruck aus Eckhard Jesse und Konrad Löw »Vergangenheitsbewältigung«, Berlin 1997 S. 89 ff.

blicken. Ein halbes Jahrhundert ist seitdem vergangen. Anfang Mai 1945 mußte Deutschland bedingungslos kapitulieren. Wenige Tage zuvor hatte sich der Hauptverantwortliche für Leid und Tod von Millionen, Adolf Hitler, selbst gerichtet. Ihm treu bis in den Tod schied auch der Reichspropagandaminister Dr. Joseph Goebbels aus dem Leben.

In einer knapp 500 Seiten starken Untersuchung, die den Titel trägt: *Joseph Goebbels: ein nationaler Sozialist*, schreibt der junge Historiker Ulrich Höver einleitend: »Das moralische Urteil über ihn wie über die anderen NS-Größen liegt ohnehin längst fest: ›Kein Galgen ist hoch genug, um der Schwere ihrer Verbrechen zu entsprechen. Es ist sinnlos, bei Goebbels anzumerken, was schlecht an ihm war, denn alles war schlecht an ihm.‹«[17] Auch der, dem es schwerfällt, selbst exemplarischen Verbrechern jedwede Tugend abzuerkennen, wird nicht zögern, ihm volle Mitschuld an dem Furchtbaren anzulasten, das damals die Menschheit heimgesucht hat.

Goebbels, der fluchwürdige, ist 50 Jahre tot. Vor genau 100 Jahren starb der engste Vertraute von Karl Marx, nämlich Friedrich Engels. Willy Brandt würdigte ihn mit den Worten: »Friedrich Engels war ein großer Deutscher.«[18] Sein und des Freundes ehernes Standbild steht im Herzen der Bundeshauptstadt, vor dem Roten Rathaus auf dem Schloßplatz in Berlin, der bis November 1994 Marx-Engels-Platz hieß. Errichtet haben es die Funktionäre des SED-Staates. Für sie und ihresgleichen war Engels, wie es wörtlich heißt, »der Stolz der ganzen Menschheit«. Auch die Stadt Wuppertal wird Engels ehren, wo er am 28. November 1820 geboren wurde, genauer: in der bis 1930 selbständigen Ortschaft Barmen. Seit Jahrzehnten trägt eine der Hauptverkehrsadern der Stadt seinen Namen.

Die Wupper trennt Barmen von Elberfeld. Dort besuchte der junge Friedrich ab 1834 das Gymnasium. Kann man ihn schon deshalb als Elberfelder ansprechen? Sicherlich nein! Auch genügt es nicht, daß ein Stammvater Engels' schon vor und in der Epoche des Dreißigjährigen Krieges als Bewohner von Elberfeld nachweisbar ist. Doch Elberfeld spielt in der Gründungsphase der kommunistischen Bewegung und damit im Leben von Engels eine zentrale Rolle. Am 8. Februar 1845 bestreitet er dort eine Versammlung, in der erstmals in Deutschland die Grundsätze des Kommunismus erläutert werden. Die kommunistische Gesellschaft reformiere den Grundirrtum der Zersplitterung der Interessen und hebe das Grundübel der Konkurrenz auf. Wenn man wisse, was jeder brauche, könne man die Produktion nach den Bedürfnissen regeln. Verbrechen gegen das Eigentum hätten damit ihr Ende. Sozialer Friede träte ein.

Acht Tage später am gleichen Ort das gleiche Programm. Doch anstelle der 40 bis 50 Zuhörer des ersten Abends sind es nun schon 130. Zehn Tage spä-

ter strömen an die 200 Menschen in den »Zweibrücker Hof«, wie das von Engels ausgesuchte Gasthaus in Elberfeld heißt. Diese Resonanz der kommunistischen Agitation gibt dem Landrat Veranlassung, weitere Veranstaltungen dieser Art zu verbieten, der Wirtin den Entzug der Konzession anzudro-
hen und Engels abzumahnen.

Noch einmal, im Mai 1849, tritt Elberfeld ganz in den Mittelpunkt seines revolutionären Wirkens. Im Zuge der Revolutionsunruhen ist in Elberfeld eine
Rebellion ausgebrochen. Als Engels, der sich gerade in Köln aufhält, davon
erfährt, fühlt er sich sofort dorthin gerufen. Er schwärmt: *Die Aufmerksam-*
keit der ganzen Rheinprovinz ist in diesem Augenblick auf Elberfeld gerichtet,
auf einen Ort, der jetzt ›das Panier des Aufruhrs‹ höher emporhebt als alle
anderen rheinischen Städte. Die Auflösung der Kammer [in Berlin] gab das
Signal zu der Bewegung des sonst so friedlichen Wuppertals.[19] Eine geradezu
dramatische Note erhält die Episode durch den Umstand, daß sich Vater und
Sohn als Kämpfer gegenüberstehen, der eine diesseits, der andere jenseits der
Barrikaden, was später den Wuppertaler Gelegenheitsdichter Adolf Schults
zu den Spottversen verleitet:

>   »Das ist Herr Friedrich –:
>   Der Apfel fiel weit vom Stamm!
>   Der frömmste Vater des Sprengels
>   Erzog einen ›Gottverdamm‹ …
>   Ganz Danton – Robespierrisch
>   Erschien er zu Elberfeld:
>   Und wär das Ding nicht so närrisch,
>   So hieß' er vielleicht ein Held …«[20]

Prosaisch nüchtern steht im Anzeiger für die politische Polizei Deutschlands
zu lesen: »Engels, Dr. aus Köln, Anführer und Leiter der Elberfelder Mai-Re-
volution vom Jahre 1849 – ist festzunehmen, sobald er die Grenzen Preußens
überschreitet.«[21]

Nein, den Dr.-Grad hat Engels nie erlangt, hat er doch schon auf Wunsch des
Vaters das Gymnasium vor dem Abitur verlassen. Dr. phil. war Joseph Goebbels, der ebenfalls ganz zu Recht der »Elberfelder« genannt wird, obwohl
auch er nicht aus Elberfeld stammt, sondern aus dem rund 60 km entfern-
ten Rheydt, heute ein Ortsteil von Mönchengladbach. Dort wurde er am 29.
Oktober 1897 geboren. In Elberfeld nahm er erstmals an einer deutsch-völ-
kischen Veranstaltung teil; in Elberfeld erlangte er erstmals eine Funktion
innerhalb der NSDAP. Dieses Elberfeld wurde zum geistigen Zentrum der
NSDAP-Nord, die der NSDAP-Süd, mit München als Zentrum, in wichtigen

Programmpunkten den Kampf ansagte. Als Goebbels die Mitteilung erhielt, Hitler habe »mit Esser gebrochen« – Hermann Esser war einer von Hitlers Münchner Paladinen –, jubilierte Goebbels: »Deo gratias! Ein Lump weniger in der Reihe. Das gibt neue Konstellationen! Elberfeld wird siegen!«[22] Und bei anderer Gelegenheit schwärmt er nicht minder deutlich: »Kein Mensch glaubt mehr an München. Elberfeld soll das Mekka des deutschen Sozialismus werden.«[23] Nur die Bitte Hitlers, er, Goebbels, möge Gauleiter der Reichshauptstadt Berlin werden, konnte ihn am 7. November 1926 von Elberfeld weglocken. Noch gegen Ende des Krieges kehrte er dorthin zurück, um den Hinterbliebenen der Opfer von Luftangriffen Trost zu spenden.

Das Spielen der zweiten Geige ist ebenfalls bestens belegt und kann, was Engels anlangt, mit seinen eigenen Worten veranschaulicht werden: *Ich habe mein Leben lang das getan, wozu ich gemacht war, nämlich zweite Violine zu spielen, und glaube auch, meine Sache ganz passabel gemacht zu haben. Und ich war froh, so eine famose erste Violine zu haben wie Marx.*[24] Dabei hat er sich gegenüber Marx in manchem durchaus kritisch geäußert, jedoch die Kritik nach außen nicht durchdringen lassen, vielmehr *unsere vollständige Übereinstimmung auf allen theoretischen Gebieten* herausgestellt. Ein Besucher, Adolf Techow, gewann den Eindruck, daß Engels neben dem genialen Marx »den geschäftigen, stets kläffenden Spitzel [verkörpere], der durch Zanken, Lügen, Unverschämtheit« die kleinen Geschäfte abmache.[25] Engels selbst erinnerte sich, *daß früher Marx' Verwandte behaupteten, i c h hätte ihn verdorben.*[26]

Auch Goebbels hat bewußt und gerne die zweite Geige gespielt. Auch für ihn war der andere das Genie, dem zu dienen Herrschaft und Ehre bedeutet. Bei aller Kritik, die auch er nur seinem Tagebuch anvertraute, verehrte er den »Führer«, eine Bezeichnung, die mit Blick auf Marx noch zu Lebzeiten von Engels seitens der SPD benutzt worden war. »Unser großer Führer« – gemeint ist Marx – lesen wir im Protokoll des Parteitages zu Halle aus dem Jahre 1890. Im April 1926, als Goebbels von Hitler in München höchst zuvorkommend empfangen worden war, notierte er sich in sein Tagebuch: »Hitler kommt … Er spricht drei Stunden. Glänzend. Könnte einen irremachen … So ein Brausekopf kann mein Führer sein. Ich beuge mich dem Größeren, dem politischen Genie!«[27] Zahlreiche emphatische Herzensergüsse dieses Inhalts sind uns überliefert. Und auch insofern gibt es eine Parallele zwischen Engels und Goebbels, als Goebbels ein negativer Einfluß auf Hitler nachgesagt wurde. »Als ›Marat‹ und ›Robespierre‹, als ›Arbeiterführer aus dem Ruhrgebiet‹ und ›Agent Moskaus‹, als ›männliche Rosa Luxemburg‹ und ›Stalin der Bewegung‹ wurde er zur bête noire für bürgerlich-nationale Konservative«, wie Ulrich Höver nachweist.[28]

Beide haben dank dem jeweils ersten Geiger Weltgeschichte mitgestaltet. Von beiden heißt es, die erste Geige wäre ohne sie gar nicht zum Tragen gekommen. Sebastian Haffners Kurzbiographie über Engels verdient volle Zustimmung mit der Feststellung: »Und wenn man fragt, was Engels denn nun eigentlich geschaffen und ausgerichtet hat, was er hinterläßt, dann muß man paradoxerweise antworten: Marx – und den Marxismus. Ohne Engels kein Marx.«[29] Schon Lenin erkannte und bekannte: »Ohne die ständige, aufopfernde finanzielle Unterstützung Engels' wäre Marx nicht nur außerstande gewesen, das ›Kapital‹ zu beenden, er wäre auch unvermeidlich in Not und Elend zugrunde gegangen.«[30] Marx selbst läßt an der Richtigkeit dieser Worte keinen Zweifel: *Ohne Dich hätte ich das Werk nie zu Ende bringen können* …[31]

Der US-amerikanische Schriftsteller und Journalist James P. O'Donnell, der sich intensiv mit Goebbels und dem Leben in der Reichskanzlei befaßt hat, urteilt, Hitler sei der Messias und Goebbels sein Prophet gewesen. »Gewiß, es konnte keine Goebbels-Laufbahn ohne das Phänomen Hitler geben. Aber ebenso wahr ist es, daß es wahrscheinlich nie einen Reichskanzler Hitler und ein Drittes Reich … ohne … Goebbels gegeben hätte.«[32]

Sind diese Gemeinsamkeiten der beiden »Elberfelder«, die der Tod genau 50 Jahre trennt, mehr als zufällige, kuriose Nebensächlichkeiten? Gute Gründe sprechen dafür, mit nein zu antworten, auch wenn man noch weitere Gemeinsamkeiten berücksichtigt, nämlich: Beide stammen aus intakten christlichen Familien; die Familie Engels war pietistisch, die Familie Goebbels katholisch. Beide hatten tüchtige Väter. Beide verehrten ihre Mütter ihr Leben lang. Beide verloren im frühen Mannesalter ihren Gottesglauben. Goebbels schildert diesen Vorgang mit ähnlichen Worten wie Marx: »Draußen ist's öd und leer. In meinem Inneren da sind die festlichen Altäre umgestürzt und die Bilder der Freude zerschlagen.«[33] So schildert Goebbels seinen Zustand, nachdem er den Glauben verloren hatte. Bei Marx lesen wir nicht minder Theatralisches: *Ein Vorhang war gefallen, mein Allerheiligstes zerrissen und es mußten neue Götter hineingesetzt werden.*[34]

Engels wie Goebbels verstanden es vorzüglich, sich ihrer Muttersprache zu bedienen, Engels sogar mehrerer Fremdsprachen, ein Vorzug, der durch Goebbels' berauschende Rhetorik kompensiert wurde. Als Redner ist Engels nicht hervorgetreten, vermutlich infolge seiner »psychisch nicht unwichtigen Neigung zum Stottern«.[35] Beide hofften, sie könnten sich als Lyriker Geld verdienen und verwarfen später selbstkritisch ihre poetischen Jugendsünden. Aber rechtfertigen derlei Gemeinsamkeiten und alles andere, was schon erwähnt worden ist, einen Vergleich, eine spezielle Gegenüberstellung dieser beiden Männer, von denen der eine anscheinend den höchsten Ruhm, der andere den höchsten Galgen verdient? Da gibt es doch offenbar ganz fundamentale Unterschiede, die alles bisher Gesagte in den Schatten stellen. Wie das Beispiel Berlin zeigt, findet Engels nicht nur bei radikalen und gemäßigten Linken Anklang, wohingegen Goebbels höchstens in den Herzen einiger hirnverbrannter, ewiggestriger Extremisten weiterlebt. Engels, der Freund eines Juden, steht für Demokratie und Sozialismus. In seinem Londoner Exil fühlten sich zahlreiche Parteifreunde wohl und geborgen. Er verkörpert für viele die edle Menschennatur, die ihren ererbten und erarbeiteten Reichtum mit den Bedürftigen teilt, die, obgleich von Geblüt der Oberschicht zugehörig, für die Armen auf die Barrikaden steigt und die Aufhebung der Klassenunterschiede fordert.

Betrachten wir dieses uns so vertraute Bild näher. Prüfen wir, was echt und was Tünche ist, und ob der übliche Rahmen alles Wesentliche berücksichtigt. Welches sind die hervorstechendsten Charakterzüge Friedrich Engels'? Von Jugend an war er ein leidenschaftlicher Revolutionär, der Gewalt und Terror zur Durchsetzung seiner Ziele offenbar bedenkenlos bejahte. Dieser Steckbrief bedarf einer näheren Erläuterung, muß belegt werden. 1842, Engels ist 22 Jahre alt, portraitiert er sich selbst mit den Versen:

> *Doch der am weitesten links mit langen Beinen toset,*
> *Ist **Oswald**, grau berockt und pfefferfarb behoset*
> *Auch innen pfefferhaft, Oswald der Montagnard,*
> *Der wurzelhafteste mit Haut und auch mit Haar.*
> *Er spielt **ein** Instrument: das ist die Guillotine,*
> *Auf ihr begleitet er stets **eine** Kavatine;*
> *Stets tönt das Höllenlied, laut brüllt er den Refrain:*
> *Formez vos bataillons! aux armes, citoyens!*[36]

Der erwähnte Oswald ist kein anderer als er selbst. »Oswald« ist sein Pseudonym, unter dem er damals publiziert hat. Wenige Jahre später schreibt er an Marx: *Ich definierte also die Absichten der Kommunisten dahin: 1. die Interessen der Proletarier im Gegensatz zu denen der Bourgeois zu setzen. 2. dies durch Aufhebung des Privateigentums und Ersetzung desselben durch die Gütergemeinschaft zu tun; 3. kein anderes Mittel zur Durchsetzung dieser Absichten anzuerkennen als die gewaltsame, demokratische Revolution.*[37] Schon zuvor hatte der christliche Sozialpolitiker Victor Aimé Huber nach der Lektüre von Engels Schrift: *Die Lage der arbeitenden Klasse in England ...* festgestellt: »Und das ist ja nicht zu verkennen, daß der Verfasser alles unbedingt ins Schwarze und Schwärzeste malt – daß er die schlimmen Züge möglichst scharf und grell hinstellt, die bessern möglichst verwischt oder verzerrt –, daß das Ganze mit Galle, ja mit Blut und Glut zu Mord und Brand ausgemalt ist.«[38] Den wenigen hier verlesenen Dokumenten könnten Dutzende ähnlicher Belege hinzugefügt werden, die jedermann, der sehen will, zeigen, daß diese geradezu blutrünstige revolutionäre Sehnsucht eine Konstante seines Denkens und Handelns bildet, daß er nie ein Demokrat im heute üblichen Sinne des Wortes gewesen ist.[39]

Goebbels war deutlich älter, an die dreißig, als er jene Denkungsart offenbarte, die ihn im Urteil von Zeitgenossen zum »Marat«, zum »Robespierre«, zum »Stalin der Bewegung« machte. Für ihn stand fest, daß der Weg, den er und seinesgleichen beschreiten, kein Weg des Stimmzettels, sondern ein Weg konsequenten Sturzes, ein »Weg der Revolution« ist. Wir wissen, daß »Kampf Blut kostet, aber auch, daß kein Blutstropfen vergebens ist, sondern Saat auf deutschen Äckern der Sehnsucht.«[40] Auf die selbstgestellte Frage, was zu geschehen habe, falls sich die Mehrheit den Lockungen der NSDAP verschließe, antwortete er: »Dann beißen wir die Zähne aufeinander und machen uns bereit. Dann marschieren wir gegen diesen Staat, dann wagen wir den letzten großen Streit um Deutschland. Aus Revolutionären des Wortes werden dann Revolutionäre der Tat. Dann machen wir Revolution! Dann jagen wir das Parlament zum Teufel und begründen den Staat auf die Kraft deutscher Fäuste und deutscher Stirnen.«[41] Auch hier erübrigt es sich, weitere Belege aufzutischen. Ulrich Höver kommentiert und kombiniert: »Goebbels propagierte ein Revolutionsverständnis, das in vieler [sic] Hinsicht im Marxismus und Leninismus wurzelte ... In augenfälliger Anlehnung an den Historischen Materialismus stellte Goebbels den ›Verlauf der großen geschichtlichen Epochen‹ als Folge von ›Aufbau‹ und ›Zusammenbruch‹ dar. Die Revolution sei die ›Angelegenheit einer unterdrückten Klasse‹ und schaffe zugleich für das ganze Volk eine neue Form des Zusammenlebens, und die ›gestern Empörer waren, werden morgen Erhalter sein‹.«[42]

Engels wie Goebbels begrüßten Krisen und wünschten ihre Verschärfung, damit aus dem Chaos die sozialistische Revolution erwachse. Hören wir Engels: *Leider scheint die Ernte in Nordostdeutschland, Polen und Rußland passabel, stellenweise gut zu werden ... Aber Frankreich bleibt in der Sauce, und das ist schon viel.[43] Der American crash ist herrlich und noch lange nicht vorbei.[44] Hübsch gehts in Rußland und Polen, und im braven Preußen wird nun auch wohl endlich eine Krisis eintreten ...[45]*

Das liest sich bei Goebbels wie folgt: »Die politische Lage. Chaos in Deutschland ... Die Inflation. Tolle Zeiten ... Ja, das Chaos muß kommen, wenn es besser werden soll.«[46]

Welches waren die Motive, die Engels' Neigung zur Unbotmäßigkeit, zum Aufruhr stimulierten und aus ihm den Propagandisten terroristischer Gewalt machten? Im April 1841 schreibt er in einem Artikel: *Die Alten klagen zwar entsetzlich über die Jugend, und es ist wahr, sie ist sehr unfolgsam; laßt sie aber nur ihre eigenen Wege gehen ... Denn wir haben einen Prüfstein für die Jungen an der neuen Philosophie; es gilt, sich durch sie hindurchzuarbeiten und doch die jugendliche Begeisterung nicht zu verlieren. Wer sich scheut vor dem dichten Walde, in dem der Palast der Idee steht, wer sich nicht durchhaut mit dem Schwerte und küssend die schlafende Königstochter weckt, der ist ihrer und ihres Reiches nicht wert, der mag hingehen, Landpastor, Kaufmann, Assessor oder was er sonst will, werden, ein Weib nehmen, Kinder zeugen in aller Gottseligkeit und Ehrbarkeit, aber das Jahrhundert erkennt ihn nicht als seinen Sohn an.*[47]

Noch fehlt ein klares Ziel, aber ausbrechen aus dem Trott des Alltags ist für alle Gebot, die nicht schon als Philister geboren wurden. Die Kampfansage an das Bestehende ist das Primäre. Dann entdeckt Prometheus-Engels, wie sich für diese Rebellion am verführerischsten werben läßt. Segensreich wie das Feuer sei der Sozialismus für die Menschheit. Damit sind aber die Impulse, die sein Denken und Handeln bestimmen, sicher nicht zur Gänze entschlüsselt. Um es vorwegzunehmen, auch durch Ausschöpfung aller Quellen ist seine Motivation nicht allseits überzeugend zu begründen. Der Vater über den 15jährigen: »Noch einmal, der liebe Gott wolle den Knaben in Seinen Schutz nehmen, damit sein Gemüt nicht verderbt werde. Bis jetzt entwickelt er eine beunruhigende Gedanken- und Charakterlosigkeit bei seinen übrigens erfreulichen Eigenschaften.«[48]

Mit 25 Jahren verfaßt er die schon erwähnte Schrift über *Die Lage der arbeitenden Klasse in England* und schreibt einleitend:

Arbeiter,

Euch widme ich ein Werk, in dem ich den Versuch gemacht habe, meinen deutschen Landsleuten ein treues Bild Eurer Lebensbedingungen, Eurer Leiden und Kämpfe, Eurer Hoffnungen und Perspektiven zu zeichnen.[49]

Freilich, bei etwas näherer Betrachtung zeigt sich rasch, daß es sich überwiegend um die Auswertung von Zeitungsartikeln und Untersuchungsberichten, nicht um eigene Forschungsergebnisse handelt, ein Beweis dafür, daß er weder der erste noch der einzige gewesen ist, der an der Lage der arbeitenden Klasse Anteil genommen hat. Dies schmälert jedoch nicht die Glaubwürdigkeit des moralischen Impulses. Bedenken kommen auch noch nicht, wenn wir gegen Ende seine schauerliche Zukunftsvision lesen: *Die zur Verzweiflung getriebenen Proletarier werden die Brandfackel ergreifen, von der Stephens ihnen gepredigt hat; die Volksrache wird mit einer Wut geübt werden, von der uns das Jahr 1793 noch keine Vorstellung gibt. Der Krieg der Armen gegen die Reichen wird der blutigste sein, der je geführt worden ist.*[50]

Nachdenklicher stimmt ein Brief Engels' an Marx, der uns zeigt, daß die
Triebfeder mehr der Haß auf die Unternehmer, möglicherweise personifi-
ziert vom Vater, der ihn als Kind streng gezüchtigt hat, als die Liebe zu den
Arbeitern gewesen sein dürfte:

*Ich sitze bis über die Ohren in englischen Zeitungen und Büchern vergraben,
aus denen ich mein Buch über die Lage der englischen Proletarier zusammen-
stelle ... Ich werde den Engländern ein schönes Sündenregister zusammen-
stellen; ich klage die englische Bourgeoisie vor aller Welt des Mordes, Raubes
und aller übrigen Verbrechen in Masse an ... Die Kerls sollen an mich denken.
Übrigens versteht es sich, daß ich den Sack schlage und den Esel meine, nämlich die deutsche Bourgeoisie ...*[51]

Und die blutige Volksrache – war sie wirklich nur nüchterne Vorhersage oder
nicht viel mehr leidenschaftliches Wunschdenken? Für letzteres spricht eindeutig die Tatsache, daß Engels den Arbeitern mit aller Energie die humanitäre Einstellung auszutreiben versuchte: ›Milde‹, ›Sanftmut‹, ›warme Brüderlichkeit‹. *Ich hab' sie aber gehörig gerüffelt, jeden Abend bracht' ich ihre ganze
Opposition von fünf, sechs, sieben Kerls ... zum Schweigen.*[52] Ernste Zweifel
daran, daß Humanität sein Handlungsmotiv gewesen ist, wecken Äußerungen wie die folgenden. Ein Jahr nach dem Erscheinen der *Lage der arbeitenden Klasse ...*, worin er die fast unbeschreibbare Not vieler eingewanderter
Iren schildert, bekennt er in einem Brief an Marx: *Hätt' ich 500 fr. Renten,
ich tät' nichts als arbeiten und mich mit den Weibern amüsieren, bis ich kaputt
wär'. Wenn die Französinnen nicht wären, wär' das Leben überhaupt nicht der
Mühe wert.*[53]

Ist das nicht genau jene Verschwendungslust, die allein den berechtigten
Hauptvorwurf gegen eine nicht genau zu ermittelnde Zahl von Kapitalisten
des 19. Jahrhunderts begründet? Bei Engels war es nicht nur ein sündhafter
Gedanke, er hat ihn auch des öftern in die Tat umgesetzt: *Lieber Marx, nachdem ich mich während mehrerer Wochen sündhaften Lebenswandels von meinen Strapazen und Aventüren erholt habe, fühle ich erstens das Bedürfnis, wieder zu arbeiten ... und zweitens das Bedürfnis nach Geld. Letzteres ist das
Dringendste ...*[54]

Unbewußte Selbstkritik ist es also, wenn Engels mit Blick auf einen
Verwandten feststellt, er sei dem Prinzip nach Kommunist, dem Interesse
nach aber Bourgeois. Ein Reitpferd, ein großes Haus, ein Weinkeller mit
1.200 Flaschen, mehrere Bedienstete, alles das belastet sein sozialistisches
Gewissen offenbar nicht. Eduard Bernstein erklärt er 1883: *Man kann aber
ganz gut selbst Börsianer und zu gleicher Zeit Sozialist sein und deshalb die
K l a s s e der Börsianer hassen und verachten. Würde es mir je einfallen, mich
zu entschuldigen dafür, daß ich auch einmal Associé in einer Fabrik gewesen*

bin? ... Und wenn ich sicher wäre, an der Börse morgen eine Million profitie-
ren zu können und damit der Partei in Europa und Amerika Mittel in großem
Maße zur Verfügung zu stellen, ich ginge sofort an die Börse.[55]
Auf dieser Freigebigkeit des kinderlosen Mannes gegenüber der SPD, der er
aber zeitlebens nicht angehörte, sowie gegenüber einzelnen namhaften Par-
teimitgliedern beruht nicht zuletzt, vielleicht sogar vorzüglich, sein Ansehen
und sein Einfluß. Daß seine revolutionäre Energie nicht allein sozial motiviert gewesen ist, zeigt schon die konsequente Mißachtung dessen, was auch
in Sozialistenkreisen als zum guten Ton gehörig empfunden wurde, nämlich
die kirchliche oder amtliche Einsegnung einer Lebensgemeinschaft. Erst wenige Tage vor dem Tode seiner zweiten zu einem Schattendasein verurteilten
langjährigen Partnerin ließ er noch schnell einen Pastor rufen, offenbar um
das Gewissen der Irin zu besänftigen.

Was Goebbels zu dem machte, als der er in die Geschichte eingegangen ist,
kann viel leichter plausibel vermutet werden als bei Engels. Durch eine Miß-
bildung seines rechten Beines fühlte er sich in Kindheit und Jugend benach-
teiligt, diskriminiert, von Gott und dem Schicksal unfair behandelt. Hinzu
kam, daß sein Vater, der sich vom Laufburschen bis zum Prokuristen
emporgearbeitet hatte, nur in bescheidenem Maße seinem Sohne Joseph
unter die Arme greifen konnte, als dieser die Universität besuchte. Bitter
klingt seine Erinnerung: »... aber ich war doch in ihr ein Paria, ein Verfem-
ter, ein nur Geduldeter, nicht weil ich weniger leistete oder weniger klug war
als die anderen, sondern allein, weil mir das Geld fehlte, das den andern aus
der Tasche ihrer Väter so überreichlich zufloß.«[56] Goebbels wie Engels dür-
steten also nach mehr Geld im eigenen Portemonnaie. Dachte Goebbels in
erster Linie an sich oder an seinesgleichen, als er die treffenden Sätze for-
mulierte: »In dem Reichtum liegt auch eine ungeheure Verantwortung, eine
Verantwortung gegen die Klassen, die darben und hungern. Und wenn man
diese Verantwortung ignoriert, so beschwört man die Geister herauf, die nie
mehr zu bremsen sein werden: die soziale Gefahr.«[57] Daß bei Goebbels – wie
bei Marx und Engels – der Mensch sich selbst befreien muß, nimmt nicht
weiter Wunder, da es doch auch für ihn kein höheres Wesen gibt. Frappie-
render ist schon die Übereinstimmung mit Blick auf Überlegungen, die
jeden Zweifel an einem extrem ausgeprägten Selbstwertgefühl ausschließen.
Engels' Alter ego, Karl Marx, schwärmt: *Laßt die Toten ihre Toten begraben*
und beklagen. Dagegen ist es beneidenswert, die ersten zu sein, die lebendig ins
neue Leben eingehen; dies soll unser Los sein.[58] Und Goebbels triumphiert:
»Wir werden der Sauerteig sein, der revolutioniert und neues Leben bringt.
Wir werden das Recht haben, in der neuen Zeit das erste Wort zu sprechen.«[59] Noch überraschender als dieser Gleichklang der Erwartungen dürf-

te der Kontrast hinsichtlich des Bekenntnisses zur Brüderlichkeit sein. Im ehemaligen Bund der Gerechten, der auf Betreiben von Marx und Engels nun als »Bund der Kommunisten« firmierte, wurde die Losung »Alle Menschen sind Brüder« durch »Proletarier aller Länder vereinigt euch« ersetzt. Goebbels hingegen sieht den Weg zur Erlösung in der Verbrüderung aller Menschen und schreibt dementsprechend: »Alle sind Brüder, die zu tragen haben. Und wir haben ja alle zu tragen, wir armen Menschen! Warum sollten wir nicht alle Brüder sein!«[60] War ihm damals wirklich so zumute? Kann sich ein vom Humanismus beseelter zum skrupellosen Machtpolitiker wandeln? Daß er letzteres gewesen ist, daran gibt es keinen Zweifel.

Hier wie dort war vom »neuen Leben« die Rede, das bevorstehe und das die »alte, verrottete Welt« überwinden werde. In das neue Leben, in die neue Welt werden wir als erste eintreten und das erste Wort zu sprechen haben. Worin besteht dieses »neue Leben«? Engels hätte damals geantwortet: im Kommunismus!, später hätte er statt vom Kommunismus vom Sozialismus gesprochen, ohne damit jedoch ein wesentlich anderes Paradies vor Augen zu haben.

Und bei Goebbels, wie lautet da die griffige Kurzformel seines neuen Lebens? Zur Jahreswende 1919/20 kritzelte er in ein Schulheft das »Fragment eines Dramas«, betitelt: »Kampf der Arbeiterklasse«. Als es 1920 im Ruhrgebiet zu bürgerkriegsähnlichen Zuständen kam, notierte er: »Rote Revolution im Ruhrgebiet … Ich bin aus der Ferne begeistert.«[61] In eigentümlicher Übereinstimmung nicht so sehr mit Engels als mit Marx, der das Geld *die allgemeine Hure, den allgemeinen Kuppler der Menschen und Völker* nennt, äußert er an der Jahreswende 1923/24, sinngleich auch später: »Das Geld ist der Fluch der Menschheit. Es erstickt das Große und Gute im Keime … Ich hasse den Mammon.«[62] Schon bald fühlt er sich ganz dem Sozialismus verpflichtet: »Das rücksichtslose Bekenntnis zum Sozialismus, der unser Schicksal und unsere welthistorische Aufgabe ist, muß die Grundlage jeder weiteren Arbeit sein.«[63] Daß sich Nationalsozialisten und Kommunisten in Saal- und Straßenschlachten »gegenseitig die Köpfe einschlagen«, fand Goebbels »grauenhaft«.[64] Als 1931 der Entwurf »wirtschaftspolitischer Grundanschauungen und Ziele der NSDAP« fertiggestellt worden war, empörte er sich und schrieb: »Ich polemisiere aufs Schärfste [sic] gegen das neue Wirtschaftsprogramm … Von Sozialismus keine Spur mehr … Armer Sozialismus! Aber ich werde nicht nachlassen. Die Partei steht vor einem Wendepunkt. Da müssen die Sozialisten auf der Hut sein.«[65] Sein Haß auf die bürgerliche Welt, auf den Bourgeois war nicht minder heftig als die des Friedrich Engels: »Man kann es den Kommunisten nicht verdenken, daß sie diese Bourgeoisie hassen wie die Pest.«[66] Ulrich Höver resümiert: »Die eigentliche Triebfeder des politischen Handelns von Joseph Goebbels bestand nicht in einer antimarxistischen, sondern in einer antikapitalistischen Grundhaltung; sein Haß richtete sich in erster Linie nicht auf den Kommunismus, sondern auf das ›Bürgertum‹ in allen Schattierungen.«[67] Wo aber bleibt der Nationalismus, der in Hitlers Bewegung das hervorstechende Merkmal gewesen ist? National gesonnen war Goebbels immer: Zu Beginn des Krieges, den Krieg hindurch, an dem er wegen des verkrüppelten Beines zu seinem großen Bedauern nicht teilnehmen konnte, und auch nach der für ihn unbegreiflichen Niederlage. Der »deutsche Kommunist«,[68] wie er sich einmal selbst getauft hat, stellt die Frage: »National und sozialistisch! Was geht vor und was kommt nach?« Seine überraschende Antwort lautet: »Zuerst die sozialistische Erlösung, dann kommt die nationale Befreiung wie ein Sturmwind.«[69] »Ursprung und Ursache von Nationalsozialismus und Bolschewismus sind in den Massen dieselben: die Sehnsucht nach Freiheit und Erlösung.«[70] »Im Wege trennen sich die Geister: hier internationale Korruption des wahren sozialistischen Gedankens, hier der letzte, verzweifelte Versuch, die Weltidee der sozialen Gerechtigkeit praktisch im Staate, d.h. auf nationalem Wege zu verwirklichen.«[71] Dies zu predigen wurde er, vor allem als Gauleiter von Berlin, nicht müde und konnte so viele »internationale« Sozialisten zu den Nationalsozialisten herüberlocken. Seine Betonung des Sozialismus vor dem Nationalismus bedeutet keineswegs, daß die zweite Komponente nicht mit der gleichen Leidenschaft verfochten worden wäre: »Schmeißt das landfremde Pack aus der deutschen Kunst heraus! Das Schicksal der deutschen Kunst ist unsere gute deutsche Sache.«[72] »Wir selber sind nichts. Deutschland ist alles!«[73] »Wir wollen durch Deutschland die Welt erlösen und nicht durch die Welt Deutschland erlösen.«[74] Schließlich noch ein weiterer Beleg für das, was eigentlich nicht belegt zu werden braucht: Wenn einmal §diese harten Arbeiterfäuste sich ballen« und »aus Millionen Kehlen der Ruf erschallt: ›Zu Ende die Schmach, das Vaterland gehört dem, der es frei macht! Wo sind unsere Gewehre?‹, dann wird vor uns der Erdball erzittern.«[75] Wie recht er doch hatte! Das Beben ist bis heute noch nicht gänzlich abgeklungen.

Nein, einem so polternden Chauvinismus begegnen wir in der schriftlichen Hinterlassenschaft des Friedrich Engels nicht. Und dennoch würde sich heute kein anständiger Deutscher so selbstbewußt in Pose setzen, wie er es mehrmals getan hat: *Vergleicht Deutschland. Deutschland ist das Vaterland einer ungeheuren Zahl von Erfindungen* – z.B. der Druckerpresse. *Deutschland hat, wie allgemein anerkannt ist, eine weit größere Anzahl großherziger und kosmopolitischer Ideen erzeugt als Frankreich und England zusammengenommen.*[76] Viele Jahre später immer noch derselbe überspitzte Nationalstolz: *Auf*

allen wissenschaftlichen Gebieten haben die Deutschen längst ihre Ebenbür-
tigkeit, auf den meisten ihre Überlegenheit gegenüber den übrigen zivilisierten
Nationen bewiesen.[77] Auch für den jungen Engels ist die Wiedereroberung
der deutschsprachigen Gebiete links des Rheins nationale Ehrensache. Er
nennt Elsaß und Lothringen, Holland und Belgien. Undenkbar, daß sich ein
Marx oder Engels einer von Moskau gesteuerten kommunistischen Weltbewegung untergeordnet hätte. Erinnert sei nochmals an Goebbels Ausspruch:
»Wir wollen durch Deutschland die Welt erlösen …« Sinngleich äußert
Marx unter Engels' Beifall: *Die Emanzipation des Deutschen ist die Emanzipa-*
tion des Menschen.[78]

Daß alle führenden Nationalsozialisten zugleich Antisemiten gewesen sind,
versteht sich von selbst. Gleichwohl wäre es falsch, Hitlers diesbezügliche
Vorstellungen so ohne weiteres auf Goebbels zu übertragen. Hitler war
Antisemit vor allem aus rassistischen Motiven, wohingegen der junge Goebbels halbwegs vernünftig zu urteilen wußte. Der Student schrieb einer
Freundin: »Du weißt ja, daß ich dieses übertriebene Antisemitentum nicht
besonders leiden mag … Ich kann ja auch nicht gerade sagen, daß die Juden
meine besonderen Freunde wären, aber ich meine, durch Schimpfen und Po-
lemisieren oder gar durch Pogrome schafft man sie nicht aus der Welt, und
wenn man es auf diese Weise könnte, dann wäre das sehr unedel und
menschenunwürdig.«[79] 1922 offenbarte ihm seine Verlobte, Else Janke, sie
sei die Tochter einer jüdischen Mutter und eines christlichen Vaters. Trotzdem blieb er mit ihr liiert, bis er sich dem Rufe Hitlers folgend von Elberfeld
nach Berlin begeben mußte, also weitere vier Jahre. Vor der Öffentlichkeit
vertrat er den Standpunkt: »Wenn wir nur Antisemiten wären, dann allerdings wäre das im 20. Jahrhundert eine überlebte Angelegenheit.«[80] Seinen
Antisemitismus begründete er mit seinem Bekenntnis zum Sozialismus:
»Beides gehört für uns zusammen: Der Sozialismus, d.h. die Freiheit des
deutschen Proletariats und damit der deutschen Nation, ist n u r g e g e n
d e n J u d e n zu vollenden …« – »Wenn ich sozialistisch denke, dann muß
ich Antisemit sein. Denn der Jude ist die Inkarnation des Kapitalismus.«[81]
Diese Behauptung wurde gebetsmühlenartig wiederholt: »Das Geld regiert
die Welt. Und da der Jude das Geld hat, ist er der König der Völker.«[82]

Für viele überraschend gibt es auch insofern frappierende Gemeinsamkeiten mit dem Denken der Freunde Marx und Engels. Freilich, Engels hielt sich
stärker zurück, da er andernfalls riskiert hätte, seinen Freund, Sproß ange-
sehener jüdischer Geschlechter, zu verletzen. Der Jude Marx aber hat das Judentum in einer Weise an den Pranger gestellt, daß eine Verschärfung seiner
Anklage kaum möglich erscheint: *Welches ist der weltliche Grund des Juden-*
tums? Das praktische Bedürfnis, der Eigennutz. Welches ist der weltliche Kul-

tus der Juden? Der Schacher. Welches ist sein wirklicher Gott? Das Geld. Nun wohl! Die Emanzipation vom Schacher und vom Geld, also vom praktischen, realen Judentum, wäre die Selbstemanzipation unserer Zeit ...[83] Friedrich Engels kannte diesen Text sehr wohl, hat aber offenbar nie daran Kritik geübt, vielmehr gelegentlich die polnischen Juden die *schmutzigste aller Rassen*[84] genannt. Nach dem Tode von Marx sieht er Veranlassung, den Antisemitismus entschieden abzulehnen: *Der Antisemitismus ist also nichts anderes als eine Reaktion mittelalterlicher, untergehender Gesellschaftsschichten gegen die moderne Gesellschaft, die wesentlich aus Kapitalisten und Lohnarbeitern besteht, und dient daher nur reaktionären Zwecken unter scheinbar sozialistischem Deckmantel.*[85] Freilich, eine konsequente Ablösung vom Antisemitismus war damit nicht verbunden, wie der folgende ziemlich zeitgleich abgefaßte Brieftext beweist: *Ich fange an, den französischen Antisemitismus zu verstehn, wenn ich sehe, wie diese Juden polnischen Ursprungs und mit deutschen Namen sich überall einschleichen, sich alles herausnehmen und sich überall vordrängen* ...[86]

Obgleich die Nationalsozialisten den Marxismus prinzipiell verdammten, argumentierte Goebbels differenzierter und bejahte die Marxsche Analyse. Er schreibt: »Karl Marx hat die Ursachen der kapitalistischen Bewegungen halbwegs richtig dargestellt. Die Industrialisierung der europäischen Völker führt dahin, daß immer größere Schichten verproletarisiert werden und die Produktionsmittel mehr und mehr sich in den Händen einiger weniger sammeln.«[87] Auch Lenin ist für ihn nicht der Gegner schlechthin, vielmehr könne und müsse Hitler von Lenin lernen. Der russische Ministerpräsident Kerenskij habe 1917 Lenin an der Macht beteiligen wollen. »Er bot ihm Posten, Ämter, Geld. Lenin sagt nein. Er will Alleinherrscher sein. Sein Weg duldet keine Kompromisse. 1917 kommt seine Stunde.«[88] Goebbels ging noch einen Schritt weiter. Für ihn waren Lenin und Hitler die Exponenten einer einzigen großen Idee: »Es handelt sich bei dieser revolutionären Idee um die beiden geistigen Bewegungen, die ihre politische Ausdrucksform in der Kommunistischen Partei und in der Nationalsozialistischen Deutschen Arbeiterpartei gefunden haben ... Es handelt sich um diese beiden Männer insoweit, als sie die Verkörperung, die Repräsentation einer Idee darstellen, die uns alle, so glaube ich annehmen zu dürfen, zutiefst beschäftigt.«[89] Sein Urteil über das Verhalten der Sozialdemokraten nach der Abdankung des Kaisers ist völlig kongruent mit demjenigen von Rosa Luxemburg, weshalb er ja auch als der »männliche Rosa Luxemburg« charakterisiert worden ist. Seinen Anhängern stellte er als abschreckendes Beispiel die Sozialdemokratie vor Augen, die am 9. November 1918 »von den Barrikaden heruntergestiegen« sei und sich »schmatzend und selbstgefällig an die Fettnäpfe und

Futterkrippen des Systems gesetzt« habe. Man dürfe sich, so Goebbels,»niemals bereit finden lassen, mit einer Welt, die man bekämpfen und beseitigen will, Kompromisse einzugehen«.[90]

Ganz anders in seinen Augen die echten Marxisten, die Kommunisten, die rücksichtslos mit allen Mitteln für ihre Sache zu kämpfen begannen und die den Bürgerlichen, aber auch den Sozialdemokraten und freiheitlichen Gewerkschaften nicht weniger Schrecken einjagten als die Nationalsozialisten. Die seltsame Nähe der verfeindeten Brüder fand ihre Krönung im gemeinsam durchgeführten Streik der Berliner Verkehrsaktiengesellschaft vom November 1932, einer Generalprobe zum Hitler-Stalin-Pakt des Jahres 1939.

Wer es in der NS-Ära gewagt hätte, Goebbels mit Engels zu vergleichen, hätte sich einer strafbaren Blasphemie schuldig gemacht, zumal wenn er verräterische Gemeinsamkeiten behauptet hätte. Nicht minder schwer hätte der SED-Staat eine solche Majestätsbeleidigung geahndet, jeweils natürlich mit der Behauptung, Goebbels bzw. Engels sei das Opfer einer scheußlichen Diffamierung geworden. Heute sollte es auf dem Boden der Bundesrepublik Deutschland möglich sein, diesen Vergleich ohne Tabus und Vorurteile anzustellen. Dann wird Fortuna als Zünglein an der Waage erkannt. Scheinbar glückliche Umstände ließen Goebbels zum Gipfel der Macht und des Ruhms gelangen, während Engels zeitlebens die heiß ersehnte Revolution versagt blieb, er die letzten Jahrzehnte »als politisch orientierter Hedonist«,[91] so ein Biograph, als kontaktfreudiger Stubengelehrter zubringen mußte, der nach dem Tode von Marx noch manche Fehler zu korrigieren hatte. Doch der Sieg, der Goebbels ganz nach oben trug, endete in einem Inferno, in das die launische Göttin ihren Günstling stürzen ließ. Da Engels keine Gelegenheit fand, seine revolutionäre Brutalität auszutoben sowie mit seinen Feuer- und Eisenkuren die neue Welt zu »beglücken«, wird er als der gute Mensch aus dem Wuppertal angehimmelt, wohingegen der andere »Elberfelder«, sein geistiger Zwillingsbruder, als der fleischgewordene Mephisto in der tiefsten der Höllen schmachtet.

Anmerkungen

[1] Künzli a.a.O. S. 816
[2] MEGA[1] 1. A., Bd. 1 S. 52 f.
[3] Siehe Löw a.a.O. 1996 S. 129 ff.
[4] Silberner a.a.O.S. 80.
[5] Ebenda S. 256.
[6] Nerrlich a.a.O. S. 351.

[7] Arnold Ruge an Max Duncker in: Tägliche Rundschau, Unterhaltungsbeilage, Berlin 22. 7. 1921 S. 559.
[8] Nerrlich a.a.O. S. 380 f.
[9] Der Volkstribun – Organ des Jungen Amerika, 27. Juni 1846.

10 Andreas Gottschalk »An Herrn Karl Marx« Freiheit, Arbeit Nr. 13, Köln, 25. 2. 1849.

11 Nach Enzensberger a.a.O. S. 148 ff.

12 Gustav Adolf Techow »Brief an Alexander Schimmelpfennig« in: Vogt a.a.O. S. 142 ff.

13 August Willich »Dr. Karl Marx und seine Enthüllungen«, Belletristisches Journal und New-Yorker-Criminal-Zeitung 4. 11. 1853 S. 339.

14 Ebenda.

15 Herzen a.a.O. S. 209 ff.

16 Heinrich Beta »Ferdinand Freiligrath – Lebensskizze mit Portrait« Die Gartenlaube Nr. 43/1859 S. 619 f.

17 Höver a.a.O. S. 29.

18 Willy Brandt „Friedrich Engels und die soziale Demokratie« Bonn 1990, S. 12.

19 MEW a.a.O. 6, 487.

20 Bleuel a.a.O. S. 268.

21 Nach Bleuel a.a.O. S. 271.

22 Goebbels a.a.O. S. 248 (8. 5. 26).

23 Goebbels a.a.O. S. 226 (226 f.).

24 MEW a.a.O. 36, 218.

25 Enzensberger a.a.O. S. 185 (dort heißt es versehentlich »Eccarius« statt »Engels«).

26 MEW a.a.O. 33, 299 f. Aufschlußreich auch MEW 36, 15.

27 Höver a.a.O. S. 199, TB I, 13. 4. 26 S. 172 f.

28 Höver a.a.O. S. 416.

29 Sebastian Haffner „Engels« in: Haffner a.a.O. S. 167.

30 Wladimir Lenin „Werke« 40 Bde. Berlin-Ost 1958 – 1964, 21, 37.

31 MEW a.a.O. 31, 297.

32 Nach Wilfred von Oven „Wer war Goebbels?« München 1988 S. 324.

33 Reuth a.a.O. S.60.

34 MEW a.a.O. Ergbd. 1, 8.

35 Hirsch a.a.O. S. 56.

36 MEW a.a.O. Ergbd. 2, 300.

37 MEW a.a.O. 27, 61.

38 Nach Bleuel a.a.O. S. 163.

39 Siehe Löw 1991.

40 Nach Höver a.a.O. S. 102.

41 Nach Höver a.a.O. S. 104.

42 Höver a.a.O. S. 105.

43 MEW a.a.O. 28, 118.

44 MEW a.a.O. 29, 204.

45 MEW a.a.O. 30, 202.

46 Goebbels a.a.O. 1992 S. 84 f. (Jan. – Aug. 23).

47 MEW a.a.O. Ergbd. 2, 168.

48 Nach Enzensberger a.a.O. S. 2.

49 MEW a.a.O. 2, 229.

50 MEW a.a.O. 2, 504 f.

51 MEW a.a.O. 27, 10.

52 MEW a.a.O. 27, 59.

53 MEW a.a.O. 27, 80.

54 MEW a.a.O. 27, 133.

55 MEW a.a.O. 35, 444.

56 Nach Reuth a.a.O. S. 34.

57 Nach Reuth a.a.O. S. 40.

58 MEW a.a.O. 1, 338.

59 Nach Reuth a.a.O. S. 63.

60 Nach Höver a.a.O. S. 42.

61 Nach Reuth a.a.O. S. 47.

62 Nach Höver a.a.O. S. 44.

63 Nach Höver a.a.O. S. 55.

64 Nach Höver a.a.O. S. 73.

65 Nach Höver a.a.O. S. 337.

66 Nach Höver a.a.O. S. 47.

67 Nach Höver a.a.O. S. 78.

68 Goebbels a.a.O. S. 85 (Jan. – Aug. 23).

69 Goebbels a.a.O. S. 194 (11. 9. 25).

70 Nach Höver a.a.O. S. 76.

71 Nach Höver a.a.O. S. 76.

72 Nach Höver a.a.O. S. 44.

73 Nach Höver a.a.O. S. 53.

74 Goebbels a.a.O. 1928 S. 26.

75 Nach Höver a.a.O. S. 255 f.

76 MEW a.a.O. 4, 428.

77 MEW a.a.O. 13, 468.

78 MEW a.a.O. 1, 391.

79 Nach Reuth a.a.O. S. 73.

80 Nach Höver a.a.O. S. 154.

81 Ebenda.

82 Nach Höver a.a.O. S. 231

83 MEW a.a.O. 1, 372 ff.

84 MEW a.a.O. 6, 448.

85 MEW a.a.O. 22, 50.

86 MEW a.a.O. 38, 473.

87 Goebbels a.a.O. 1928 S. 18.

88 Goebbels a.a.O. 1928 S. 16.

89 Goebbels a.a.O. 1928 S. 4.

90 Nach Höver a.a.O. S. 361.

91 Hirsch a.a.O. S. 114.

Literaturverzeichnis

(Buchveröffentlichungen)

Andréas, Bert (Hg.): Gründungsdokumente des Bundes der Kommunisten, Hamburg 1969.

Bakunin, Michail: Gesammelte Werke, Bd. 3, Berlin 1924.

Besançon, Alain: Le Malheur du siécle. Sur le communisme le nazisme et l'unicité de la shoah, Paris 1998.

Bismarck, Otto von: Politische Reden, Bd. 11, Aalen 1970.

Bleuel, Hans Peter: Friedrich Engels. Bürger und Revolutionär, Berlin 1981.

Blumenberg, Werner: Ein unbekanntes Kapitel aus Marx' Leben. Briefe an die holländischen Verwandten, in: International Review of Social History, Volume I (1956), S. 54–111.

Bonhoeffer, Dietrich: Ethik. Hg. v. Eberhard Bethge, München 1956.

Brandt, Willy: Friedrich Engels und die soziale Demokratie, Bonn 1990.

Courtois, Stéphane u.a. (Hg.): Das Schwarzbuch des Kommunismus. Unterdrückung, Verbrechen und Terror. München 1998.

Enzensberger, Hans Magnus (Hg.): Gespräche mit Marx und Engels, Frankfurt a.M. 1981.

Fröhlich, Elke/Richter, Jana (Hg.): Die Tagebücher von Joseph Goebbels. Sämtliche Fragmente. Teil I: Aufzeichnungen 1924-1941, Bd. 2: 1.1.1931 – 31.12.1936, München u.a. 1987.

Furet, François/Nolte, Ernst: Feindliche Nähe. Kommunismus und Faschismus im 20. Jahrhundert. Ein Briefwechsel, München 1998.

Giel, Christine und Volker: Ich kann nur eins sagen, daß ich kein Marxist bin. Anekdoten von Karl Marx, Berlin 1999.

Goebbels, Joseph: Lenin oder Hitler, Zwickau 1928.

Goebbels, Joseph: Tagebücher, Bd. 1: 1924–1929, München 1992.

Haffner, Sebastian: Wolfgang Venohr. Preußische Profile, Königstein 1980.

Haney, Gerhard u.a. (Hg.): Recht und Ideologie. Festschrift für Hermann Klenner zum 70. Geburtstag, Freiburg/Berlin 1996.

Heinsohn, Gunnar: Lexikon der Völkermorde, Reinbek bei Hamburg 1998.

Herzen, Alexander: Mein Leben. Memoiren und Reflexionen. Hg. v. Eberhard Reißner, Berlin (Ost) 1962.

Hirsch, Helmut: Friedrich Engels in Selbstzeugnissen und Bilddokumenten, Reinbek bei Hamburg 1976.

Hobsbawm, Eric: Einleitung, in: Marx, Karl/Engels, Friedrich: Das Kommunistische Manifest. Eine moderne Edition, Hamburg 1999, S. 7–38.

Höffner, Joseph: Kolonialismus und Evangelium. Spanische Kolonialethik im goldenen Zeitalter, Trier 1972.

Höver, Ulrich: Joseph Goebbels. Ein nationaler Sozialist, Bonn 1992.

Ignatow, Assen: Selbstauflösung des Humanismus. Die philosophisch-anthropologischen Voraussetzungen für den Zusammenbruch des Kommunismus, Baden-Baden 1996.

Jesse, Eckhard/Löw, Konrad (Hg.): Vergangenheitsbewältigung, Berlin 1997.

Karl Marx – Chronik eines Lebens in Einzeldaten. Zusammengestellt vom Marx-Engels-Institut, Moskau 1971.

Kautsky, Karl: Sozialisten und Krieg. Ein Beitrag zur Ideengeschichte des Sozialismus von den Hussiten bis zum Völkerbund, Prag 1937.

Kluge, Friedrich/Mitzka, Walther: Etymologisches Wörterbuch der deutschen Sprache, Berlin 1963.

Koenen, Gerd: Utopie der Säuberung. Was war der Kommunismus, Berlin 1998.

Kuczynski, Thomas: Das Kommunistische Manifest (Manifest der Kommunistischen Partei) von Karl Marx und Friedrich Engels, Schriften aus dem Karl-Marx-Haus, Trier 1995.

Künzli, Arnold: Karl Marx. Eine Psychographie. Wien/Frankfurt a.M./Zürich 1966.

Leisner, Walter: Eigentum. Schriften zu Eigentumsgrundrecht und Wirtschaftsverfassung 1970–1996, Berlin 1996.

Lenin, Wladimir I.: Werke. Hg. v. Institut für Marxismus-Leninismus beim Zentralkomitee der SED, Berlin (Ost) 1958 ff.

Löw, Konrad: Ausbeutung des Menschen durch den Menschen. 3. überarb. Aufl., Köln 1983.

Löw, Konrad (Hg.): Marxismus-Quellenlexikon. 2., erg. Aufl., Köln 1988.

Löw, Konrad: Die Lehre des Karl Marx – Dokumentation/Kritik, Köln 1989.

Löw, Konrad: Terror – Theorie und Praxis im Marxismus, Asendorf 1991.

Löw, Konrad: Der Mythos Marx und seine Macher. Wie aus Geschichten Geschichte wird, München 1996.

Löw, Konrad: Kam das Ende vor dem Anfang? 150 Jahre »Manifest der Kommunistischen Partei«, Köln 1998.

Marx, Eleanor: The Eastern Question – Letters Written 1853-1856 Dealin with the Events fo the Crimean War by Karl Marx, London 1869.

Marx, Karl/Engels, Frederick: Collected Works. Volume 14 (1855–1856), London 1980.

Marx, Karl/Engels, Friedrich: Historisch-Kritische Gesamtausgabe (= Marx/Engels Gesamtausgabe, MEGA[1]). Im Auftrag des Marx-Engels-Instituts hg. v. D. B. Rjazanow und V. V. Adoracki (versch. Orte, u.a. Berlin und Moskau) 1927 ff. (Nach Erscheinen der 1. und 3. Abt. 1936 eingestellt.).

Marx, Karl/Engels, Friedrich: Gesamtausgabe (MEGA[2]). Hg. zunächst v. den Instituten für Marxismus-Leninismus bei den Zentralkomitees der KPdSU und SED, Redaktionsleitung G. Heyden und A. Jegorow, Berlin (Ost) 1975 ff., seit der »Wende« 1989: Internationale Marx-Engels-Stiftung.

Marx, Karl/Engels, Friedrich: Werke (MEW). Hg. v. Institut für Marxismus-Leninismus beim ZK der SED, Berlin (Ost) 1956 ff. (auf der Basis der 2. russischen Ausgabe, 1955 ff.)

Mecklenburg, Jens/Wippermann, Wolfgang (Hg.): »Roter Holocaust«? Kritik des Schwarzbuchs des Kommunismus, Hamburg 1998.

MEGA[1]: siehe Marx, Karl/Engels, Friedrich: Historisch-Kritische Gesamtausgabe.

MEGA[2]: Marx, Karl/Engels, Friedrich: Gesamtausgabe.

MEW: Marx/Engels-Werke siehe Marx, Karl/Engels, Friedrich: Werke.

Meier, Olga: Die Tochter von Karl Marx. Unveröffentlichte Briefe, Köln 1981.

Moreau, Patrick (Hg.): Der Kommunismus in Westeuropa. Niedergang oder Mutation?, Landsberg/Lech 1998.

Nerrlich, Paul (Hg.): Arnold Ruges Briefwechsel und Tagebuchblätter aus den Jahren 1825–1880, Berlin 1886.

Neubauer, Franz: Marx-Engels-Bibliographie, Boppard am Rhein 1979.

Neue Rheinische Zeitung. Organ der Demokratie. Chefred.: Karl Marx, Köln 1849, Reprint, Glashütten i. Taunus 1973.

Oven, Wilfred von: Wer war Goebbels?, München 1988.

Raddatz, Fritz J.: Karl Marx. Eine politische Biographie, Hamburg 1975.

Reuth, Ralf Georg: Goebbels, München 1990.

Rosdolsky, Roman: Zur Entstehungsgeschichte des Marxschen »Kapital«. Der Rohentwurf des Kapital 1857-58, Frankfurt a.M. 1969.

Schöler, Uli: Ein Gespenst verschwand in Europa. Über Marx und die sozialistische Idee nach dem Scheitern des sowjetischen Staatssozialismus, Bonn 1999.

Schwarz, Hans Peter: Das Gesicht des Jahrhunderts. Monster, Retter und Mediokritäten, Berlin 1998.

Shub, David: Lenin – eine Biographie, Wiesbaden 1957.

Silberner, Edmund (Hg.): Moses Heß Briefwechsel, S. Gravenhage 1959.

Vogt, Carl: Mein Prozess gegen die »Allgemeine Zeitung«. Genf 1859.

Weber, Hermann u.a. (Hg.): Kommunisten verfolgen Kommunisten. Stalinistischer Terror und »Säuberungen« in den kommunistischen Parteien Europas in den dreißiger Jahren, Berlin 1993.

Weber, Hermann/Mählert, Ulrich (Hg.): Terror. Stalinistische Parteisäuberungen 1936–1953, Paderborn 1998.

Zwerenz, Gerhard: Ärgernisse – Von der Maas bis an die Memel, Köln 1961.

Personenregister

Sachregister

(Die zahlreichen Schimpf- und Schmähworte wurden nicht aufgenommen)